Jenaer Jahrbuch zur
Technik- und Industriegeschichte
2017

Das Jenaer Jahrbuch zur Technik- und Industriegeschichte stellt ein Forum für die Erschließung, Erhaltung und Präsentation historischer Befunde dar. Der Schwerpunkt liegt auf der Darstellung wissenschaftlicher, technischer und technologischer Innovationen, deren Ausgangspunkte im Wissenschafts- und Industriestandort Jena und seinem regionalen Umfeld liegen. Es kommen darin Autoren zu Wort, die sich durch hohe – meist über Jahrzehnte hinweg erworbene – Sachkompetenz auf natur- und geisteswissenschaftlichen, technischen und unternehmerischen Gebieten auszeichnen. Das Jahrbuch erscheint in jährlicher Folge.

Der Verein Technikgeschichte Jena e.V. wurde 2004 mit dem Vereinspreis der Stadt Jena ausgezeichnet.

Herausgeber: Peter Hahmann
im Auftrag des VEREINS TECHNIKGESCHICHTE IN JENA e.V.

JENAER JAHRBUCH
zur TECHNIK- UND INDUSTRIEGESCHICHTE
Band 20

2017

Zu den Bildern auf dem Buchumschlag:
Der Verein hat sich jahrelang für das Denkmal zur Ehrung von Carl Zeiß engagiert. Am 16. September 2017 wurde es eingeweiht. Der Umschlag zeigt vier Ansichten.

© Verlag VOPELIUS Jena
www.verlagvopelius.eu
1. Auflage 2017

Alle Rechte vorbehalten

Das Werk einschließlich aller seiner Teile ist urheberrechtlich geschützt. Jede Verwendung außerhalb der engen Grenzen des Urheberrechtsgesetzes ist ohne ausdrückliche Zustimmung des Verlages unzulässig und strafbar. Das gilt insbesondere für Vervielfältigungen, Übersetzungen, Mikroverfilmungen und Speicherung und Verarbeitung in elektronischen Systemen.

Bibliografische Information der Deutschen Nationalbibliothek
Die Deutsche Nationalbibliothek verzeichnet diese Publikation in der Deutschen Nationalbibliografie; detaillierte bibliografische Daten sind im Internet unter http://dnb.d-nb.de abrufbar.

Satz, Layout und Repros:
Bernd Adam, Peter Hahmann

Korrektorat:
Dr. Dr. Roland Itterheim

Umschlaggestaltung:
Frank Fanghänel (für die Reihe)
Bernd Adam (für diesen Band)

Druck und buchbinderische Verarbeitung:
Druckhaus Gera GmbH

Printed in Germany

ISBN: 978-3-939718-35-2
ISSN: 2198-6746

Umwelthinweis: Alle bedruckten Materialien dieses Buches sind chlorfrei gebleicht, umweltschonend und alterungsbeständig.

Vorwort

Jena hat nun ein Denkmal zu Ehren von Carl Zeiss, dem Gründer der gleichnamigen Firma. Es war ein gelungener, feierlicher Festakt am 16. September 2017 mit der Teilnahme einer breiten Öffentlichkeit und unter Mitwirkung zahlreicher prominenter Personen. Der Verein Technik-Geschichte in Jena e. V. hat personell und logistisch wesentlich zum Gelingen beigetragen. Es gab eine intensive Zusammenarbeit mit der Bürgerinitiative „Ein Denkmal für Carl Zeiß". Besonderer Dank gilt den Mitgliedern des Vereins, Dr. Volker Guyenot und Herrn Reinhard Köthe. Der Schatzmeister des Vereins, Willi Muhsfeldt und Frau Mechthild von Keisenberg verwalteten die Spendenkonten. Der Tradition in Jena und der Vorgeschichte zu dieser Ehrung sind sowohl der Umschlag als auch der erste Artikel in diesem Jahrbuch gewidmet. Dort wird auch die Arbeit des Künstlers Klaus-Dieter Locke gewürdigt.

Der Verein Technik-Geschichte in Jena e.V. hat seinen Vorsitzenden verloren. Prof. Dr.-Ing Manfred Steinbach starb in diesem Jahr kurz vor der Vollendung seines 80. Lebensjahres. Wir ehren ihn mit der Darstellung seiner Lebensleistung unter besonderer Berücksichtigung seiner Verdienste um unseren Verein. Wir erinnern an seine zahlreichen spannenden Vorträge in unserem Kolloquium. Das Jahrbuch als eine Säule der Vereinstätigkeit lag ihm sehr am Herzen. Mit mehr als 30 Schriften war er als Autor vertreten. Dazu wirkte er mehr als 10 Jahre lang als Herausgeber. Noch im letzten Lebensjahr verfasste er mehrere Beiträge. Drei sind in diesem Band zu finden. Weitere werden folgen, sind aber zurückgestellt, da sie auf aktuelle, noch nicht verwirklichte Projekte Bezug nehmen.

Wir gedenken unserem Mitglied Ing. Werner Krieg (10. Juni 1925 – 25. Juli 2016).

Vakuumbauelemente und Reinsträume sind Ausrüstungen, die fast jede moderne Firma im Hochtechnologiesegment benötigt, gleich ob es sich um Fertiger von Halbleiter-Bauelementen oder Pharmazeutika handelt, ob es um neueste Forschungen geht oder ob medizinische Einrichtungen auszurüsten sind. Zwei unserer Autoren haben ihre jeweiligen Kenntnisse auf diesen Gebieten nach der politischen Wende vermarktet und systematisch in diesen Sektoren tätige, international erfolgreiche Firmen aufgebaut.

Die Zeiten, in denen sich Wissenschaftler die Mühe machten, einen Artikel aus dem Deutschen in ihre Muttersprache zu übersetzen, sind wohl vorbei. Man mag dies bedauern, es wird sich aber vermutlich nicht mehr ändern. Vielmehr etabliert sich mehr und mehr das Englische in einer globalen Welt. Andererseits gelingt es den Meisten von uns, Gedanken und Ideen vorzugsweise in der Muttersprache am besten zu formulieren. Nun gibt es zahlreiche Fachleute, denen Englisch nicht in die Wiege gelegt wurde. Der Sprachwissenschaftler Hartmut Heuermann rät, wie wir mit dieser Situation umgehen sollten. Seine Lösung unterscheidet sich von dem Votum des schweizerischen Literaten Charles Linsmayer, den wir im Band 16 (2013) zu Wort kommen ließen.

Trotz widriger Umstände gelang es manchem Entwickler auch in der DDR Spitzenprodukte herzustellen, die den Vergleich auf dem Weltmarkt nicht zu scheuen brauchten. Nach 1989 war es für viele eine große Hürde, Entscheidungsträger zu überzeugen, dass die Arbeit auf ihrem Fachgebiet nützlich für die Gesellschaft und ihr Produkt Konkurrenten in der Welt ebenbürtig oder gar überlegen ist. Erfahren Sie, wie die Entwicklung eines Sensors erfolgreich bis in die heutige Zeit fortgesetzt wurde. Als prominentes Beispiel führt der Autor Thomas Elbel den Einsatz in Weltraummissionen an. Einige Exemplare übermittelten uns wertvolle Informationen aus dem Weltall zur Zusammensetzung interstellarer Materie.

Wer kennt nicht ZEISS-Punktal. Vor etwa 100 Jahren arbeiteten der spätere Nobelpreisträger Allvar Gullstrand und der Zeissianer Moritz von Rohr interdisziplinär zusammen und schufen weitere Grundlagen in der Augenoptik. Fehlsichtigen verhalf das Wissen um die Bildentstehung im Auge im Zusammenwirken mit der Brille zu besserem, schärferem Sehen, dem Zeiss-Werk zu Bekanntheit in der ganzen Welt und zu geschäftlichem Erfolg.

Auch wissenschaftlich technische Höchstleistungen aus der Vergangenheit faszinieren uns immer wieder, nicht zuletzt wegen des Ideenreichtums seiner Entwickler. Zu diesen Projekten gehören der Großmesssender in Hermsdorf sowie die erste und einzige Atomuhr der DDR in Weida. Manch einer kennt auch nicht die Vorgeschichte von ASMW (Amt für Standardisierung und Messwesen) und PTB (Physikalisch Technische Bundesanstalt) mit dem gemeinsamen Ausgangspunkt nach 1945 in Weida. Die Autoren schildern, wie es zu diesen technischen Großleistungen kam und weshalb es dafür in Thüringen gute Voraussetzungen gab. Die Einrichtungen werden bewahrt und können besichtigt werden. In Jena erinnert eine Gedenktafel an der Astronomisch-Physikalischen Fakultät an die Leistungen ihrer einstigen Schüler. Das von L. Rohde und H. Schwarz gegründete Unternehmen stiftet jährlich Preise für die beste Dissertation und die beste Masterarbeit an der Fakultät.

Zeiss-Feldstecher trugen und tragen den Namen Zeiss in die Welt. Grund für ambitionierte Kenner, möglichst vollständig Exemplare verschiedener Herstellungsperioden und Zielgruppen zu sammeln. Das Buch von Dr. Hans T. Seeger hilft, Eigentümern von Sammelstücken ihren Besitz einzuordnen und den weniger glücklichen, den Nichtbesitzern, sich an der Vielfalt und dem gediegenen Design in Wort und Bild zu erfreuen. Wir geben eine Inhaltsangabe zu diesem Werk.

Unser Jahrbuch erfreut sich eines stabilen Leserkreises. Alle Artikel sind auch in digitaler Form verfügbar. So können wir Interessierten den Inhalt der Beiträge in kürzester Frist verfügbar machen. Dennoch würden wir uns eine weitere Verbreitung wünschen. Es gelingt uns nur mit Hilfe von Sponsoren die Druckkosten zu stemmen. Allen, die uns finanziell unterstützen, möchten wir auch auf diesem Wege vielmals danken. Wir unternehmen viele Anstrengungen, um unseren Leserkreis zu erweitern. Das größte Potenzial sehen wir in der Jugend. Das ist eine langfristige Aufgabe, die auch Auswirkungen auf den Inhalt und das Format des Jahrbuches haben. Einige Beiträge führen ihre Geschichte bis an die unmittelbare Gegenwart heran.

Dank gebührt auch den Autoren. Sie ermöglichen erst, dass wir die selbstgesteckte Aufgabe lösen können, nämlich Geschichte von technischen oder wissenschaftlichen Entwicklungen zu bewahren. In selbstloser Weise, mit viel Geduld und unendlichem Fleiß verhelfen sie uns zum Inhalt der Jahrbücher. Unterstützt werden sie von vielen Archiven, seit langem und insbesondere vom Zeiss Archiv in Jena. Dem Leiter Dr. Wolfgang Wimmer und seinen Mitstreitern danken wir vielmals.

Uns erreichen viele anerkennende Worte auch zur gestalterischen Qualität der vorangegangenen Jahrbücher. Deshalb halten wir an der bewährten Zusammenarbeit mit allen fest, die in der Vergangenheit an der Herausgabe des Jahrbuchbuchs mitgewirkt haben. Es sind dies: der Verleger und Lektor Bernd Rolle, der Korrektor Dr. Dr. Roland Itterheim, der Grafiker Bernd Adam sowie Herr Rainer Wächter als Vertreter des Druckhauses Gera. Nicht zuletzt hat uns der Künstler des Zeiss-Denkmals mit Bildern aus seinen 3D-Scans bei der Gestaltung des Umschlags inspiriert. Allen gilt der Dank für das gelungene Erscheinen dieses Bandes.

Peter Hahmann
Jena im September 2017

Inhalt

Vorwort	5
Volker Guyenot Das Zeiss-Denkmal in Jena	11
Nachruf Professor Dr.-Ing. Manfred Steinbach	27
Manfred Steinbach (†) Zuarbeit für das 39-m-Teleskopprojekt der ESO	41
Manfred Steinbach (†) Hexapode im Präzisionsgerätebau	81
Manfred Steinbach (†) Blechbaugruppen für Präzisionsgeräte	107
Renate Tobies Moritz von Rohr: Optik – Mathematik – Medizintechnik	117
Hartmut Heuermann Englisch in Wissenschaft und Technik als sprachwissenschaftliches Problem	171

Ute Bergner und Wilfriede Fiedler
Jena und die Vakuumtechnik   179

Joachim Ludwig
Die Geschichte der Reinraumtechnik und
deren Weiterentwicklung in der Region Jena   233

Thomas Elbel
Thermische Strahlungsempfänger aus Jena:
Von den Vakuumthermosäulen VTH1 und VTH20
bis zu den Mikrosensoren „Tschuri" und Mars   255

Peter Bussemer und Jürgen Müller
Die Physikalisch-Technische Reichsanstalt
in Ostthüringen – Forscher und Forschungen   285

Friedmar Kerbe und Karl-Eduard Knaf
40-kW-Großmesssender der HESCHO in Hermsdorf   335

Peter Hahmann
Handferngläser von 1894 – 1919   351

Inserate der Unterstützer   360

Jenaer Jahrbuch zur Technik- und Industriegeschichte
Inhalt der Bände 1 bis 19   371

Volker Guyenot, Jena

Das Zeiss-Denkmal in Jena

Verortung und Ausgangssituation

Jena hat viele Denkmale, einige wenige haben eine politische Bedeutung. Dazu gehört der von Friedrich Drake geschaffene „Hanfried" auf dem Markt. Am Sockel ist zu lesen:

Bild 1: Denkmal des „Hanfried" auf dem Jenaer Markt, verziert mit studentischen Kränzen aus der neueren Zeit.
Foto: Volker Guyenot

Das Burschenschaftsdenkmal von Adolf von Donndorf vor dem Hauptgebäude der Universität hat eine ausgesprochen politische Bedeutung, ist keiner einzelnen Person zuordenbar und appelliert an patriotische Gefühle. In Jena gründeten sich bekanntlich 1815 die studentischen Burschenschaften. Weitsichtig und fortschrittlich wurden demokratische Reformen und Deutschlands Einigung eingefordert. In diese Zeit wurde Carl Zeiß hineingeboren, die noch von Adel und Klassengegensätzen geprägt war.

Die meisten Denkmale in Jena wurden von dankbaren Schülern für ihre Professoren gesetzt, hauptsächlich am Fürstengraben, der „via triumphalis". Die an vielen Häusern und Universitätsinstituten angebrachten Gedenktafeln in schlichter Form sind überwiegend Universitätsangehörigen gewidmet. Noch sind kaum verdienstvolle Zeiss-Mitarbeiter bei den Geehrten zu finden.

Auf den ersten Blick ist es erstaunlich, dass die Stadt Jena bis zu diesem Jahr über kein Denkmal für eine ihrer Lichtgestalten – Carl Zeiß – verfügte. Denkmale werden häufig zu bedeutenden Jahreszahlen aus dem Leben des zu Ehrenden errichtet. Zur Erklärung könnten die folgenden geschichtlichen Fakten dienen. Carl Zeiß, 1816 in Weimar geboren, eröffnete 1846 in Jena eine feinmechanische Werkstatt, aus der der Weltkonzern Carl ZEISS hervorging [ZEISS]. Die aus 1816 und 1846 oder dem Todesjahr 1888 ableitbaren Jubiläen fielen stets in überaus kritische Zeiten.

1896 hielt Ernst Abbe eine großartige, herzliche und beziehungsreiche Rede zum 50. Jubiläum der Firmengründung von Carl Zeiß [Abbe]. Bis in die Gegenwart war die Grabstätte von Carl Zeiß auf dem historischen Johannisfriedhof die einzige öffentliche Würdigung des Firmengründers (Bild 2).

Bild 2: Grabanlage auf dem Johannisfriedhof am 200. Geburtstag von Carl Zeiß. Foto: Ulrike Guyenot

1916 war der 100. Geburtstag von Carl Zeiß, eigentlich bestens geeignet für eine großzügige Ehrung. Wahrscheinlich war das öffentliche Interesse im 1. Weltkrieg anders orientiert, auch wenn die Firma ZEISS mit ihren Militärprodukten bestens im Geschäft war.

1946 fiel die Jahrhundertfeier zur Firmengründung denkbar knapp aus. Kein Wunder, in dieser Zeit wurde das Werk in Jena nahezu vollständig demontiert und in die Sowjetunion als Reparation für die unendlichen Kriegsschäden verbracht [Hermann]. Vorausgegangen war die Mitnahme von Patentschriften und Konstruktionsunterlagen sowie von führenden Mitarbeitern durch die US-amerikanische Besatzungsmacht, die im Juni 1945 kurzzeitig Thüringen und teilweise Sachsen besetzt hatte. Nach einer kurzzeitigen und hoffnungsvollen Wiederinbetriebnahme einiger Werkstätten von ZEISS wurde ab Herbst 1946 das ZEISS-Werk rigoros demontiert. Sämtliche Maschinen, Werkzeuge und Ausrüstungsgegenstände sowie noch vorhandene Patente und Konstruktionsunterlagen, d.h. alles was nicht durch die Angriffe zerstört war, ging nun verloren. Selbst das Know-how wurde durch die Mitnahme weiterer Mitarbeiter mit ihren Familien in die Sowjetunion transferiert. Erstaunlicherweise blieb noch genügend Wissen und Motivation erhalten, um die Firma wiederaufzubauen. Die Mitarbeiter, die von den Amerikanern 1945 in die Westzonen verbracht wurden, errichteten später parallel ein zweites ZEISS-Werk in Oberkochen. Auch sie mussten zunächst alles „nacherfinden" und neu konstruieren.

In Jena hatte Schomerus als Mitglied der ZEISS-Geschäftsführung im November 1946 eine Jubiläumsrede vorbereitet mit dem Appell, das „Werk fortzusetzen" [Schomerus]. Damit meinte er im Sinne von Carl Zeiß, Ernst Abbe und Otto Schott trotz der Kriegsschäden die Werkskultur, den Erfindergeist, das soziale Engagement, die Treue zur Firma weiterzuentwickeln.

Die Demontage durchkreuzte diesen Ansatz zunächst. Wahrscheinlich ist in dieser schwierigen Zeit des 100-jährigen Firmenjubiläums eine Stele mit dem Bildnis von Carl Zeiss auf dem damaligen Eichplatz aufgestellt worden. Diese wurde demontiert, um in den 60-er Jahren für das runde Hochhaus (jetzt Jentower) Platz zu schaffen. Ein Relief der Stele (Bild 3) wurde 2016 von Kristian Philler wieder aufgefunden. Das ist das kurze Schicksal des bisher einzigen und jahrelang verschollenen Zeiss-Denkmals in Jena.

Der 150. Geburtstag 1966 fiel in eine Zeit, wo unaufhörlich die Überlegenheit des sozialistischen gegenüber dem kapitalistischen System bewiesen werden sollte. Eine Würdigung von erfolgreichen Unternehmern mit philanthropischen Attitüden passte nicht dazu. Die Zeit für ein Zeiss-Denkmal war noch nicht gekommen.

Schließlich wäre 1996 zum 150. Jahrestag der Firmengründung die nächste Gelegenheit für eine große Würdigung gewesen. Die Zukunft von ZEISS in Jena war gänzlich ungewiss. Auch der Bundeskanzler Helmut Kohl konnte beim Festakt im Jenaer Volkshaus darüber nicht hinwegtäuschen [Kohl]. Der Zusammenbruch des Sowjetsystems („die Wende") führten in der damaligen DDR zu einem Systemwechsel sondergleichen. Für die Wirtschaft hieß das: Wegfall der Märkte im Ostblock, Bewährung in der globalisierten Welt mit zumeist nicht konkurrenzfähigen Produkten, insbesondere bei Geräten mit elektronischen Elementen, Austausch

Bild 3: Stele für Carl Zeiss am zeitweisen Standort im Prinzessinengarten (jetzt eingelagert).
Foto: Bauaktenarchiv Jena

der Führungseliten, Neubestimmung der Eigentumsverhältnisse, Ablösung der Mark der DDR durch die DM usw. Die Jenaer ZEISS-Mitarbeiter gerieten ebenfalls in diesen Strudel und vollbrachten das Wunder von Jena. Damit ist eine stabile, boomende Region mit Hunderten von kleinen und mittelgroßen Firmen aus verschiedenen Hightech-Sektoren gemeint. Die Friedrich-Schiller-Universität und die Institute der großen deutschen Wissenschaftsgesellschaften wie Max Planck, Fraunhofer, Leibniz, Helmholtz u.a. trugen zum Erfolg bei. Eine Ursache für diese Entwicklung ist im Prinzip in einer engen Zusammenarbeit von Wissenschaft und Technik zu sehen, welche nach 150 Jahren immer noch Carl Zeiß und Ernst Abbe zu verdanken ist. Dazu gehören die ehemals 16.000 Mitarbeiter von ZEISS in Jena, die mutig, motiviert und voller Selbstvertrauen sich der Zukunft stellten. Auch die Stadtverwaltung von Jena trug ihren Teil bei.

Schließlich kündigte sich der 200. Geburtstag von Carl Zeiß am 11. September 2016 an. Das eröffnete eine neue Chance für eine dauerhafte Würdigung von Carl Zeiß. Welche Lücke zu schließen war, wurde schon 20 Jahre vorher treffend festgestellt [Grohé]:

„Erst gegen Ende des vorigen Jahrhunderts entstehen in Deutschland auch Denkmale für Industrielle (Krupp, Siemens). Unter den in Jena bildlich Geehrten fehlt ausgerechnet Carl Zeiss, Gründer der optischen Werkstätten, der das Fundament für den Weltruhm der thüringischen Kleinstadt legte. Denkmalen für Ernst Abbe hingegen begegnen wir gleich dreimal ..."

Die Idee

Einige ehemalige Zeissianer, die sich eng mit der Firma und ihrer Stadt Jena verbunden fühlen, brachten den Gedanken ins Gespräch, ein Denkmal für Carl Zeiß zu errichten (siehe Anhang:

Bild 4: Die Bürgerinitiative bei der Grundsteinlegung. Von links: Otto Haueis, Reinhard Köthe, Karl-Heinz Wilfert, Volker Guyenot, Hans-Georg Goelitz, (Kristian Philler nicht im Bild).
Foto: Henriette Goelitz

Interview mit Reinhard Köthe). Sie organisierten sich in einer Bürgerinitiative und mobilisierten die Öffentlichkeit. Zu nennen sind Reinhard Köthe, Hans-Georg Goelitz, Otto Haueis (Bild 4) und Karl-Heinz Wilfert. Sie waren nicht nur die Ideengeber, sondern sie legten Vorschläge vor: wie, wo, von wem, in welcher Ausführung und verantwortlichen Zuordnung ein Denkmal zu schaffen wäre. Ihre Überzeugungskraft – gänzlich ohne Sponsoring und finanziellem Hintergrund – war kraftvoll und mitreißend. Später kamen Kristian Philler und Volker Guyenot hinzu.

Auch wenn es vermessen erscheint, soll auf die großartige Gedenkstätte zu Ehren von Ernst Abbe hingewiesen werden. Kurz nach seinem Tod im Jahre 1905 gab es in Jena den Wunsch nach einer Abbe-Gedenkstätte. Der Gedanke der Dankbarkeit gegenüber dem gerade verstorbenen Ernst Abbe war überwältigend, und es etablierte sich ein Denkmal-Komitee. Auch der Gesichtspunkt, dass Jena sich nicht nur als Stadt der Optik etabliert hatte sondern auch als Kunststadt [Wahl], fand damals in den führenden Gremien der Stadt, der Universität und des Werkes Berücksichtigung.

Bild 5: Titelblatt des Spendenaufrufs. Flyer: Kristian Philler

Bild 6: Vorbereitung der Grundsteinlegung für das Denkmal am 11. 9. 2016, dem 200. Zeiß-Geburtstag. Hans-Georg Goelitz (links) und Reinhard Köthe beim Aufbau eines Kubus.
Foto: Volker Guyenot

Bis heute ist die Initiative der Arbeiterschaft von Zeiss zu Beginn des 20. Jahrhunderts unvergessen, die pro Mitarbeiter eine Spende in Höhe eines Tageslohns einbrachte. Die Mitwirkung von Max Klinger, Henry van de Velde und Constantin Meunier führten zu einem Kunstdenkmal von europäischem Rang. Im Volksmund „Abbe-Tempel" genannt, befindet es sich auf einem der schönsten Plätze von Jena. Der Carl-Zeiß-Platz wird begrenzt u.a. von Teilen des ehemaligen Hauptwerks von ZEISS, Klinikgebäuden und herausragend vom Volkshaus, welches die Aufschrift trägt: „Errichtet von Ernst Abbe 1903".

Bild 7: Christian Zeiss (Sprecher der Zeiss-Familie) bei seiner Ansprache zur Grundsteinlegung.
Foto: Volker Guyenot

Bild 8: Festakt zur Grundsteinlegung. Von links: Frau Dr. Siegert (Urenkelin von Carl Zeiss), Kristian Philler (Ortsteilbürgermeister Jena-Zentrum, hier etwas im Hintergrund), Otto Haueis, Hans-Georg Goelitz, (im Hintergrund: Karl-Heinz Donnerhacke), Reinhard Köthe, Volker Guyenot, Christoph Matschie (ehemaliger Stellvertretender Ministerpräsident von Thüringen).
Foto: Henriette Goelitz

Zumindest der Aspekt der Dankbarkeit und des Bürgerwillens spiegelt sich ein Jahrhundert später beim Zeiß-Denkmal wider. Ganz zielstrebig, hoch motiviert und voller Überzeugungskraft ging die Bürgerinitiative „Ein Denkmal für Carl Zeiß" im Frühjahr 2016 ans Werk [Flyer].

Zum 200. Geburtstag am 11. September 2016 war der 1. Meilenstein erreicht: Eine symbolische Grundsteinlegung auf dem Johannisplatz, um schließlich 2017 dort ein würdiges Denkmal zu errichten. Bild 6, Bild 7, Bild 8 zeigen Szenen von der Grundsteinlegung.

Standort, Gestaltung und Ausführung

Als Standort für das Zeiß-Denkmal wurde von der Bürgerinitiative der Johannisplatz vorgeschlagen. Das fand Zustimmung bei den zuständigen städtischen Behörden. Dieser Standort überzeugte durch seine Nähe zur dritten Werkstatt (ab 1858) von Carl Zeiss in 20 m Entfernung. Carl Zeiss schaut gewissermaßen auf seine Wirkungsstätte. Die Stadt hatte für 2016/2017 eine großzügige Rekonstruktion des Johannisplatzes und der Wagnergasse angeschoben, so dass für das Denkmal eine technisch und gestalterisch passende Stelle gefunden werden konnte. Dem Laien entziehen sich normalerweise eine Vielzahl von Fragestellungen, wie die unterirdische Leitungsverlegung, die Ansprüche von Feuerwehr, Kulturamt und weiteren berufenen und beauftragten Institutionen. Alles konnte konstruktiv geklärt werden.

Das Denkmal sollte nach den Vorstellungen der Initiatoren eine figürliche Darstellung von Carl Zeiß im höheren Alter sein, aufrecht stehend, mit hohem Wiedererkennungswert. Die Firma

ZEISS [Paetrow; Wimmer] verdankt ihren grandiosen Aufschwung im 19. Jahrhundert dem Gründer selbst, dem Wissenschaftler Ernst Abbe, dem Glas-Chemiker Otto Schott und einer höchsten Ansprüchen genügenden Ausbildung und Motivation der Mitarbeiter. Ernst Abbe stellte eine praktikable Theorie der optischen Abbildung auf, insbesondere für Lichtmikroskope. Das Geschäftsfeld Mikroskopie ist derart untrennbar mit dem Namen ZEISS verbunden, dass das Denkmal unbedingt auch eine Darstellung eines Mikroskops aus den 80er Jahren des 19. Jahrhunderts enthalten sollte.

Die Aufstellung im öffentlichen Raum – ohne Absperrungen – erfordert technisch eine sehr solide und stabile Ausführung. Bronzeguss findet sich mehrfach in der Stadt, ebenso ein mäßig

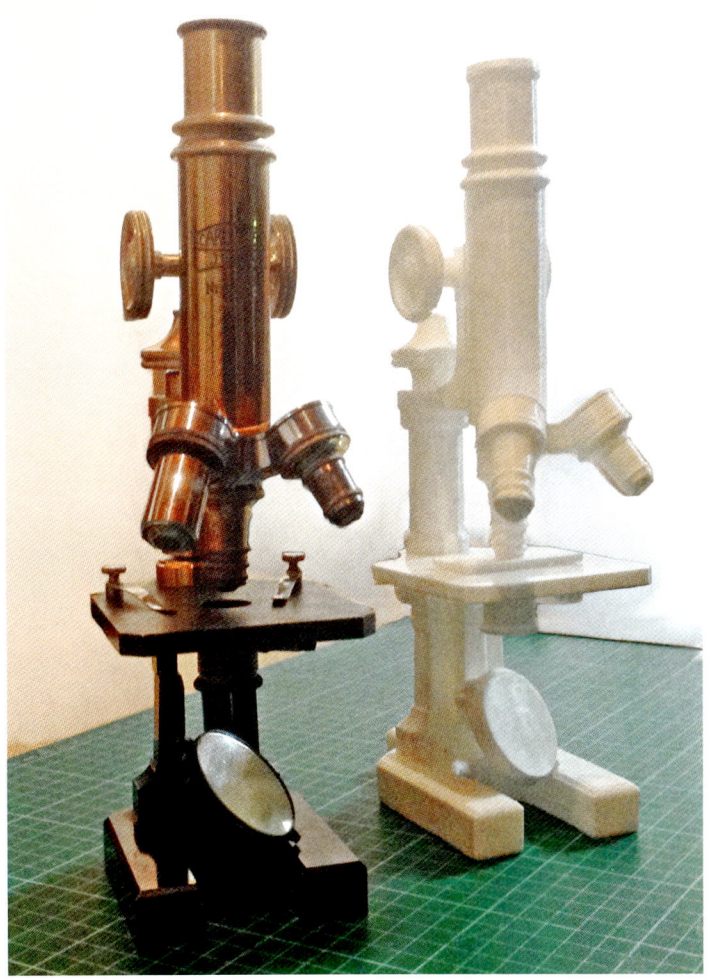

Bild 9: Historisches Zeiss-Originalmikroskop neben seinem in 3D-Technik gedruckten Abbild. Stativ und Spiegelhalterung sind stabiler gestaltet. Foto: Klaus-Dieter Locke

hoher Steinsockel. Damit sind die Vorgaben für die künstlerische Ausschreibung kurz umrissen. Die Vorgehensweise umfasst die Abfolge: Künstlerische Gestaltung eines Gipsmodells der Figur, Wachsmodell und der Bronzeguss im Wachsausschmelzverfahren. Das Denkmals-Mikroskop wurde einem Originalmikroskop unter Zuhilfenahme der 3D-Aufnahmetechnik nachgebildet. Der Datensatz wurde vom Künstler etwas verfälscht, um eine höhere Stabilität zu erreichen. Vor allem das Stativ und der Spiegel sind nun kompakter als das Original. Dann konnte das Mikroskop mittels 3D-Druck in Kunststoff hergestellt werden, um den Bronzeguss des Mikroskops vorzubereiten. Im Bild 9 ist das Originalmikroskop neben seinem abgeleiteten 3D-Kunststoffmodell zu sehen.

Bild 10: Faksimile einer Originalunterschrift Carl Zeiß. Foto: Stadtarchiv Jena

Die Beschriftung am Beistelltisch zeigt das Faksimile einer Unterschrift von Carl Zeiß (Bild 10) [Jena Archiv], einen Hinweis auf seinen 200. Geburtstag und eine Erwähnung der Bürgerinitiative.

Der Künstler, die Kunstgießerei und der Steinmetz

Der Künstler Klaus-Dieter Locke [Locke] hatte 2015 am Jenaer Zeiss-Planetarium im Auftrag der Ernst-Abbe-Stiftung [Ernst-Abbe-Stiftung] ein bronzefigürliches Denkmal des sitzenden Ernst Abbe geschaffen (Bild 11). Ernst Abbe ist für jeden, der sich mit Optik, mit dem Zeiss Werk und der Stadtgeschichte von Jena befasst hat, sehr gut erkennbar. Die Bürgerinitiative führte erste Gespräche mit dem Künstler, um ihn für die anstehende Ausschreibung zum Zeiss-Denkmal zu gewinnen.

In der städtischen Ausschreibung wurde sein Konzept entsprechend den Vorgaben zur Gestaltung, zum Standort und zur Materialauswahl akzeptiert. Im Gegensatz zum Ernst-Abbe-Denkmal am Planetarium sollte Carl Zeiss eine aufrechte Haltung mit visionärem Blick einnehmen. Etwa in Lebensgröße, auf einem Steinsockel, alles in Bronzeguss und in Verbindung mit einem Mikroskop – ohne weiteres Beiwerk.

Locke fand seinen Weg über einige Jahre Physikstudium an der Friedrich-Schiller-Universität Jena (FSU), dann als Sektionsgehilfe am Institut für Gerichtliche Medizin der FSU hin zum Studium der Malerei und Grafik von 1979–1989 an der „Hochschule für Design Burg Giebichenstein" in Halle unter Prof. Willi Sitte und Prof. Hannes H. Wagner. Nach dem Diplomabschluss als Maler und Grafiker wurde er Mitglied des VBK Erfurt (Verband Bildender Künstler), später im VBK Berlin (West). Lehrtätigkeiten in Berlin, Magdeburg, Nordhausen, an der Bauhaus-Universität Weimar und der Technischen Universität Ilmenau schlossen sich an.

Bild 11: Figur von Ernst Abbe vor dem ZEISS-Planetarium.
Foto: Volker Guyenot

Bild 12: Klaus-Dieter Locke mit dem Gipsmodell von Carl Zeiß.
Foto: Volker Guyenot

Bild 13: Vorbereitung der Gussform in der Kunstgießerei Gebr. Ihle Dresden.
Foto: Klaus-Dieter Locke

Der Künstler näherte sich der Figur von Carl Zeiß mittels historischer Fotos des 60jährigen Carl Zeiß. Dem Unternehmer Carl Zeiß betrachtet man in Augenhöhe. Das ZEISS-Werk war bereits im vierten Jahrzehnt, alles ist wohlgeordnet, Mut und Vertrauen in die Zukunft kann man annehmen.

Ein Blick in das Atelier in Bad Berka (Bild 12) zeigt Locke am Gipsmodell. Die Präzision, die bei den Erzeugnissen von ZEISS sprichwörtlich ist, spiegelt sich auch in der künstlerischen Ausführung wider. Bereits die Figur von Ernst Abbe wurde in der Kunstgießerei Gebr. Ihle [Ihle] in Dresden angefertigt. Diese Firma erhielt auch den Auftrag für das Zeiss-Denkmal mit Mikroskop und Schrifttafeln.

Das Bild 13 zeigt den Prozessschritt, wo das vom Original abgenommene Modell mit rötlichem Wachs überzogen in der Gussform steckt. Die Figur wurde aufgrund ihrer Größe geteilt und wird nach dem Bronzeguss wieder zusammengefügt.

Als Steinmetz wurde die Firma Thomas Erdmann aus Bad Berka gewonnen [Erdmann]. Der Sockel und ein Beistelltisch sind aus Thüringer Travertin aus Bad Langensalza angefertigt.

Finanzierung und Dank an die Spender und Unterstützer

Abschätzungen ergaben einen Finanzbedarf von < 40.000 EUR. Anfang 2016 erschienen erste Artikel in der Tagespresse zum Denkmalprojekt, und sofort wurde von einzelnen Personen angefragt, ob eine Beteiligung möglich wäre. Das führte zu dem mutigen Gedanken, das Denkmal als ein Symbol des Bürgerwillens zu betrachten. Alle, die sich persönlich oder über ihre Vorfahren mit Carl Zeiß verbunden fühlen, sollten die Chance einer Beteiligung erhalten. Der Sprecher der Bürgerinitiative Reinhard Köthe wendete sich an den Vorstand des Vereins Technik-Geschichte in Jena e.V. [Technik-Geschichte]. Alles passte bestens. Der Vorstand war sofort überzeugt von der Sinnhaftigkeit des Projekts. Reinhard Köthe wurde in den Vorstand des Vereins gewählt und der Autor beteiligte sich in der Bürgerinitiative. Die Vereinssatzung bietet Spielraum für das Projekt. Der Verein hat einen gemeinnützigen Charakter und somit sind die Spenden für den Spender steuerlich absetzbar. Der Verein ist berechtigt, sogenannte Spendenquittungen auszustellen. Die Spenden werden an die Kulturstiftung ausgereicht.

Im Mai 2016 starteten die Bürgerinitiative, der Ortsteilrat Jena-Zentrum und der Verein Technik-Geschichte in Jena e.V. einen

Spendenaufruf [Flyer], der sofort einen außerordentlichen Widerhall fand. Das Spendenziel wurde zum Jahresende 2016 erreicht. Der Dank gebührt den über 370 Spendern und Helfern, darunter auch regionalen Firmen, Wandergruppen sowie Einzelpersonen aus Baden-Württemberg und Vorstandsmitgliedern des ZEISS-Konzerns mit persönlichen namhaften Beiträgen. Die Liste der Spender ist veröffentlicht [ZEISS-Denkmal] und wird im Sockel des Denkmals seit der Errichtung dauerhaft verwahrt.

Die Stadt Jena mit ihrer Kulturstiftung [Kulturstiftung] fand sich zu einer fruchtbaren und glücklichen Zusammenarbeit mit der Bürgerinitiative bereit. Das ist bei einer städtischen Administration nicht selbstverständlich. Im Rahmen der Städtebauförderung konnten zusätzliche Finanzmittel acquiriert werden. Die Auftragsvergabe erfolgte durch die Kulturstiftung und durch die mit der Stadt kooperierende Firma KEM [KEM]. Somit gehört das Denkmal zum städtischen Eigentum, zum Eigenbetrieb JenaKultur [JenaKultur].

Die Jenaer Öffentlichkeit nahm regen Anteil an diesem Projekt. Das zeigte sich in mehreren Artikeln in der Tagespresse, bei der Grundsteinlegung und schließlich bei der Einweihung. Vertreter der Stadt und der ZEISS-Familie waren anwesend und überbrachten Grußworte. Die Grundsteinlegung war besonders öffentlich-

Bild 14: Enthüllung des Denkmals durch die Schüler des Carl-Zeiss-Gymnasiums: Flora Stock, Helena von Mach, Danilo Götting, Jonas Biedermann.
Eugen Ermantraut von der Kulturstiftung Jena und Alt-OB Dr. Röhlinger hielten bei der Denkmalsweihe vor über 300 Zuhörern Ansprachen, Frau Gudrun Vogel (ZEISS AG) verlas einen Gruß von Christian Zeiss und das Bläserquintett „blechARTig" umrahmte die Veranstaltung.
Quelle: ZEISS AG/Scheere.

keitswirksam. Der Termin wurde auf den „ZEISS-Tag in Jena", dem 200. Geburtstag von Carl Zeiß am 11. September 2016 gelegt. Tausende Besucher informierten sich an diesem Tag über das ZEISS-Werk und auch zum geplanten Zeiss-Denkmal. Schließlich konnte das fertiggestellte Denkmal ein Jahr später am 16. September 2017 am Johannisplatz der Öffentlichkeit übergeben werden. (Bild 14)

Die Leistungen der Bürgerinitiative wurden ehrenamtlich und kostenfrei eingebracht. Das Zeiß-Denkmal ist ein großartiger Ausdruck der Ehrerbietung für den schon lange verstorbenen Begründer der ZEISS-Werke und zeigt die Verbundenheit mit dem Werk.

Wie wahr ist die Würdigung auf dem Grabstein von Carl Zeiss (Bild 15):

Bild 15: Rückseite des Grabsteins mit einem Spruch von Stickel.
Foto: Bernd Adam

Die Bürger von Jena, wir alle können stolz darauf sein.

Anhang: Interview mit Reinhard Köthe
Sprecher der Bürgerinitiative „Ein Denkmal für Carl Zeiss"

Vieles in Jena erinnert bereits an das Wirken von Carl Zeiss. Wie kamen Sie auf die Idee, dass ein Zeiss-Denkmal fehlen könnte?
In der monatlichen kleinen Gesprächsrunde ehemaliger Zeissianer besprachen wir im Februar 2016 einen Zeitungsartikel mit dem Titel „Etwas mehr Carl Zeiss könnte nicht schaden" [TLZ/OTZ, 09.02.2016], der sich mit der Vorbereitung seines 200. Geburtstags befasste. Wir haben dabei festgestellt, dass es für Ernst Abbe seit Kurzem bereits ein drittes Denkmal gibt, für Carl Zeiss jedoch kein einziges. Diesen Widerspruch wollten wir nicht akzeptieren.

Wie ging es weiter?
Wir führten viele Gespräche im Freundes- und Bekanntenkreis, so auch mit Vertretern des Stadtrates und von Jenaer Betrieben. Die

Reaktionen reichten von „Endlich greift das Thema jemand auf" über „Wer A sagt, muss auch B sagen" bis hin zu „Wenn Ihr Geld dafür habt, dann macht's". Wir, ein kleines Team von anfangs vier, später sechs Mitstreitern, haben uns dann entschieden, das Projekt selbst anzugehen. Nach einem ersten Zeitungsartikel erhielten wir viel Zuspruch und einige fragten schon: „Wo können wir helfen oder spenden? Nennt uns eine Kontonummer!" In Unkenntnis, was hinter so einem Projekt steht, mussten wir viele Hürden meistern, nicht nur die Finanzierung über Spenden.

Das Denkmal entsteht am Johannisplatz, wo sich die dritte Werkstatt von Zeiss befunden hat. Warum gerade dieser Ort?
Als Standort kam für uns auch der Ernst-Abbe-Platz infrage, also das Zentrum des ehemaligen Zeiss- Hauptwerkes. Die Platzmitte ist aber bereits mit den Metallplastiken von Frank Stella besetzt. Deshalb hätten wir das Denkmal nur in eine Ecke stellen können. Schließlich konnten wir uns mit der Stadt auf den Johannisplatz verständigen. Die dritte Werkstatt ist die bedeutendste. Sie fällt in die Zeit der Partnerschaft mit Ernst Abbe. Allerdings hatte der Umbau des Platzes gerade begonnen. Das heißt, wir mussten in eine bestehende Planung eingreifen, bis in die Tiefe. Ein Denkmal hat ja ein Fundament.

Die Grundsteinlegung fand im Rahmen des Carl Zeiss Tages am 11. September 2016 statt. Damit waren Sie sehr schnell!
Wir wussten, dass solche Projekte oft Jahre dauern. Wir haben überlegt, was wir bis zu diesem Tag schaffen können. Das Denkmal bis dahin fertigzustellen, hätte sicherlich Qualitätsabstriche bedeutet, und das wollten wir als Zeissianer nicht. Aber eine feierliche Grundsteinlegung war machbar.

Sie haben von Anfang an auf eine eigene Finanzierung des Denkmals gesetzt. Warum?
Wir wollten den Bürger Carl Zeiss ehren. Dafür haben wir bei Bürgern um Spenden geworben. Das historische Vorbild war für uns das Abbe-Denkmal auf dem Carl-Zeiss-Platz, das vorwiegend durch Spenden der Belegschaft des Zeiss Werkes bezahlt wurde.

War die figürliche Darstellung von Carl Zeiss von Anfang an der Favorit?
Anfangs gab es die Überlegung, einen vorhandenen Entwurf mit einer Doppellinse umzusetzen. Wir wollten Zeiss aber als Person

zeigen. In Etappen haben wir uns auf eine stehende, lebensgroße Figur verständigt. Als Künstler konnten wir Klaus-Dieter Locke gewinnen, der auch die sitzende Ernst-Abbe-Skulptur vor dem Planetarium geschaffen hat. Wöchentlich waren wir mit dem Künstler in Kontakt, 21 Abstimmungsschritte gab es insgesamt. Wir wussten auch nicht, wie groß Carl Zeiss eigentlich war. Das mussten wir erst anhand von Bildern über die Größe der abgebildeten Mikroskope ermitteln.

Was war das Ergebnis?
1,78 Meter.

Was soll Einwohnern und Besuchern Jenas das Denkmal vermitteln?
Sie sollen den Menschen in Lebensgröße zu Gesicht bekommen, der die Stadt geprägt hat. Wer mag, kann sich mit ihm fotografieren lassen. Übermittelt ist, dass Carl Zeiss sehr bescheiden war, und so wollten wir auch, dass er sehr bürgernah wahrgenommen wird. Mit ihm auf Augenhöhe zu stehen, war unser eigentlicher Wunsch. Doch der Künstler hat sich wegen der besseren Wahrnehmung auf dem belebten Johannisplatz für einen kleinen Sockel entschieden.

Das Interview führte: Hendrik Rohling
       Volontär Presse- und Öffentlichkeitsarbeit
       Konzernfunktion Communications
       Carl Zeiss AG, Standort Jena

Literatur

[Abbe]
  Abbe, Ernst: Gedächtnisrede zur Feier des 50 jährigen Bestehens der Optischen Werkstätte (1896), in: Ges. Abh. 3. Band, Verlag von Gustav Fischer 1906, S. 60-101
[Erdmann]
  www.erdmann-natursteine.de
[Ernst-Abbe-Stiftung]
  www.ernst-abbe-stiftung.de
[Flyer]
  Flyer „Ein Denkmal für Carl Zeiß", www.zeiss-denkmal.de

[Grohé]
Zur Geschichte des Jenaer Ernst Abbe-Denkmals. In: Stefan Grohé (Hrsg.), Das Ernst Abbe-Denkmal, Gera/Arnstadt 1996 (Minerva. Jenaer Schriften zur Kunstgeschichte, Bd. 4), S. 8-35

[Hermann]
Hermann, Armin: CARL ZEISS. Die abenteuerliche Geschichte einer deutschen Firma, Piper München Zürich 1992, S. 154-167

[Ihle]
www.kunstgiesserei-ihle.de

[Jena Archive]
Bauaktenarchiv Jena, Fotoarchiv, Foto-Nr. B 031, B IV f Nr. 85 von 1854

[JenaKultur] www.jenakultur.de

[KEM]
www.ke-mitteldeutschland.de

[Kohl]
Helmut Kohl: Rede anlässlich des Festakts zum 150-jährigen Bestehen der Carl Zeiss-Werke in Jena, in: Bulletin der Bundesregierung Nr. 102, 11. Dez. 1996

[Kulturstiftung]
www.kulturstiftung-jena.de

[Locke] www.kd-locke.de

[Notni, Kühmstedt]
Notni, Gunther ; Kühmstedt, Peter: *Mehrbild-3D-Messsysteme in Rapid Prototyping und Qualitätssicherungs-Prozessketten.* https://www.iof.fraunhofer.de/content/dam/iof/de/documents/Publikationen/Fachbeitraege/Rundumvermessungssysteme.pdf

[Paetrow; Wimmer]
Paetrow, Stephan; Wimmer, Wolfgang: Carl Zeiss Eine Biografie 1816–1888, Köln, Böhlau Verlag 2016, ISBN 978-3-412-50387-1

[Schomerus] Schomerus, Friedrich R.: Nicht gehaltene Festrede zum 17. November 1946. In: *Die Glashütte* 75, H. 2 1948 und Privatarchiv Lambert Grolle

[Technik-Geschichte]
www.technikgeschichte-jena.de

[Wahl]
Wahl, Volker: *Jena als Kunststadt 1900–1933*, Leipzig, VEB E.A. Seemann Verlag 1988, S. 130-147

[ZEISS Denkmal]
www.zeiss-denkmal.de

[ZEISS]
www.zeiss.de

Dr.-Ing. habil. Volker Guyenot

Jahrgang 1941, Physiker. Von 1966–1982 bei Carl Zeiss Jena, Gruppen- und Abteilungsleiter, Haupttechnologe, Entwicklung von Verfahren und Maschinen für die Optikmontage. 1982–1988 Mitglied der Staatlichen Qualitätsinspektion des ASMW mit Zuständigkeit für Zeiss Jena. 1988–1991 Dozent für Montage- und Fügetechnik an der damaligen Sektion Technologie der Friedrich-Schiller-Universität Jena. 1992–2004 Leiter der Abt. Feinwerktechnik im Fraunhofer-Institut für Angewandte Optik und Feinmechanik (IOF) in Jena. Seit 2005 Berater für das IOF und Firmen der Medizintechnik. 2005–2007 Geschäftsführer der Firma JEN.cadiotec Technologie GmbH. Über 100 Veröffentlichungen und über 100 Patente in der Feinwerktechnik zum Fügen, zur Montage und Justierung von Optikbaugruppen, zu Präzisionslagern und zur Medizintechnik. Promotion 1978, Habilitation 1988/1990. Von 2002–2007 Vorlesungen an der EAH Jena. Auszeichnungen: Verdienter Erfinder 1971, Nationalpreis 1973, Fraunhoferpreis 2006. Stellvertretender Vorsitzender des Vereins „Technik-Geschichte in Jena e.V."

Professor Dr.-Ing. Manfred Steinbach
4. Mai 1937 – 1. Mai 2017

Kurz vor Vollendung seines 80. Lebensjahres verstarb Prof. Dr.-Ing. Manfred Steinbach, unser langjähriger Vorsitzender des Vereins Technik-Geschichte in Jena e.V. Selbst während der monatelangen schweren Krankheit übermittelte er noch so viel wie möglich von seiner Expertise an die Nachwelt. Mehrere Veröffentlichungen in diesem Jahrbuch zeugen davon.

Geboren wurde er am 4. Mai 1937 in Dessau. Hier besuchte er die Grund- und Mittelschule. Er gehörte zu den besten Absolventen der 10. Klasse und erhielt die Möglichkeit, an der Arbeiter- und Bauernfakultät (ABF) in Halle das Abitur nach nur einem Jahr abzulegen. Mit 17 Jahren und dem Reifezeugnis in der Tasche begann er an der gerade neu gegründeten „Hochschule für Elektrotechnik" 1954 in Ilmenau (heute Technische Universität Ilmenau) mit einem dreijährigen Grundstudium. Danach studierte er an der Fakultät für Feinmechanik und Optik bei dem von ihm hochverehrten Prof. Dr.-Ing. Werner Bischoff.

Der im Frühjahr 1957 erschienene Komet Arend-Roland und der erste Sputnik im Herbst des gleichen Jahres beeinflussten Manfred

Steinbachs Lebenslauf entscheidend. Diese Ereignisse weckten seine Begeisterung für die Astronomie und führten ihn mit Bischoff eng zusammen. Bei ihm diplomierte er 1960 zum Problem der optischen Beobachtung und Bahnvermessung künstlicher Satelliten. Als Bischoffs Assistent von 1959 bis 1961 arbeitete er an den Grundlagen für Satellitenbeobachtungsgeräte (SBG). Mit diesem Thema wurde er als erster an der Technischen Hochschule Ilmenau 1964 bei Prof. Bischoff promoviert. Das SBG wurde mehrfach gebaut und weltweit eingesetzt [Steinbach 2009]. Das im Jahr 2015 aus Anlass des Jubiläums „60 Jahre Maschinen- und Gerätebau" im Innenhof des Curie-Baus der Technischen Universität Ilmenau im Beisein von Manfred Steinbach aufgestellte und nunmehr historische Satellitenbeobachtungsgerät wird die TU für immer an ihn und seine herausragenden, im In- und Ausland geachteten ingenieurtechnischen Leistungen erinnern.

Prof. Bischoff hat ihm kurz vor seinem Tode mit auf den Weg gegeben: „Herr Steinbach, vergessen Sie die Prinzipien nicht". Gemeint waren technische und physikalische Prinzipien. Das Vermächtnis erfüllte er sein Leben lang. Die Begriffe Mechanismen, Kinematik, Freiheitsgrad, Überbestimmung, Ernst Abbes Komparatorprinzip, Belastungen durch Schwerkraft, Beschleunigung und Schwingungen sowie Temperatureinflüsse waren seine Welt. Seine Hochschullaufbahn schien vorgezeichnet, aus politischen Gründen allerdings gestoppt. Werner Bischoff war es, der ihn in die Zeiss-Astroentwicklung brachte.

Hans Beck [Beck] erinnert sich: „Manfred Steinbach fand einen Arbeitsplatz im KoBoAs (Konstruktionsbüro Astronomische Geräte bei Carl Zeiss Jena – der Autor). Ich erfuhr dann, dass er sich in Ilmenau astronomisch betätigte und an einer Diplomarbeit über ein Satellitenbeobachtungsgerät arbeitete. Nun begann sein Aufstieg. Die Konstruktion des SBG genannten Teleskops war eine Spitzenleistung der Konstruktionssystematik. Das Gerät wurde 1967 auf der Leipziger Messe und auf der Astro-Ausstellung anlässlich der Generalversammlung der Internationalen Astronomischen Union in Prag gezeigt, während das dritte 2-m-Teleskop in Betrieb genommen wurde. Manfred Steinbach gehörte zu dem Astro-Kollektiv, das am 7. Oktober 1967 mit dem Nationalpreis der DDR 2. Klasse ausgezeichnet wurde."

Die astronomischen und die aufkommenden Techniken für die Halbleiterproduktion hatten einige Schnittstellen. So verantwortete Manfred Steinbach die Geräteentwicklung M 100, ein Zweikoordinatenmessgerät zur Vermessung von Präzisionsgerätetischen in der Fotolithografie. Im Rahmen dieser Thematik entstand das vermutlich weltweit erste „zweidimensionale Urmeter" [Kramer]. 1979 erhielt er dafür seinen 2. Nationalpreis. Die Messung von Strukturbreiten und die Lage der fotolithografisch erzeugten Strukturen waren essentiell für die Gerätetechnik in der Halbleiterindustrie. 27 Jahre war Manfred Steinbach bei Zeiss tätig.

Dazu ein Rückblick von Wilfried Lang [Lang], seinem ehemaligen Assistenten und dem späteren Geschäftsbereichsleiter Planetarien und Vice President der Carl Zeiss AG: „… Als aber der politische Druck in der damaligen DDR zu groß wurde und sich sein Arbeitsumfeld immer schwieriger gestaltete, Kreativität nicht mehr gewünscht war, nutzte er 1988 einen Aufenthalt in der BRD dazu, dort zu bleiben. Auch hier erkannte man schnell seine gesellschaftlichen und fachlichen Fähigkeiten, so dass es für ihn keine Frage war, dabei zu sein als man ihn rief, beim Strukturwandel des Ruhrgebietes mitzuhelfen. So war er Mitbegründer des Optikzentrums Bochum, übernahm hier auch sofort eine Leitungsfunktion."

1989 bis 1991 war er als Konstrukteur bei Krupp Industrietechnik in Duisburg tätig. Vier Rufe auf eine Professur schlug er aus und entschied sich schließlich für eine Professur für Konstruktion und Feinwerktechnik an der Fachhochschule Lübeck. Von 1990 bis 2001 lehrte er dort, gleichzeitig war er Geschäftsbereichsleiter für Entwicklung im Optikzentrum.

Lang [Lang] erinnert sich: „Nach seinem Weggang an die Ruhr-Universität Bochum blieb er im dortigen Optik-Zentrum unser Partner und entwickelte mit der Firma Krupp das innovative „HEXAPOD"-Teleskop, für das in Jena ein 1,5-m-Leichtgewichtsspiegel mit aktiver Lagerung nach R. N. Wilson, dem Pionier dieser Technik, erst den Bau der 8-m-Teleskope (VLT) ermöglichte."

1997 gründete er in Bochum sein eigenes Ingenieurbüro für Gerätekonstruktion, welches er nach seiner Rückkehr bis kurz vor seinem Tod in Jena fortführte. Die Liste der Referenzen ist lang und führt durch viele Gebiete der Präzisionsmechanik: Halbleiterproduktionstechnik, Medizintechnik, Optische Bauelemente, Längenmesstechnik, Astronomie, Geophysik, Weltraumforschung, Astronomische Uhren, um nur einige zu nennen [Steinbach 2017].

Seine Leistungen in der astronomischen Gerätetechnik wurden international vielfach gewürdigt. Ein Ausdruck dafür ist die Benennung des Asteroiden Nr. 32810, der 1990 in Tautenburg entdeckt wurde, auf den Namen „Steinbach".

Lang [Lang] führt weiter aus: „2002 verlegte er (Manfred Steinbach – der Autor) seine Tätigkeit wieder nach Jena, auch um wieder das Hinterland von ZEISS für seine Aktivitäten nutzen zu können. Er hatte sich aber vor allem vorgenommen, neben seiner beruflichen Tätigkeit das Erbe von ZEISS im Osten zu bewahren. Nicht nur in Form der Sammlung historischer Geräte und Instrumente, sondern vor allem in der Bewahrung der Kollegialität einstiger „Zeissianer". Über gemeinsame Interessen wollte er den aufgrund der politischen Wende in Deutschland verloren gegangenen Zusammenhalt wiederbeleben."

Bei Zeiss in Jena lernte er die großen Möglichkeiten der innerbetrieblichen Kooperation zu schätzen und war stolz auf das riesige Know-how, welches hier angesammelt worden war und zu dem er nicht unwesentlich beigetragen hatte. Es gab in dieser Vor- Computerzeit fast kein technisches Problem, zu dem man nicht bei Zeiss mit einem Spezialisten diskutieren konnte. Manfred Steinbach verband das Wissen um die Anwenderbedürfnisse der Astronomen mit der konsequenten Konstruktionssystematik.

Als Podium für die Zeissianer bot sich unser Verein an. 2002 wurde er zum Vorsitzenden des „Technik-Geschichte in Jena e.V." gewählt. Er erfüllte diese Position mit Hingabe und Leidenschaft. Das Jenaer Jahrbuch zur Technik- und Industriegeschichte unseres Vereins wurde vom Band 1 (1999) bis zum Band 6 (2004) von Lothar Kramer herausgegeben, der außerdem als Stellvertretender Vereinsvorsitzender Maßstäbe setzte. Vom Band 7 (2005) bis zum Band 17 (2014) war Manfred Steinbach unser Herausgeber, bei den Bänden 18 und 19 Hauptherausgeber. Die Qualität der Bände wurde seit Jahren konsequent verbessert. Das zeigte sich in allen Kriterien einer wissenschaftlich-technischen Darstellung, aber auch bei den hochaufgelösten Fotos, der Druck- und Papierqualität, der Einbandgestaltung. Manfred Steinbach verfasste 28 Artikel im Jenaer Jahrbuch bis 2016 (siehe auch die Publikationsliste). Das Spektrum reichte von Themen zur Konstruktionssystematik zu ausgewählten und verallgemeinerungswürdigen Konstruktionsprinzipien bis ins Detail, nicht nur in der astronomischen Gerätetechnik. Eine wissenschaftliche Durchdringung und Exaktheit waren selbstverständlich. Bis 2015 hielt er vor einem interessierten Publikum von Vereinsmitgliedern und Gästen 15 Vorträge. Der vorliegende Band veröffentlicht drei Beiträge, die er im letzten Jahr verfasste.

Im Jahrbuch werden herausragende Persönlichkeiten, die noch häufig als Kollegen bekannt waren, gewürdigt. Dieser Aufgabe hat sich der Verstorbene oft gestellt, nun ist er selbst der zu Würdigende. Eine andere selbstgestellte Aufgabe konnte er nicht mehr verwirklichen, das Gedenktafelprojekt für hochverdiente ehemalige Angehörige von ZEISS. Seine umfangreichen Recherchen für dieses Vorhaben hat er dem Verein übergeben. Der Vereinsvorstand sieht beste Chancen, in den nächsten Jahren 20 bis 40 Gedenktafeln in Jena anzubringen.

Prof. Dr.-Ing. Manfred Steinbach hat den Verein „Technikgeschichte in Jena e.V." geprägt. Es wird schwer sein, die aufgerissene Lücke zu schließen. Wir behalten ihn in ehrender Erinnerung.

Danksagung

Hans Beck und Wilfried Lang gaben wertvolle Anregungen aus dem Berufsleben Steinbachs. Mechthild von Keisenberg trug viele Einzelheiten aus dem persönlichen Leben bei. Sie korrigierte auch das Manuskript mit großer Sorgfalt. Peter Hahmann stellte sorgfältig die Referenzliste von Manfred Steinbach zusammen, abgesehen von wertvollen inhaltlichen Hinweisen. Der Autor bedankt sich bei ihnen.

Quellen

Beck, Hans Gerhard: Nachruf auf Prof. Dr. Manfred Steinbach, nicht veröffentlicht, 2.5.2017

Kramer, Lothar: Prof. Steinbach zum 70. Geburtstag, Vortrag im Verein Technik-Geschichte in Jena e.V., 22.5.2007

Lang, Wilfried: Vorschlag für eine Auszeichnung …, nicht veröffentlicht, 29.3.2016

Steinbach, Manfred: Die Frühzeit der Positionsmessung an künstlichen Erdsatelliten. In: Jenaer Jahrbuch zur Technik- und Industriegeschichte Band 12 (2009), S.435-518

Internetauftritt des Ingenieurbüros Steinbach-Könitzer-Lopez: http://www.ingenieurbuero-steinbach.de/index.php?article_id=13 (Aufgerufen am 2.8.2017)gefunden.

Publikationen
JJB = *Jahrbuch zur Technik- und Industriegeschichte*

Artus, Helmut; Heilemann, Wolfgang; Steinbach, Manfred; Wesslau, Karl-Heinz: *Kuppelloses astronomisches Turmteleskop*. Veröffentlichungsnr. DD000000242875A1

Artus, Helmut; Karnapp, Alfred; Kiel, Hans-Juergen; Steinbach, Manfred; Wesslau, Karl-Heinz: Alfred Jensch: Erinnerungen an ihn und sein Schaffen im astronomischen Gerätebau. In: Gommel, Karl-Werner; Kramer, Lothar; Walter, Rolf; Wenke, Lutz; Zickler, Achim (Hrsg.): *JJB*: Glaux Verlag, 2002 (**4**.2002), S. 9-42

Artus, Helmut; Steinbach, Manfred: *Bearbeitungsfassung für große optische Bauelemente und ebene Werkstücke*. 6. 9. 1989. Veröffentlichungsnr. DD000000271483A1. IPC B 24 B 13/04

Grolle, Lambert; Steinbach, Manfred: Otto Eppensteins Längenmessmaschine: Eine Hommage an den großen Zeiss Wissenschaftler. In: Steinbach, Manfred (Hrsg.): *JJB*. Jena: Glaux Verlag, 2010 (**13**.2006), S. 13-51

Hahmann, Peter (Hrsg.); Steinbach, Manfred (Hrsg.): *JJB*. 1. Aufl. Jena: Verlag Vopelius, 2016 (**19**)

Haugeneder, Ernst; Steinbach, Manfred; Stengl, Gerhard; Wesslau, Karl-Heinz: *Halteeinrichtung für eine Maske*. Veröffentlichungsnr. DE000019947174A1

Hillner, Andre; Schletterer, Thomas; Steinbach, Manfred: *Feinmechanisch-optisches System und Verfahren zur Herstellung eines Verbundes von einzeln in Fassungen gehalterten optischen Elementen*. JENOPTIK OPTICAL SYS GMBH, DE. Veröffentlichungsnr. EP000002009475B1

Hofmann, Christian; Litz, Elke; Steinbach, Manfred: Paul Görlich – Stationen seines Lebens und Wirkens. In: Kramer, Lothar (Hrsg.): *JJB*: *Paul-Görlich-Sonderband*. Jena: Glaux Verlag, 2006 (**8**.2006), S. 9-26

Hüllenkremer, Johannes Maria Carolus; Steinbach, Manfred: *Reibradgetriebe*. Anmeldenr. 19515185. 14. 11. 1996. Veröffentlichungsnr. DE000019515185C1. IPC F16H 13/02

Keim, Tobias; Steinbach, Manfred: Leichtgewichts-Spiegelfassungen für Weltraummissionen. In: Hahmann, Peter; Steinbach, Manfred (Hrsg.): *JJB*. 1. Aufl. Jena: Verlag Vopelius, 2016 (**19**), S. 187-194

Kiel, Hans-Juergen; Steinbach, Manfred: *Ringförmiger optischer Keil für mikrometrische Messungen*. 15. 5. 1975. Veröffentlichungsnr. DE000002428752A1. IPC G 01B 11-00

Kramer, Lothar (Hrsg.); Steinbach, Manfred (Hrsg.); Walter, Rolf (Hrsg.); Wenke, Lutz (Hrsg.); Zickler, Achim (Hrsg.): *JJB* : *Ernst-Abbe-Sonderband anlässlich des 100. Todestages*: Glaux Verlag, 2005 (**7**.2005)

Litz, Elke; Steinbach, Manfred: Harry Zöllner zum 95. Geburtstag. In: Steinbach, Manfred (Hrsg.): *JJB*. Jena: Glaux Verlag, 2007 (**10**.2006), S. 13-26

Lopez-Real, Ernesto; Schletterer, Thomas; Schoeppach, Amin; Steinbach, Manfred: *Assembly for Adjusting of an Optical Element*. 16.11.2006. Veröffentlichungsnr. WO002006119970A2

Meier, Ludwig; Steinbach, Manfred: *Getriebe zur Bewegung von Projektoren*. Veröffentlichungsnr. DE000002727423C2

Neubert, Roland; Grunwaldt, L.; Sesselmann, G.; Steinbach, Manfred: *Innovative telescope system for SLR*. In: *Proc. SPIE* 3865 (1999). URL http://dx.doi.org/10.1117/12.373042

Richter, Gotthard; Steinbach, Manfred: *Einrichtung zur digitalen Abtastung astrofotografischer Bilder*. 7.12.1983. Veröffentlichungsnr. DD000000204790A1

Rothe, Hendrik; Steinbach, Manfred: *BASIC-Programmbausteine: Lineare Gleichungssysteme, nichtlineare Gleichungen, Differentialgleichungen*. 1. Aufl. Berlin: Verl. Technik, 1989 (Technische Informatik 11)

Schmidt, Karl-Heinz; Steinbach, Manfred; Wesslau, Karl-Heinz: Breitenbestimmung an Mikrostrukturen. In: *Beiträge zur Optik und Quantenelktronik*. Berlin, 1982

Schöppach, Armin; Steinbach, Manfred: *Optische Einrichtung mit einem deformierbaren optischen Element*. Veröffentlichungsnr. DE102008032853A1

Seidel, Paul; Steinbach, Manfred: Nachruf auf Prof. Dr. Gehard Scheler. In: Steinbach, Manfred (Hrsg.): *JJB*. 1. Aufl. Jena: Verlag Vopelius, 2014 (**17**), S. 397-400

Shaefer, Juergen; Schrems, Otto; Beyerle, Georg; Hofer, Bernd; Mildner, Wolfgang; Theopold, Felix A.; Lahmann, Wilhelm; Weitkamp, Klaus C. H.; Steinbach, Manfred: *Modular and mobile multipurpose lidar system for observation of tropospheric and stratospheric aerosols*. In: *Proc. SPIE* 2581 (1995). URL http://dx.doi.org/10.1117/12.228503

Steinbach, Manfred: *Filmtechnische Maßnahmen bei der Photographie künstlicher Erdsatelliten*. In: *Wiss. Z. Hochsch. Elektrotechnik Ilmenau* 7 (1961), S. 61-63

Steinbach, Manfred: *Über die scheinbaren Bahnen künstlicher Erdsatelliten und Möglichkeiten zur Bahnverfolgung*. In: *Wiss. Z. Hochsch. Elektrotechnik Ilmenau* 7 (1961), S. 197-203

Steinbach, Manfred: *Bibliographie zur Technik der Beobachtung künstlicher Erdsatelliten*. [Potsdam-Babelsberg: Sternwarte Babelsberg], 1962 (Mitteilungen und Ergebnisse des Satelliten-Beobachtungsdienstes in der Deutschen Demokratischen Republik 7)

Steinbach, Manfred: *Über die Eignung einiger Mechanismen als Nachführgetriebe für Satellitenbeobachtungsgeräte*. In: *Wiss. Z. Hochsch.*

Elektrotechnik Ilmenau **8** (1962), S. 361-367

Steinbach, Manfred: *Bibliographie zur Technik der Beobachtung künstlicher Erdsatelliten*. [Potsdam-Babelsberg]: [Sternwarte Babelsberg], 1963, [1963 (Mitteilungen und Ergebnisse des Satelliten-Beobachtungsdienstes in der Deutschen Demokratischen Republik Nr. 7)

Steinbach, Manfred: *Erzeugung von Meßpunkten in photographischen Satellitenbahnspuren*. In: *Jenaer Jahrbuch* (1963), S. 93-100

Steinbach, Manfred: *Mikrometer mit fester Meßeinrichtung im Fernrohrbrennpunkt*. In: *Die Sterne* (1963), S. 11-21

Steinbach, Manfred: *Mitteilungen und Ergebnisse des Satelliten-Beobachtungsdienstes in der Deutschen Demokratischen Republik ; Nachführgetriebe für Satelliten-Beobachtungsgeräte*. In: *Astrophysikal. Observatorium Potsdam d. Dt. Akad. d. Wiss. zu Berlin, Potsdam [u.a.]* (1964)

Steinbach, Manfred: *Nachführgetriebe für Satellitenbeobachtungsgeräte*, 1964

Steinbach, Manfred: *Nachführung von Satellitenbeobachtungsgeräten*. Berlin: Nationalkomitee für Geodäsie und Geophysik der Deutschen Demokratischen Republik bei der Deutschen Akademie der Wissenschaften zu Berlin, 1964

Steinbach, Manfred: *Nachführung von Satellitenbeobachtungsgeräten*. Ilmenau, TH Ilmenau, Fakultät für Feinmechanik und Optik. Diss. 1964

Steinbach, Manfred: *Bestimmung der Aufstellungskonstanten mehrachsig montierter Satellitenbeobachtungsgeräte*. In: *Feingeraetetechnik* (1965), S. 397-400. URL http://www.dmg-lib.org/dmglib/handler?docum=29393009

Steinbach, Manfred: *Approximation von Satellitenbahnen beliebiger Kulminationshöhe durch Zenitbahnen,*. In: *Nabljudenija iskusstvennych sputnikov zemli* (1966), S. 207-215. URL http://www.dmg-lib.org/dmglib/handler?docum=29670009

Steinbach, Manfred: *Weltraumforschung: Bibliographie der Zeitschriften und Sammelwerke*. Berlin: Nationalkomitee für Geodäsie und Geophysik der Dt. Demokratischen Republik bei der Dt. Akad. der Wiss. zu Berlin, 1967 (Geodätische und geophysikalische Veröffentlichungen Reihe 2 5)

Steinbach, Manfred: *Kuppelsteuerung in den 2-Meter-PCC-Teleskopanlagen*. In: *Jenaer Rundschau* (1968), S.341-344

Steinbach, Manfred: *Satellite Tracking Cameras Developed in Germany (GDR)*. In: *IEEE transactions on aerospace and electronic systems* AES-5 (1969), Nr. 2, S. 337-342

Steinbach, Manfred: *Teleskope aus dem Bestand des Optischen Museums*

Jena. In: *Mit den besten Wünschen für Frieden, Glück und Wohlergehen im Neuen Jahr 1970 den Lesern der Jenaer Rundschau aus Anlaß des 15. Jahrgangs überreicht* (1969), S. 1-8

Steinbach, Manfred: *Teleskope aus dem Bestand des optischen Museums Jena.* In: *Jenaer Rundschau* **15** (1970)

Steinbach, Manfred: *Handsteuerung zur automatischen Kamera für Astrogeodäsie des VEB Carm Zeiss Jena.* In: *Jenaer Rundschau* **16** (1971), S.359-361. URL http://www.dmg-lib.org/dmglib/handler?docum=29413009

Steinbach, Manfred: *Możliwości astrogeodezji przy zastosowaniu „automatycznej kamery fotograficznej dla celów astrogeodezji".* [S.l.: s.n.], 1971

Steinbach, Manfred: *Analogrechengerät für die Geschwindigkeitssteuerung von Geräten zur Beobachtung künstlicher Erdsatelliten.* In: *Nabljudenija iskusstvennych sputnikov zemli* (1972). URL http://www.dmg-lib.org/dmglib/handler?docum=29675009

Steinbach, Manfred: *Kurbelgetriebe zur Umformung einer gleichförmigen in eine ungleichförmige Bewegung.* Steinbach, Manfred. Anmeldenr. 09.02.1972. 5.12.1972. Veröffentlichungsnr. DD000000094293A1. IPC F16H 21/18

Steinbach, Manfred: *Verfahren zur Erhöhung der effektiven Quantenausbeute bei Fotovervielfachern.* Veröffentlichungsnr. DE000002428751A1

Steinbach, Manfred: *Halterung des Gegenspiegels in einem Spiegelteleskop.* 20. 02. 1982. Veröffentlichungsnr. DD000000140296A1. IPC G 02 B 23/16

Steinbach, Manfred: *Zukuenftige Aufgaben und Moeglichkeiten des Wissenschaftlichen Geraetebaus.* In: *Feingeraetetechnik* **29** (1980), S. 437-438

Steinbach, Manfred: *Anordnung zur Kompensation von Umwelteinflüssen bei Laengenmesssgeräten.* 20.6.1984. Veröffentlichungsnr. DD000000210746A1

Steinbach, Manfred: *Anordnung zur Kompensation von Umwelteinflüssen bei Längenmessgeräten.* Anmeldenr. 24372582. 20.06.1984. Veröffentlichungsnr. DD000000210746A1. IPC G01B 11/02

Steinbach, Manfred: *Spezielle Meßaufgaben der Fotolithografie.* In: *Feingeraetetechnik* **32** (1983), S. 402-406

Steinbach, Manfred: *Vakuumführung für interferometrische Messyteme.* 10.04.1985. Veröffentlichungsnr. DD 221008. IPC G 01 B 9/02

Steinbach, Manfred: *Astronomische Kunstuhr.* 18.6.1986. Veröffentlichungsnr. DD000000236813A1

Steinbach, Manfred: *Tendenzen im astronomischen Gerätebau* (1986), S.108-110. URL http://www.dmg-lib.org/dmglib/

handler?docum=29621009

Steinbach, Manfred: *Vergleichsnormal für Breitenmessungen an Mikrostrukturen*. In: *31. Int. Wissenschaftliches Kolloquium, Vortragsreihe B1. Entwicklung und Konstruktion von Praezisionsgeraeten* **31** (1986), S. 99-100

Steinbach, Manfred: *Vergleichsnormal für Breitenmessungen an Mikrostrukturen*: 31. Internat. Wiss. Koll. TH Ilmenau 1986. Vortragsreihe „Entwicklung und Konstruktion von Präzisionsgeräten". In: *Wiss. Z. Hochsch. Elektrotechnik Ilmenau* **31** (1986), S. 91

Steinbach, Manfred: *Teleskopspiegel, insbesondere für astronomische Teleskope*. 15.6.1986. Veröffentlichungsnr. DD000000257503A1

Steinbach, Manfred: *Computergestützte Dimensionierung von Zahnradgetrieben*. In: *Schriften des Historisch-Wissenschaftlichen Fachkreises „Freunde Alter Uhren" in der Deutschen Gesellschaft für Chronometrie* (1991). URL http://www.dmg-lib.org/dmglib/handler?docum=29685009

Steinbach, Manfred: *Messung der Genauigkeit großer Antriebsspindeln*: *Messung der Genauigkeit großer Antriebsspindeln*. 1993. URL http://www.dmg-lib.org/dmglib/main/portal.jsp?mainNaviState=browsen.docum.meta&id=29696009

Steinbach, Manfred: *Teleskopsystem und Schutzhülle dafür*. Veröffentlichungsnr. WO001997011400A1

Steinbach, Manfred: *Design principles in telescope development; invariance innocence and the costs, in: Optical telescopes of today and tomorrow: following in the direction of Tycho Brahe: 29 May-2 June, 1996, Landskrona/Hven, Sweden*. Bellingham, Wash.: Society of Photo-optical Instrumentation Engineers, 1997 (SPIE v. 2871)

Steinbach, Manfred: *Design principles in telescope development: invariance, innocence, and the costs*. In: *Proc. SPIE* **2871** (1997). URL http://dx.doi.org/10.1117/12.269042

Steinbach, Manfred: *Systematik der Wellenkupplungen*. In: *F & M: Feinwerktechnik, Mikrotechnik, Mikroelektronik ; Zeitschrift für Elektronik, Optik, Feinmechanik und Mikrotechnik in Gerätebau und Messtechnik* (1997). URL http://www.dmg-lib.org/dmglib/streambook/index.jsp?bookid=29379009#page1

Steinbach, Manfred: *Über das Auswiegen der Fernrohrmontierung*. In: *Sterne und Weltraum* (1998), S. 975–978. URL http://www.dmg-lib.org/dmglib/handler?docum=29702009

Steinbach, Manfred: *Der Konstrukteur als Dienstleister des Physikers*: *Herrn Prof. Dr. Hubert Polack zum 80. Geburtstag* (Kolloquiumsvortrag). 2.4.1998

Steinbach, Manfred: *Astronomische Uhr*. Anmeldenr. 19823416.

02.12.1999. Veröffentlichungsnr. DE000019823416A1. IPC G04B 19/26

Steinbach, Manfred: *Die neue astronomische Uhr des Uhrenmuseums in Rockenhausen*. In: *Der Sternenbote* (1999). URL http://www.dmglib.org/dmglib/handler?docum=29710009

Steinbach, Manfred: *Wie genau ist genau: Festvortrag zum 5-jährigen Jubiläum des Vereins für Technik- und Industriegeschichte in Jena* (Kolloquiumsvortrag). 21.9.2000

Steinbach, Manfred: Rückblick auf 40 Jahre Konstruktionsarbeit in der Jenaer Tradition. In: Gommel, Karl-Werner; Kramer, Lothar; Walter, Rolf; Wenke, Lutz; Zickler, Achim (Hrsg.): *JJB* : Glaux Verlag, 2002 (4.2002), S. 43-107

Steinbach, Manfred: *Laudatio: Alfred Jensch - Leben und Werk* (Kolloquiumsvortrag). 27.2.2002

Steinbach, Manfred: *Nachruf für Dr. Heinz Scheller* (Kolloquiumsvortrag). 20.3.2003

Steinbach, Manfred: *Eine Turmuhr für die Ewigkeit*. In: *Rotary-Magazin* (2004), S. 33–36. URL http://www.dmg-lib.org/dmglib/handler?docum=29741009

Steinbach, Manfred: Ernst Abbes Komparatorprinzip. In: Kramer, Lothar; Steinbach, Manfred; Walter, Rolf; Wenke, Lutz; Zickler, Achim (Hrsg.): *JJB*: *Ernst-Abbe-Sonderband anlässlich des 100. Todestages* : Glaux Verlag, 2005 (7.2005), S. 9-69

Steinbach, Manfred: Adolf Steinle. Seiner Biografie zweiter Teil. In: Steinbach, Manfred (Hrsg.): *JJB*. Jena: Glaux Verlag, 2006 (Jenaer Jahrbuch zur Technik- und Industriegeschichte, **9**.2006), S. 31

Steinbach, Manfred (Hrsg.): *JJB*. Jena : Glaux Verlag, 2006 (Jenaer Jahrbuch zur Technik- und Industriegeschichte 9.2006)

Steinbach, Manfred (Hrsg.): *JJB*. Jena : Glaux Verlag, 2007 (10.2006)

Steinbach, Manfred (Hrsg.): *JJB*. Jena : Glaux Verlag, 2008 (11.2008)

Steinbach, Manfred: Die Frühzeit der Positionsmessung an künstlichen Erdsatelliten. In: Steinbach, Manfred (Hrsg.): *JJB*. Jena: Glaux Verlag, 2009 (**12**.2006), S. 435-517

Steinbach, Manfred (Hrsg.): *JJB*. Jena : Glaux Verlag, 2009 (**12**.2006)

Steinbach, Manfred: Zensurierung studentischer Prüfungsleistungen. In: Steinbach, Manfred (Hrsg.): *JJB*. Jena: Glaux Verlag, 2009 (**12**.2006), S. 519-540

Steinbach, Manfred (Hrsg.): *JJB*. Jena : Glaux Verlag, 2010 (**13**.2006)

Steinbach, Manfred: Fixierung von Präzisionsbauteilen: Optikfassungen und Plattenlagerungen. In: Steinbach, Manfred (Hrsg.): *JJB*. Jena: Verlag Vopelius, 2011 (Jenaer Jahrbuch zur Technik- und Industriegeschichte, **14**.2006), S. 141-222

Steinbach, Manfred (Hrsg.): *JJB*. Jena: Verlag Vopelius, 2011 (Jenaer Jahrbuch zur Technik- und Industriegeschichte **14**.2006)

Steinbach, Manfred: Hubert Pohlack (1918–2012). In: STEINBACH, Manfred (Hrsg.): *JJB*. Jena: Verlag Vopelius, 2012 (Jenaer Jahrbuch zur Technik- und Industriegeschichte, **15**.2006), S. 9-13

Steinbach, Manfred (Hrsg.): *JJB*. Jena: Verlag Vopelius, 2012 (Jenaer Jahrbuch zur Technik- und Industriegeschichte **15**.2006)

Steinbach, Manfred: Joachim Bergner (1930–2012). In: STEINBACH, Manfred (Hrsg.): *JJB*. Jena: Verlag Vopelius, 2012 (Jenaer Jahrbuch zur Technik- und Industriegeschichte, **15**.2006).

Steinbach, Manfred: *Joachim Weimar (1929–2012 [2011])*. In: *JJB* **15** (2012), S. 19-28

Steinbach, Manfred: Joachim Weimar (1929–2012). In: Steinbach, Manfred (Hrsg.): *JJB*. Jena: Verlag Vopelius, 2012 (Jenaer Jahrbuch zur Technik- und Industriegeschichte, **15**.2006), S. 19-28

Steinbach, Manfred: *Justiereinrichtung für ein ionenoptisches Mikrostrukturierungssystem*. In: *Jahrbuch für Optik und Feinmechanik* (2012), S. 153-163

Steinbach, Manfred: *Präzisionshalterung*. 26.06.2014. Veröffentlichungsnr. DE102012025493A1. IPC G02B 7/00

Steinbach, Manfred: Auswiegen der Fernrohrmontierung. In: Steinbach, Manfred (Hrsg.): *JJB*. Jena: Verlag Vopelius, 2013 (**16**), S. 247-254

Steinbach, Manfred: Bauteilfixierung in Präzisionsgeräten unter Verwendung von Schrauben. In: Steinbach, Manfred (Hrsg.): *JJB*. Jena: Verlag Vopelius, 2013 (**16**), S. 207-221

Steinbach, Manfred (Hrsg.): *JJB*. Jena : Verlag Vopelius, 2013 (**16**)

Steinbach, Manfred: Kinematik ebener Festkörpergelenksysteme. In: Steinbach, Manfred (Hrsg.): *JJB*. Jena : Verlag Vopelius, 2013 (**16**), S. 223-247

Steinbach, Manfred: *Prinzipien zweidimensionaler Mechanismen für Präzisionsgeräte*. In: *10. Kolloquium Getriebetechnik : Technische Universität Ilmenau, 11.–13. September 2013* (2013), S. 329-340. URL http://nbn-resolving.de/urn:nbn:de:gbv:ilm1-2013100033-329-7

Steinbach, Manfred: *Schraubenverbindungen für Präzisionsgeräte*. In: *Jahrbuch für Optik und Feinmechanik* (2013). URL http://www.dmg-lib.org/dmglib/handler?docum=29743009

Steinbach, Manfred: *Heinrich Mothes : 6. Oktober 1935 – 22. April 2014*. In: *Jenaer Jahrbuch zur Technik- und Industriegeschichte* **17** (2014), S. 395-396

Steinbach, Manfred (Hrsg.): *JJB*. 1. Aufl. Jena : Verlag Vopelius, 2014 (**17**)

Steinbach, Manfred: Nachruf auf Heinrich Mothes. In: Steinbach, Manfred (Hrsg.): *JJB*. 1. Aufl. Jena : Verlag Vopelius, 2014 (**17**), S. 395-396

Steinbach, Manfred: *Aus der Geschichte der optischen Vermessung von Satellitenbahnen*. [1. Aufl.]. Jena: Verlag Vopelius, 2015

Steinbach, Manfred: *Aus der Geschichte der optischen Vermessung von Satellitenbahnen*. Jena: Vopelius, 2015

Steinbach, Manfred (Hrsg.): *Neues vom Sender Eriwan*. 1. Auflage. Jena: Verlags-Comtoir Rolle ein Imprint des Verlag Vopelius, 2016

Steinbach, Manfred: Zwangs- und losefreie Vielpunktauflagen für hochebene Bauteile. In: Hahmann, Peter; Steinbach, Manfred (Hrsg.): *JJB*. 1. Aufl. Jena: Verlag Vopelius, 2016 (**19**), S. 165-186

Steinbach, Manfred; Braeuer, U.; Fischer, Hans; Huellenkremer, C.; Kleinschrodt, H. D.; Mildner, Wolfgang; Ponzer, R.; Schaefer, H. J.; Sesselmann, Gotthardt; Theopold, Felix A.: *Special features of large lidar telescopes*. In: *Proc. SPIE* 2505 (1995). URL http://dx.doi.org/10.1117/12.219652

Steinbach, Manfred; Höhne, Günther, Schilling, Manfred; Theska, Rene: Werner Bischoff Teil 2: Sein Leben in Ilmenau. In: Hahmann, Peter; Steinbach, Manfred (Hrsg.): *JJB*. 1. Aufl. Jena: Verlag Vopelius, 2016 (**19**), S. 377–394

Steinbach, Manfred; Jensch, Alfred; Köhler, Peter: *Satellitenbeobachtungsgerät SBG 420/500/760*. In: *Jenaer Rundschau* (1967), S.89-90. URL http://www.dmg-lib.org/dmglib/handler?docum=29411009

Steinbach, Manfred; Schmidt, Gottfried: Die Buchbinderei Vater in Jena. In: Steinbach, Manfred (Hrsg.): *JJB*. Jena : Glaux Verlag, 2007 (**10**.2006), S.521-533

Steinbach, Manfred; Sesselmann, Gotthardt; Fischer, Hans: *Lidar telescopes of the Optical Science and Technology Center Northrhine-Westfalia*. In: *Proc. SPIE* 2871 (1997). URL http://dx.doi.org/10.1117/12.269041

Steinbach, Manfred (Hrsg.); Theska, Rene (Hrsg.): *JJB: 60 Jahre Maschinen- und Gerätebau von der Fakultät für Feinmechanik Optik an der Hochschule für Elektrotechnik zur Fakultät für Maschinenbau an der Technischen Universität Ilmenau*. 1. Aufl. Jena: Verlag Vopelius, 2015 (**18**)

Steinbach, Manfred; Wesslau, Karl-Heinz: *Luftgedämpfte Lagerung für Geräte und/oder Fahrzeuge*. Veröffentlichungsnr. DE000002515337A1

Steinbach, Manfred; Wesslau, Karl-Heinz: *Bilderfassung bei einem automatischen Koordinatenmeßgerät*. In: *Wiss. Z. Techn. Univers. Dresden* 25 (1976), S. 951-953

Steinbach, Manfred; Wesslau, Karl-Heinz: *Das Koordinaten- und Strukturmessgerät M 100*. In: *Jenaer Rundschau* **24** (1979), S. 84-88

Steinbach, Manfred; Wesslau, Karl-Heinz: *Grundlagen der Konstruktion von Sonnenuhren*. In: *Feingerätetechnik* (1981), S.466-468, 477. URL http://www.dmg-lib.org/dmglib/handler?docum=29414009

Steinbach, Manfred; Wesslau, Karl-Heinz: Einfluss der fotografischen Kornstatistik bei der Bildanalyse. In: *Beiträge zur Optik und Quantenelktronik*. Berlin, 1982

Steinbach, Manfred; Wesslau, Karl-Heinz: Konstruktionsbeispiele aus jüngster Zeit. In: Steinbach, Manfred (Hrsg.): *JJB*. Jena: Glaux Verlag, 2010 (**13**.2006), S. 265-308

Tandler, Hans; Steinbach, Manfred: Horst Riesenberg (1925–2012). In: Steinbach, Manfred (Hrsg.): *JJB*. Jena: Verlag Vopelius, 2012 (Jenaer Jahrbuch zur Technik- und Industriegeschichte, 15.2006), S. 15-17

Volker Guyenot

Manfred Steinbach (†)

Zuarbeit für das 39-m-Teleskopprojekt der ESO

Die ESO, das Europäische Südobservatorium, die Vereinigung der meisten Europäischen Länder für die Erforschung des Südhimmels, hat mit der Entwicklung eines Teleskops mit 39 Meter Spiegeldurchmesser begonnen. (Das European Extremely Large Telescope, kurz E-ELT, wird das derzeit größte Teleskop der Welt sein. Hrsg.)

Bild 1: Designerentwurf für das 39-Meter-Projekt der ESO.

Manfred Steinbach

Bild 2: Vergrößerter Ausschnitt aus Bild 1. Mit M1 ist der segmentierte Hauptspiegel bezeichnet, der aus knapp eintausend sechseckigen Einzelspiegeln besteht.

Die Aufgabe bestand in der Bearbeitung der Fixierung und Justierung der vielen Einzelspiegel sowie dem Bau von fünf Funktionsmustern. Im Vorfeld waren von ESO-Konstrukteuren und von mehreren Firmen in Spanien und in den Benelux-Staaten mehrere verschiedene Konstruktionszeichnungen und auch Muster angefertigt worden, die aber nicht überzeugt hatten.

Bild 3: Funktionsmuster einer spanischen Firma.

Bild 4: In Garching bei München, dem Sitz des ESO-Hauptquartiers, montierte Vierergruppe aus Mustern verschiedener Firmen.

ESO-Konstrukteure hatten für die Ausschreibungspapiere Prinzipzeichnungen und Pflichtenheft-Texte bereitgestellt, aus denen die Anforderungen hervorgingen. Daneben ist zu erwähnen, dass auch in den USA ein großes Teleskopprojekt betrieben wird, das „TMT" (Thirty Meter Telescope), auf dessen sehr ähnliche Entwürfe nachfolgend ab und an zurückgegriffen wird.

Zuarbeit für das 39-m-Teleskopprojekt der ESO

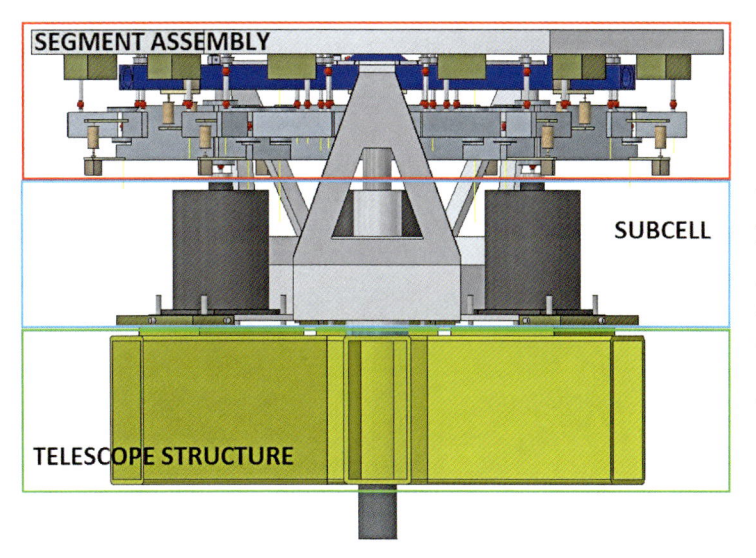

Bild 5: Prinzip der zu schaffenden Struktur. Das Segment Assembly war hauptsächlicher Teil unserer Aufgabe. Die Anschlussbedingungen für die Subcell und die 39 Meter große Teleskopstruktur hatten berücksichtigt zu werden, wie auch die Forderung nach Demontierbarkeit einzelner Segmente zum Zwecke etwa der Neubeschichtung. Quelle: ESO

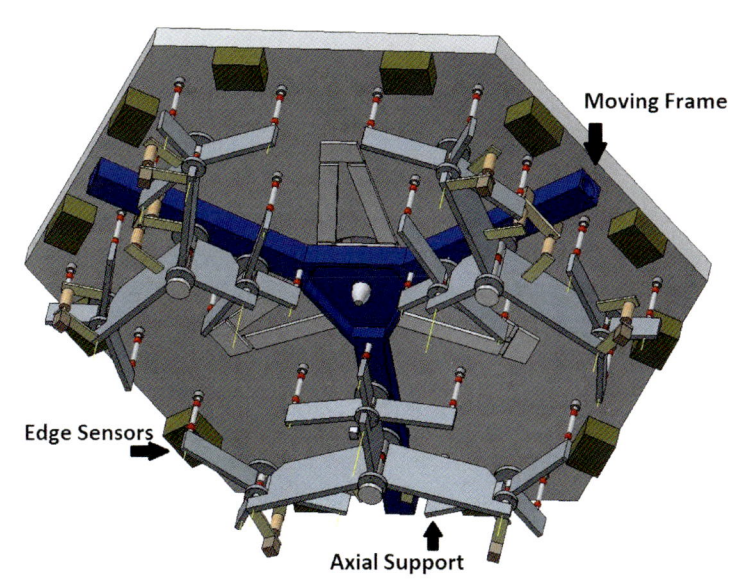

Bild 6: Der blau gezeichnete „moving frame" hat die Massenkräfte aufzunehmen und an den Unterbau weiterzuleiten. Zwischen ihm und dem Spiegelkörper befindet sich das mehrstufige Stützsystem aus dreistrahligen Kraftverteilungselementen. Die „Kantensensoren" dienen dazu, die Einzelspiegel gegeneinander zu positionieren und zu diesem Zwecke in radialer Richtung mit Nanometergenauigkeit zu messen. Die kleinteiligen streifenförmigen Hebel mit zugehörigen Aktoren bilden den „warping harness", ein System zur aktiven Spiegeldeformation, also aktiver Optik.

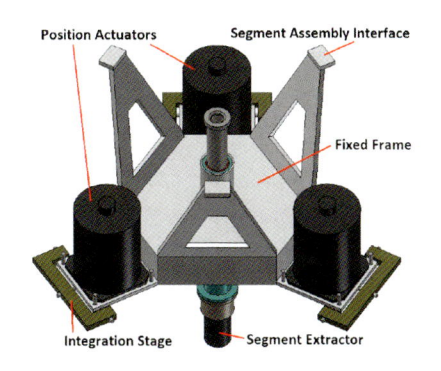

Bild 7: Die Subcell bildet das Interface zwischen der großen Teleskopstruktur und der segment assembly. Subcell und Teleskopstruktur gehören nicht zur angebotenen Aufgabe. Quelle: ESO

43

Außer der Lagefixierung war der sog. „warping harness" zu integrieren, ein System zur aktiven Spiegeldeformation, also aktiver Optik.

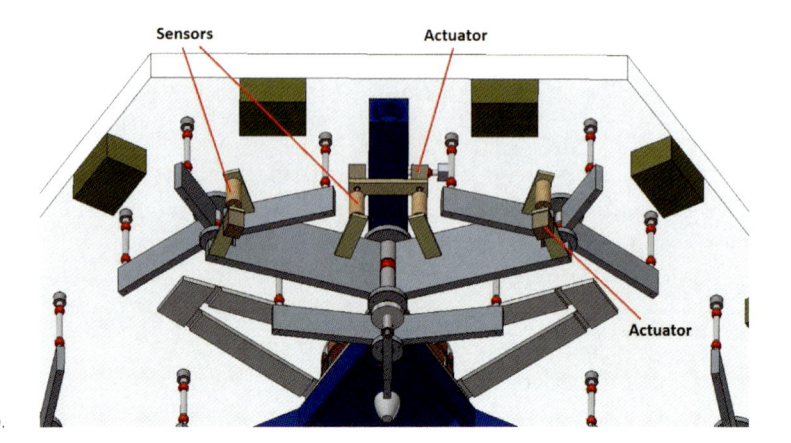

Bild 8: Das System zur Spiegelformdeformation, zur Ermöglichung aktiver Optik also.

Bis zu dieser Stelle sind die in der Ausschreibung fixierten Vorüberlegungen der ESO-Konstrukteure beschrieben, die in den zugehörigen Texten wesentlich weiter spezifiziert sind. Wir [Ingenieurbüros Steinbach – Könitzer – Lopez – Kautz] haben den Auftrag nicht bekommen, unsere folgenden Ausführungen kann man demnach als eine Art Gutachten zu der folgenden Aufgabenstellung betrachten.

Kinematik der von der ESO vorgeschlagenen Lösung

Die eigentliche Aufgabe ist die Entwicklung der segment assembly. Die subcell bildet das Interface zwischen der großen telescope structure und der segment assembly. Subcell und telescope structure gehören nicht zur angebotenen Aufgabe (Bild 5).

Das System Kinemat besteht aus telescope structure, subcell und segment assembly. Die telescope structure bildet die Basis. Sie wird hier als unbeweglich angesehen, lediglich die Schwerkraftrichtung ändert sich ihr gegenüber. Die subcell bleibt fix, sie enthält die Aktoren und die Befestigungspunkte für das lösbare segment assembly. Das segment assembly muss zum Zwecke der Wartung gelöst und reproduzierbar wieder eingebaut werden können. Das gesamte System muss angesichts der hohen Genauigkeits- und Reproduzierbarkeitsforderungen absolut zwang- und losefrei aufgebaut werden. Der Kinemat zwischen telescope structure und mirror wird gemäß dem kinematischen Schema in Bild 9 betrachtet. Die Aktuatoren sind mit ihrem unteren Ende mit dem fixed frame,

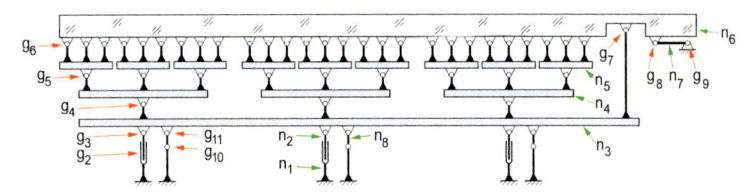

Bild 9: Kinematisches Schema von subcell und segment assembly. n_i sind die Glieder des Kinematen, g_i die Gelenke. Die ganz unten gezeichneten Kämme deuten die telescope structure an, sie bilden die Basis des Kinematen. n_1=telescope structure mit darauf fest verbundenen Aktuatorgehäusen. Basis oder Gestell für den hier betrachteten Kinematen. n_2=Aktuatorstößel. n_3=moving frame. n_4=unteres whiffle tree Dreieck (3pc). n_5=oberes whiffle tree Dreieck (9pc). n_6=mirror. n_7=clocking restraint lever. g_2=actuator (Schubgelenk, pushing joint). g_3=actuator connector. g_4, g_5, g_6 = whiffle tree joints. g_7= Mittenzentrierung. g_8, g_9=clocking restraint joints.

der Teilstruktur der telescope structure, also der Spiegelzelle des Gesamtsystems zwar justierbar, aber im Betriebsfall fest verbunden. g_2 sind die Aktuatoren, von denen zunächst angenommen ist, dass sie nur Translation bewirken, sich also in einem Freiheitsgrad bewegen. Ihre Stößel werden als verdrehsteif angenommen. Querkräfte sollen nicht auf die Antriebsstößel wirken können. g_3 sind Gelenke, die das fixed frame an die Stützbeine ankoppeln. g_4 sind die Verbindungsgelenke, die die Whiffle-tree-Dreiecke der oberen Etage ankoppeln. Die Gelenke g_5 und g_6 gehören zu den 27 direkt an den Spiegel angreifenden Stelzen. Deren Kinematik wird weiter unten untersucht. In den Versuchsmustern, die wir dazu sahen, sind wahrscheinlich an diesen Stellen Gelenke ungünstig eingebaut.

Ganz oben in Bild 9 ist der Spiegel n_6 angedeutet. In seiner Mittenbohrung befinden sich die Gelenke g_7, g_8 und g_9. Sie bilden die Verdrehsicherung („clocking restraint") für den um die Mittenbohrung zunächst drehbaren Spiegel. Unter Verwendung der Grundgleichung der Kinematik von Tschebyschev ergibt sich der am Ende der Tabelle angegebene totale oder Gesamtfreiheitsgrad 3 wie angestrebt (tip, tilt und piston).

Gesamt-freiheits-grad	Gelenk	Einzel-freiheits-grad	Anzahl	designation
3	g_2	1	3	Actuatortranslation
3	g_3	5	15	oberer Actuatorsnschluss
3	g_4	5	15	whiffle tree connector 1st level
9	g_5	4	36	whiffle tree connector 2nd level
27	g_6	4	108	whiffle tree connector 3rd level
1	g_7	4	4	lateral support
1	g_8	2	2	inner joint of clocking restraint
1	g_9	3	3	outer joint of clocking restraint
3	g_{10}	5	15	moving frame flexures
				Gesamtfreiheitsgrade: 201
				Gesamtzahl Gelenke 54

Glied	Anzahl	
n_1	1	telescope structure, Basis
n_2	3	actuator connector
n_3	1	moving frame
n_4	3	primary tripod
n_5	9	secondary tripod
n_6	1	Spiegel
n_7	1	Verbindungsglied zur Verdrehsicherung
		sum of members 22
		total DOF 3

Mit den angenommenen Gelenkfreiheitsgraden (die in den gesehenen Mustern z. T. anders gewählt sind) ist das System zunächst kinematisch richtig: Die drei Aktuatoren bewirken drei Freiheitsgrade. Insofern ist das System kinematisch richtig. Dabei ist allerdings vorausgesetzt, dass die angenommenen Gelenkfreiheitsgrade auch in der postulierten Weise wirken können. Sie dürfen in anderen als den funktionell beabsichtigten Freiheitsgraden nicht eingeschränkt sein, also z. B. keine Querkräfte auf die Aktorenstößel bekommen. Der Hebel n_7 sorgt dafür, dass sich der Spiegel nicht verdrehen kann (clocking restraint). Zur Ankopplung der Aktuatoren kann gegenwärtig nichts ausgesagt werden, da zu ihrer Kinematik nichts bekannt ist. Das Problem ist später zu untersuchen.

Laterale Fixierung

Die Kinematik der Mittenzentrierung ist bereits in den ESO-Unterlagen formuliert. Ein zentraler Bolzen ist in der 200-mm-Bohrung des Spiegels gleitgelagert. Damit muss das Lager Rotationsdifferenzen gegen Coulombsche Reibung abbauen. Da bei waagerechter Visur des Teleskops mindestens ca. 2000 Newton Radialkraft wirken, wird es zu einer Rotationsbewegung gar nicht kommen, sondern es werden sich Spannungen aufbauen. Auch beim Keck-Teleskop scheint es entsprechende Probleme gegeben zu haben. Das folgende Bild 10 zeigt Kecks ursprüngliche Gestaltung. (Das W. M. Keck Observatorium befindet sich auf Hawai mit zwei baugleichen Teleskopen von 10,4 m Spiegeldurchmesser. Hrsg.)

Es scheint Probleme mit dem Einkleben und der Dauerhaltbarkeit der großen Buchse gegeben zu haben, da natürlich Glaskeramik und Metall nie genau den gleichen thermischen Ausdehnungs-

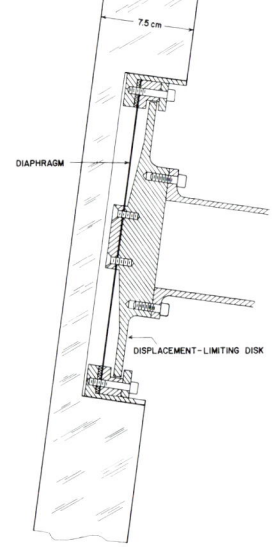

Bild 10: Ursprüngliche Lösung der Mittenzentrierung bei den Keck-Teleskopen. In der Literatur zum Keck-Teleskop sind die technischen Schwierigkeiten angedeutet, die es z.B. beim Einkleben der Invar-Buchse gegeben hat.

koeffizienten (CTE) aufweisen. Das Gelenk hat drei Freiheitsgrade, die Membrane muss aber auch Drehmomente am Spiegel abfangen, was zur Zerstörung führen kann. Dafür ist eine rotationssymmetrisch homogene Membrane nicht geeignet. An den Keck-Teleskopen zeigen sich nach mehrjährigem Betrieb Rissbildungen im Glas.

Die uns vorliegende Aufgabenstellung sieht wiederum einen zentrierenden Einsatz in der Mitte des Spiegelkörpers vor, ohne allerdings das 200 mm große Teil direkt einzukleben.

Die Mittenzentrierung hat erhebliche Nachteile. Abgesehen von Spannungskonzentrationen im Spiegelkörper (die allerdings bei unschädlichen 1 N/mm² bleiben) und in den Klebstellen, bei denen Langzeitfolgen zu befürchten sind, wird die Spiegelform durch diese Spannungen verändert. Bei waagerechter Visur und starrer Fixierung auf dem vollen Umfang der Bohrungswandung wird es kleinräumige Flächenstörungen um mehr als 50 nm geben. Großräumig kommt es in Abhängigkeit von der Art der Kontaktgestaltung zu Astigmatismus von mehreren hundert Nanometer. Das Bild 12 zeigt die berechneten Deformationen für den Fall, dass die beschriebenen Befestigungspads im Zenit der Bohrung angebracht sind und nur auf 60° wirken. Bei der oben vorgeschlagenen Befestigung mit Klebungen auf dem gesamten Umfang könnte der Astigmatismus kleiner als der genannte Maximalwert sein. Die kleinräumigen Deformationen sind damit aber nicht zu beeinflussen. (FEM-Berechnung von Martin Müller)

Ein weiterer Gesichtspunkt ist die Deformation der Spiegelfläche zufolge des Drucks, den die Membrane auf die Spiegeloberfläche ausübt wegen der Tatsache, dass der axiale Kontakt zwischen Membrane und Frame mit einem gewissen Fehler erfolgt. Daraus ergibt sich eine von der Membran ausgeübte Kraft auf die Spiegelmitte, die den Spiegel verformt. Nehmen wir den genannten Fehler zu 100 μm an, dann ergeben sich folgende Werte:

$$F = \frac{4\pi E h^3 w}{3(1-v^2)r_a^2} \cdot Y\left(\frac{r_i}{r_a}\right)$$

$E = 2{,}0 \cdot 10^5 \, N/mm^2$ $h =$ Membrandicke
$Y =$ tabellierte Funktion. Funktionswert hier 29,04
$v =$ Querkontraktionszahl $= 0{,}21$ $r_a =$ Membranaußenradius $= 85\,mm$
$h =$ Membrandicke $w =$ Verschiebung in z-Richtung

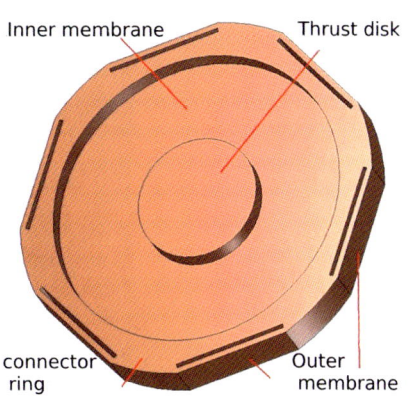

Bild 11: Zentrierender Einsatz für die 200 mm große Bohrung in der Mitte der Spiegelrückseite. In die Bohrung sollen „pads" nicht näher beschriebener Art eingeklebt werden. Der Einsatz soll an den Kontaktbereichen geschlitzt werden, also eine gewisse Federwirkung beibringen.

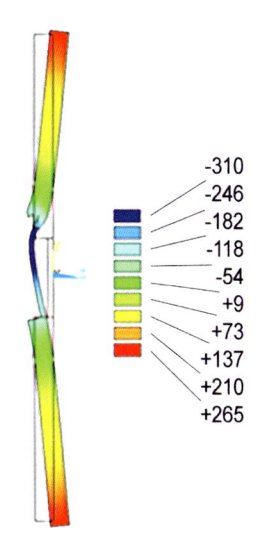

Bild 12: Spiegelflächendeformationen bei waagerechter Visur (nach Müller, MT Mechatronics).

Die Membrankräfte für 100 µm Weg bei verschiedenen Membrandicken ergeben sich zu

h in mm	F in N
1,0	359
0,5	44,9
0,4	22,9
0,3	9,70
0,2	2,87
0,1	0,359

Die daraus sich ergebenden Deformationen der Spiegeloberfläche werden nachfolgend unter grob vereinfachten Annahmen berechnet: Die Kraft von der Membrane wird als mittige Punktlast angesehen und der Spiegel wird als runde Kreisplatte mit freier Randauflage betrachtet.

$$w = \frac{3(1-v^2)Fr_a^2}{4\pi E t^3} \cdot \Psi(\kappa, v)$$

$E = 0,9 \cdot 10^5 N/mm^2$ $w = $ Deformation des Spiegels im Zentrum
$v = $ Querkontraktionszahl $= 0,21$
$\Psi = $ tabellierte Funktion. Funktionswert hier 2,58
$\kappa = 0,1$, d.h., der Kraftangriffspunkt liegt um das 0,1-fache des
Außenradius außerhalb der Plattenmitte $t = $ Spiegeldicke $= 50$ mm
$w = $ Axialverschiebung der Membranmitte

h in mm	w in nm
1,0	7939
0,5	992,9
0,4	506,4
0,3	214,5
0,2	63,47
0,1	7,939

Soweit die Abschätzung eine hinreichende Näherung darstellt, würde 0,1 mm dickes Federblech zu verwenden sein. Das würde allerdings die Lateralkraft von ca. 2000 N nur dann ertragen können, wenn die Membrane durchgehend ist, also keine Speichenfeder ist. Auch dann scheint allerdings so dünnes Federblech für die Anwendung unpassend. Beim TMT-Projekt wurde eine 0,35-mm-Membrane konzipiert, was bei 0,1 mm Toleranz in z-Richtung auf ca. 400 nm Deformation am Spiegel führen würde. Die Verwendung von gewellten Membranen führt bei kleinen z-Bewegungen nicht zu verbesserter z-Nachgiebigkeit, sondern zu einer besseren Nachgiebigkeit bei größeren Federwegen. Die Federkennlinie bekommt eine gewisse Tendenz zum linearen Verlauf. Das würde hier nichts nützen.

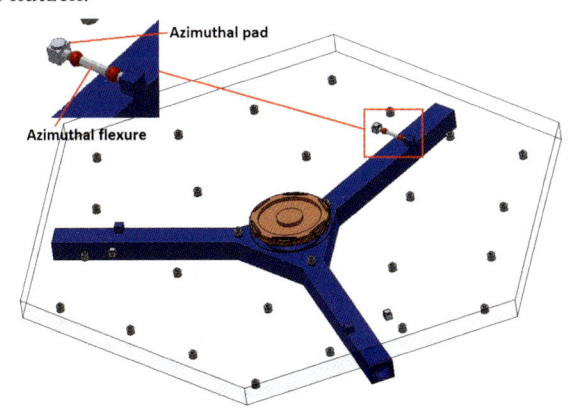

Bild 13: ESO-Vorschlag für die Verdrehsicherung. Wenn die Rotation um die zentrale Buchse nicht funktioniert, dann muss man das System als überbestimmt ansehen.

Die Herstellung der Membran aus dem vollen Invar-Stück dürfte eine herstellungstechnische Herausforderung sein. Die Verwendung von Invar mit seiner geringen Festigkeit würde den Federweg stark einschränken. Schließlich kann man den Einsatz eines so stark belasteten Gleitlagers für den anvisierten Zweck nicht als angemessen bezeichnen. Auch die vorgeschlagene Anordnung des „clocking restraint", also der Verdrehsicherung, verliert damit ihren Sinn. Das System ist damit im Sinne des Maschinenbaus zwar zwangsfrei, aber nicht bei Anwendung der Regeln der Präzisionsgerätetechnik.

Beim E-ELT sollten bekannte Fehler vermieden werden. Die Mittenzentrierung muss bei genauer Betrachtung der E-ELT-Vorgabe vier Freiheitsgrade aufweisen. Alle Drehfreiheitsgrade müssen nachgiebig sein, ebenso die Verschiebung in Achsrichtung. Coulombsche Reibung muss vermieden sein. Die im ESO-Vorschlag vollflächige Membrane wird nach unserem Vorschlag radial geschlitzt, dadurch wird die Drehung um die Achse reibungsfrei. Die Klebung am Außendurchmesser wird über Hebelgelenke realisiert, dadurch können Spannungen im Klebespalt stark verringert werden. Außerdem sind deshalb die Klebeflächen unterteilt. Die Unterteilungen sind so gestaltet, dass für den Fall einer eventuell notwendigen Ablösung der Klebung das Lösemittel rasch wirken kann.- Die Membrane würde aus Federblech hergestellt (1.4310), die beiden Halteringe aus 1.4301. Die Membrandicke muss noch geeignet dimensioniert werden. Es wird sich eine Blechdicke von

Bild 14: Rückseite eines bei ESO vorhandenen Musterspiegels. Neben der zentralen Mittenbohrung mit eingeklebten „pads" sind an jeder Spiegelkante zwei Bohrungsgruppen zu erkennen. Dort sollen die Kantendetektoren befestigt werden, mit deren Signalen im fertigen Teleskop die relative Lage der Einzelspiegel mit höchster Genauigkeit eingestellt werden soll.

weniger als etwa 0,5 mm ergeben. Der zulässige Membranfederweg wird sehr klein sein. Damit er nicht überschritten werden kann, sind Begrenzungsbleche vorgesehen. Membrane und Begrenzungsbleche würden durch Laserschweißen mit L-Nähten im Innen- und im Außenring befestigt.

Die Lösung würde sehr viel billiger sein als die monolithische Gestaltung aus Invar. Abgesehen vom Materialpreis würde die Herstellung der dünnen Membrane durch Fräsen oder Drehen aus dem Vollen teuer sein. Wegen der gegenüber Federstahl geringeren Festigkeit des Invar würde der zulässige Federweg unnötig klein.

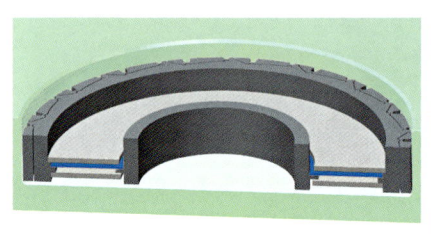

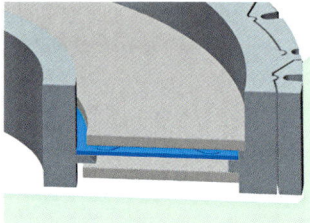

Bild 15: Geschlitzte Membrane, die auch die biegeweiche Rotation um die Achse zulässt. Die Engstellen zwischen den Speichen sind die Gelenke. Zwischen inneren und äußeren Gelenken sind die verstärkten Speichen erkennbar. Die Herstellung geschieht durch Drahterodieren in Federstahlblech. Bei entsprechendem Bedarf können Stapel von vielen Membranen in einem Arbeitsgang preisgünstig hergestellt werden.

Bild 16: Schnitt durch die Mittenzentrierungsbaugruppe. Die Membran ist blau gezeichnet, sie ist aus Federstahl 1.4310 durch Erodieren oder Laserschneiden herzustellen und mit dem inneren und dem äußeren Ring zu verschweißen. Auf beiden Seiten der Membrane befinden sich die Wegbegrenzungsringe aus etwas dickerem, weichem Edelstahl. Sie sind ebenfalls verschweißt. Die gesamte Einheit ist anschließend passiviert.

Bild 17: Vergrößerte Teilansicht von Bild 16: Schnitt durch die Mittenzentrierbaugruppe. Die Membran ist blau gezeichnet. Sie ist aus Federstahl 1.4310 durch Erodieren oder Laserschneiden herzustellen und mit innerem und äußerem Ring zu verschweißen. Auf beiden Seiten der Membran befinden sich die Wegbegrenzungsringe aus etwas dickerem, weichem Edelstahl. Sie sind ebenfalls verschweißt. Die gesamte Einheit ist anschließend passiviert.

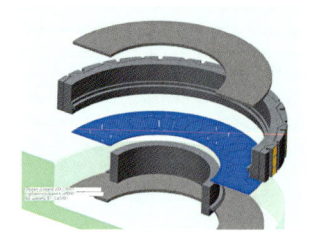

Bild 18: Explosionszeichnung der Baueinheit für die Mittenzentrierung. Die Klebetechnologie ist noch zu optimieren. Die Bauteile von unten nach oben: Spiegelkörper; innere Begrenzungsscheibe; Innenring; Membran; Außenring; äußere Begrenzungsscheibe.

Bild 19: Bild der zum Einbau vorbereiteten Einheit (unser Vorschlag). Die obere Begrenzungsscheibe zwecks Erkennbarkeit der geschlitzten Membrane weggelassen.

In der gezeigten Form hat das Gelenk vier Freiheitsgrade. Die Membran ist so geschlitzt, dass sie auch die notwendige Rotation um die Achse zulässt. In die 200er Bohrung des Spiegelkörpers wird die Baueinheit über federnde Hebel eingeklebt, dadurch werden thermische Ausdehnungen ertragen, ohne dass es zu störenden oder gefährlichen Spannungen kommt. Unsere Lösung erfordert keine großen Invarbrocken. Sie kann aus gängigem Edelstahl hergestellt werden. Die Teile werden passiviert, so besteht keine Korrosionsgefahr. Das für die Federnachgiebigkeit maßgebliche Verhältnis von Festigkeit zu Elastizitätsmodul ist deutlich günstiger als bei Invar. Zur Erreichung genügender Nachgiebigkeit muss die Membran ziemlich dünn sein, schätzungsweise kleiner als 0,5 mm (s.u.). Für das Invarteil würde das einen schwierigen Herstellungsprozess bedeuten. Die Hebel und auch die Membranen können bei unserem Vorschlag durch Drahterodieren im Stapel gefertigt werden. Für die Membrane müssen Endanschläge vorgesehen werden wie beim Keck-Teleskop, sonst wird sie bei der Montage mit einiger Sicherheit zerstört.

Eine Verbesserung der Situation ergäbe sich bei Verwendung eines lateralen whiffle tree. Wir haben eine solche Lösung früher bei einer Bearbeitungsfassung für 2-m-Spiegel verwendet, hatten auch in der DDR ein Patent darauf [Artus 1983]. Die Kraftangriffspunkte müssten als kleine Löcher in die Spiegelrückseite gebohrt werden. Die große 200-mm-Bohrung könnte entfallen. Der waagerechte whiffle tree verteilt die Kräfte. Zwei Verfahren mit waagerechtem whiffle tree sind in Bild 20 gezeigt. Als Nachteil kann man es ansehen, dass die Anlenkpunkte (hinge points) in die Schwerefläche des Spiegels gelegt werden müssen, also in zu bohrende Löcher, damit in den Spiegelkörper keine Momente eingebracht werden.

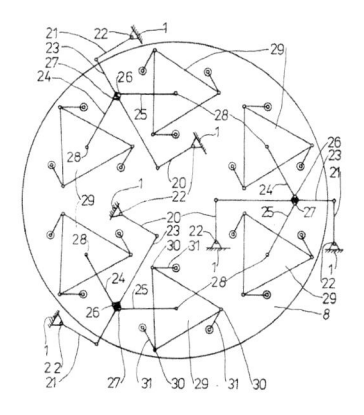

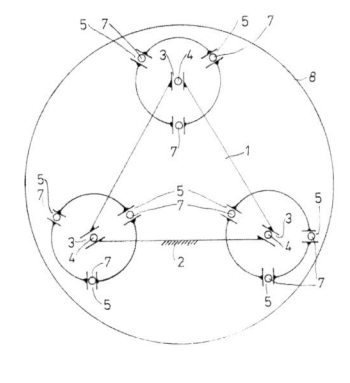

Bild 20: Whiffle tree für die x-y-Ebene in einer früher von uns für die Bearbeitung von 2-m-Spiegeln verwendeten Ausführung mit 18 Punkten (links). Rechts eine bisher nicht verwendete Variante für neun Punkte. (Bilder aus Artus 1983)

Bild 21: Eine etwas konkretere Prinzipskizze zu einem lateral wirkenden whiffle tree für 18 Unterstützungspunkte. Die Kräfte würden letzten Endes an drei Stellen in den untergebauten Frame geleitet. Bei der hier natürlich vorausgesetzten spielfreien Ausführung wird auch die Fixation in der Ebene gesichert (x, y und wz sind fixiert, die übrigen drei Freiheitsgrade sind nicht eingeschränkt, sie sollen von den Aktoren bestimmt werden. Alle Anlenkpunkte müssen sich in der Schwerefläche des Spiegels befinden.

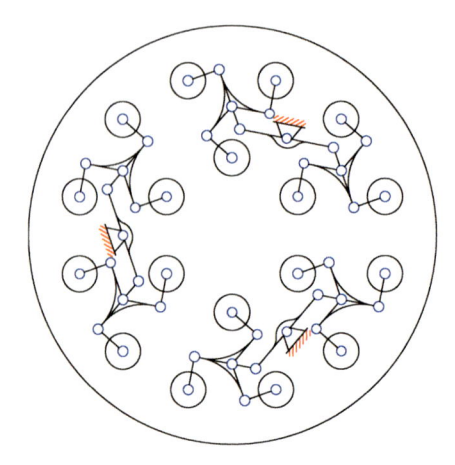

Bild 21 zeigt das Prinzip eines waagerechten whiffle tree. In dieser Art hat es eine Bearbeitungsfassung für 2-m-Teleskopspiegel bei Zeiss in Jena gegeben. Die Fassung und auch die Zeichnung dazu existieren leider nicht mehr. Kinematisch gibt es mehrere Möglichkeiten zum Aufbau, wie sich folgendermaßen zeigen lässt:

$$F = 6(n - 1 - g) + \sum_{i=1}^{g} f_i$$

Der Gesamtfreiheitsgrad F soll 3 werden (z, wx, wy). Die beteiligten Glieder sind

n_1 = Masse (1x)
n_2 = Spiegel (1x)
n_3 = Doppelhebel für Masseanschluss (3 Stück)
n_4 = Trägerdreiecke (6 Stück)
n_5 = Verbindungshebel (18 Stück)

Die beteiligten Gelenke, deren mögliche Freiheitsgrade bestimmt werden sollen, sind

g_1 = Masseanschlussgelenk (3x)
g_2 = Doppelhebelendgelenk (6x)
g_3 = Trägerdreieckanschlussgelenk (18x)
g_4 = Spiegelanschlussgelenk (18x)

$$F = 3 = 6(29 - 1 - 45) + \sum_{i=1}^{g} f_i$$
$$105 = \sum_{i=1}^{g} f_i$$

Es gibt dafür folgende Aufbauvarianten mit $1 \leq DOF \leq 5$. Rot sind die Freiheitsgrade (DOF) der Einzelgelenke gekennzeichnet.

g_1	g_2	g_3	g_4
3 Stück	6 Stück	18 Stück	18 Stück
3×1×3	3×2×1	3×6×1	3×6×4
3×1×1	3×2×2	3×6×1	3×6×4
3×1×3	3×2×4	3×6×1	3×6×3
3×1×1	3×2×5	3×6×1	3×6×3
3×1×1	3×2×2	3×6×2	3×6×3

Eine andere Möglichkeit besteht darin, die Lateralkräfte auf mehrere Systeme zu verteilen und mit Gegengewichten passiv zu entlasten. Problematisch ist es dabei, dass die Kompensation der Lateralkräfte je nach Art der verwendeten Gelenke mit dem Entstehen von Axialkräften einhergeht. Gegen Axialkräfte ist der dünne Spiegel aber äußerst empfindlich. Nachdem keine Festkörpergelenke gefunden werden konnten, bei denen das „Übersprechen" zwischen den Freiheitsgraden genügend klein ist, wurden mit Aussicht auf Erfolg Wälzgelenke untersucht. Auch hierbei ist wieder das Prinzip der Funktionentrennung beachtet worden: Die Axialkraftsysteme sind hier unabhängig von den Lateralkraftsystemen konzipiert, sowohl was die Position auf der Spiegelrückseite betrifft als auch was Ihre Anzahl angeht, denn beider Einfluss auf die Spiegelform ist sehr unterschiedlich.

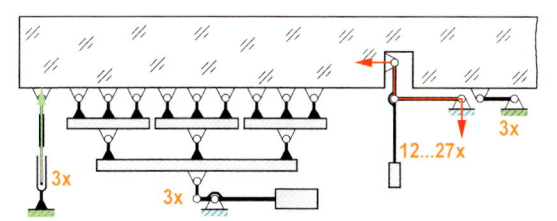

Bild 22: Passive Entlastung von den Lateralkräften. Die Kräfte stützen sich am tragenden Frame ab. Bei eng tolerierten Positionen können große Übersetzungsverhältnisse gewählt werden, z.B. 1:10. Das Hauptproblem besteht darin, dass die Lateralentlastungen nur wenig störende Axialkomponenten erzeugen dürfen, und dass andererseits Gesamtgewicht und Eigenfrequenzen optimal gewählt werden.

Das besondere Problem bei der Lateralentlastung ist – wie bei der Mittenmembran gesehen – die Vermeidung von Kräften in Axialrichtung. Wird z.B. an 12 Punkten lateral entlastet, dann hat jeder Punkt 200 N zu tragen und darf dabei höchstens 0,5 N Axialkraft erzeugen, damit es keine störende Spiegeldeformation gibt. Unserem Vorschlag gemäß würden Wälzlager (oder besser Laufrollen) zum Einsatz kommen, die in Axialrichtung leichtgängig sind, aber gleichzeitig die auftretenden lateralen Kräfte in der Schwerefläche des Spiegels aufnehmen. Wir schlagen hier Kugellager etwa der Größe EL3 vor, möglichst aber mit verstärktem balligem Außenring. Als Pendellager wäre Typ 2200 mit 30 mm Außendurchmesser geeignet.

Bild 23: Passives Entlastungssystem unter Verwendung von Wälzlagern. In die Spiegelbohrung ist eine Metallhülse aus Invar eingeklebt, auf der sich drei oder vier kugelgelagerte Laufrollen axial bewegen können. Am Gestellpunkt befindet sich ein Pendelkugellager. In der gezeigten Weise ist das System rotationssymmetrisch. Rot gezeichnet ist die Schwerefläche, in der die Kräfte angreifen müssen, damit der Spiegelkörper nicht mit Momenten beaufschlagt wird. Am unteren Ende ist das Gegengewicht befestigt. Bei senkrechter Visur wirken die Gewichtskräfte nicht auf den Spiegel, sondern nur über die Pendelkugellager auf den Frame. Bei Horizontbeobachtung wird das System voll wirksam.

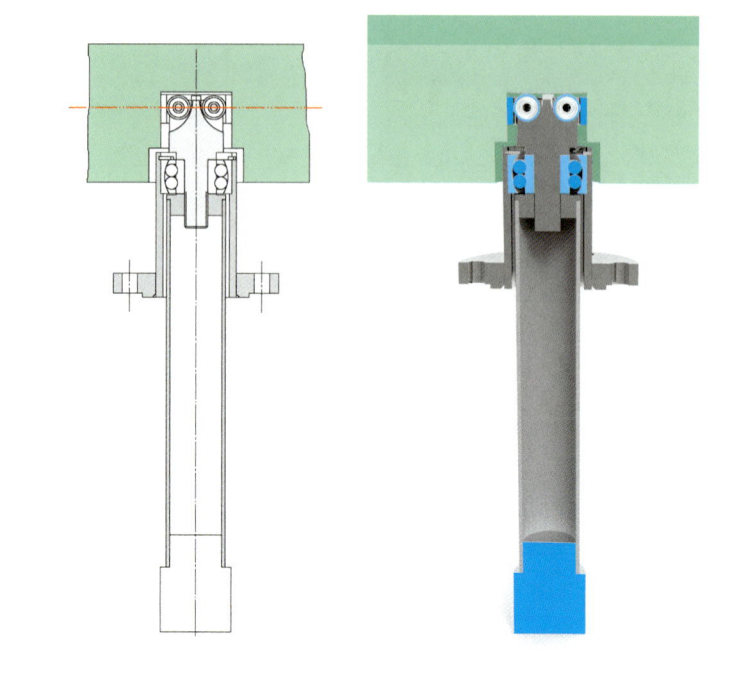

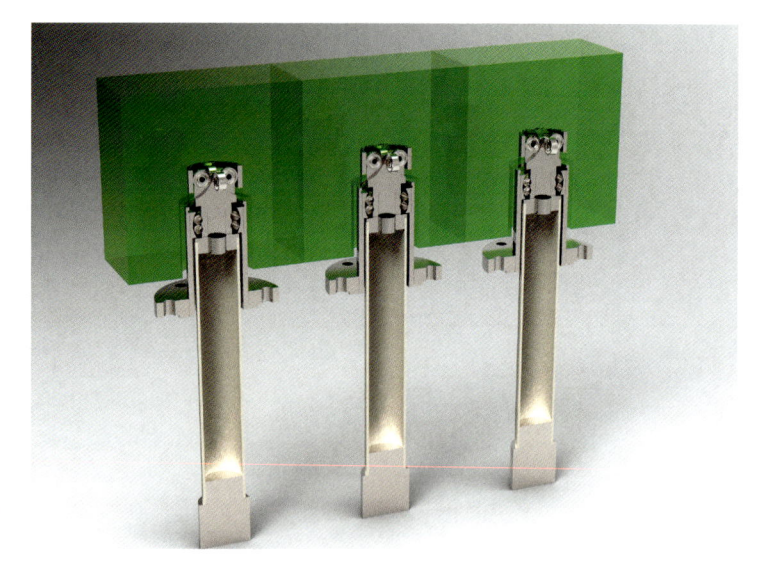

Bild 24: Darstellung der astatischen Lateralentlastungssysteme. Befürchtete geringe Eigenfrequenzen haben sich bei Nachrechnung nicht bestätigt.

Wie in Bild 23 gezeigt drückt eine Kraft lateral im betreffenden Punkt an die Bohrungswand im Spiegel. Verschiebt sich der Gestellanlenkpunkt relativ zum Spiegel, dann wird in axialer Richtung eine Kraft erzeugt, die von der Kugellagerreibung herrührt. Der Effekt ist sehr klein, seine Größe wird weiter unten abgeschätzt.

In der gezeigten Weise sind die Lasten astatisch kompensiert, und zwar hier richtungsunabhängig. Die Gelenke könnten bei Beschränkung auf nur eine Lastwechselrichtung effektiver werden, müssten dann aber für die verschiedenen Positionswinkel gegen die Richtung der Elevationsachsrichtung unterschiedlich eingestellt werden. Während jetzt jeweils sechs mirror assemblies gleich sind, wären das mit individualisierter Elevationsachsrichtung nur höchstens zwei.

Eine Lösung mit zentrierenden Stelzen würde sich gestalten wie in Bild 25 dargestellt.

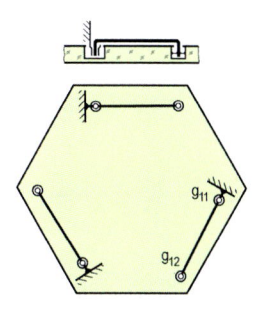

Diese Lösung hat den Vorteil, dass Verstellbewegungen, Wärmedehnungen, Toleranzen o. Ä. im Wesentlichen nicht zu Verspannungen führen, sondern dass sich das zentrierte Bauteil stattdessen leicht um die z-Achse verdreht: Zufolge der z-Verstellung verändern die Hebel in der Projektion ihre Länge, was zur Bauteildrehung führt. Mit den aktuellen Daten bleiben aber die dadurch hervorgerufenen Spaltbreitenänderungen unter 100 µm. Ein Vorteil ist auch die leichte Justierbarkeit der Bauteilmitte durch Längenänderung an den Stelzen. Im Falle lateral kraftentlasteten Spiegels wäre die Dreistablösung sicherlich das Mittel der Wahl. Komplikationen ergäben sich aber durch die Empfehlung, die Kontaktpunkte in die Schwerefläche innerhalb des Spiegelkörpers zu legen, da nicht über den Spiegelrand hinaus gebaut werden kann. Allerdings ist diese Anordnung im Falle gut lateral entlasteten Spiegels nicht unbedingt zwingend. Als weiteren Vorteil der Lösung könnte man erwähnen, dass sich der Kraftangriff auf drei Stellen verteilt statt einer bei der Mittenzentrierung.

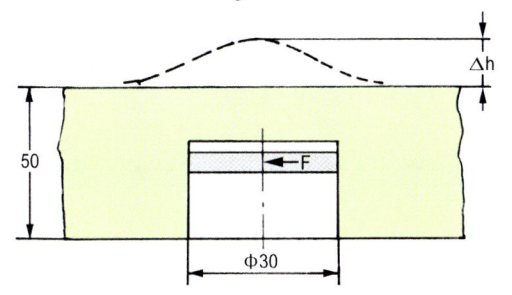

Bild 25: Zentrierung von Spiegel oder frame mit drei Stelzen. Drei Endpunkte der Stelzen sind mit Masse verbunden, die jeweils konträren Enden mit Spiegel oder frame. Die Gelenkfreiheitsgrade g_{11} und g_{12} sind zu 2+3 oder 1+4 zu wählen.

Bild 26: Situation beim Aufbringen einer Lateralkraft in der Schwerefläche des Spiegels. Auch hier entsteht eine Beule auf der Spiegeloberfläche, die aber sehr klein ist.

Mit den vorgeschlagenen Entlastungssystemen in der Schwerefläche wird selbstverständlich auch die Spiegelfläche deformiert. Bild 26 zeigt die Situation, Bild 27 das Ergebnis der FEM-Rechnung. Gerechnet wurde mit 10 N lateraler Kraft, und es wird angenommen, dass auch bei größeren Kräften lineares Verhalten zu beobachten ist.

Bild 27: Deformation der Spiegeloberfläche bei lateral wirkender Kraft von 10 N. Es entsteht eine Deformation von ± 0,186 Nanometer. Für die tatsächlich auftretenden Kräfte von ca. 2000 N muss auf eine größere Anzahl von Entlastungssystemen aufgeteilt werden. Das Ergebnis wurde mit der Näherung berechnet, dass der Spiegel auf Durchmesser 400 fest eingespannt ist.

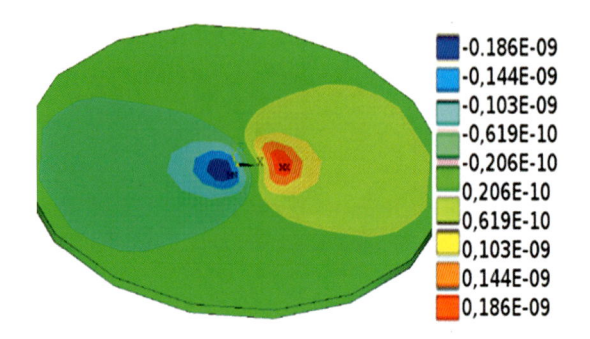

Bild 27 zeigt das Rechenergebnis bei der Wirkung lateraler Kraft in der Schwereebene. In der Praxis müssen mehr als 2000 N entlastet werden. Die Zahl der Entlastungssysteme ist vorläufig frei wählbar. Das Entstehen von z. B. Astigmatismus durch die Entlastungskräfte muss später untersucht werden. In Anhängigkeit von der Zahl der Entlastungssysteme ergeben sich bei Annahme von 2000 N Gesamtkraft folgende Deformationsbeträge:

Anzahl	Kraft	Deformation
12	167 N	± 3,1 nm
18	111 N	± 2,1 nm
24	83,3	± 1,5 nm
27	74,1	± 1,4 nm

Diese an sich schon kleinen Beträge werden nur bei Horizontbeobachtung voll wirksam.

Die Rollenlager in der Lateralentlastung erzeugen unter Last eine geringe Wälzreibung. Das bewirkt Axialkräfte und diese wiederum Spiegeldeformationen.

Bild 28: Zur Abschätzung der Wirkung der Kugellagerreibung in der Lateralentlastung auf die Spiegelform. 0,113 N dadurch erzeugte Axialkraft würden zu Δh = 0,12 nm Spiegelbeulung führen.

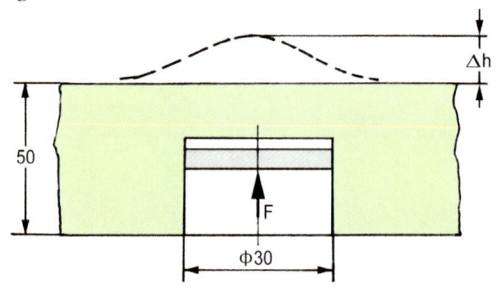

Die Größe der entstehenden Axialkräfte ist gegeben durch das Produkt aus Reibzahl µ im oberen Lager und lateraler Andruckkraft F. Die Reibzahl der Kugellager liegt zwischen 0,001 und 0,002. Die

Näherungsformel für das Reibmoment M in einem Rillenkugellager lautet

$$M = 0{,}5\,\mu\,F\,d$$

mit d = Bohrungsdurchmesser des Lagers. Gesetzt, es wird auf 12 Punkten entlastet, dann trägt das Einzelsystem 167 N, womit sich das Reibmoment zu 0,376 Nmm ergibt. Daraus wird die Umfangskraft am 10 mm Außendurchmesser 0,113 N, was nach dem Ergebnis in die Spiegeloberfläche an jedem Kompensationspunkt um ca. 0,12 nm ausbeult – statt 100 nm bis 400 nm mit der zentralen Membran.

Zur Bestimmung der z-Genauigkeit, mit der die Lateralkraft wirkt, wird der Einfluss eines Biegemoments auf die Spiegelform berechnet. Es ergibt sich, dass ein Moment von 1 Nm an der Spiegelrückseite bei schwimmend gelagertem Spiegel auf 107 nm P-V führt. Rechnen wir mit 100 N Lateralkraft an einem der Entlastungspunkte bei 1 mm Differenz des Kraftangriffs gegen die Schwerefläche, so ergibt sich ein Moment von 0,1 Nm, was auf ca. 11 nm P-V Spiegelformfehler führen würde.

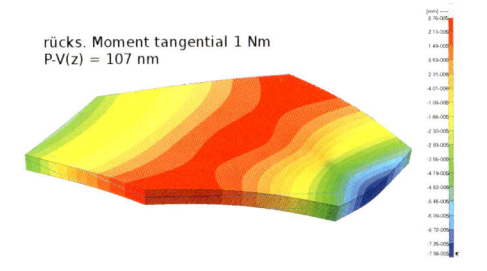

Bild 29: Ein Moment von einem Newtonmeter auf der Spiegelrückseite deformiert den gleichmäßig unterstützten Spiegel um 107 nm. Das bedeutet, dass die Lateralentlastungen nahe bei der Schwerefläche des Spiegels angreifen müssen. 1 mm Toleranz würde aber genügen

Moving frame flexures

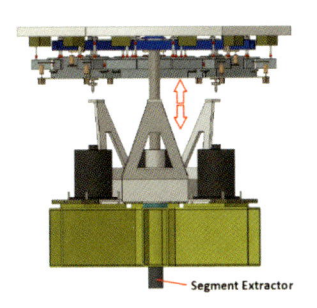

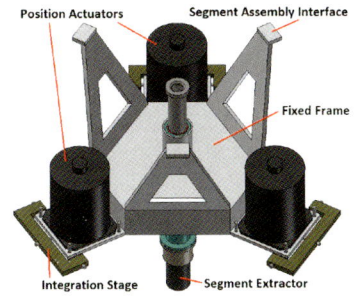

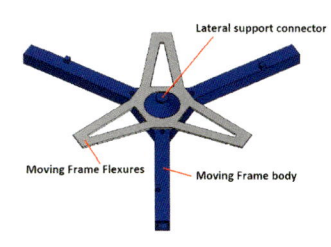

Bild 30: Die Verbindung des moving frame body mit dem segment assembly interface. Ziel ist die Fixierung in drei Freiheitsgraden: den Verschiebungen in x und y und der Drehung um die z-Achse. Die übrigen drei Freiheitsgrade (Verschiebung in z und Kippung um die x- und die y-Achse) werden durch die position actuators bewerkstelligt, die dazu mit je fünf Freiheitsgraden am moving frame body angeschlossen sein müssen.

Die moving frame flexures, wie sie sich in der Aufgabe beschrieben finden, sind kinematisch nicht ganz richtig. Betrachtet man sie vom Standpunkt der theoretischen Kinematik, dann sind sie vielfach überbestimmt:

n = 11   g = 15   Σfi = 15   F = 6 (11−1−15)+15 = −15   (statt erforderlicher 3).

Die negative Zahl von DOF deutet auf Überbestimmung und damit Verspannungen. Die Verschraubung am segment assembly interface gelingt genau genommen nur, wenn man für die flexure rods Verdrillung zulässt. Damit ist die Verbindung verspannt und darüber hinaus die gesamte Einheit nicht frei optimierbar, was Möglichkeiten für die Maximierung der Eigenfrequenz einschränkt. Die Verschraubung an dieser Stelle ist außerdem kritisch, weil sie die Lagereproduzierbarkeit nach Demontagen beeinträchtigt.

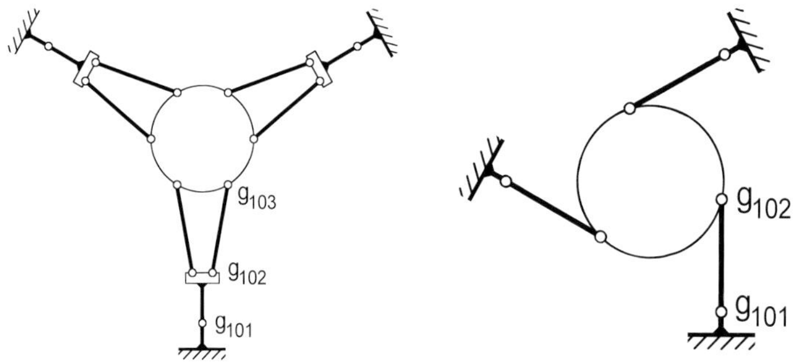

Bild 31: Die federnde Befestigung des moving frame. Die g_{101} werden als nachgiebige Komponenten des fixed frame betrachtet, sie wären mit einem Freiheitsgrad anzusetzen. Die g_{102} und g_{103} sind in den bildlichen Darstellungen von ESO als Biegegelenke mit je einem Freiheitsgrad dargestellt. Damit ergibt sich in der Baugruppe eine hochgradige Überbestimmung.

Das rechte Teilbild zeigt eine Lösung mit dreimal fünf DOF, zweckmäßig zusammengesetzt aus Teilgelenken mit je drei und zwei DOF.

Die einfachste Anbindung für das moving frame geschieht mit drei Stelzen, die je fünf Freiheitsgrade aufbringen, und die üblicherweise mit zwei und mit drei DOF an den Enden angekoppelt werden. Natürlich kann man durch Einbeziehung weiterer Glieder und Gelenke die Ankopplung auch anders kinematisch richtig bewerkstelligen, das würde aber sicherlich auf Kosten der Dynamik gehen.

Der whiffle tree

Das folgende Bild ist ein Teilbild von Bild 9. Damit lässt sich die Fixierung des Spiegels untersuchen und die Situation auf die Bauteile reduzieren, die dafür nötig sind. Das zentrale Gelenk ist auf eines reduziert, das das Membrangelenk und den rotationsverhindernden Hebel (clocking restraint) vereinigt und damit drei Freiheitsgrade aufweist. Der moving frame body ist als fixe Basis angesehen, die Aktoren sind weggelassen, es werden nur die Aufbauten auf dem moving frame body betrachtet. Das Schema ist im folgenden Bild dargestellt.

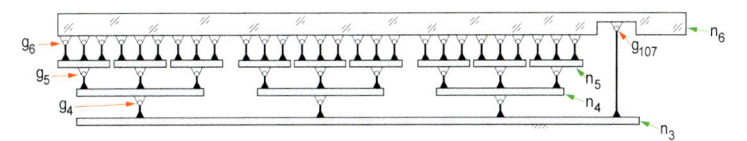

Bild 32: Schema der Kinematik der Spiegelbefestigung. g_{107} ist das reduzierte Zentralgelenk mit drei Freiheitsgraden. Als Basis ist hier der moving frame body n_3 betrachtet. n_4 und n_5 sind die Whiffle-tree-Dreiecke. Die Freiheitsgrade g_4, g_5 und g_6 sind zu bestimmen. Auf g_{107} wird nicht noch einmal eingegangen, es wird nach dem Gesagten angenommen, dass – wie auch immer – drei Freiheitsgrade wirksam sind.

Zur Bestimmung der im whiffle tree zu verwendenden DOF g_4, g_5 und g_6 wird die folgende Gleichung verwendet:

$$F = 0 = 6(n - 1 - g) + \sum_{i=1}^{g} f_i$$
$$n = 1 \times n_3 + 3 \times n_4 + 9 \times n_5 + 1 \times n_6 = 14$$
$$g = 1 \times g_{107} + 3 \times g_4 + 9 \times g_5 + 27 \times g_6 = 40$$
$$\sum_{i=1}^{g} f_i = 3 + ag_4 + bg_5 + cg_6$$

Werte eingesetzt und geringfügig umgestellt liefert die Gleichung

$27a + 9b + 3c = 159$

Behandlung mit Ganzzahlarithmetik unter Berücksichtigung der Tatsache, dass nur Gelenkfreiheitsgrade mit $1 \leq f_i \leq 5$ sinnvoll sind, ergibt nur eine einzige Lösung:

$a = 5$
$b = 4$
$c = 4$

Im vorliegenden Fall kommen, wie oben bereits angedeutet, nur Festkörpergelenke in Betracht. Das Schema, das wir nach Besichtigung der Funktionsmuster in Garching und in Kanada vermutet haben, ist im folgenden Bild dargestellt. Es waren jeweils Doppelgelenke verwendet. Genaue Einsicht hatten wir nicht.

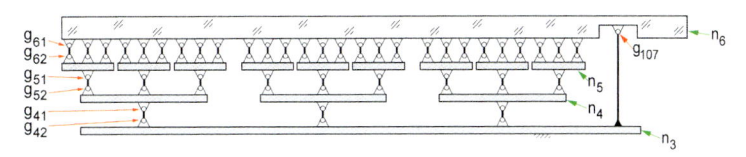

Bild 33: Vermutete Anordnung der Gelenke an den whiffle trees in den gesehenen Funktionsmustern. Die Verbindungen zwischen den Ebenen sind durch Gelenkstelzen realisiert. g_{107} ist das reduzierte Zentralgelenk mit 3 Freiheitsgraden. n_3 ist der moving frame body. Die Freiheitsgrade g_4, g_5 und g_6 sind zu bestimmen. Statt der oben behandelten Stelzen sind jetzt in voller Allgemeinheit die Gelenke g_4, g_5 und g_6 mit zu bestimmender Anzahl von Freiheitsgraden eingesetzt. Sie mögen aus Teilgelenken mit Zwischenglied bestehen, also g_4 bestehe aus den Teilgelenken g_{41} und g_{42} mit Zwischenglied.

Bild 33: Vermutete Anordnung der Gelenke an den wiffle trees in den gesehenen Funktionsmustern. Die Verbindungen zwischen den Ebenen sind durch Gelenkstelzen realisiert. g_{107} ist das reduzierte Zentralgelenk mit 3 Freiheitsgraden. n_3 ist der moving frame body. Statt der oben behandelten Stelzen sind jetzt in voller Allgemeinheit die Gelenke g_4, g_5 und g_6 mit zu bestimmender Anzahl von Freiheitsgraden einzusetzen. Sie mögen aus Teilgelenken mit Zwischenglied bestehen, also g_4 bestehe aus den Teilgelenken g_{41} und g_{42} mit Zwischenglied als Prinzip dargestellten Aufbau der Stelzen mit zwei Kugel-Pfanne-Gelenken oder Entsprechungen mit Festkörpergelenken. Eine solche Stelze hat insgesamt sechs Freiheitsgrade. Der überschüssige Rotationsfreiheitsgrad wird das dynamische Verhalten evtl. nicht beeinflussen, wohl aber die Reproduzierbarkeit, da sich die Stelze in aleatorischer Weise einstellen kann, was bei Geometriefehlern zu Positionierfehlern führen kann.

Im Fall, dass solche Stelzen verwendet worden sind, ergeben sich zahlreiche lose Freiheiten:

Erste Whiffle-tree-Ebene: $g_{41}=g_{42}=3$ DOF,
insgesamt 6 x 3 DOF = 18 DOF, Gliederzahl = 3 (Stelzen)
Zweite Whiffle-tree-Ebene: $g_{51}=g_{52}=3$ DOF,
insgesamt 18 x 3 DOF = 54 DOF, Gliederzahl = 9
Dritte Whiffle-tree-Ebene: $g_{61}=g_{62}=3$ DOF,
insgesamt 54 x 3DOF = 162 DOF, Gliederzahl = 27
Basis, Spiegel und Zentriergelenk: $g_{107}=3$ DOF,
Gliederzahl $n_3=1+n_6=2$
Insgesamt also g = 79, n = 53, Σf_i=198.
Die Tschebyschev-Gleichung liefert

$$F = 6(n-1-g) + \Sigma f_i = 75$$

Das gesehene System hat also, wenn die oben gemachten Annahmen richtig sind, 75 lose Freiheiten, 75 zu viel. 39 dieser Freiheiten sind mit den freien Rotationen der in Bild 9 gezeigten Stelzen zu erklären. Sieht man diese Freiheiten als tolerabel an, dann verbleiben 36 lose Freiheiten. Diese sind mit der Beweglichkeit der Whiffle-tree-Dreiecksstützen (hier im Schema als Platten gezeichnet) zu erklären. Jede dieser Stützen kann sich frei und undefiniert in der x-y-Ebene verschieben und um die z-Achse drehen. An den gesehenen Versuchsmustern waren z. T. dünne Stahlseile zur notdürftigen Bewegungsbegrenzung zu sehen, die meisten Stelzen standen trotzdem erkennbar schief. Für ein einwandfreies System mit reproduzierbaren Bauteillagen und hohen Eigenfrequenzen muss also die Zahl der Gelenkfreiheiten im notwendigen Umfang reduziert werden.

Zur Bestimmung der im whiffle tree richtigerweise zu verwendenden Freiheitsgrade g_{41} bis g_{62} wird plausibler Weise festgesetzt, dass innerhalb einer Ebene alle Gelenke gleich sind. Damit wird

$$F = 0 = 6(n - 1 - g) + \sum_{i=1}^{g} f_i$$
$$n = 1 \times n_3 + 3 \times n_4 + 9 \times n_5 + 1 \times n_6 + 39 \times n_{st} = 53$$
$$g = 1 \times g_{107} + 3 \times g_{41} + 3 \times g_{42} + 9 \times g_{51} + 9 \times g_{52} + 27 \times g_{61} + 27 \times g_{62} = 79$$
$$g_{107} = 3$$
$$27a_1 + 27a_2 + 9b_1 + 9b_2 + 3c_1 + 3c_2 = 159$$
$$9a_1 + 9a_2 + 3b_1 + 3b_2 + c_1 + c_2 = 53$$

Die unterste der Gleichungen lässt sich mittels Ganzzahlarithmetik lösen. Sie hat mehrere Lösungen, die sich beim Zulassen von Vertauschungen auf zwei reduzieren:

$a_1 = 2 \quad a_2 = 2 \quad b_1 = 2 \quad b_2 = 2 \quad c_1 = 2 \quad c_2 = 3$
$a_1 = 1 \quad a_2 = 3 \quad b_1 = 3 \quad b_2 = 1 \quad c_1 = 1 \quad c_2 = 4$

Trotz aller verschiedenen Möglichkeiten bei der Lösung müssen es in den beiden oberen Etagen in Summe vier Freiheiten pro Stelze sein, in der untersten Etage fünf. Die oben gezeigten Gelenkschemata dienen nur zur Veranschaulichung, praktisch sollen hier keine Gelenke mit Festkörperreibung verwendet werden. Im vorliegenden Fall kommen wie schon bei der Anordnung im Bild 32 nur Festkörpergelenke in Betracht.

Gelenktypen mit vier und mit fünf Freiheitsgraden
Bild 34 zeigt Festkörpergelenke mit dem Freiheitsgrad 4. Es müssen zum vorliegenden Zweck alle drei Drehfreiheitsgrade und ein Verschiebefreiheitsgrad zugelassen werden. In zwei Verschieberichtungen ist ein solches Gelenk steif. Das oben links gezeigte Gelenk besteht aus zwei Teilgelenken mit unten einem und oben drei Freiheitsgraden (wie z. B. g_{51}-g_{52}). Bei den übrigen ist es ähnlich. Ele-

Bild 34: Verschiedene Ausführungsformen von Festkörpergelenken mit vier Freiheitsgraden, drei Freiheiten der Rotation und einer der Translation. Zwei Translationsrichtungen müssen steif sein. Die Gelenke in der oberen Reihe sind vorzugsweise aus Federstahlblech herzustellen.

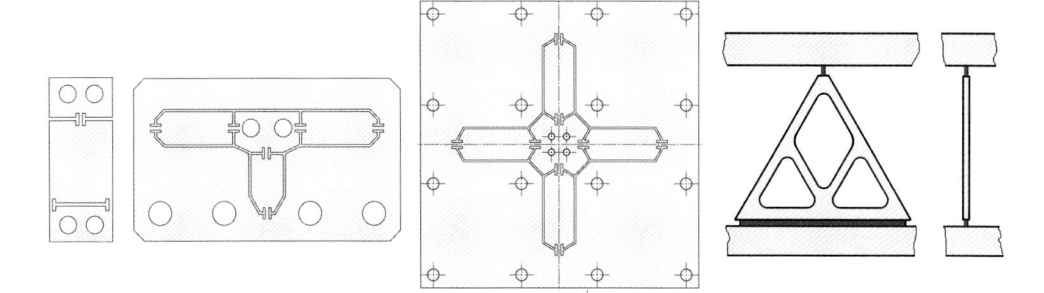

Bild 35: Beispiele für Festkörpergelenke mit fünf Freiheitsgraden. Das siebente Glied in der Reihe basiert auf käuflichen Kreuzfedergelenken. Der fünfte Gelenktyp in der Reihe ist der in der ESO-Ausschreibung und auch im TMT-Projekt präferierte. Der sechste Typ entspricht einem Vorschlag von Hale [1999]. Der siebente Typ beruht auf käuflichen Kreuzfedergelenken, Nummer acht ist ein sonst für Aufgaben der anstehenden Art verpöntes Gleitgelenk. Es hätte den Vorteil großer Belastbarkeit bei großem Bewegungsbereich und geringer Bauhöhe

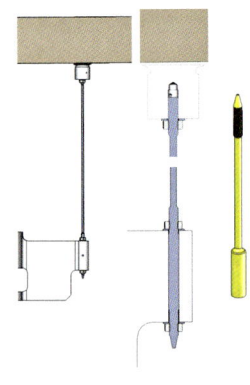

Bild 36: Stelzen aus den Dokumenten zum TMT. Ganz links eine Stelze zum warping harness mit einem Außendurchmesser von 2,1 mm bei einer wirksamen Länge von 143 mm, rechts dazu ein vergrößerter Schnitt. Rechts eine Stelze zum Anschluss der Aktoren mit OD 7,23 bei 115 mm Länge.

mentare Gelenke mit vier DOF sind nicht bekannt. Interessant ist ein Vorschlag von Hale [Hale 1999], bei dem die Stelzen quasi im Zickzack verlaufen, womit das Gelenk besonders kurz baut.

Bild 35 zeigt Beispiele und Prinzipien für Festkörpergelenke mit fünf Freiheitsgraden. Gelenke der erforderlichen Art haben in Längsrichtung steif zu sein, in allen anderen Richtungen aber nachgiebig.

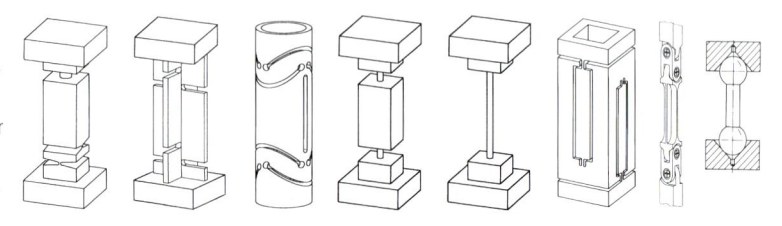

Der fünfte Gelenktyp in der Reihe ist der in der ESO-Ausschreibung und auch im TMT-Projekt präferierte.

Die in Bild 36 gezeigten Beispiele aus den TMT-Dokumenten zeigen entsprechende Gelenke und mögen als Beispiel dafür dienen, dass die kritiklose Übernahme amerikanischer Konstruktionsdetails nicht immer zu empfehlen ist. Gelenke dieser Art sollen in den prätendierten Freiheitsgraden möglichst weich und in den übrigen möglichst steif sein. Diese hier sind in der falschen, der z-Richtung, wegen der großen Länge weich, temperatur- und knickanfällig und unnötig räumlich ausgedehnt. In den Quer- und Kipprichtungen sind sie unerwünscht steifer als nötig und bringen u. U. kritische Biegemomente auf den Spiegel. Gleichzeitig bedingt das Prinzip unnötig niedrige Eigenfrequenzen. Die Stelzen sind unnötig teuer in der Herstellung und schlecht zu montieren, speziell wenn an die Fertigung zehntausender Einheiten gedacht ist. Beim Anschraubprozess müssen sie vermutlich mit der Rohrzange gehalten werden. Die pucks zum Anschluss an den Spiegel sind unnötig schwer und die Gestaltung zeigt keine Vorsorge für die Erreichung reproduzierbarer Klebschichtdicken und -positionen. Beim Klebeprozess muss mit Schablonen oder Messmitteln (Zollstock?) die einigermaßen richtige Position erreicht werden. Das gerändelte Stelzenende für den Aktoranschluss ist für genaue Systeme ganz ungeeignet. Eine Press- oder Klemmpassung muss zur Erreichung hoher Klemmkraft vollflächig tragen, man hat geringe Rauigkeiten anzustreben, nicht das Gegenteil. Ganz allgemein bin ich der Ansicht, dass beim heutigen Stand der Fertigungstechnik Justierungen bei Aufgaben der vorliegenden Art gar nicht erforderlich sind. Moderne Fertigungsmöglichkeiten erfordern für Aufgaben der vorliegenden Art m.E. keine Justierungen bei der Montage.

Die Stelzen im TMT-Projekt haben keine eigentlichen Gelenkbereiche, sie müssen also auf dem vollen Querschnitt verbogen werden. Damit entstehen große Biegemomente an den Einspannstellen, die sich nach den folgenden Formeln berechnen:

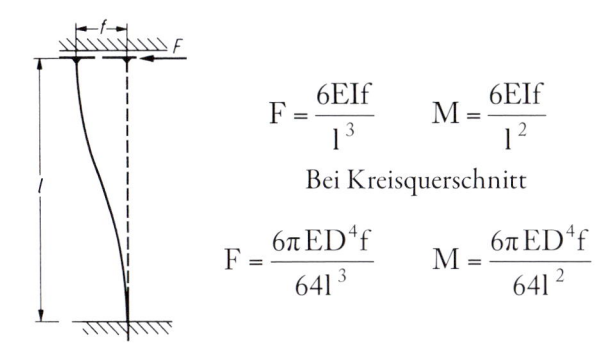

$$F = \frac{6EIf}{l^3} \qquad M = \frac{6EIf}{l^2}$$

$$\text{Bei Kreisquerschnitt}$$

$$F = \frac{6\pi ED^4 f}{64 l^3} \qquad M = \frac{6\pi ED^4 f}{64 l^2}$$

Den Einfluss eines rückseitig aufgebrachten Moments auf die Spiegelvorderfläche zeigt Bild 37.

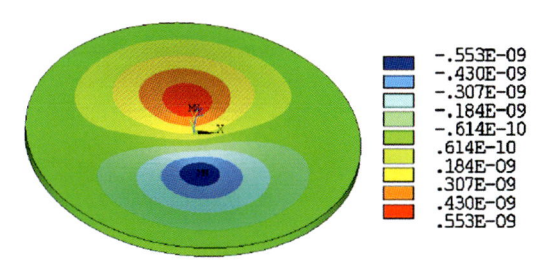

Bild 37: Wirkung eines rückseitig aufgebrachten Moments von 0,1 Nm an der Spiegelvorderfläche.

Würde man die dickere der o.g. Stelzen für die Ankoppelung der Spiegelstelzen annehmen, dann ergäbe sich ein Moment von 12 Nm. Das führt auf eine Spiegeldeformation von 60 nm P-V. Für ein Moment von 0,1 Nm auf der Spiegelrückseite ergibt sich 0,5 nm. Die Knickkraft bei Annahme des zweiten Euler-Falls ist

$$F = \pi^2 EI \ell^{-2} = \pi^3 ED^4 / (64 \ell^2)$$

Hier gerechnet mit der dünnen Stelze ergibt eine Knickkraft von ca. 90 N, was gegen 1/27 von 2000 N keine große Reserve bedeutet und einen Transport mit entsprechenden Beschleunigungen verbietet. Bei der Längskraft gibt es demgegenüber große Reserven. 74 N bei 13,85 mm² Querschnitt ergibt 5 N/mm². Dafür könnte man gelenkiger bauen.

Direkter Wirkungsfluss und axiale Fixierung

Bis die vom Aktor erzeugte Wirkung den Spiegel erreicht, muss sie bei Verwendung der whiffle trees eine Vielzahl von Gelenken und Bauteilen passieren. Das widerspricht dem wichtigen Konstruktionsprinzip des direkten Wirkungsflusses wie auch dem der Funktionentrennung bei angespannten Aufgabensituationen.

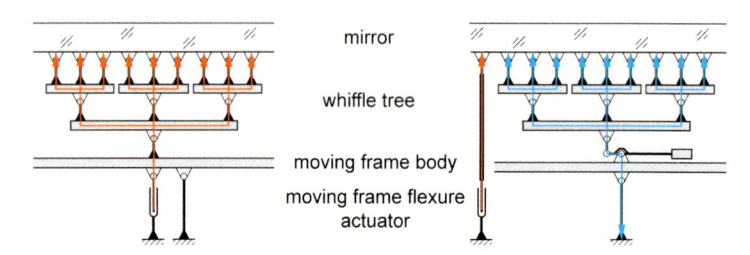

Bild 38: Beispiel für die Prinzipien des direkten Wirkungsflusses und das der Funktionentrennung. Links wird die vom Aktor ausgeübte Längenwirkung zusammen mit den Massenkräften über zahlreiche Gelenke und Bauteile mit Nachgiebigkeit verschiedener Provenienz geführt. Das führt zum Wirksamwerden von statistischen Störungen und zu ungünstiger Dynamik. Rechts werden die Kräfte (blau gezeichnet) unabhängig geführt, z.B. aktiv oder passiv neutralisiert. Das lässt sich im Grundsatz in bekannter Weise sowohl mit den Längs- als auch mit den Querkräften realisieren.

Gemäß dem Konstruktionsprinzip der Funktionentrennung wäre es günstig, die Massenkräfte nicht über die Aktoren zu führen, sondern sie auf getrennten Wegen aktiv oder passiv zu neutralisieren, insbesondere Kräfte und Positionseingaben auf verschiedenen Wegen zu führen. Bild 39 zeigt das Prinzip einer passiven Entlastung, wie es in klassischen Teleskopen häufig verwendet wurde.

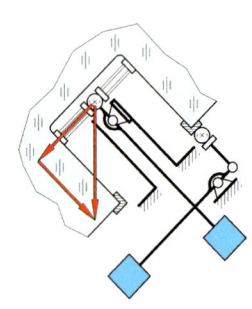

Bild 39: Prinzip einer vollständigen Entlastung. Das ganz innen sitzende Gelenk muss im Falle parallaktischer Montierung drei Freiheitsgrade aufweisen. Im Falle azimutaler Montierung kann es auf einen Freiheitsgrad beschränkt sein, wenn seine Drehachse parallel zur Elevationsachse eingestellt ist. Die Lateralentlastung muss in der Schwerefläche des Spiegels wirken. Im Falle von dynamischen Anforderungen müssen Gelenke und Hebel möglichst steif ausgebildet werden.

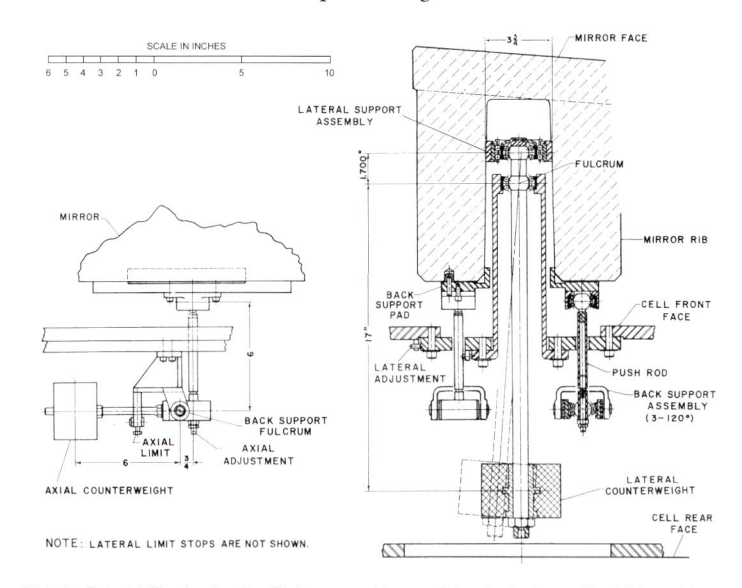

Bild 40: Beispiel für eine in allen Richtungen wirksame Spiegelentlastung. Für Axial- und Lateralkräfte sind unterschiedliche Gegengewichte vorhanden. (Beispiel von einem Teleskop auf dem Kitt Peak). Im Falle der Verwendung für E-ELT würde es allerdings nach Möglichkeit keine Wälzgelenke geben, sondern mindestens für die Axialentlastung reibungsfreie Festkörpergelenke. Aus [Kuiper 1960]

Das Bild 39 zeigt das Prinzip der in Bild 40 gezeigten Anordnung, die natürlich auch mit whiffle tree und Mittenzentrierung kombiniert werden kann. Das Prinzip ist in den 2-m-Spiegelteleskopen der Firma Carl Zeiss Jena mehrfach erfolgreich angewendet worden, allerdings ist es für parallaktische Montierungen gedacht.

Im Falle der Verwendung des in Bild 40 gezeigten Prinzips würde der Spiegel zunächst bei jeder Schwerkraftrichtung „schwimmen". In drei Freiheitsgraden (z, wx, wy) würde er durch die Aktoren fixiert. Auf die Aktoren wirken dann nur noch geringe Kräfte. In den übrigen drei Freiheitsgraden (x, y, wz) wäre er gegenüber der telescope structure oder der subcell zu fixieren. Das könnte beispielsweise durch die Mittenzentrierung und das clocking restraint in der bereits behandelten Weise geschehen, wobei aber auch in deren System gegenüber dem aktuell bekannten Schema nur noch sehr geringe Kräfte wirken würden.

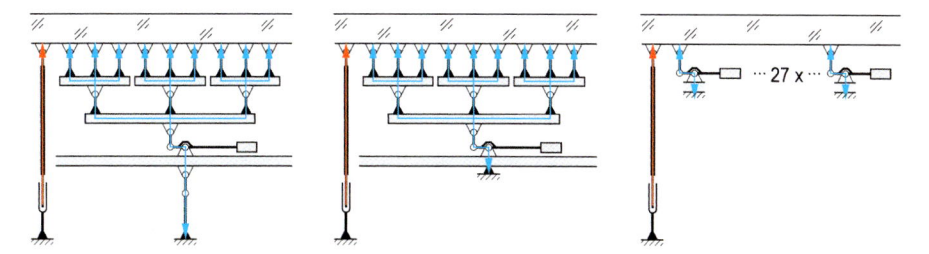

Bild 41: Möglichkeit der Kraftführung. Es ist jeweils ein Drittel des Gesamtsystems gezeichnet. Die Mittenzentrierung und das clocking restraint sind nicht dargestellt, aber in allen drei Fällen erforderlich. Aktoren und Mittenzentrierung würden nicht mehr mit Kräften beaufschlagt. Links: Situation mit moving frame. Mitte: Den moving frame gäbe es als solchen nicht mehr, er wäre zum fixed frame geworden. Für seine Position gegen die telescope structure gelten jetzt gröbere Toleranzen (ca. 1 mm). Nur der Stempel für die Mittenposition muss nach wie vor eng toleriert werden. Rechts: Es gibt keinen whiffle tree mehr. Die Kräfte werden über einen fixed frame direkt in die telescope structure geleitet. Kompensiert man jetzt noch die Lateralkräfte, dann ergibt sich die in Bild 42 gezeigte Situation.

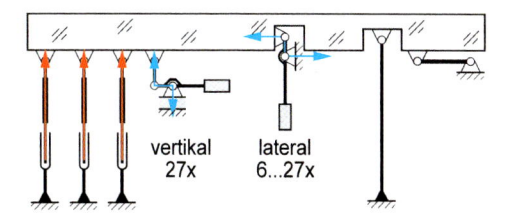

Bild 42: Anordnung mit Kompensation der vertikalen und auch der lateralen Massenkräfte. Der moving frame würde fest mit der Spiegelzelle verbunden, würde also zum fixed frame, und die Aktorstempel blieben weitgehend kraftfrei, ebenso das Mittengelenk. Aber wegen des großen Spiegelweges lässt sich die Anordnung nicht vernünftig dimensionieren.

Bild 42 wäre kinematisch in Ordnung. Die Membranzentrierung wäre allerdings für ± 6,5 mm Weg überhaupt nicht zu machen, die in Bild 25 gezeigte Dreistabvariante ließe sich immerhin dimensionieren. Die Gewichtskompensationen würden bei dem großen Weg zu größeren und schwereren Hebelsystemen ausarten, die Hebel würden länger, die Eigenfrequenzen niedriger. Somit muss leider festgestellt werden, dass angesichts der Vorarbeiten und Vorfestlegungen auf den von den Aktoren mitbewegten moving frame nicht verzichtet werden kann. Die Lösungen lt. Bild 38 bis Bild 42 sind nicht unmöglich, aber nicht leicht zu realisieren.

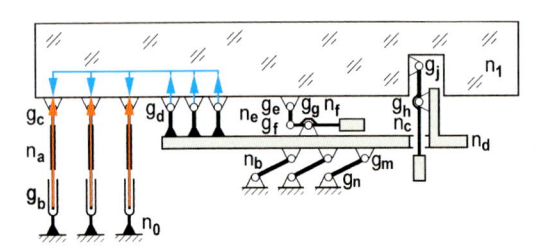

Bild 43: Lösung mit bewegtem moving frame. Der moving frame muss von den Aktoren mitbewegt werden. Damit keine Momente auf den Spiegel gelangen können, müssen die je drei Gelenke g_c und g_d exakt zusammenfallen, was technisch möglich ist. n_0=Basis, Gestell, Masse, telescope structure. n_1=Spiegelkörper. n_a=Aktorstelzen. n_b=Zentrierstelzen. g_n, g_m und n_b sind die moving frame flexures. n_e und n_f sind die Axial-Kompensationshebel, n_c die Lateral-Kompensationshebel. Der moving frame muss flächig ausgedehnt werden, da er auf der gesamten Fläche die Entlastungssysteme tragen muss. Das dabei entstehende Gewichtsproblem lässt sich aber mit einer Leichtbau-Schweißplatte entschärfen.

Bild 44: Lösung wie Bild 43, zur besseren Übersicht sind die Gewichtsentlastungen weggelassen. Die Freiheitsgradberechnung ergibt den erwarteten Gesamtfreiheitsgrad 3, der aus den Aktorbewegungen rührt. Die drei g_c sollen möglichst genau mit den entsprechenden g_d zusammenfallen. Die g_b sind die Aktorschubbewegungen. g_c sind die Aktorankoppelgelenke, voraussichtlich – je nach Aktoraufbau – mit 5 DOF. Die g_d koppeln den moving frame mit je 4 DOF an. g_m+g_n haben zusammen 5 DOF, bilden also zusammen mit der Stelze n_b Gelenke mit je 5 DOF.

Die Anordnung gemäß Bild 44 ist kinematisch richtig, drei Freiheitsgrade werden durch die hier mit g_b bezeichneten Aktoren kontrolliert. Alle über das Schema hinausgehenden Entlastungssysteme weisen 6 DOF auf und nehmen damit keinen Einfluss auf den Gesamtfreiheitsgrad.

$$n = n_0 + n_1 + n_d + 3n_a + 3n_b = 9$$
$$g = 3g_b + 3g_c + 3g_d + 3g_m + 3g_n = 15$$
$$= 3 \cdot 1 + 3 \cdot 5 + 3 \cdot 4 + 3 \cdot 3 + 3 \cdot 2 = 45$$
$$\underline{\underline{F}} = 6(9 - 1 - 15) + 45 = \underline{\underline{3}}$$

Gelenkpaare mit gemeinsamen Bewegungszentren lassen sich z.B. herstellen aus ineinander gebauten rohrförmigen Gelenken oder aus Speichenfedern mit jeweils abwechselnder Belegung der Speichen.

In den TMT-Projektunterlagen wird darauf hingewiesen, dass der Einfluss von Axialkräften an der Mittenmembrane groß sei. Das entspricht unseren Überlegungen. Der Einfluss von Montagefehlern ist in dem Papier nicht zahlenmäßig ausgewiesen. Bei der Membrandicke 0,35 mm schlägt nach 0,1 mm axialer Montagefehler mit 360 nm auf die Spiegeloberfläche durch.

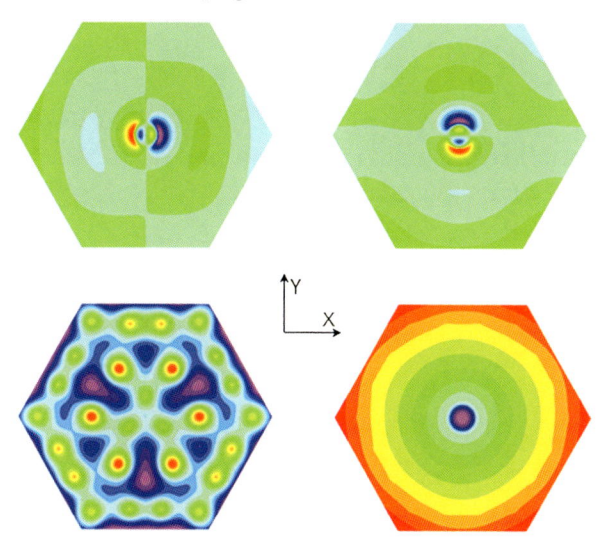

Bild 45: Deformationen der optischen Spiegelfläche bei lateralen Lasten, bei axialen Lasten und bei Temperaturdifferenzen zwischen Vorder- und Rückseite. Bild aus den TMT-Unterlagen. Der TMT-Spiegel ist etwas kleiner und etwas dünner als der unsere (135 mm Eckenmaß und 45 mm Spiegeldicke). Teilbild oben links: Lateralkraft $+1_g$ in x-Richtung. RMS = 12,6 nm, P-V = 212 nm. Purpur = −106 nm, rot = +107 nm. Teilbild oben rechts: Lateralkraft $+1_g$ in y-Richtung. RMS = 12,6 nm, P-V = 213 nm. Purpur = −107 nm, rot = +106 nm. Teilbild unten links: Axialkraft -1_g in z-Richtung. RMS = 10,2 nm, P-V = 60 nm. Purpur = −11 nm, rot = +49 nm. Teilbild unten rechts: Formänderung bei Temperaturdifferenz 1K zwischen Vorder- und Rückseite des Spiegelsubstrats. RMS = 3.32 nm, P-V = 23,6 nm. Purpur = −18,12 nm, rot = +5,47 nm.

Warping harness

Die whiffle trees in ihrer Verkopplung mit den warping harnesses widersprechen dem Funktionsprinzip der Funktionentrennung, das hier wegen der hohen Ansprüche unbedingt beachtet werden sollte. Wir haben vor einiger Zeit ein solches System für einen Hersteller von Präzisionsoptik für die Halbleitertechnik (Zeiss Oberkochen) entwickelt, das lediglich am Plattenrand angreift.

Bild 46: Prinzip einer von uns realisierten Wellenfrontkorrektur mit am Rand angreifenden Biegemomenten.

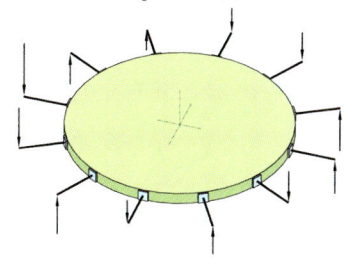

Bild 47: 3-D-Modell des von uns entwickelten Wellenfrontkorrektors. Mit 12 Hebeln konnten Astigmatismus, Dreiblatt- und Vierblattfehler auf ungefähr ein Zehntel reduziert werden. Der Antrieb erfolgte mit Kleinmotoren, die Kraftanpassung mit Hebelgetrieben auf Festkörpergelenkbasis.

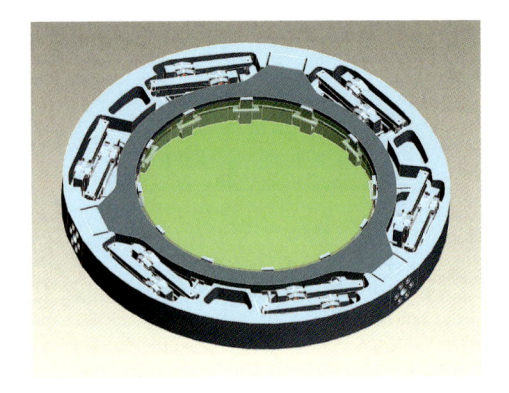

Wir haben mit dieser Anordnung einen vorgegebenen Astigmatismus, Dreiblattfehler und Vierblattfehler mit den Mitteln der Plattentheorie auf je 10 % reduzieren können (Bilder 48, 49 und 50).

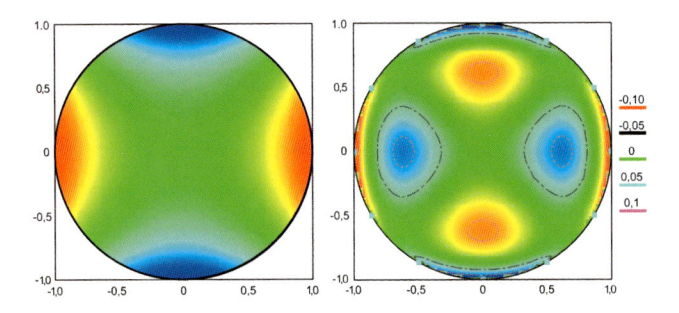

Bild 48: Korrektur des Astigmatismus. Korrigiert wird die Zernike-Funktion $Z=r^2\cos(2\phi)$. Links ist das vorgegebene Zernike-Feld, rechts der verbleibende Fehler nach Korrektur durch Biegemomente am Plattenrand. Der Restfehler beträgt ca. 10 %. Werte im Ergebnis analytischer Berechnung.

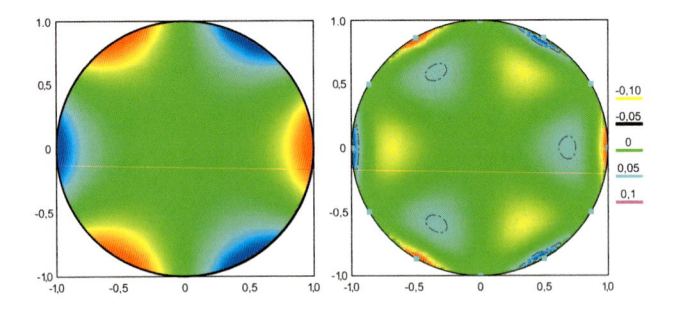

Bild 49: Korrektur des Dreiblattfehlers. Korrigiert wird die Zernike-Funktion $Z=r^3\cos(3\phi)$. Links ist das vorgegebene Zernike-Feld, rechts der verbleibende Fehler nach Korrektur durch Biegemomente am Plattenrand. Der Restfehler beträgt ca. 10 %. Werte im Ergebnis analytischer Berechnung.

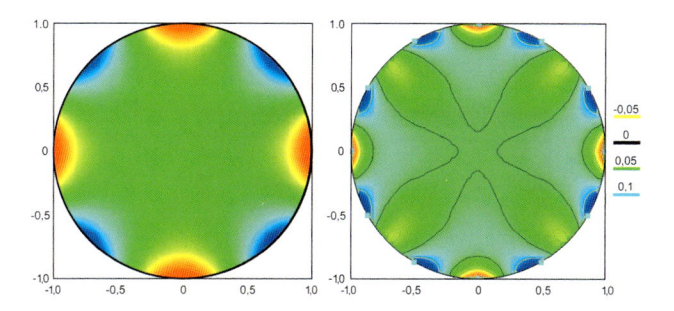

Bild 50: Korrektur des Vierblattfehlers. Korrigiert wird die Zernike-Funktion $Z=r^4\cos(4\phi)$. Links ist das vorgegebene Zernike-Feld, rechts der verbleibende Fehler nach Korrektur durch Biegemomente am Plattenrand. Der Restfehler beträgt ca. 10 %. Werte im Ergebnis analytischer Berechnung.

Siehe hierzu [Schoeppach 2009]

Der hier vorgegebene Faktor 18 für den Astigmatismus bedarf weiterer Anstrengung. Im vorliegenden Fall steht aber die gesamte Spiegelrückfläche für korrigierende Eingriffe zur Verfügung, was das Problem erleichtern würde, allerdings andere Schwierigkeiten schafft, da die weiche Bettung auf die benachbarten Punkte einen großen Einfluss hat, was in Bild 51 gezeigt ist.

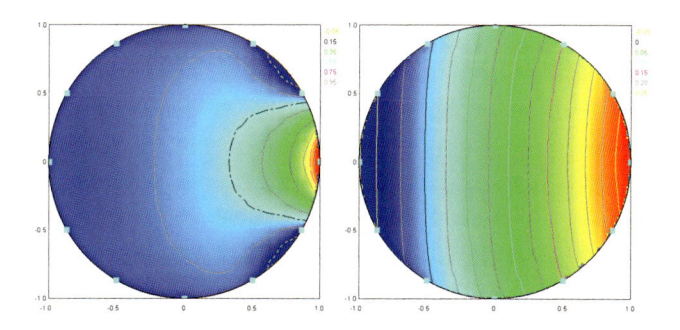

Bild 51: Einfluss der Bettung auf die Einflussfunktion bei Aktivierung eines Korrekturpunktes durch Kraftangriff am Rand der Optik. Links ist das Steifigkeitsverhältnis null, d. h., nur der aktive Punkt ist elastisch, alle anderen sind unendlich steif. Rechts ist das Steifigkeitsverhältnis 100. Die aktive Stelle ist 1 % steifer als die übrigen. Es entsteht dann hauptsächlich eine Kippung.

Die Möglichkeiten zur Einflussnahme in der vorliegenden Situation sind bei Wilson [Wilson 1999 II] schematisch dargestellt (Bild 52).

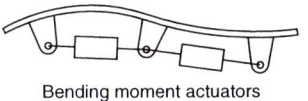

Bild 52: Möglichkeiten der Einflussnahme auf die Spiegelform. In unserem Fall kommen die „discrete force actuators" oder die „bending moment actuators" in Betracht. Aus [Wilson 1999 II]

Ein Beispiel für die Wirkung von „bending moment actuators" im vorliegenden Fall zeigt Bild 53.

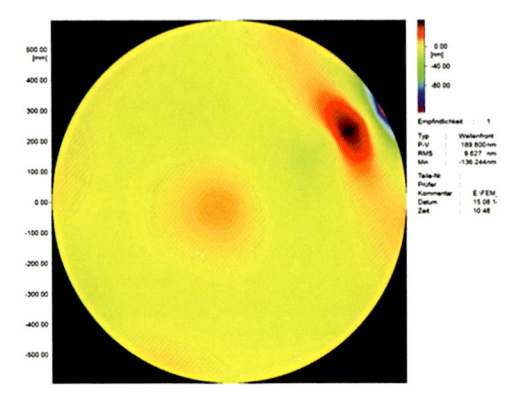

Bild 53: Deformation des vorliegenden Spiegels.

Die Verkoppelung mit dem whiffle tree sehen wir insgesamt als Nachteil an, u.a. aus Gründen der späteren Wartung, auch wenn dadurch möglicherweise einige Aktoren eingespart werden. Das Problem bedarf der weiteren Untersuchung. Es wird sich eine Anordnung finden, die auch ohne Kopplung mit dem whiffle tree die Forderungen erfüllt.

Bild 54: Spiegel 0A: Dicke 50, Masse 161 kg.

Leichtgewichtsspiegel

Obwohl in der Frage der Spiegelsubstrate die Messen sicher gelesen sind, gestatten wir uns den Hinweis auf eine Alternative.

Es werden drei Substrattypen untersucht, alle aus Zerodur DK1, alle reguläre Sechsecke mit 1400 Spitzenmaß. Alle auf drei Punkten auf Teilkreisradius 477,932 gelagert und mit 1 g belastet.

Bild 55: Spiegel 1A: Dicke 80, Masse 55,5 kg. Rückseite offen (open back). Polierbare Fläche 12 dick.

Bild 56: Spiegel 2A: Dicke 80, Masse 54,5 kg. Rückseite geschlossen (closed back). Polierbare Fläche 6 dick, Rückfläche 6 dick.

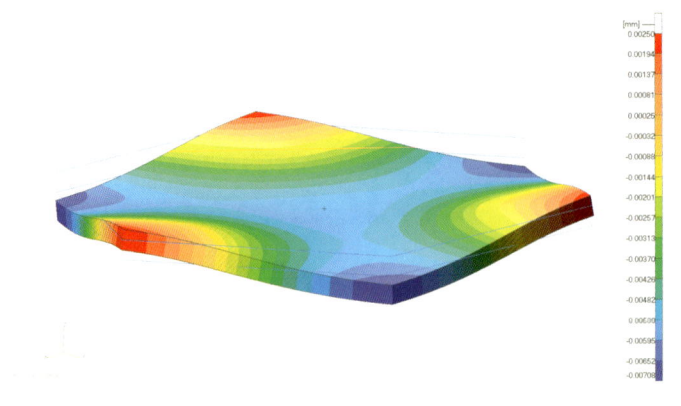

Bild 57: Spiegel 0A: Dicke 50. P-V(z) = 9,6 µm

Zuarbeit für das 39-m-Teleskopprojekt der ESO

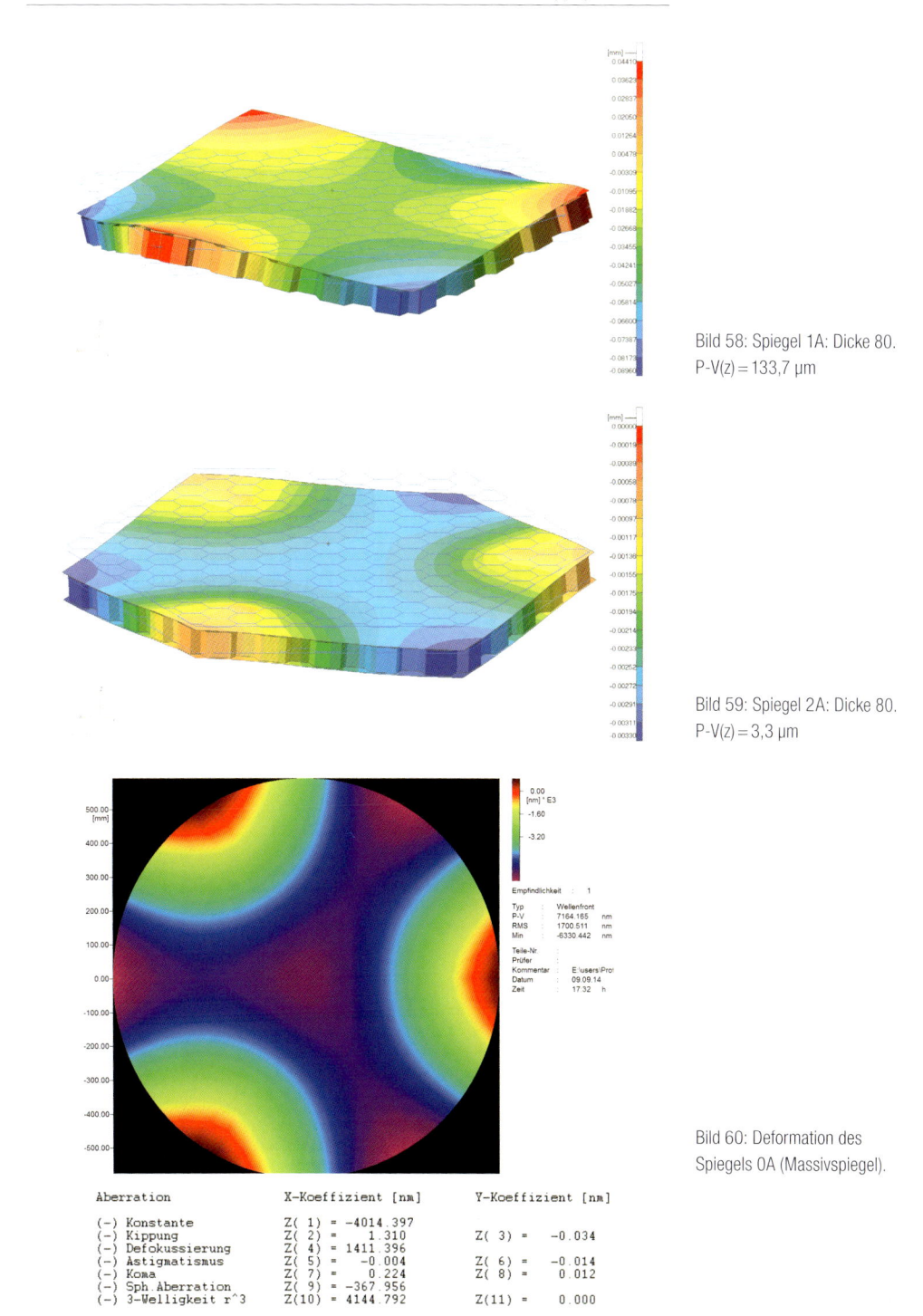

Bild 58: Spiegel 1A: Dicke 80.
P-V(z) = 133,7 µm

Bild 59: Spiegel 2A: Dicke 80.
P-V(z) = 3,3 µm

Bild 60: Deformation des Spiegels 0A (Massivspiegel).

Aberration	X-Koeffizient [nm]	Y-Koeffizient [nm]
(-) Konstante	Z(1) = -4014.397	
(-) Kippung	Z(2) = 1.310	Z(3) = -0.034
(-) Defokussierung	Z(4) = 1411.396	
(-) Astigmatismus	Z(5) = -0.004	Z(6) = -0.014
(-) Koma	Z(7) = 0.224	Z(8) = 0.012
(-) Sph.Aberration	Z(9) = -367.956	
(-) 3-Welligkeit r^3	Z(10) = 4144.792	Z(11) = 0.000

Gültige Bildpunkte:	P-V: [nm]	MIN: [nm]	RMS: [nm]
785456	1246.561	-413.139	209.807

71

```
Aberration              X-Koeffizient [nm]      Y-Koeffizient [nm]

(-) Konstante           Z( 1) = -26038.695
(-) Kippung             Z( 2) =   -282.405      Z( 3) =    -811.934
(-) Defokussierung      Z( 4) =   1870.533
(-) Astigmatismus       Z( 5) =   -892.316      Z( 6) =    -345.735
(-) Koma                Z( 7) =     -3.275      Z( 8) =      50.462
(-) Sph.Aberration      Z( 9) =   -607.005
(-) 3-Welligkeit r^3    Z(10) =   -129.567      Z(11) =  -42859.180

Gültige Bildpunkte:     P-V: [nm]       MIN: [nm]       RMS: [nm]
       785456           4108.751        -1278.071       489.051
```

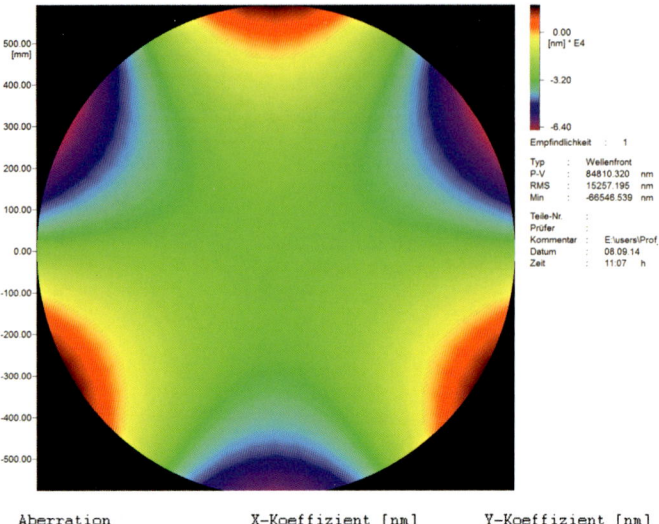

Bild 61: Deformation des Spiegels 1A (open back).

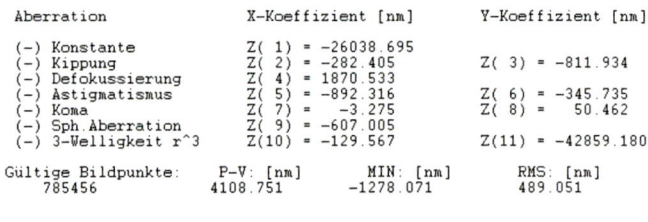

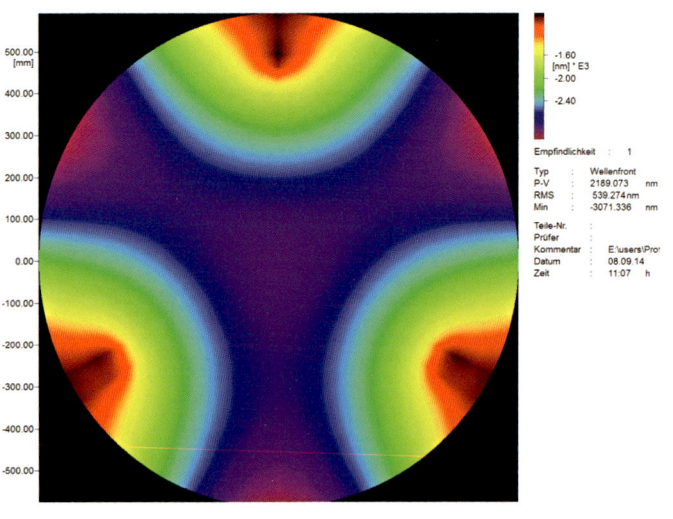

```
Aberration              X-Koeffizient [nm]      Y-Koeffizient [nm]

(-) Konstante           Z( 1) =  -2322.536
(-) Kippung             Z( 2) =     -1.897      Z( 3) =     -10.345
(-) Defokussierung      Z( 4) =    392.219
(-) Astigmatismus       Z( 5) =     -5.345      Z( 6) =      -2.645
(-) Koma                Z( 7) =     -0.325      Z( 8) =      -0.787
(-) Sph.Aberration      Z( 9) =   -146.412
(-) 3-Welligkeit r^3    Z(10) =      0.363      Z(11) =   -1334.843

Gültige Bildpunkte:     P-V: [nm]       MIN: [nm]       RMS: [nm]
       785456           733.798         -208.199        108.947
```

Bild 62: Deformation des Spiegels A2 (rückseitig geschlossener Leichtgewichtsspiegel, closed back).

Zusammenfassung der Ergebnisse:

Version	Typ	Masse [kg]	RMS [µm]	P-V [µm]	Defokussierung [µm]
mirror-0A	solid	161,0	1,70	7,164	1,41
mirror-1A	open back	55,5	15,26	84,810	1,87
mirror-2A	closed back	54,5	0,54	2,189	0,39

Unter den Leichtgewichtsspiegeln verdient die Version mit geschlossener Rückfläche besondere Beachtung. Sie ist bei der hier gewählten Dimensionierung in allen positiv zu bewertenden Parametern um einen Faktor drei besser als der Massivspiegel. Ein Spiegel mit offener Rückseite hätte demgegenüber erheblich schlechtere Eigenschaften.

Diskussionen mit Vertretern der Firma Heraeus in Hanau ergaben, dass solche Spiegel durch Zusammenschmelzen eines Wabenkörpers mit zwei Deckplatten hergestellt werden könnten. Bei früheren Versuchsfertigungen wurde die Wabenstruktur aus Flachglasstücken hergestellt. Heute würde man den Wabenkörper durch Wasserstrahlschneiden herstellen. Ein Musterstück zeigt saubere und praktisch genau senkrechte Schnittflächen.

Bild 63: Leichtgewichtsspiegel der Firma Heraeus Hanau aus einer früheren Versuchsfertigung.

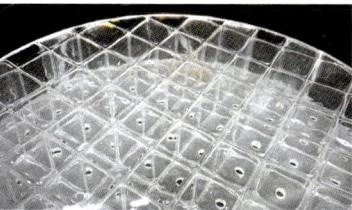

Die Verwendung eines Leichtgewichtsspiegels würde am Gesamtspiegel nicht nur 100 Tonnen Glasmasse ersparen, sondern auch den Aufwand für die Spiegellagerung sehr verringern.

Bild 64: Leichtgewichtsspiegel der Firma Heraeus Hanau aus einer früheren Versuchsfertigung (wie Bild 63, andere Ansicht).

Aktoren

Die offenbar erreichte extreme Leistung der von PI (Physik Instrumente (PI) GmbH & Co. KG) vorgestellten Aktoren verdient höchste Bewunderung. 1 nm Schrittgröße bei 900 N Axiallast erscheinen fast unglaublich, und es ist zu hoffen, dass sich das Ver-

Bild 65: Leichtgewichtsspiegel der Firma Heraeus Hanau aus einer früheren Versuchsfertigung (wie Bild 63, andere Ansicht).

fahren im Dauerbetrieb bewährt. Es könnte das Prinzip ein Risiko bedeuten, und man könnte erwägen, ein zweites System zur Sicherheit parallel zu entwickeln und insbesondere in der Spiegeleinheit dafür Raum zu lassen. In dem amerikanischen TMT-Konzept gibt es Bausteine in der Größe von PCs, die sehr wahrscheinlich andersartige Aktoren enthalten. Wir haben Erfahrungen mit Kugel- und Rollspindeln, von denen allerdings zu sagen ist, dass die Nanometerauflösung nachgeschaltete Festkörpergelenk-Hebelgetriebe erfordert hat. Das wäre im vorliegenden Fall eine denkbare Reserve-Alternative.

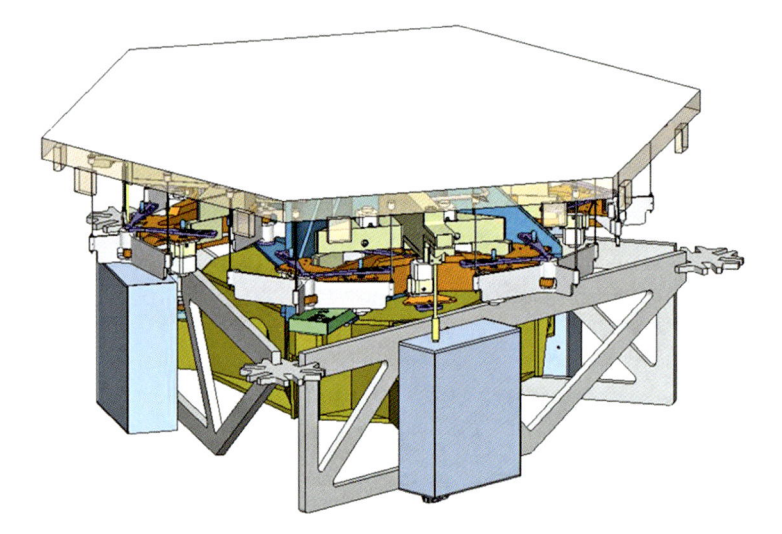

Bild 66: Aus dem TMT-Konzept. Die Aktoren erscheinen als relativ große (hellblaue) Kästen.

Für das HPT-Teleskop (HPT – Hexapod Teleskope: anstelle der Zwei-Achsen-Montage wird ein Hexapod eingesetzt) haben wir seinerzeit Rollspindelantriebe mit Rollenrückführung von 65 mm Spindeldurchmesser erprobt und später eingesetzt, die ohne weitere Übersetzung und ohne rechnerische Korrektur statistische Fehler von weniger als 10 nm aufwiesen (Bild 67). Mit 10- oder mehrfacher Hebelübersetzung unter Verwendung von Festkörpergelenken wären die hier erforderlichen Restfehler wohl erreichbar.

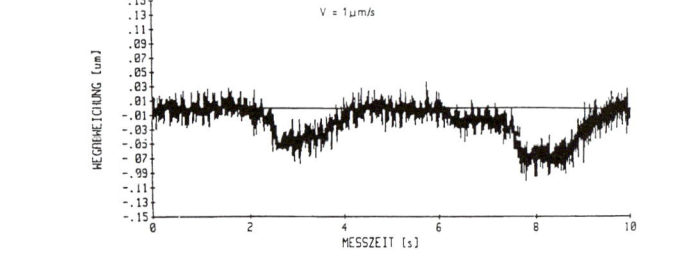

Bild 67: Unsere Messergebnisse an den HPT-Spindeln mit Rollenrückführung. Messwerte ohne rechnerische Korrekturen [Steinbach 2017].

Zur Verwendung in einem interferometrischen Zusatzgerät zum LBT (Large Binocular Telescope auf dem Mount Graham in Arizona, seit 2005) haben wir eine Einheit geschaffen und geliefert, bei denen sehr kleine reproduzierbare Spiegelkippungen ermöglicht werden sollten. Dafür haben wir ein Antriebssystem mit Kugelspindel und anschließendem Festkörper-Hebelsystem gebaut.

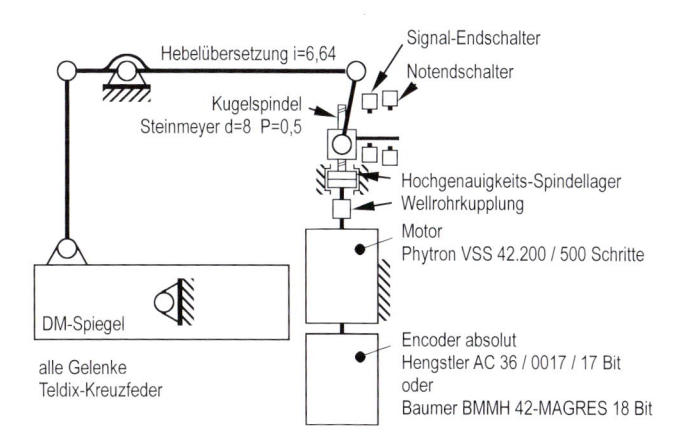

Bild 68: Einrichtung zur Spiegelsteuerung in zwei Kipprichtungen am LBT. Durch anschließende Hebelübersetzung wurden Positionierfehler im Nanometerbereich realisiert (Zulieferung für Max-Planck-Institut Astro in Heidelberg).

Bild 69: Prinzip zur Spiegelsteuerung beim LBT.

Es wäre für uns denkbar, Aktuatoren auf der Basis genauer Kugelspindeln mit anschließendem Hebelsystem zu entwickeln. Mit einer Kugelspindel von etwa 300 mm Verfahrweg und 20-facher Hebelübersetzung sollte eine adäquate Aktuatoranordnung möglich sein.

Manfred Steinbach

Allgemeine Randbemerkungen (Zitate)

Heutigentags ist zu beobachten, dass besonders Konstrukteure der jüngeren Generation Prinzipien wie das Komparatorprinzip geringschätzen, geradezu als antiquiert ansehen, da doch die Möglichkeit der Softwarekorrektur bei den ohnehin immer mit Rechnern verbundenen Geräten besteht. Abgesehen davon, dass mechanisch- oder optisch-elektronische Messwertwandler noch immer ein Kostenfaktor sind, beweist die theoretische Messtechnik den Wert hoher physikalischer (oder „hardwaremäßiger") Qualität in der Informationskette. Hart et al. [Hart 1989] schreiben dazu: „wurde ... die Frage aufgeworfen, ob eine Korrektur von schlechten Messsystemen bzw. Messgrößenaufnehmern zu einer beliebigen Verbesserung führt und ob bei zunehmendem Einsatz von Rechnern eine derartige Korrektur durch entsprechende Programmierung (d.h. durch eine Softwarelösung) gewissermaßen ′nebenbei′ vorgenommen werden könnte. Die nachfolgenden Ausführungen [Hart 1989 S. 241 – 253, Steinbach 2005] werden diese Frage dahingehend beantworten, dass grundsätzlich eine Korrektur umso wirksamer ist, je besser das Originalmesssystem ist. Das bedeutet, dass gerade zum Ausschöpfen der Korrekturmöglichkeiten erhöhte Anforderungen an die Qualität der Messsysteme zu stellen sind."

It is a dangerous illusion to suppose that FE methods make the theory superfluous, since errors which can easily occur remain undetected (es ist eine gefährliche Illusion anzunehmen, dass Finite-Elemente-Methoden die Theorie überflüssig machen, da leicht Fehler entstehen können, die unentdeckt bleiben. Hrsg.) [Wilson 1999]

Zusammenfassung

Wir haben versucht, die uns zugänglichen Informationen zu verstehen und haben vorstehend aufgeschrieben, was uns dazu eingefallen ist und worauf beim Bau von Mustern geachtet werden sollte.
- Das Konzept scheint uns weitgehend stimmig, die meisten Detaillösungen stimmen kinematisch und elastizitätstheoretisch mit unseren Ansichten überein.
- Grundsätzlich ist zu kritisieren, dass sowohl bei den axialen als auch den lateralen Positionierungen Kraftführung und Lagebestimmung von den gleichen Bauteilen vorgenommen werden, das Konstruktionsprinzip der Funktionentrennung also nicht

berücksichtigt worden ist.
- Die zentrale Membrane gibt Anlass zu Bedenken. Ihre Funktion als Träger der Lateralkräfte sollte überdacht werden. Es könnten stattdessen passive Entlastungssysteme verwendet werden oder ein lateraler whiffle tree.
- Die Aktoren für die Tip-tilt-piston-Bewegung sollten direkt auf die Spiegel wirken, nicht über den gesamten whiffle tree.
- Die moving frame flexures könnten kinematisch günstiger gestaltet werden.
- Die Whiffle-tree-Stelzen sind wahrscheinlich in kinematischer Hinsicht verbesserungsfähig.
- Alle prätendierten Klebstellen im Hauptspiegel sollten durch Bohrungen oder Senkungen mit einer Positionsgenauigkeit von ≤100 µm vorbereitet werden.
- Aktoren für Schrittgrößen im Bereich weniger Nanometer bei gleichzeitiger Längsbelastung mit 900 N kann man als Risiko ansehen, da es keine langfristigen Erfahrungen damit gibt. Die Entwicklung eines zweiten Antriebssystems auf Basis eines anderen Prinzips böte eine gewisse Sicherheit. Jedes andere Prinzip baut sicherlich größer. Dafür sollte Platz in der subcell bereitgehalten werden.
- Wir vertreten bei Problemen mit dem hier definierten hohen Anspruch das Konstruktionsprinzip der Funktionentrennung. Die Verkopplung des whiffle tree mit dem warping harness widerspricht diesem Prinzip. Über die Gründe für die empfohlene Verkopplung müssen wir uns noch informieren bevor wir uns guten Gewissens der Funktionsempfehlung anschließen.
- Untere Eigenfrequenzen <50 Hz werden angestrebt und können wahrscheinlich erreicht werden.
- Leichtgewichtete Spiegelsubstrate mit geschlossener Rückseite (closed back) böten in vielerlei Hinsicht große Vorteile.
- Bei der Montage soll es keine Justierungen oder Nacharbeiten geben. Das wird durch passende Tolerierung in der Vorfertigung erreicht.

Anhang

Für die Gestaltung der Massepunkte gelten im Grunde die gleichen Gesetze wie in der Elektrotechnik für die Erdung: Keine Erdschleifen, alle Erdleitungen an einem einzigen Sternpunkt zusammenführen. In diesem Sinne wäre es von Vorteil, wenn die Kräfte von der Spiegelfläche, also insbesondere die Windkräfte, gar nicht auf die eigentliche Spiegelzelle geleitet würden, sondern auf eine darunter befindliche Ebene, die erst im Zentrum des Tubus mit der genauigkeitsbestimmenden Fläche vereinigt wird. Damit könnte der störende Einfluss von Windkräften verringert werden.

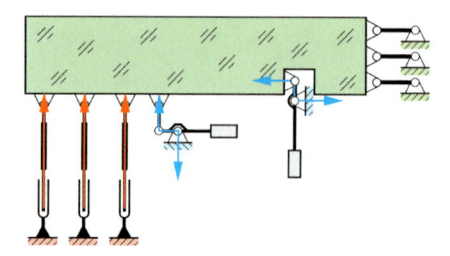

Bild 70: Spiegel mit Entlastungssystemen. Die Lagefixierung erfolgt mit den drei rot gezeichneten Antriebsstelzen und den drei seitlich gezeichneten Radialstelzen. Rötlich gezeichnet sind die Gestellpunkte für die Tip-tilt-Antriebe, für welche Nanometergenauigkeit zu fordern ist. Grünlich sind die Gestellpunkte für die Lateralfixierung, die etwa 100 μm gewährleisten müssen. Bläulich sind die Gestellpunkte für die Kraftaufnahme. Sie sollten auf etwa 1 mm sicher sein. Alle Gestellpunkte sollten wie Erdpunkte in der Elektrotechnik behandelt werden, also in sternförmigem Aufbau an einen zentralen Erdpunkt geführt werden. Letzteres u. U. für die Massepunkte des gesamten Vielspiegelsystems.

Zur Bestimmung der nötigen Positionsgenauigkeit, mit der die Lateralkraft in den Bohrungen in z-Richtung wirken muss, wird der Einfluss eines Biegemoments auf die Spiegelform berechnet. Es ergibt sich, dass ein Moment von 1 Nm an der Spiegelrückseite bei schwimmend gelagertem Spiegel auf 107 nm P-V führt. Rechnen wir mit 100 N Lateralkraft an einem der Entlastungspunkte bei 1 mm Differenz des Kraftangriffs gegen die Schwerefläche, so ergibt sich ein Moment von 0,1 Nm, was auf ca. 11 nm P-V Spiegelformfehler führen würde.

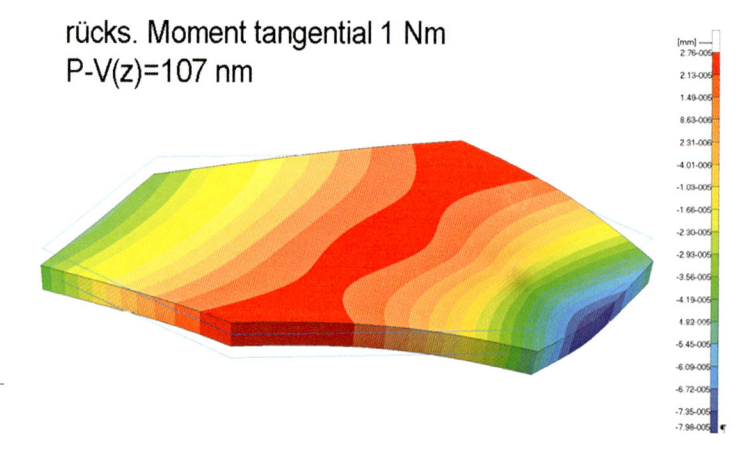

Bild 71: Ein Moment von einem Newtonmeter auf der Spiegelrückseite deformiert den gleichmäßig unterstützten Spiegel um 107 nm. Das bedeutet, dass die Lateralentlastungen nahe bei der Schwerefläche des Spiegels angreifen müssen. 1 mm Toleranz würde aber genügen.

Angesichts der bereits am segment assembly geleisteten Vorarbeiten wäre es denkbar, auf die in verschiedener Hinsicht ungünstige Membranzentrierung zu verzichten ohne den movable frame aufzugeben. Das könnte erreicht werden durch eine noch zu bestimmende Anzahl von passiven Entlastungssystemen der oben beschriebenen Art, die alle auf den drei Armen des Frame anzubringen wären.

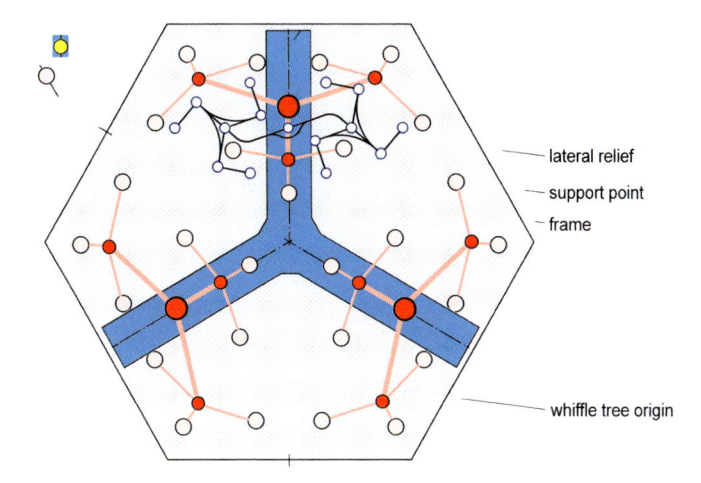

Bild 72: Movable frame mit lateralen Entlastungssystemen.

Abkürzungen

CTE = Koeffizient der thermischen Ausdehnung
DOF = Degree Of Freeedom. Kinematischer Freiheitsgrad.
RMS = Root Mean Square. Mittlere quadratische Abweichung
P-V = peak-valley. Differenz zwischen größtem und kleinstem Wert
whiffle tree = System zur stufenweisen Aufteilung von Kräften oder Bewegungen. Der Begriff stammt aus der Praxis des Pferdetransportwesens: am Fuhrwerk war ein Balken in seiner Mitte befestigt, an dessen beiden Enden je ein Pferd angeschirrt war, womit gleiche Belastung beider Pferde gesichert wurde. Das Verfahren konnte mit jeweils weiteren solchen Anordnungen wiederholt werden, sodass auch für größere Anzahlen von Pferden alle gleich belastet waren.
TMT = thirty meter telescope. US-Amerikanisches Projekt, vermutlich in Indien in Auftrag gegeben. Derzeit (2017) wohl noch kein Baubeginn.
wx, wy, wz = Winkel um die Achsen x, y und z

Literatur

[Artus 1983] Artus, Helmut; Steinbach, Manfred: *Bearbeitungsfassung für große optische Bauelemente und ebene Werkstücke*. 29.11.1983. Veröffentlichungsnr. DD000000271483A1. IPC B 24 B 13/04

[Hale 1999] Hale, L. C.: *Principles and Techniques for Designing Precision Machines*. Cambridge: Massachusetts Institute of Technology, 1999

[Hart 1989] Hart, Hans; Lotze, Werner; Woschni, Eugen-Georg: *Meßgenauigkeit*. 2. Aufl., Berlin: VEB Verlag Technik, 1989

[Kuiper 1960] Kuiper, G. P.; Middlehurst, B. M.: *Stars and stellar systems. Compendium of Astronomy and Astrophysics*. **Vol. I**. Chicago: Univ of Chicago Press. 1960)

[Lopez 2005] Lopez-Real, Ernesto; Schletterer, Thomas; Schoeppach, Armin; Steinbach, Manfred: *Assembly for Adjusting of an Optical Element*. 9.5.2005 Veröffentlichungsnr.: WO002006119970A2. IPC G02B 7/02

[Schoeppach 2009] Schoeppach, Armin; Steinbach, Manfred: *Optical device having a deformable element*. 14.07.2009. Veröffentlichungsnr. WO002010007036A2. IPC G03F 7/20

[Steinbach 2005] Manfred Steinbach: Ernst Abbes Komparatorprinzip. In: Kramer, Lothar et al. (Hrsg.) *Jenaer Jahrbuch zur Technik- und Industriegeschichte* 7 2005, S 9-69.

Steinbach, M.: Fixierung von Präzisionsbauteilen: Optikfassungen und Plattenlagerungen. *Jenaer Jahrbuch zur Technik- und Industriegeschichte* **14** (2011) 141-222

Steinbach, M.: Rückblick auf 40 Jahre Konstruktionsarbeit in der Jenaer Tradition. *Jenaer Jahrbuch zur Technik- und Industriegeschichte* 4 (2002) 43-107

[Steinbach 2017] Steinbach, Manfred: Hexapode im Präzionsgerätebau. In diesem Jahrbuch

[Wilson 1999] Wilson, Raymond N.: *Reflecting telescope optics*. Berlin: Springer 1999

Danksagung

Herr Birger Steinbach unterstützte die Herausgabe des Artikels durch die Bereitstellung der Bilder in digitaler Form. Herzlichen Dank dafür.

Manfred Steinbach (†)

Hexapode im Präzisionsgerätebau

Um leicht und dennoch steif zu bauen, müssen Werkstoffe so verwendet werden, dass Kräfte die Bauteile in allen ihren Bereichen möglichst gleich stark durchfließen. Anders gesagt: alle Positionen innerhalb eines Bauteils sollen mit etwa gleichen mechanischen Spannungen beaufschlagt werden. Das gelingt nicht, wenn z.B. ein Rundstab auf Biegung oder Torsion beansprucht wird. In diesem Falle tragen nur die äußeren Bereiche. Ein längsbelasteter Stab trägt dagegen in allen Teilen seines Querschnitts. Ein Stab, der in dieser Weise benutzt werden soll, muss demnach mit fünf Freiheitsgraden in das Gesamtgerät eingefügt werden. Das gelingt mit Gelenken, die an einem Ende zwei und am anderen Ende drei Freiheitsgrade ermöglichen.

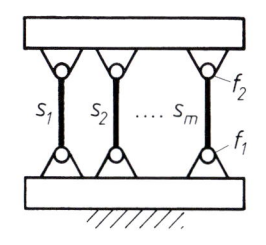

Bild 1: Optimale Verbindung zweier Bauteile durch eine Anzahl von m Stäben, deren jeder mit $f_1+f_2=5$ Freiheitsgraden angekoppelt ist.

Mittels der Grundgleichung der Mechanismentechnik von Tschebyschev [Volmer 1973] lässt sich zeigen, dass es für die Anzahl m im dreidimensionalen Raum nur eine einzige Lösung gibt:

$$F = 6(n - 1 - g) + \sum_{i=1}^{g} f_i$$

Der Gesamtfreiheitsgrad F soll null sein. Die Zahl der Gelenke g muss doppelt so groß sein wie die Zahl der Stäbe, also g = 2 m. Die Zahl der Glieder ist gegeben durch Gestell + zu haltendes Glied +Zahl der Stäbe, also n = 2+m. Die Summe der Gelenkfreiheitsgrade ist 5m, da jeder Stab mit $f_1 + f_2 = 5$ Freiheitsgraden angekoppelt ist. Damit wird

$$0 = 6([2 + m] - 1 - 2m) + 5m$$

Daraus berechnet sich m=6. Andere Lösungen gibt es nicht. Das bedeutet, dass zwei Bauteile ausschließlich mit 6 Stäben zwangs- und losefrei miteinander verbunden werden können, sofern alle Verbindungsstäbe qualitativ gleich sind und mit je fünf Freiheitsgraden biege- und torsionsfrei angekoppelt werden.

Gelenke

Nachfolgend sind Schemata von Gelenken abgebildet, die für die Erfüllung der beschriebenen Anforderung geeignet sind.

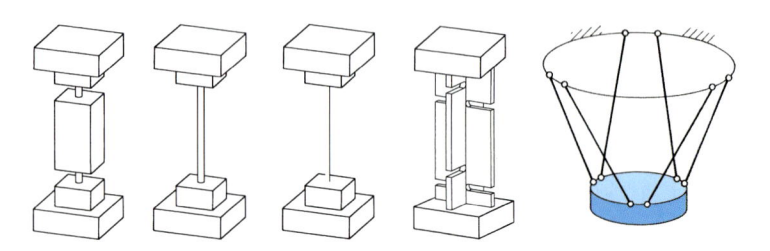

Bild 2: Ausführungsformen biegungs- und torsionsarmer Stelzen zur Kopplung in einem Hexapod mittels Festkörpergelenken. Erstes Teilbild links: unten zwei Biegegelenke mit je einem Freiheitsgrad, oben drahtartiges Gelenk mit drei Freiheitsgraden. Zweites Teilbild: Drahtartige Gelenke unten und oben. Der eigentlichen Stelze verbleibt in diesem Falle ein Rotationsfreiheitsgrad, der u. U. störend sein kann. Drittes Teilbild: Durchgehende drahtartige Stelze mit fünf Freiheitsgraden. Nachteile sind hier die Knickempfindlichkeit und die geringe Längssteifigkeit. Rechtes Teilbild: Unten und oben je zwei Biegefreiheitsgrade. Der eigentliche Stelzenkörper ist so ausgebildet, dass er bei möglichst großem Querschnitt ein möglichst geringes Torsionsflächenmoment aufweist. Werden statt der Stelzen biegeschlaffe Seile verwendet (Teilbild rechts), dann funktioniert ein solches Hexapod nur im Falle, dass die Seile in allen Betriebsfällen auf Zug belastet sind.

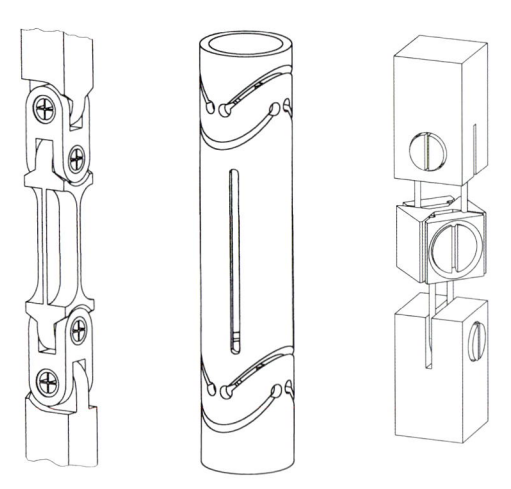

Bild 3: Stelzen auf der Basis von Biegegelenken. Links mit Kreuzfedergelenken von Fa. Lucas Aircraft, womit Kippwinkel bis zu ±30° möglich sind. Der Rotationsfreiheitsgrad wird durch geeignete Querschnittsgestaltung ermöglicht. Mitte: Biegegelenke an einem rohrförmigen Trägerkörper mit Längsschlitz zur Ermöglichung der Torsion und mit Biegegelenken in der jeweils gleichen Querschnittsebene. Rechts: Stelze für kleinere Geräte. Die Torsion wird durch die nicht zu kurz zu gestaltenden Biegefedern erreicht. Das ist allerdings konstruktiv nicht ganz sauber.

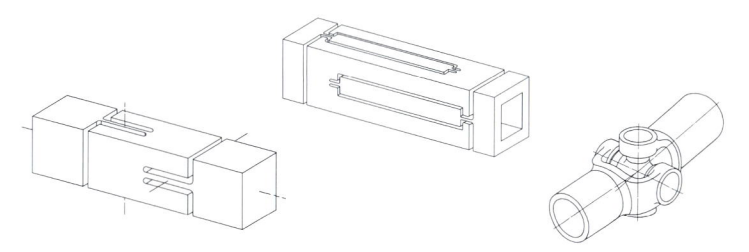

Bild 4: Stelzen nach Hale. Die Gelenke sind in den Stelzenkörper hineinverlegt, damit verringert sich die Baulänge. Im linken Beispiel wird eine gewisse Torsionsweichheit durch tordierte Platten erreicht, was zu ungünstigen Spannungsverhältnissen an deren Einspannstellen führt. Das ist im rechten Beispiel durch den rohrartigen Aufbau vermieden. Der gegenseitige Versatz der Gelenke in Längsrichtung kann die Steuersoftware verkomplizieren.

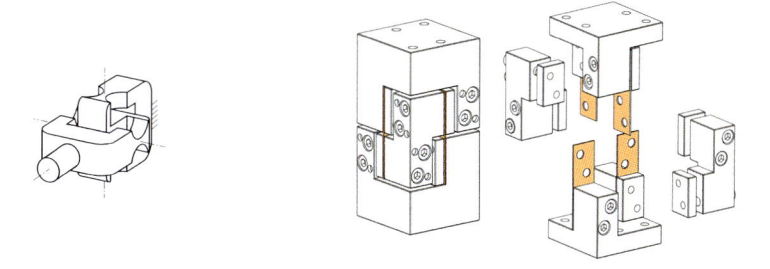

Bild 5: Stelzengelenke ohne Rotationsfreiheit, also mit zwei Freiheitsgraden. Gelenke dieser Art erfordern zusätzliche Torsionsmöglichkeiten, sonst sind damit bestückte Hexapode nicht zwangsfrei. Gelenkpaare der gezeigten Art ohne Torsion sind in Stelzen aber angebracht, wenn die Stelzen z. B. durch Gewindespindeln in ihrer Länge verändert werden. Hier wird dann die Drehung in der Spindel-Mutter-Verbindung abgebaut, was allerdings bei Bewegungen zu Längenänderungen in den Stelzen führt.

Manchmal werden in der Steuersoftware der Hexapoden diese Effekte nicht berücksichtigt. Das führt zu Positionierfehlern, wenn die Hexapodposition gesteuert und nicht geregelt wird, die im Falle hoher Genauigkeitsforderungen störend sein können. Die rechts gezeichnete Stelze in Bild 5 (daneben Explosionszeichnung) haben wir für ein größeres Gerät entwickelt. Die Biegeachsen jedes 2-D-Gelenks liegen exakt in einer Ebene, sind also nicht gegeneinander versetzt wie in einigen oben gezeigten Beispielen. Die eingeklemmten Blattfedern können hier aus hochfestem Stahl gefertigt werden.-

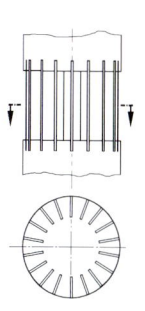

Bild 6: Für passive Hexapode müssen selbstverständlich Torsionsgelenke eingefügt werden, damit die Stelzen auf fünf Freiheitsgrade kommen. Die bisher gezeigten Anordnungen bieten z. T. keine Torsionsmöglichkeiten. Teilgelenke der hier gezeigten Art können abhelfen.

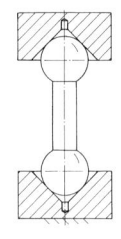

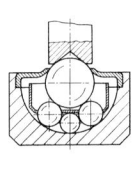

Bild 7: Gleit- und kugelbasierte Gelenke. Die Anordnungen sind nur für Hexapode geeignet, in denen die Stelzen stets unter Druckspannung stehen.- In normalen Hexapoden kann die Kraftrichtung in den Stäben wechseln. Das macht Gleit- oder Wälzlager ungeeignet, wenn hohe Genauigkeiten angestrebt werden. Man beachte, dass bei Gelenken mit losen Teilen, also auch Kugellagern, extreme Reproduzierbarkeiten nicht erreicht werden können.

Neben den gezeigten Aufbauprinzipien gibt es weitere, die aus der Diskussion der Tschebyschev-Gleichung folgen. Rein zahlenmäßig gibt es Lösungen für zwei bis fünf Teilgelenke, die in der Summe auf 5 DOF (degree of freedom, Freiheitsgrade) für jede Stelze führen. Tabelle 1 gibt alle möglichen Anordnungen wieder.

Tabelle 1: Die Stelzen können mit zwei oder mit drei Teilgelenken ausgeführt werden. Ein Beispiel für fünf Teilgelenke ist im Bild 2 im vierten Teilbild dargestellt.

2 Teilgelenke	3 Teilgelenke	4 Teilgelenke	5 Teilgelenke
1 + 4 DOF	1+1+3 DOF	1+1+1+2 DOF	1+1+1+1+1 DOF
2+3 DOF	1+2+2 DOF		

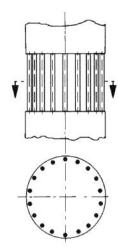

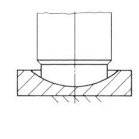

Bild 8: Beispiele für Gelenke mit drei Freiheitsgraden. Das links dargestellte Gelenk mit drei Freiheitsgraden lässt zwei seitliche Verschiebung und die Torsion zu. Es wäre mit zwei gekreuzten Biegegelenken an den Stelzenenden zu kombinieren. Das rechts gezeigte Gelenk mit drei Freiheitsgraden wäre am anderen Stelzenende mit zwei gekreuzten Biegegelenken zu komplettieren.

Für Systeme mit höchsten Genauigkeitsanforderungen kommen i. allg. nur Festkörpergelenke in Betracht. Auch frei rotierbare Kugeln beeinflussen die Reproduzierbarkeit.

Hexapode mit längenveränderlichen Stelzen

Wenn alle sechs Stelzen eines Hexapods längenveränderlich sind, kann der obere Kardankreis in sechs Freiheitsgraden bewegt werden. I. allg. werden die Antriebe als Wälzspindeln zwischen die Gelenke gebaut. Auch Anordnungen mit Veränderung der Kardankreisdurchmesser sind ausgeführt worden (Abb. 9, rechtes Teilbild).

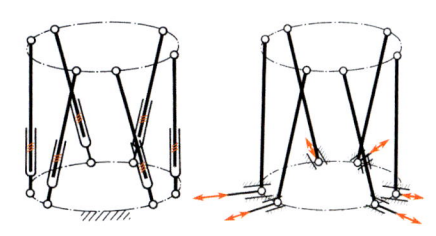

Bild 9: Zwei Antriebsvarianten für Hexapode. Links Schraubspindel in den Stelzen, rechts Antriebsführungen fest am Boden. Beim links gezeichneten Schema sind die Stelzen mit zusammen je fünf Freiheitsgraden an die Kardankreise angekoppelt. Die Schraubspindeln haben je einen weiteren Freiheitsgrad, den der Schraubung, womit jede Stelze sechs Freiheitsgrade aufbringt. Die durch die Kinematik des Systems bedingte Torsion in den Stelzen bei Längenänderung führt zufolge der Schraubung wiederum zu (i. allg.) geringer sekundärer Längenänderung der Stelzen, was bei der Programmierung berücksichtigt werden muss. Im rechten Teilbild liegen die Linearantriebe fest auf dem Gestell. Antrieb und ankoppelndes Gelenk haben zusammen vier Freiheitsgrade, die oberen Stelzengelenke zwei.

Dimensionierung von Hexapoden

Das Verhältnis von oberem zu unterem Kardankreisdurchmesser und der Abstand benachbarter Gelenkpunkte auf den Kardankreisen haben Einfluss auf die Eigenschaften von Hexapoden.

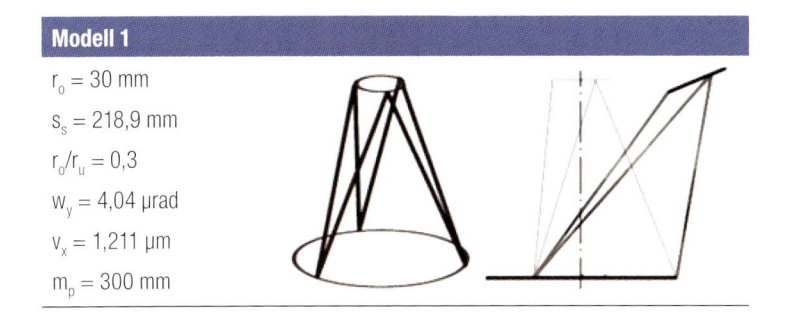

Modell 1

$r_o = 30$ mm
$s_s = 218{,}9$ mm
$r_o/r_u = 0{,}3$
$w_y = 4{,}04$ µrad
$v_x = 1{,}211$ µm
$m_p = 300$ mm

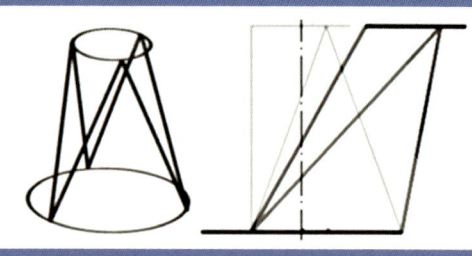

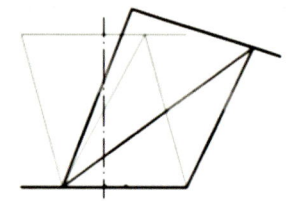

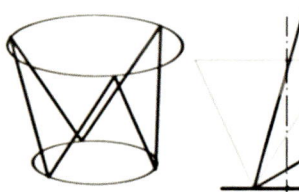

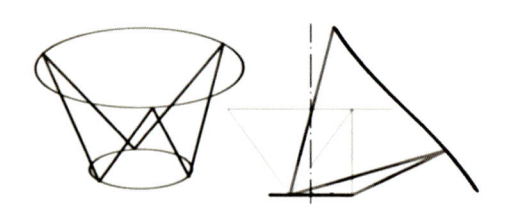

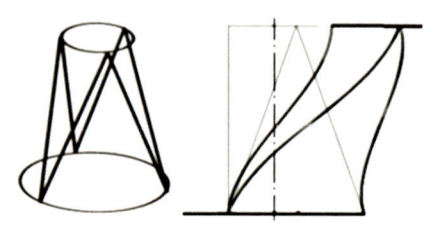

Tabelle 2: Beispiele für das Verhalten von Hexapoden bei Belastung mit Querkräften am oberen Kardankreis. Der untere Kardankreis hat in allen Fällen einen Radius r_u von 100 mm. Er bildet das Festlager. Der Abstand zwischen unterem und oberem Kardankreis beträgt in der Nullstellung 200 mm. Die Stäbe messen 5 mm im Durchmesser, sie sind aus X17CrNi 16-2 gefertigt. Die Querkraft ist mit 10 N angesetzt.- Die Formelbuchstaben haben folgende Bedeutung: s_s = Stelzenlänge; w_y = Verkippung des oberen Kardankreises unter der Querlast; v_x = Verschiebung des oberen Kardankreises senkrecht zur Achse; m_p = Abstand des Momentanpols vom unteren Kardankreis. Im Modell 1 liegt der Momentanpol oberhalb des Systems, bei Modellen 3 bis 6 unterhalb. Modell 2 mit unendlich entferntem Momentanpol bildet praktisch eine 2D-Führung am oberen Kardankreis. Mit r_0 von etwa 40 mm lässt sich ein zweidimensionales Drehlager bilden mit Drehpunkt z. B. in der Mitte des unteren Kardankreises. Im Modell 6 sind die Stäbe im Gegensatz zu Modell 2 starr mit dem jeweiligen Kardankreis verbunden. [FEM-Rechnung von U. Klarner].

Modell 2
$r_0 = 50$ mm
$s_s = 217{,}9$ mm
$r_0/r_u = 0{,}5$
$w_y = 0$ µrad
$v_x = 1{,}086$ µm
$m_p = \infty$

Modell 3
$r_0 = 100$ mm
$s_s = 223{,}6$ mm
$r_0/r_u = 1{,}0$
$w_y = 3{,}35$ µrad
$v_x = 1{,}307$ µm
$m_p = -412$ mm

Modell 4
$r_0 = 140$ mm
$s_s = 235{,}8$ mm
$r_0/r_u = 1{,}4$
$w_y = 5{,}30$ µrad
$v_x = 1{,}559$ µm
$m_p = -341$ mm

Modell 5
$r_0 = 200$ mm
$s_s = 264{,}6$ mm
$r_0/r_u = 2{,}0$
$w_y = 9{,}57$ µrad
$v_x = 2{,}275$ µm
$m_p = -314$ mm

Modell 6
$r_0 = 50$ mm
$s_s = 217{,}9$ mm
$r_0/r_u = 0{,}5$
$w_y = 0{,}0425$ µrad
$v_x = 1{,}081$ µm
$m_p = -26802$ mm

Großer Abstand zwischen benachbarten Gelenkpunkten führt zu starker elastischer Nachgiebigkeit des gesamten Systems und beeinflusst auch die Kippung des oberen Kardankreises bei der Wirkung von Querkräften.

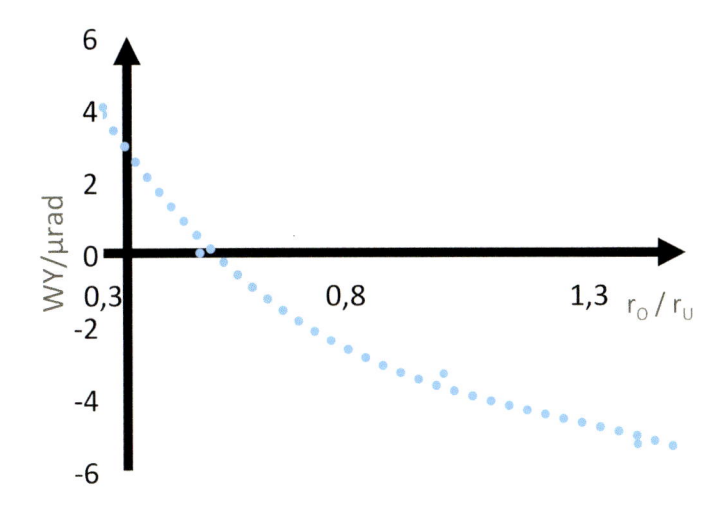

Bild 10: Abhängigkeit des Kippwinkels am oberen Kardankreis bei Querkraftwirkung. Auf der Abszisse ist der Quotient aus oberem und unterem Kardankreisdurchmesser aufgetragen. Die Ordinate zeigt den Kippwinkel an. Bei $r_o/r_u = 0{,}5$ ergibt sich eine Parallelverschiebung des oberen Kardankreises. Werte aus (weiteren) FEM-Rechnungen gemäß Tabelle 2.

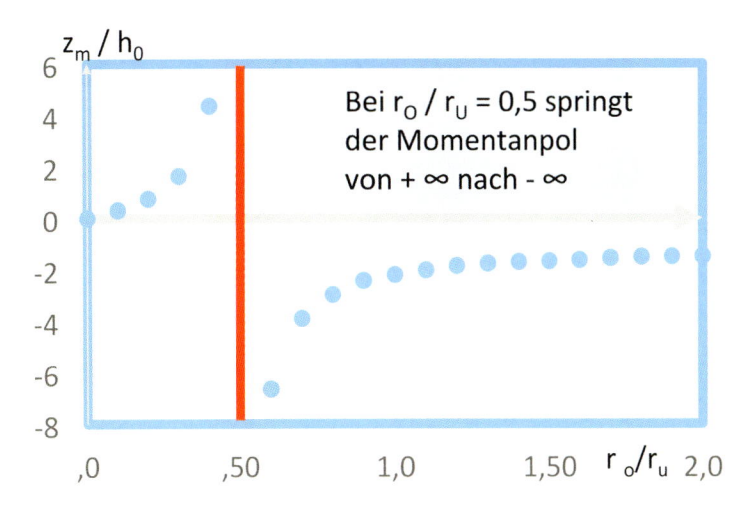

Bild 11: Lage des Momentanpols bei einem Querkraft belasteten Hexapod. Auf der Abszisse ist der Quotient aus oberem und unterem Kardankreisdurchmesser aufgetragen. Werte aus (weiteren) FEM-Rechnungen der Tabelle 2.

Bei Kenntnis der oben behandelten Deformationsverhältnisse können mit dem Hexapod kompensierende Anordnungen aufgebaut werden, z. B. genauer Parallelversatz bei Querkraftwirkung am oberen Kardankreis.

Besondere Probleme können im Falle größerer Bewegungen zwischen den Kardankreisen auftreten. Beispielsweise können Positionen erreicht werden, bei denen die Kräfte in den Streben über alle Maßen anwachsen, was zur Zerstörung der Einheit führen kann. Das ist der Fall, wenn zwei Streben parallel orientiert sind (auch bezüglich der Rotation). Dieser in der Praxis bereits mehrfach versehentlich verifizierte Fall lässt sich auch mathematisch verstehen: Die Transformation der Koordinaten zwischen den Kardankreisen erfolgt über 6×6-Matrizen. Darin repräsentieren die Reihen die Koordinaten der Stelzen. Sind zwei Stelzen bezüglich Richtung und Torsion genau gleich positioniert, dann ist die Matrix singulär und nicht invertierbar. Das aber ist nicht nur eine mathematische Schwierigkeit, sondern eben auch eine technische, die zu großen Längskräften und evtl. sogar zur Zerstörung des Systems führen kann.

Antriebe für Hexapode

Für die Zwecke der Präzisionsmechanik kommen sicherlich nur Kugel- und Rollenspindeln in Betracht, im Falle gering belasteter Hexapode evtl. auch Gleitspindeln. Für die bei Zeiss Jena über viele Jahre kultivierten Gitterteilmaschinen sind geläppte Gleitspindeln mit Muttern verwendet worden, in denen Stahl und Teflon kombiniert eingesetzt worden waren und deren Kurzstreckenfehler wohl im Bereich weniger Nanometer gelegen haben.

Rollengewindespindeln

An dieser Stelle müssen die Rollenspindeln erwähnt werden. Für Hexapode eignen sich speziell solche mit Rollenrückführung, die auch mit sehr kleinen Steigungen gebaut werden und die dadurch u. U. selbsthemmend sind. Daneben können sie wegen der großen Anzahl tragender Punkte mit großen Lasten beaufschlagt werden, und sie lassen sich mit besonders hoher Genauigkeit herstellen.

Für größere Hexapode (z. B. Bild 32) wurden geschliffene und nachgeläppte Rollenspindeln mit geringen Steigungen verwendet, z. B. Gewinde vom Durchmesser 63 mm bei Steigung 2 mm. Rollenspindeln werden als Planetenrollenspindeln oder als Spindeln mit Rollenrückführungsmuttern gebaut.

Bild 12: Gewindespindel mit Rollenrückführung. Die zwischen Spindel A und Mutter B befindlichen Rollen C in ihrem Rollenkäfig D fallen nach jedem Umlauf in eine in der Mutter befindliche Längsnut (hier nicht sichtbar) und werden vom Nocken F am Nockenring um einen Gewindegang zurückgeschoben und dann wieder „eingefädelt". Die Rollen haben umlaufende Rillen, also keine Gewinde. Sie werden nach jedem Umlauf von den Nocken F zurückgesetzt. Zwei gleiche Mutterteile dieser Art werden gegeneinander verspannt, womit die Lose beseitigt und die Steifigkeit erhöht wird (Teilung hier nicht dargestellt). E sind Abstreifer, die das Eindringen von Schmutz verhindern. Rollenspindeln dieser Art sind für das unten besprochene Hexapod-Teleskop verwendet worden [Bild SKF GmbH].

Für das bei Krupp in Duisburg Anfang der 90er Jahre entwickelte „Hexapod-Teleskop" sind sechs Spindeln der in Bild 12 beschriebenen Art verwendet worden.

Für die Prüfung der Spindelsteigung wurde eine Versuchseinrichtung entwickelt und gebaut und beim Fraunhofer-Institut für Werkzeugmaschinen in Aachen mit dort vorhandener Messtechnik bezüglich ihrer Ablaufgenauigkeit gemessen [Stb et al. für Krupp Industrietechnik].

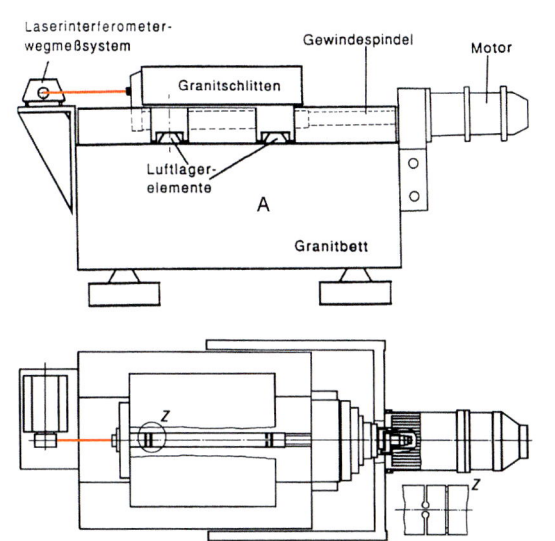

Bild 13: Teilansicht der Messeinrichtung zur Spindelsteigungsmessung [Steinbach für Optikzentrum NRW].

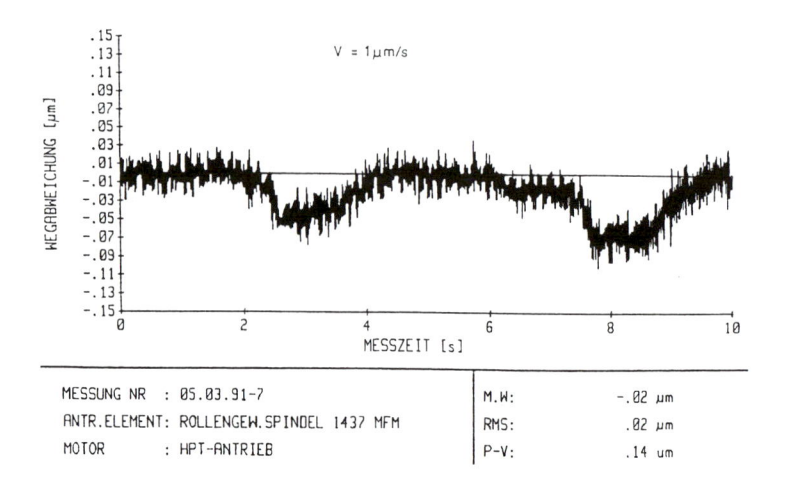

Bild 14: Wegabweichung zufolge der Spindelsteigungsfehler. Der Antrieb erfolgte mit sehr hoher Winkelschrittgenauigkeit mit dem von uns entwickelten Hexapod-Teleskopantrieb. Die gezeigte Fehlerkurve wurde mit dem Laserinterferometer des Versuchsaufbaus gemessen. Die periodisch wiederkehrenden Minima dürften durch die Rollenrückführung bedingt sein. Für die astronomische Nutzung waren die durch Nachführkorrektur nicht zu beseitigenden kurzperiodischen Fehler interessant. Diese blieben mit < 20 Nanometern im tolerablen Bereich.

Hydraulikstempel

Nur der Vollständigkeit halber wird in Bild 15 ein Hexapod gezeigt, das von einer holländischen Firma für die Zwecke des Pilotentrainings entwickelt wurde. Es befindet sich in der Werkstatt, die Pilotenkabine ist noch nicht aufgesetzt. Dieses System arbeitet mit hydraulischen Antrieben, ist sicher auch sehr schnell, aber seine Positionierfehler werden mit 300 µm angegeben, womit es sich für Präzisionsanwendungen weniger eignet.

Bild 15: Hexapod einer niederländischen Firma mit hydraulischen Antrieben für die Zwecke des Trainings von Flugzeugpiloten.

Steifigkeit und Festigkeit von Hexapoden

Ein Hexapod ist selbstverständlich nie so steif und so fest wie ein durchgehendes Rohr oder wie sechs massive Stäbe. Wenn es also keine Gründe für die Hexapod-Anordnung gibt, dann ist das geschlossene Rohr die steifere, festere und/oder leichtere Lösung. Besonders verstellbare Hexapode sind z. B. weicher wegen verwendeter Gewindespindeln und wegen der nötigen Axialkugellager. Die Steifigkeiten sind lastabhängig, sie gehen mit den Gewindedurchmessern gemäß

$$c = w \cdot N^{2/3}/\mu m$$

wobei N die Längsbelastung ist, und w eine Kennzahl, die bei relativ kleinen Steigungen auch für die unterschiedlichsten Gewindedurchmessern nur zwischen 30 und 90 variiert. Die Tragzahlen verhalten sich umgekehrt wie die Steifigkeiten, sie wachsen mit der Steigung.

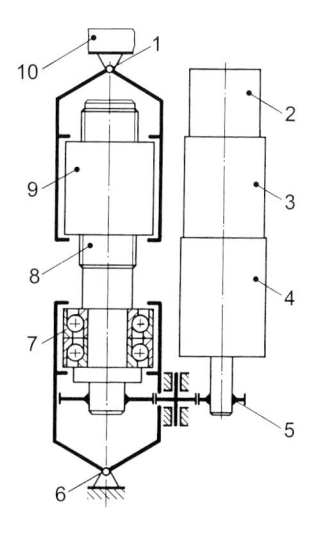

Justierung von Hexapoden

Die Berechnung der relativen Positionen von unterem und oberem Kardankreis lässt sich durch ein Gleichungssystem mit sechs Unbekannten beschreiben. In der Matrizenform sind die Zeilen die Beschreibung der Geradengleichungen für die Stelzen. Sind zwei Geraden identisch, dann ist das Hexapod nicht funktionsfähig, denn die Stabkräfte werden in diesem Falle unendlich groß, die Matrix wird singulär.

Zur Berechnung des Zusammenhangs zwischen Beinlängen und Koordinaten der Hexapodgelenke kann man ein Koordinatensystem definieren Bild 17. Der untere Kardankreis sei fix, der obere bei Stelzenlängenänderung beweglich, aber in sich steif. Für die Aufgabe der Justierung der Lage des oberen Kardankreises sollen die Stelzenlängen um geringe Beträge verändert werden.

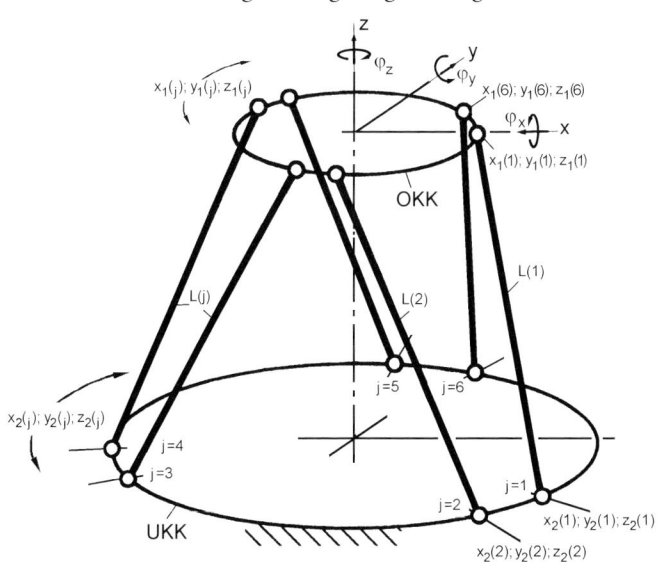

Bild 16: Prinzipieller Aufbau einer Hexapod-Stelze.
1: oberes Festkörpergelenk;
2-4: Encoder, Motor und Getriebe;
5: zweites Getriebe;
6: unteres Festkörpergelenk;
7: vorgespanntes Schrägkugellagerpaar; 8: Rollspindel;
9: Rollmutter.

Bild 17: Mathematische Größen für die Beschreibung eines Hexapods.

Durch Beschränkung auf kleine Änderungen vereinfachen sich die Rechnungen. Der Nullpunkt des Koordinatensystems liege im Zentrum des oberen Kardankreises, und es wird ein Rechtssystem verwendet. Die möglichen Bewegungen in Richtung der Koordinatenachsen und die positiven Drehungen um die Achsen sind folgendermaßen bezeichnet:

$v_x; v_y; v_z; \varphi_x; \varphi_y; \varphi_z$

Die Koordinaten der Gelenkpunkte sind

$x_1(i); y_1(i); z_1(i)$ i=1…6(unten)
$x_2(i); y_2(i); z_2(i)$ i=1…6(oben)

Wird der obere Kardankreis jetzt in sechs Freiheitsgraden bewegt, dann erhält man für die Gelenkkoordinaten

$$\bar{x}_1(i) = x_1(i) - y_1(i)\,\delta\varphi_z + z_1(i)\delta\varphi_y + \delta v_x$$
$$\bar{y}_1(i) = y_1(i) + x_1(i)\,\delta\varphi_z - z_1(i)\delta\varphi_x + \delta v_y$$
$$\bar{z}_1(i) = z_1(i) - x_1(i)\,\delta\varphi_y + y_1(i)\delta\varphi_x + \delta v_z$$

Die Beinlängen in der Ausgangsstellung sind beschrieben mit

$$L(i) = \sqrt{[x_1(i) - x_2(i)]^2 + [y_1(i) - y_2(i)]^2 + [z_1(i) - z_2(i)]^2}$$

$$\bar{L}(i) = \sqrt{[\bar{x}_1(i) - x_2(i)]^2 + [\bar{y}_1(i) - y_2(i)]^2 + [\bar{z}_1(i) - z_2(i)]^2}$$

Die für die Justierung angestrebte Beinlängenänderung ist

$$\bar{L}(i) = L(i) + \delta L(i)$$

Entwicklung nach den Variablen $\delta v_x; \delta v_y; \delta v_z; \delta\varphi_x; \delta\varphi_y; \delta\varphi_z$, d. h. partielle Differentiation, und Abbruch nach dem ersten Glied ergibt für die Änderungen der Beinlängen

$$\delta L(i) = \frac{\partial L(i)}{\partial v_x}\delta v_x + \cdots$$

$\delta L(i) = \{[x_1(i) - x_2(i)]\delta v_x + [y_1(i) - y_2(i)]\delta v_y + [z_1(i) - z_2(i)]\delta v_z$
$-\langle [y_1(i) - y_2(i)]z_1(i) - [z_1(i) - z_2(i)]y_1(i)\rangle\delta\varphi_x +$
$+\langle [x_1(i) - x_2(i)]z_1(i) - [z_1(i) - z_2(i)]x_1(i)\rangle\delta\varphi_y +$
$-\langle [x_1(i) - x_2(i)]y_1(i) - [y_1(i) - y_2(i)]x_1(i)\rangle\delta\varphi_z \} / L(i)$

[Hrsg.]

Beispiele für passive Hexapode

Nachfolgend werden Hexapod-Anordnungen gezeigt, an denen der Verfasser durch Erarbeitung der Konzeptionen und z. T. durch Konstruktion und Inbetriebnahme beteiligt war. Es sind solche

Anordnungen sowohl für passive Befestigungsaufgaben als auch für aktive Positionssteuerungen entwickelt worden.

ALOMAR-Teleskop

Zunächst ein passives Hexapod, das der Befestigung eines Gegenspiegels in Teleskopen für die Hochatmosphärenforschung dient. Der Hauptspiegel hat 1,8 Meter Durchmesser, der Gegenspiegel 0,6 m.

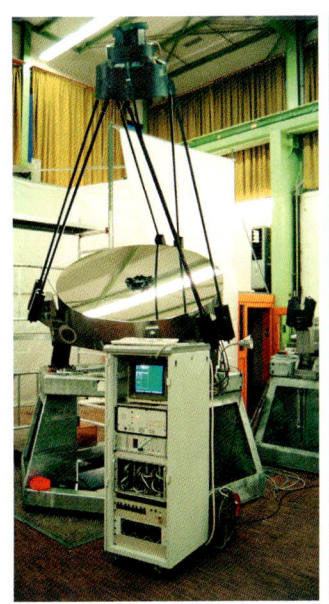

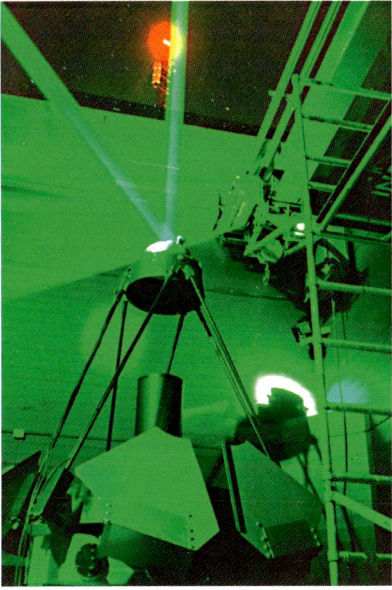

Bild 18: Alomar-Teleskop für Rückstreuungsmessungen an der Hochatmosphäre. Über der Gegenspiegeleinheit befindet sich ein um zwei Achsen steuerbarer Planspiegel, der die Strahlung eines großen stationären Lasers zu einem Zielpunkt am Himmel lenkt, auf den auch das Empfängerteleskop mit seinem 1800-mm-Hauptspiegel und 600-mm-Gegenspiegel gerichtet ist. Links befindet sich das Gerät noch in der Werkstatt der Universität Bonn. Rechts ist es bereits im Einsatz in Andoya in der Nähe des Nordkaps. Durch die Verwendung eines Hexapods konnte am Gerät viel Masse eingespart werden [M. Steinbach et al. mit Optikzentrum NRW].

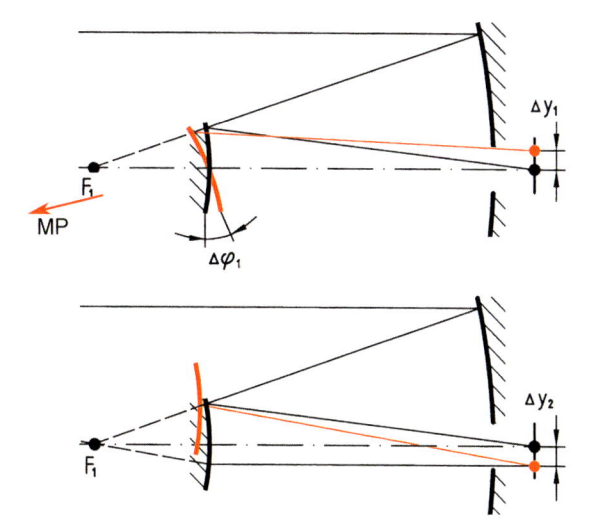

Bild 19: Durch passende Dimensionierung wurde erreicht, dass bei Änderung der Visurrichtung die schwerkraftbedingten Deformationen der Hexapodstruktur nicht zu Bildlagenänderungen in der Fokalfläche führen. Der bei Kippung der Gegenspiegeleinheit um den Momentanpol MP entstehende Bildversatz ist hier zur Verdeutlichung getrennt als Gegenspiegelkippung und als Gegenspiegelverschiebung gezeichnet.

LIDAR-Teleskop für Forschungsschiff „Polarstern"

Das Teleskop dient Messungen der Hochatmosphäre, speziell im arktischen und antarktischen Raum. Die Besonderheit der Aufgabenstellung war, dass der Messpunkt am Himmel in seinen Koordinaten nicht genau bekannt sein muss, nur die Parallelität zwischen Sende- und Empfangsstrahl muss stets gesichert bleiben, auch bei z. B. Schlingerbewegungen des Schiffs. Das Teleskop arbeitet erfolgreich auf dem Eisbrecher „Polarstern", aber auch stationär auf Spitzbergen und anderen Orten. Seine Besonderheit besteht in der weitgehenden Kompensation von Temperatureinflüssen sowie der mit mechanisch-optischen Mitteln erreichten neigungs- und beschleunigungsunabhängigen Parallelisierung

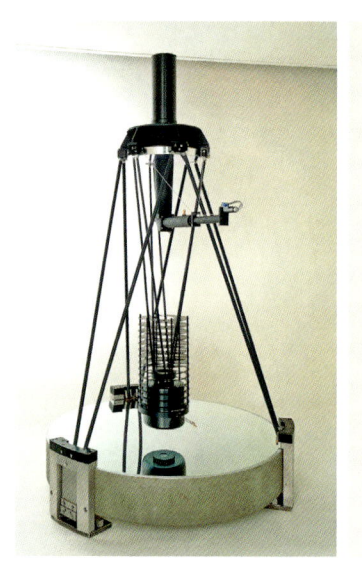

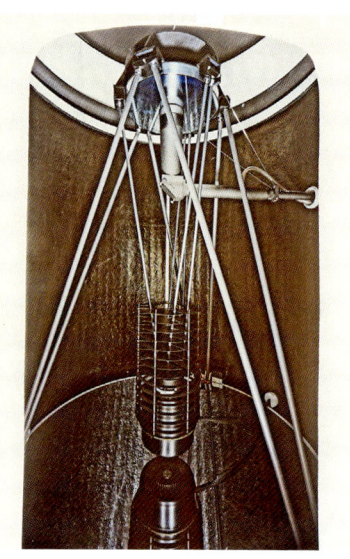

Bild 20: LIDAR-Teleskop mit Sender- und Empfängeroptik im Labor in Bochum. Die zu sendende Laserstrahlung wird ca. 40 cm unter dem Gegenspiegel über einen Planablenkspiegel eingekoppelt und gelangt über das 100-mm-Fluoritobjektiv in der Bohrung des Gegenspiegels zur Beobachtungsposition am Himmel. Der Hauptspiegel hat 1.150 mm Durchmesser und besteht aus Tempax. Das Hexapod zur Verbindung von Haupt- und Gegenspiegel besteht aus Titan und Aluminium in einem abgestimmten Längenverhältnis, womit die Temperaturkonstanz des Fokus erreicht wurde. Das innere Hexapod fixiert die Empfängeroptik und führt die Strahlung über Glasfaserkabel nach außen. [Foto: Leutwein & Ritzenhoff, Bochum] [Konzeption und Konstruktion Stb et al.]

Bild 21: Im Bild ist das Teleskop in seinem wärmeisolierenden Schiffscontainer zu sehen. Die direkt über dem Hauptspiegel erkennbare Empfängerbox enthält bereits einen Teil der Selektionsoptik in Form von Polarisationsprismen und Objektiven für die Einkopplung des Lichtes in die Lichtleitfasern. [Foto: Atelier Klonk, Berlin]

von Sende- und Empfangsstrahlengang: Die aus Aluminium und Titan bestehende Gestängekonstruktion gewährleistet vollständige Temperaturkompensation und gleichzeitig Kompensation der Wirkung seitlicher Kräfte zufolge von Schlingerbewegungen des Schiffs. Dadurch bleibt die Parallelität von Sende- und Empfangsrichtung unter allen Umständen erhalten. In der Bohrung im Zentrum des Sekundärspiegels befindet sich ein speziell entwickeltes Fluoritobjektiv mit 100 mm freiem Durchmesser, das für die einfache, die verdoppelte und die verdreifachte Wellenlänge des Nd:YAG-Lasers (1064, 532 und 355 nm) exakt korrigiert ist [Optikrechnung: J. Pudenz, Fertigung Carl Zeiss Jena].

Das Hexapod wurde gleichzeitig zur Temperaturkompensation des Fokus herangezogen. Die Stäbe sind teils aus Titan und teils aus Aluminium in bestimmtem Längenverhältnis. Dadurch wird die Temperaturabhängigkeit des Fokus im System aus Pyrex-Hauptspiegel und Aluminium-Gegenspiegel fast völlig beseitigt.

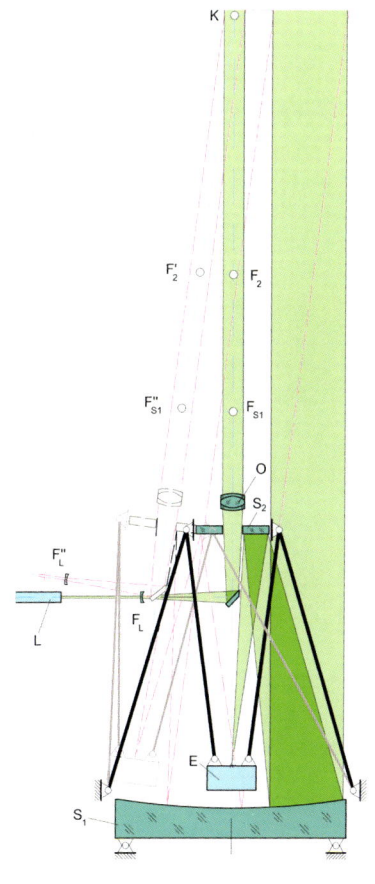

Bild 22: In dem Teleskop wurde die kraft- und neigungsunabhängige Parallelität von Sende- und Empfangsteleskop dadurch erreicht, dass die Krümmungsmittelpunkte von Haupt- und Gegenspiegel in einem gemeinsamen Punkt K weit außerhalb des Teleskops zusammenfallen. Gleichzeitig wurde das die beiden Spiegel verbindende Hexapod-Gestänge so dimensioniert, dass es seinen Momentandrehpol im selben Punkt K hat. Kräfte senkrecht zur Teleskopachse führen deshalb nicht zu Schielfehlern.

Bild 23: Der Beobachtungscontainer mit unserem Teleskop befindet sich am Heck des Forschungsschiffs „Polarstern". In den letzten Jahren hat es mehrfach Expeditionen in die Nord- und Südpolargebiete, in die USA und nach Spitzbergen gegeben, die auch bezüglich der Lidarmessungen mit dem Teleskop erfolgreich waren. [Foto: Prof. Dr. Otto Schrems, Bremerhaven] [Stb mit Optikzentrum NRW, OHB Bremen et al. 1995]

Manfred Steinbach

Hexapod für Planspiegelfixierung in einem Weltraumgerät

Bild 24: Nachrichtensatellit mit Spiegelsystem zur Strahlsteuerung am oberen Ende des Satellitenkörpers. [Fotomontage Fa. TESAT, Backnang]

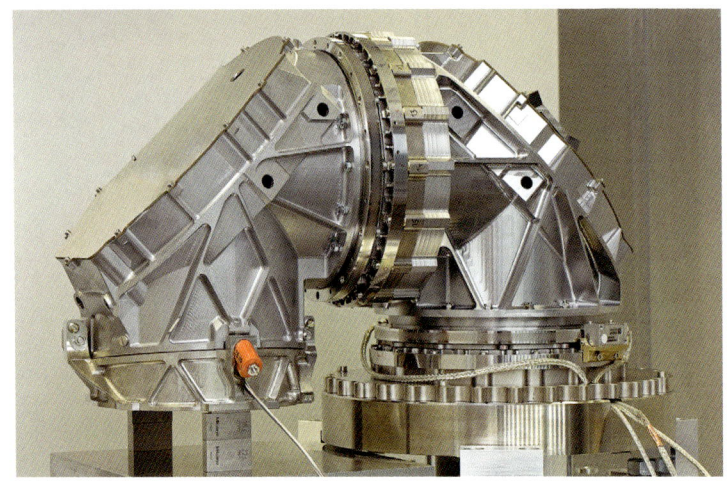

Bild 25: Spiegelsystem zur Strahlsteuerung für einen Kommunikationssatelliten in der Montagesituation. Rechts Azimutachse, oben Elevationsachse. In der gezeigten Stellung lenkt das Gerät um 180° ab. Links unten die Einheit zur Fixierung beim Raketenstart. [Foto Steinbach]

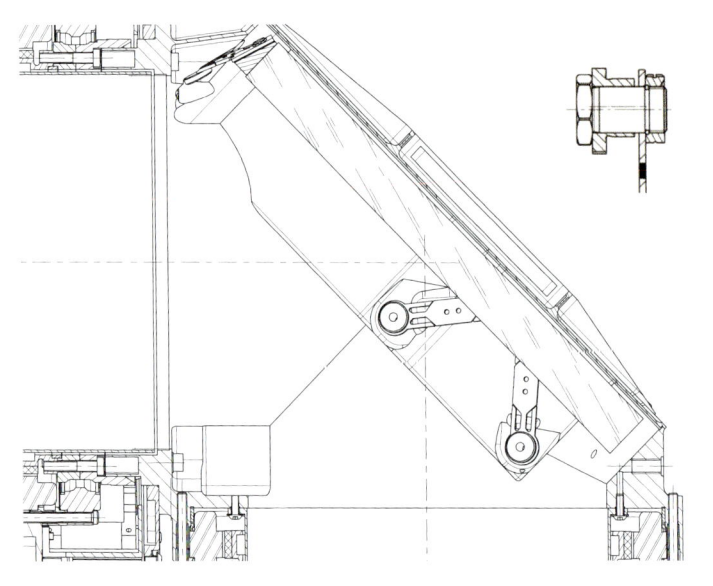

Bild 26: Schnitt durch die Azimutspiegeleinheit. Der um 45° geneigte, leichtgewichtete Planspiegel ist mittels Hexapod fixiert. Oben rechts ist das Justierprinzip mittels Doppelexzenter skizziert.

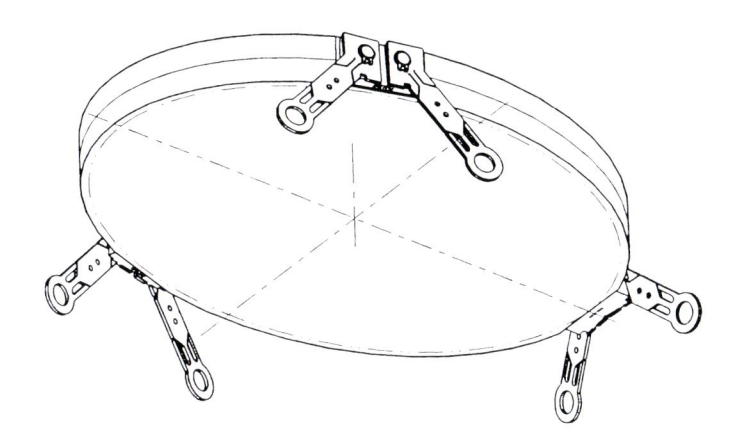

Bild 27: Planspiegel für eine Anwendung zur Satellitenkommunikation. Es wurden Justierfehler in der Größenordnung von einem Mikrometer angestrebt und wahrscheinlich auch erreicht. Die Hexapodstelzen sind aus höchstfestem Titan gefertigt, die Anordnung hat rechnerisch und experimentell Beschleunigungen von etwa 60 g standgehalten. Die Torsion wird in den Biegegelenkpaaren an beiden Enden der Stelzen mit abgefangen.

Justierspiegel für ESO-8-m-Großteleskope

Bild 28: Blick auf die vier 8-m-Teleskope auf dem Paranal in Chile [Foto: ESO].

Für das bei der ESO (European Southern Observatory) im Bau befindliche Interferometer, das mehrere Teleskope mit dem Ziel erhöhter Auflösung verbinden soll, stand bei uns die Aufgabe, einen 45° geneigten Planspiegel mit 8 kg Masse justierbar mit Feinfühligkeit < 1 arcsec zu montieren – mit der Zusatzforderung, dass der Justierzustand im Falle des am Teleskopstandort nicht seltenen Erdbebens erhalten bleiben muss. Wir haben die Aufgabe nach dem Prinzip des bei Zeiss vor 70 Jahren erfundenen Mikromanipulators erfolgreich lösen können, indem wir ein Kugelpaar mit sehr dünner zwischengelagerter Fettschicht verbunden haben, womit eine schwergängige, aber mit geeigneten Kräften überwindbare feinfühlige Bewegung ermöglicht wurde, die sich inzwischen auch bei einem Erdbeben der Stärke 5 bewährt hat. Das soll aber hier nicht Gegenstand der Betrachtung sein, sondern die Fixierung des Spiegels auf der beweglichen konvexen Kugelkalotte mittels Hexapod.

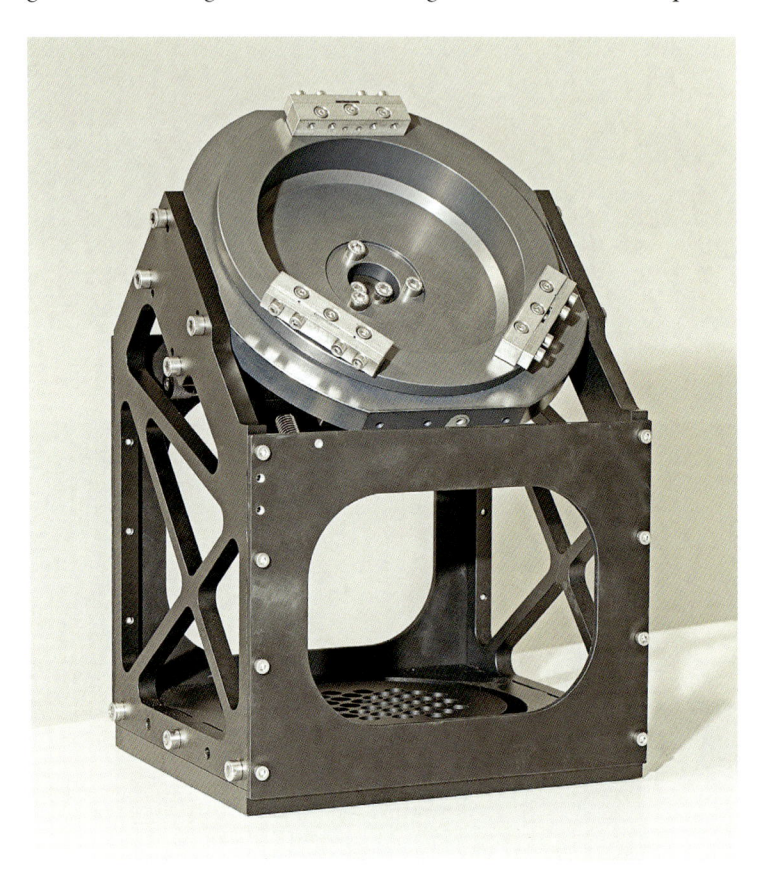

Bild 29: Gestell mit Kugelpaar. Die obere, konvexe Kugelkalotte wird den Spiegel aufnehmen. Die drei Stahlklotzpaare dienen der Befestigung der Hexapodstreben. [Foto: Stb.]

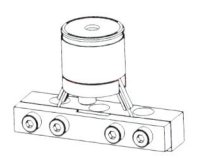

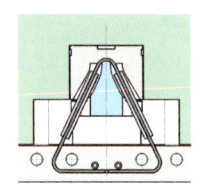

Bild 30: Die Einbaudetails der drei Hexapode. Die Gelenke sind Teile eines dreieckförmig gebogenen Drahtes aus Stahldraht 1.4310. Gegen Knicken sind die freien Drahtteile durch eingeschweißte U-formige Verstärkungsschienen gesichert. Das zylindrische Teil ist in die Bohrung im Spiegel eingeklebt. Es ist in Richtung Spiegeloberfläche mit einer erodierten Senkung versehen, in die der Drahtbogen passt. Türkis: Glaskörper. Grau: An der Planfläche in das Spiegelsubstrat eingeklebtes Insert. Blau: Klemmstück. Das Klemmstück ist rechts noch einmal allein dargestellt.

Bild 31: Blick von der Spiegelrückseite auf eine der drei Befestigungsstellen. Die beiden Schrauben erzeugen den Druck auf die Biegung im Drahtdreieck. Der Spiegel ist hier durch einen Alu-Dummy ersetzt [Foto: Stb.].

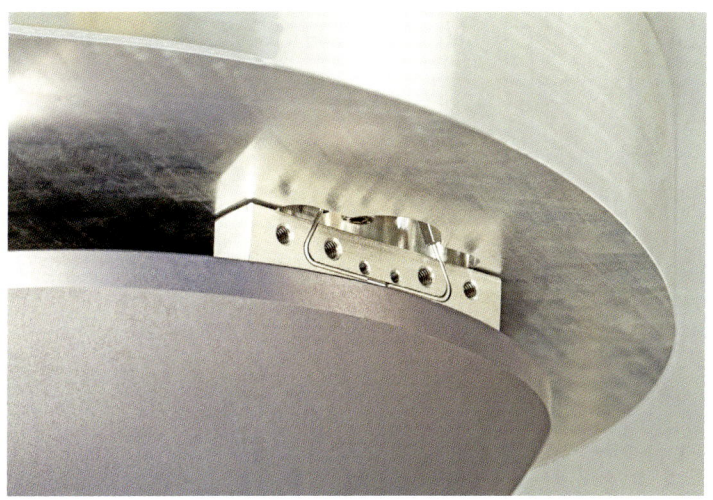

Bild 32: Blick auf den Alu-Spiegeldummy von unten. Darunter die konvexe Kugelschale, die mit hoher Genauigkeit in ihr konkaves Gegenstück eingeschliffen ist [Foto: Stb.].

In diesem Beispiel werden einige Probleme der Festkörpergelenke für derartige Anwendungen gezeigt. Der Spiegel ist zwangsfrei durch das Hexapod gehalten, wenn von den Biegemomenten an den Gelenken abgesehen wird. Die in Drähten endenden Stelzen müssen die Längskräfte aufnehmen können, auch bei maximalen oder dynamischen Beschleunigungen. Die Biegemomente bei Maximalversatz dürfen nicht zur Überschreitung der Streckgrenze der Drähte führen. Die Stelzen und auch die freien Biegebereiche dürfen nicht knicken. Die Stelzen müssen hinreichende Längssteifigkeit sichern – definiert evtl. über die Eigenfrequenzen der Einheit am oberen Kardankreis. Bei stark belasteten Gelenkdrähten dürfen die Einspannungen nicht über Reibkräfte an Klemmstellen aufgebracht werden, weil dann die zulässige Gesamtspannung an den Gelenkbereichen überschritten würde. Bei Schweißverbindungen muss die Schweißstelle zusätzlich gestützt sein wegen der evtl. verringerten Festigkeit an der Nahtstelle. Werden Drahtgelenke an beiden Stelzenenden benutzt, dann hat das Hexapod theoretisch sechs überschießende Freiheitsgrade: die der Rotation um die Stelzenachsen, was hier nicht stört. [Konzeption und Konstruktion: Steinbach et al.].

Beispiele für aktive Hexapoden
Hexapod-Teleskop von Krupp

Der Krupp-Bereich für Antennentechnik hatte die Aufgabe, ein optisches Teleskop für den sichtbaren Spektralbereich zu entwickeln und zu bauen mit dem Ziel, den Arbeitsbereich seiner An-

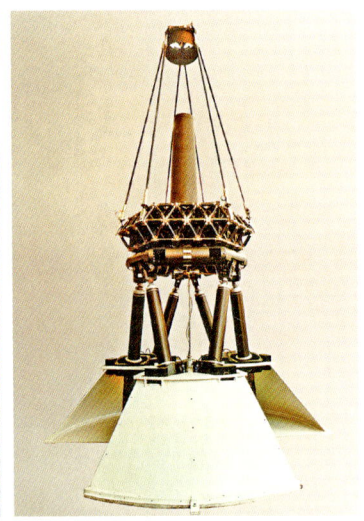

Bild 33: (links): Der Unterbau des Hexapod-Teleskops in der Montagehalle in Duisburg. Die Antriebe befinden sich unterhalb der unteren Kardangelenke, die in Höhe der Deckplatte des Fundament-Kegelstumpfs angebracht sind. Die schwarzen zylindrischen Röhren umfassen die Rollspindeln, die auch in den Hohlwellen-Antrieb eintauchen können. Der obere Kardankreis wird von einer stabilen sechseckigen Rohrkonstruktion gebildet, auf der wiederum eine CFK-Gitterkonstruktion mit Invar-Knoten befestigt ist. Letztere dient quasi als Spiegelfassung, der Spiegel ist in besonderer Weise mit der Gitterkonstruktion fest verbunden. Durch gezielte Anpassung der thermischen Ausdehnungskoeffizienten kann man Fassung und Spiegel als einen einzigen, sehr starren Körper betrachten – im Gegensatz zu der sonst verbreiteten zwangsfreien Verbindung zwischen Fassung und Spiegel. [Fassungskonstruktion: Alfred Karnapp bei Zeiss Jena] [Foto: Peter Rucks]

Bild 34: (rechts): Das fertige Hexapod-Teleskop in Duisburg im Labor [Foto: Krupp Industrietechnik]

tennentechnik hin zu kürzeren Wellenlängen zu erweitern. Dafür waren Fördergelder eingeworben worden. Neben der angestrebten Verwendung der Kohlefasertechnik zwecks Leichtbau sollten durch ein neues Montierungskonzept auch komfortable Steuerung und Beweglichkeit entwickelt und erprobt werden. Das Astronomische Institut der Ruhr-Universität in Bochum hatte sich auf das damals etwas in Mode gekommene Hexapod-Prinzip kapriziert. Das Gerät wurde schließlich gebaut und zunächst im Chinesischen Garten bei der Bochumer Uni aufgestellt und erprobt, später nach Chile verbracht, wo es dem Vernehmen nach seit Jahren zufriedenstellend arbeitet.

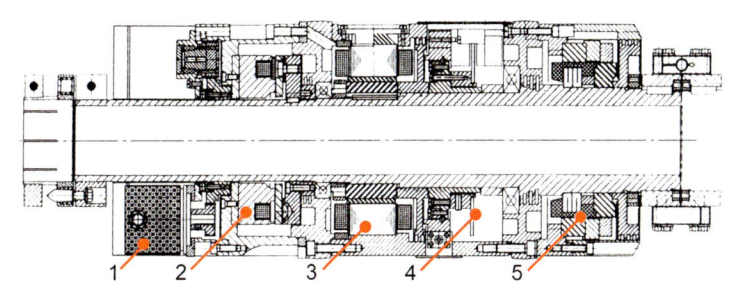

Bild 35: Schnitt durch den Teleskopantrieb. 1: Absolutencoder; 2: Magnetbremse; 3: Direktantriebsmotor von Fa. Inland / Kollmorgen; 4: Inkrementalencoder hoher Auflösung von Fa. Heidenhain; 5: Tachogenerator von Fa. Inland.

Bild 36: Eine der sechs Hohlwellen-Antriebseinheiten. Vorn der Absolutencoder. [Foto: Fa. Böhm, Seesen]

Für die Lagerung sind zwei O-abgestimmte Schrägkugellager verwendet. Der Antrieb ist sicherlich mit etwas zu hohem Aufwand ausgeführt. Zum Zeitpunkt der Entwicklung hatte man noch nicht viel Erfahrung mit Direktantrieben und wollte von Seiten der Regelungstechnik kein Risiko eingehen. Mindestens der Tachogenerator würde heute wegbleiben können. Der im Bild vorn zu sehende Absolutencoder ist demgegenüber nur zur Sicherheit eingebaut: Im Falle des Versagens des inkrementellen Systems könnte der oben bereits diskutierte Fall eintreten, dass zwei der Hexapod-Stelzen genau parallel zu stehen kommen. In diesem Fall würden die Längskräfte in diesen Stelzen unendlich groß werden, was zu ihrer Zerstörung führen würde. Mein Sicherheitskonzept, was allerdings nicht konsequent realisiert worden ist, bestand in der redundanten Auslegung der Messsysteme und der Software: Die inkrementell gesteuerten Antriebe betreiben mit dem Hauptrechner die Antriebsfunktionen. Die Steuersoftware sorgt dafür, dass das Teleskop nicht in Positionen gerät, bei denen es zu Parallelitäten von Stelzen kommen kann. Das Absolutsystem kontrolliert mit einem Hilfsrechner und möglichst unabhängig entwickelter Steuersoftware das im Hauptrechner laufende Steuersystem. Beide Rechner kontrollieren sich gegenseitig. Gibt es Differenzen, dann schalten die Antriebe ab [Antriebskonstruktion: Steinbach bei Krupp Industrietechnik. Bau: Fa. Böhm in Seesen-Rhüden].

Hexapod als Montierung für ein Mikrowellen-Teleskop

Die Fa. Vertex in Duisburg hatte den Auftrag für ein großes Mikrowellenteleskop, das auf dem Mauna Kee auf Hawaii in großer Höhe arbeiten soll. Der Kunde wünschte sich dafür eine Hexapod-Montierung. Der Teilauftrag für die Entwicklung der notwendigen Kardangelenke, die jeweils für mehrere Tonnen Tragkraft ausgelegt sein mussten, erging an uns.

Bild 37: Hexapod-Antriebssystem für ein großes Mikrowellenteleskop, das auf dem Mauna Kee auf Hawaii in mehreren tausend Meter Höhe aufzustellen war. Hier das System mit unterem und oberem Kardankreis in einer Krupp-Werkhalle in Duisburg.

Hexapode im Präzisionsgerätebau

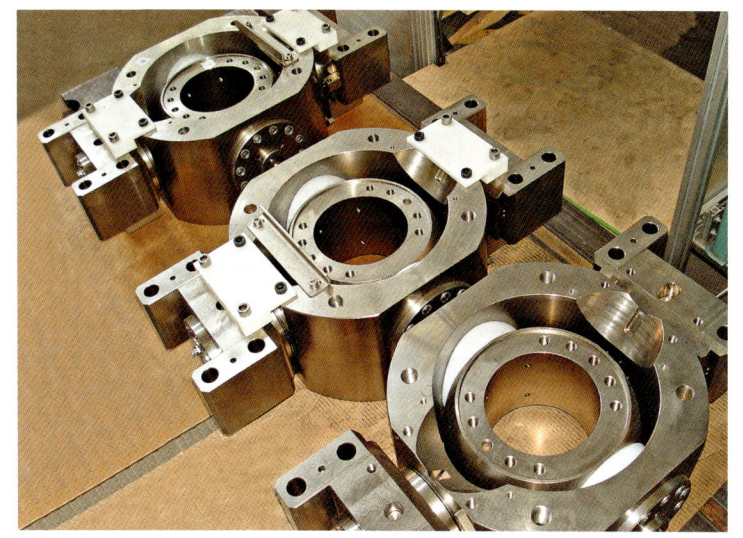

Bild 38: Drei der sechs Kardane für den unteren Kardankreis. Die Kardane haben eine Tragkraft von mehreren Tonnen und erlauben besonders große Schwenkwinkel. Jedes Kardangelenk bringt eine Masse von etwa 450 kg auf. Als Lager sind verspannte Kegelrollenlager verwendet.

Bild 39: Eines der sechs Kardane für den oberen Kardankreis. Jede Einzelbaugruppe hat eine Masse von etwa 350 kg.

Bild 40: Zwei der oberen Kardane, befestigt am oberen Kardankreis.

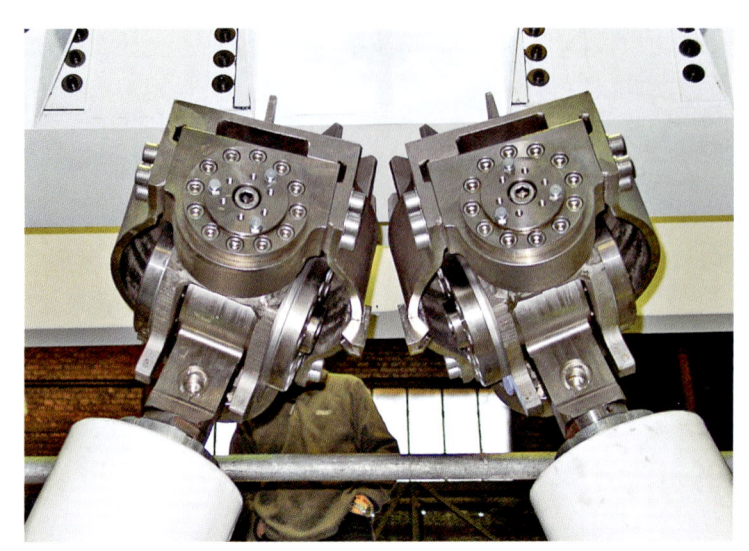

Bild 41: Zwei obere Kardane, vergrößert.

Bild 42: Oberer Kardankreis, Blick von oben.

Das Teleskop wurde 2013 auf dem Mauna Kee aufgebaut. Die Hexapod-Montierung hat die Fa. VERTEX Antennentechnik geliefert. [Konstruktion der Kardane R. Kirchhoff im IB Steinbach in Bochum] [Fotos 37 und 38: Stb. Fotos 36, 39-41: Vertex].

Zusammenfassung

Für den Präzisionsgerätebau bieten Hexapods zahlreiche Vorteile wie Präzision der Positionierung und Unempfindlichkeit gegenüber Erschütterungen. Es wird eine kurze Einführung zu den grundsätzlichen Eigenschaften und Dimensionierungsregeln gegeben. Einige erfolgreiche Anwendungsbeispiele verdeutlichen den Gebrauchswertgewinn von Teleskopen, deren Positionierung Hexapods übernehmen.

Danksagung

Der Sohn Birger Steinbach stellte die Bilddateien aus dem Nachlass des Autors zur Verfügung. Dafür bedankt sich der Herausgeber herzlich.

Literatur

Steinbach, Manfred; Braeuer, U. Fischer, Hans; Huellenkremer, C.; Kleinschrodt, H. D.; Mildner, Wolfgang; Ponzer, R.; Schaefer, H. J. Sesselmann, Gotthard; Theopold, Felix a.: Special Features of Large Lidar Telescopes. In: *Proc. SPIE* **2505** (1995) pp 66-74, doi.org/10.1117/12.219652

Schäfer, Jürgen; Schrems, Otto; Beyerle, Georg; Hofer, Bernd; Mildner, Wolfgang; Theopold Felix A.; Lahmann, Wilhelm; Weitkamp. Klaus C.H.; Steinbach, Manfred: A modular and mobile multi purpose lidar system for observation of tropospheric and stratospheric aerosols, In: *Proc. SPIE* **2581** (1995) pp 128-136, doi.org/10.1117/12.228503

Volmer, Johannes (Hrsg.): Getriebetechnik: Lehrbuch., 2. bearb. Aufl. Berlin: Verl. Technik, 1973

Manfred Steinbach (†)

Studium an der TH Ilmenau, später dort Assistent bei Werner Bischoff. Von 1961 bis 1988 Tätigkeit bei Zeiss Jena in den Bereichen Astronomische Geräte, Halbleiterproduktionsgeräte und Rechnereinsatz in der Konstruktion. Schaffung des ersten zweidimensionalen Urmeters. 1989–1990 Konstrukteur bei Krupp Industrietechnik in Duisburg. 1990–1999 Professor für Feinwerktechnik und Gerätekonstruktion an der Fachhochschule Lübeck. 1992–1997 Geschäftsbereichsleiter im Optikzentrum Nordrhein-Westfalen in Bochum. Seit 1997 Inhaber eines Ingenieurbüros für Gerätekonstruktion, zunächst in Bochum, seit 2003 in Jena. 2002–2017 Vorsitzender des Vereins für Technikgeschichte in Jena e.V. Er verstarb am 1. Mai 2017.

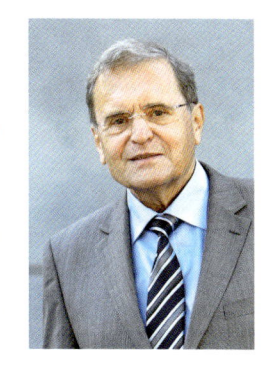

Manfred Steinbach (†)

Blechbaugruppen für Präzisionsgeräte

Die Laserschneid- und Schweißtechnik hat für die Präzisionsgerätetechnik neue Möglichkeiten geschaffen. Frühere Blechbaugruppen dienten vorrangig der Verkleidung, ihre Maßgenauigkeit lag im Bereich von einem bis zu mehreren Millimetern. Biegeteile waren hauptsächlich für Ungenauigkeiten verantwortlich. An den Schweißprozeß anschließende spanende Bearbeitungen scheiterten zumeist an der schwierigen Spannbarkeit der Blechteile.

Die nachfolgend beschriebene, von uns entwickelte Technologie geht davon aus, dass nur ebene, mit Laserschneidanlagen geschnittene Blechteile verwendet werden, die mit kammartigen Außenkanten das genaue Fügen und anschließende Laserschweißen ermöglichen. Das bedeutet, dass alle Schweißgruppen polygonförmig werden. Gleichmäßige Biegungen werden weitgehend oder ganz vermieden. Die Maßfehler der lasergeschnittenen Blechteile liegen bei 0,1 mm, mit speziellen Schneidanlagen und bei dünnen Blechen sind auch Fehler unter 30 µm möglich.

Unsere Blechbaugruppen sind fast immer Hohlkörper, weil damit größte Biegesteifigkeit bei geringstem Gewicht erreicht werden kann. Wir arbeiten zumeist mit Edelstahlblech 1.4310, das je nach Anforderung nach dem Schweißen wärmebehandelt wird. Im unbehandelten Zustand sind die Schweißnähte kurioserweise fast 30 % fester als das Grundmaterial. Für Weltraumanwendungen werden nichtsdestoweniger Schweißbaugruppen nicht gern gesehen, sie würden nach verbreiteter Meinung zu hohen Prüfaufwand erfordern.

Spezifikum für unser Konstruktionsprinzip sind Stäbe oder Rohre, die die Hohlkörper durchdringen und an beiden Außenflächen wenige mm überstehen und mit den Deckflächen verschweißt sind. Auf mindestens drei solcher hervorstehenden Stäbe kann die Baugruppe nach z. B. manueller Feinbearbeitung auf den Tisch einer Maschine für spanende Bearbeitung aufgespannt werden, und nunmehr sind weitere Bearbeitungsschritte möglich.

Manfred Steinbach

Spiegel-Strahlsteuersystem

Aufgabe war ein azimutales System zur Steuerung von zwei Planspiegeln mit Abmessungen ca. $300 \times 400 \times 50$ mm^3. Als Reproduzierbarkeit waren einige Zehntel Winkelsekunden gefordert. Das System ist für stationären Einsatz vorgesehen.

Bild 1: Lasergeschweißte Blechbaugruppe für ein Zweispiegel-Strahlsteuersystem. Die von links oben nach rechts unten verlaufenden Bohrungen in den abgeschrägten Einsatzteilen dienen der Befestigung auf der hier nicht abgebildeten Bodenplatte oder z. B. auf dem Frästisch. Die unten etwas herausstehenden Enden der Einsatzteile werden zum Zwecke des Spannens vor dem Beginn der eigentlichen Bearbeitung durch Feinbearbeitung geebnet.

Bild 2: Die fertiggeschweißte Baugruppe mit den 16 Befestigungspunkten, auf die das Bauteil zunächst zum Zwecke der spanenden Bearbeitung gespannt und später im Gesamtgerät befestigt wird. Die drei großen Bohrungen nehmen später den ca. $300 \times 400 \times 50$ mm^3 großen Planablenkspiegel auf.

Die 16 Auflageflächen werden von Hand auf einer sehr ebenen Läppplatte bearbeitet und so mit der Genauigkeit weniger Mikrometer in eine Ebene gebracht.

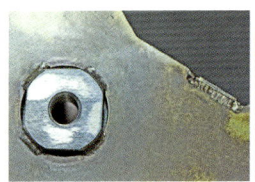

Bild 3: Linkes Bild: tuschierter Kontaktpunkt. Die blaue Tuschierfarbe ist erst teilweise auf die zu läppende Fläche übertragen. Die Fläche ist noch eine Hügellandschaft. Mittleres Bild: Die Fläche ist geneigt. Rechtes Bild: größere tragende Fläche, fertig geläppt. Als Faustregel gilt, dass man etwa 20 µm durch Läppen abtragen kann. Bei größeren Schweißteilen muss zumeist mehr abgetragen werden als durch Läppen vernünftigerweise erreicht werden kann. Das muss dann notfalls mit Handschleifer oder Feile bewerkstelligt werden. Vorbereitung durch Aufspannen auf einen Werkzeugmaschinentisch würde das Prinzip konterkarieren, die Teile würden sich unter den Spannkräften deformieren.

Die Lager sind vorgespannte Dünnringlagerpaare, die zumeist durch Verschrauben mit der in Bild 3 und Bild 4 sichtbaren Bodenplatte eingebaut sind. Die Passungen der großen Dünnringlager sind heikel, die ungefassten Lagerringe sind natürlich zunächst nicht mit Mikrometergenauigkeit rund. Mit entsprechenden Messgeräten wird das sog „Pferchmaß" bestimmt. Auf dieses Maß werden die Gehäusepassungen geschliffen.

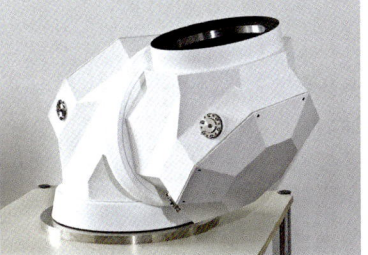

Zum Nachweis, dass mit der „Blechkonstruktion" höchste Genauigkeit erreicht werden kann, sind die Schleppfehler gemessen worden, also die Differenzen zwischen befohlenem und erreichtem Winkelwert. Bei geringer Geschwindigkeit lagen die maximalen Abweichungen bei ca. 0,3 arcsec, die Standardabweichungen bei weniger als 0,1 arcsec (Bild 7).

Bild 4: Die roh montierte Baugruppe. Unter den weißen Kunststoffringen befinden sich die Direktantriebsmotoren, die Messsysteme und die Kugellager.

Bild 5: Die fertig montierte und lackierte Baueinheit.

Bild 6: Detailansicht von Stator und Rotor des Direktantriebsmotors.

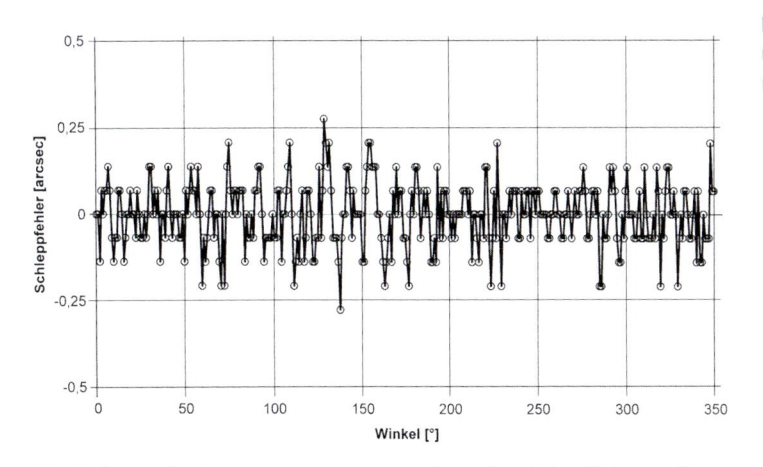

Bild 7: Verlauf der Abweichungen zwischen angesteuertem und erreichtem Winkelwert. Die Standardabweichung dieses sog. Schleppfehlers liegt bei etwa 0,1 arcsec im Falle einer Rotationsgeschwindigkeit von 1°/s, bei höheren Geschwindigkeiten sind die Fehler etwas größer. Die Auflösung des Messsystems ist um einen Faktor von etwa 10 höher. Die gezeigten Restschwankungen sind im Wesentlichen auf die Rollreibung in den Kugellagern zurückzuführen.

[Konstruktion Ingenieurbüros Steinbach und Lopez für Fa. Synopta in Eggersriet / CH.– Schweißarbeiten: Fa. Schorcht in Petersberg / Thür.– Schleifarbeiten und Montage: Fa. Zeiss Jena.– Antriebe: Jenaer Antriebstechnik]

Ohne weiter darauf einzugehen wird im Bild 8 ein in gleicher Weise gestaltetes und bearbeitetes kleines Blechschweißteil gezeigt, das als Kardanring (Gimbal-Ring) für einen Schwingspiegel dient. Seine Einzelteile sind aus 0,1 mm dickem Federstahlblech geschweißt, das gesamte Teil ist ca. 26 mm lang. [Ingenieurgemeinschaft Steinbach und Kautz. Fertigung Fa. Schorcht, Petersberg]

Teleskoprohr

Aufgabe war ein Teleskoprohr für einen 300-mm-parabolischen Spiegel und ca. 1000 mm Brennweite. Das Rohr soll ausschließlich für vertikale Visur verwendet werden.

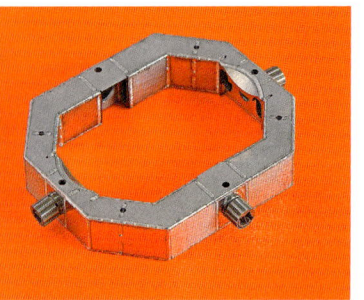

Bild 8: Ca. 26 mm langes Schweißteil aus 0,1 mm dickem Edelstahl-Federblech.

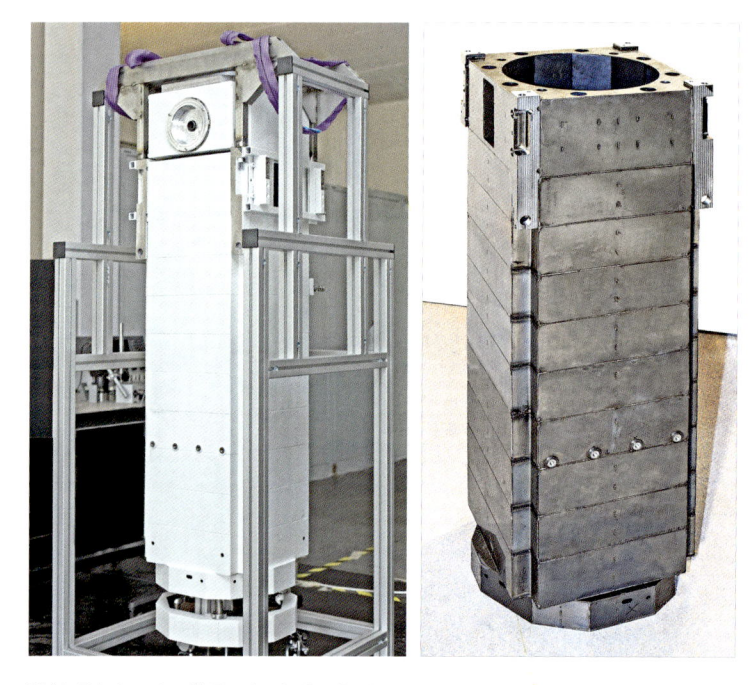

Bild 9: Teleskoptubus für Zwecke der Satellitenkommunikation mit 300-mm-Spiegel. Zustand in der Montagehalle. Beim Teleskop werden hohe Anforderungen an die Positionsstabilität gestellt. Oben ist der Strahlausgang zu erkennen, unten die justierbare Spiegelfassung. Das Rohr besteht aus 12 Edelstahl-Segmenten plus Spiegelfassung.

Bild 10: Der aus vorgefertigten Segmenten zusammengeschweißte Rohrkörper. Das oberste, das Haltekreuz tragende Segment, ist noch nicht angebracht, ebensowenig die unten anzubringende Spiegelfassung, die lösbar und justierbar mit dem unteren Zwölfeck verbunden wird. Der relativ komplizierte Aufbau ist durch eine Reihe von hier nicht geschilderten Zusatzforderungen bedingt. Die Segmente sind bei diesen relativ großen Teilen nicht durch Laser-, sondern durch WIG-Schweißen miteinander verbunden.

Die unten am Tubus anzubringende Spiegelfassung hat justierbar zu sein. Mit drei Stellschrauben werden die Schnittweite und die Kippungen um die beiden Querachsen justiert. Die Rotation um die optische Achse wird als unwichtig betrachtet, sie wird bei der Justierung etwas verändert. Wichtig ist der zwangsfreie Einbau, damit bei Temperaturänderung keine mechanischen Spannungen entstehen. Da das Teleskop nur für senkrechte Visurrichtung benutzt wird, sind schwerkraftrichtungssensitive Entlastungssysteme nicht erforderlich. Es hat demnach drei feste Auflagepunkte für den Spiegel in der Fassung zu geben, aber eine größere Anzahl von federnden Entlastungspunkten, die den Spiegel gleichmäßig unterstützen und nur Restkräfte für die Sicherung der drei Auflagekontakte belassen.

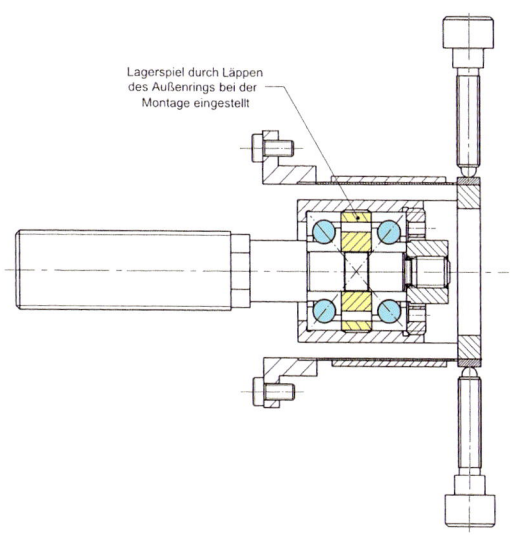

Bild 11: Oberes Segment des Teleskoprohrs. Im Inneren des Hohlkörpers sorgt eine Anzahl von Rippen für Steifigkeit.- Zustand nach dem Spannungsarm-Glühen und anschließendem Läppen. An der linken Fläche befinden sich vier Kontaktstellen, die durch Läppen in eine Ebene gebracht werden, sodass eine zwangsfreie Verschraubung mit dem Anschlussteil möglich wird. Für genaue Teile sollte nach dem Glühen kein Strahlprozess (Sand, Korund, Glaskugeln) angeschlossen werden. Es würden dadurch Spannungen und entsprechend Deformationen in die Teile eingebracht werden.

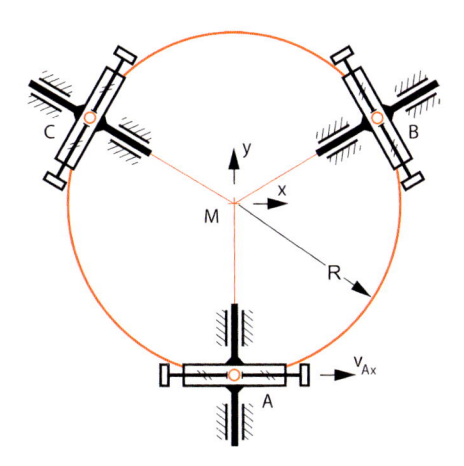

Bild 12: Prinzip der Hauptspiegeljustierung. Die Stellschrauben verschieben die Spiegelzelle tangential. Dadurch baut das System weniger weit in radiale Richtung.

Bild 13: Schema einer der drei Justierbaugruppen. Der Gewindebolzen links dient der Höheneinstellung parallel zur optischen Achse. Das X-abgestimmte Kugellagerpaar liefert die hier notwendigen drei Freiheitsgrade. Die beiden Stellschrauben betätigen die Bewegung des Parallelfedersystems, das an seiner Gegenseite mittels der dargestellten Zylinderschrauben mit dem Tubus verbunden ist.

Mit dem gezeigten Aufbau hat die Spiegelzelle sechs Justierfreiheitsgrade gegen den Tubus: drei in Achsrichtung und drei in Tangentialrichtung.

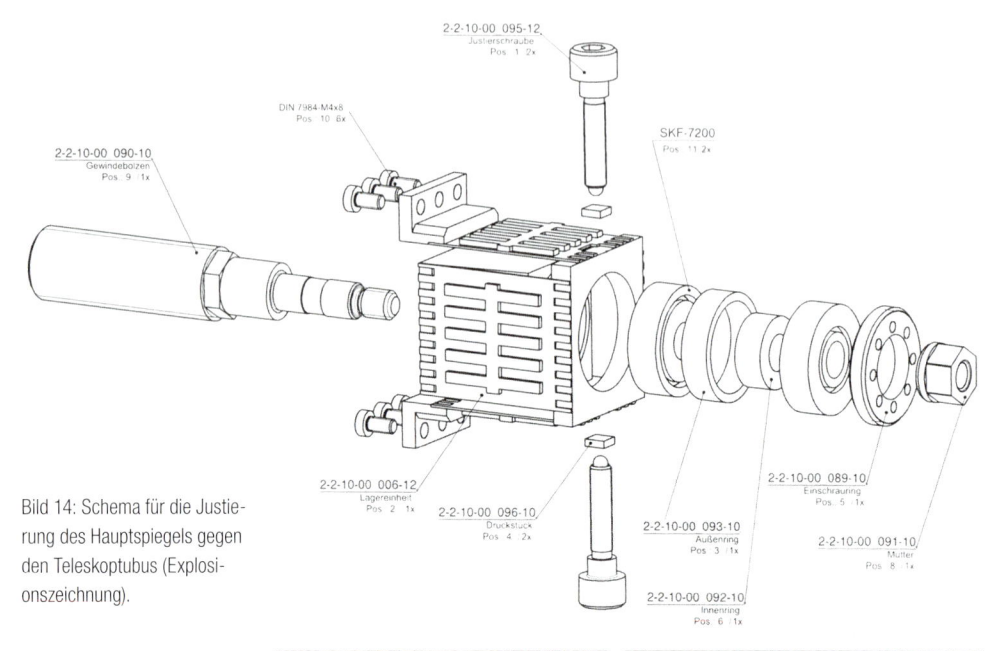

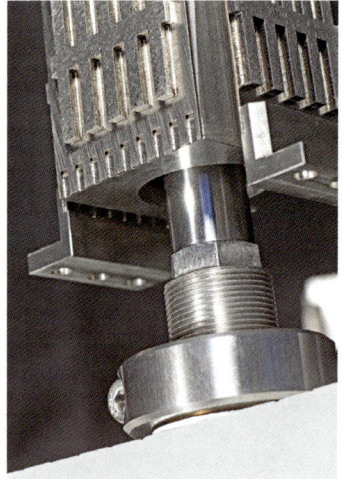

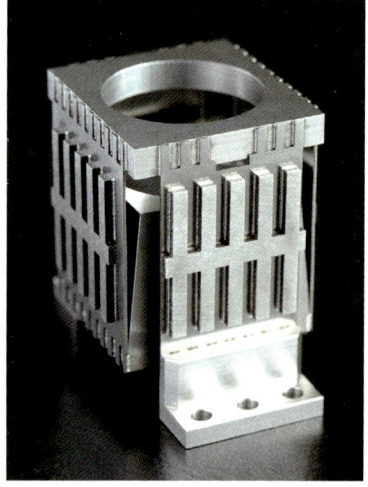

Bild 14: Schema für die Justierung des Hauptspiegels gegen den Teleskoptubus (Explosionszeichnung).

Bild 15: Biegegelenk für zwei Freiheitsgrade. Die großen Doppelkämme dienen als Knicksicherung für die Blattfedern. Die Blattfedern sind so angeschweißt, dass an den hauptsächlich biegebeanspruchten Bereichen möglichst wenig Schweißwärme eingetragen wird. Da es sich aber um Teile handelt, die nicht dauerhaft wechselbeansprucht sind, ist der Fakt hier nicht besonders heikel. Die „Füße" mit den drei Bohrungen werden nach oben hin am Tubus befestigt.

Bild 16: Justierspindel zwischen Spiegelzelle und X-Kugellagerpaar sowie Klemmung der Spindel.

Bild 17: Nahaufnahme der Laserschweißnähte.

Bild 18: Spiegelzelle mit den Justierelementen für die Justierung am Tubus. Die Spiegelzelle hat nur die Aufgabe, den Spiegel spannungsfrei zu halten und die Spannungsfreiheit auch bei Temperaturänderungen aufrechtzuerhalten. Daneben wird der Spiegel auch an einer Vielzahl von Punkten federnd unterstützt.

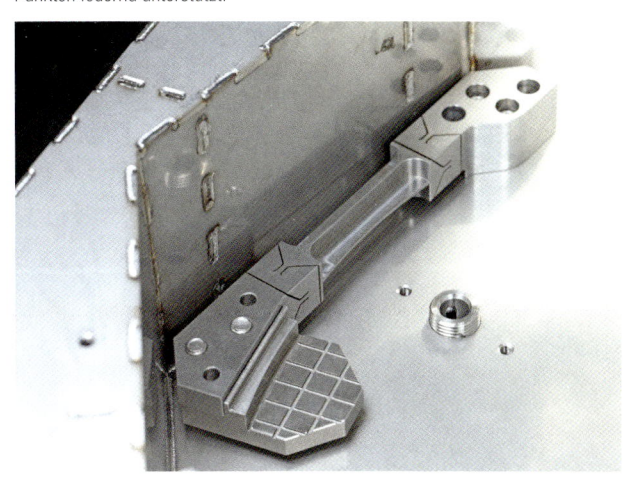

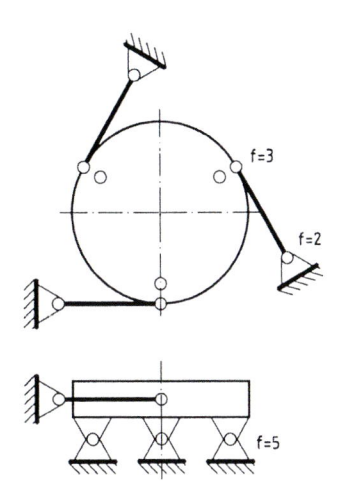

Bild 19: Inneres der Spiegelzelle. Auf drei Hebeln der gezeigten Art wird der Spiegel an den gewaffelten Flächen angeklebt. Die unter den Auflageflächen befindlichen Auflagepunkte sind nicht zu erkennen. In der Bildmitte ist einer der 18 Entlastungspunkte zu sehen, mit denen die Deformation des Spiegels verringert wird. Die Einstellung geschieht so, dass die drei lagesichernden Auflagepunkte noch genügend Kraft erhalten.

Bild 20: Schema der in Bild 18 gezeigten Hauptspiegelfixierung. Mit den angegebenen Einzelfreiheitsgraden ergibt sich der Gesamtfreiheitsgrad Null.

[Konstruktion Ingenieurbüros Steinbach und Springer in Jena im Auftrag von Fa. Synopta / CH. Schweißarbeiten Fa. Schorcht in Petersberg / Thür., Fräsarbeiten Fa. Schmidt in Großbreitenbach]

Manfred Steinbach

Grundplatte für einen Messaufbau

Grundplatten der hier vorzustellenden Art werden heutzutage zumeist aus Stein gefertigt, z. B. aus Granit, Diabas o. Ä. Platten dieser Art haben neben ihrem großen Gewicht den Nachteil, dass sie sehr temperaturträge sind. Wenn Platten dieser Art in einer Reinraumzelle verwendet werden, dann bildet sich durch die Laminar-Downflow-Technik ein Temperaturgradient aus, der sich mit großer Zeitkonstante als Biegung bemerkbar macht. Auch Strahlungseinflüsse können bereits solche Effekte erzielen: Die Oberseite wird sich, wenn keine Vorkehrungen getroffen werden, auf eine andere Temperatur einstellen als die dem Fußboden zugewandte Seite.

In der oben bereits beschriebenen Art haben wir eine solche Grundplatte in der Größe von etwa $1400 \times 400 \times 120$ mm^3 bei 2 mm Blechdicke als Blechhohlkörper hergestellt und dabei die Möglichkeit einer Luftquerströmung im Innern vorgesehen. Damit ist das Gewicht stark minimiert und der Temperaturausgleich sehr beschleunigt.

Bild 21: Grundplatte in der Größe 1400 × 400 × 120 mm^3. Die gestrichelten Linien sind innere Rippen. Die Kreise sind durchgehende Stäbe mit Gewindelöchern. Die roten Punkte sind die drei Auflagepunkte auf der Unterseite. Alle Blechteile sind aus 2 mm dickem Edelstahl durch Laserstrahlschneiden hergestellt.

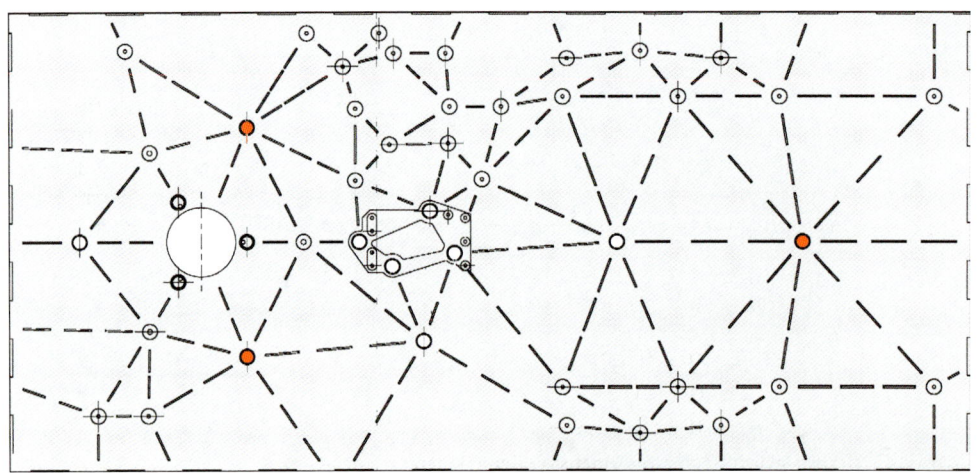

Bild 22: Für den Schweißprozess vorbereitete Grundplatte in der Schweißwerkstatt der Firma Schorcht in Petersberg / Thür.

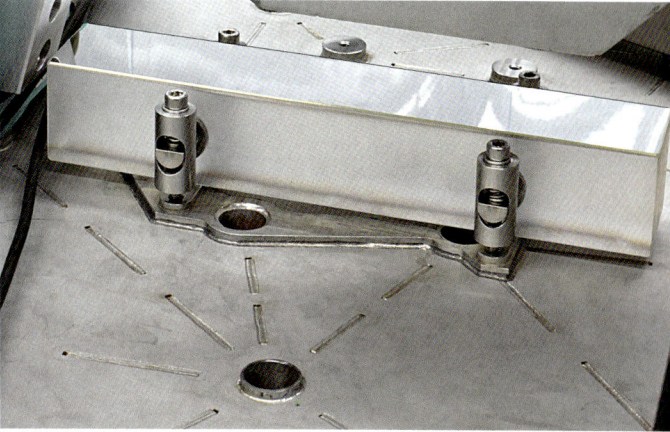

[Konstruktion: Ingenieurbüros Steinbach und Lopez für Fa. Synopta in Eggersriet / CH.– Schweißarbeiten: Fa. Schorcht in Petersberg / Thür.– Schleifarbeiten und Montage: Fa. Zeiss Jena et al.]

Bild 23: Grundplatte mit Messaufbauten. Der Querstromlüfter ist nicht angebaut. Die provisorisch mit einem Deckel verschlossene Öffnung ist unten in der Bildmitte zu erkennen.

Bild 24: Detail des Messaufbaus. Hochebenes Glaslineal von ca. 200 mm Länge, in den Bessel-Punkten montiert und federnd angedrückt.

Manfred Steinbach (†)

Studium an der TH Ilmenau, später dort Assistent bei Werner Bischoff. Von 1961 bis 1988 Tätigkeit bei Zeiss Jena in den Bereichen Astronomische Geräte, Halbleiterproduktionsgeräte und Rechnereinsatz in der Konstruktion. Schaffung des ersten zweidimensionalen Urmeters. 1989–1990 Konstrukteur bei Krupp Industrietechnik in Duisburg. 1990–1999 Professor für Feinwerktechnik und Gerätekonstruktion an der Fachhochschule Lübeck. 1992–1997 Geschäftsbereichsleiter im Optikzentrum Nordrhein-Westfalen in Bochum. Seit 1997 Inhaber eines Ingenieurbüros für Gerätekonstruktion, zunächst in Bochum, seit 2003 in Jena. 2002–2017 Vorsitzender des Vereins für Technikgeschichte in Jena e.V. Er verstarb am 1. Mai 2017.

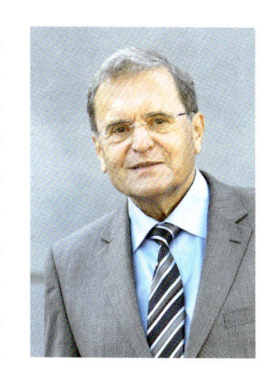

Renate Tobies, Jena

Moritz von Rohr: Optik – Mathematik – Medizintechnik[1]

Zum 120-jährigen Jubiläum des Eintritts bei Zeiss und zum 75. Todesjahr

Einführung

Vor 120 Jahren, am 1. Oktober 1895, begann Louis Otto Moritz von Rohr (4. April 1868 – 20. Juni 1940) sein Probejahr bei Zeiss in Jena. Er hatte erfahren, dass deren photographische Abteilung „einen promovierten Mathematiker mit einiger Geschäftserfahrung" suchte und sich selbst beworben. Nach einem offiziellen Gespräch in Jena arrangierte Ernst Abbe (1840 – 1905) in Berlin noch ein weiteres Treffen und eröffnete ihm, dass er bei seiner *wissenschaftlichen Beschäftigung eine gewisse Freiheit haben würde, sich Ziele selbst zu setzen*. [Lebenserinnerungen, S. 158]

„Berechnen statt Pröbeln" war Abbes Motto bei Zeiss, und mit Moritz von Rohr fand er einen Mitarbeiter, der diese Maxime für wichtige Forschungsfelder fortsetzte bzw. einführte. M. von Rohr schuf wesentliche Voraussetzungen dafür, dass die Zeiss-Geschäftsleitung eine Abteilung „Med" für medizinische Instrumente und eine Abteilung „Opto" für Brillengläser und Brillen verschiedener Art gründen konnte. Die Geräteentwicklung in diesen Abteilungen ist von Karl-Heinz Donnerhacke und Manfred Fritsch [Donnerhacke, 2004], Walter Hörichs [Hörichs, 2013] u.a. beschrieben worden. In der vorliegenden Studie steht Moritz von Rohr im Zentrum, und es wird vor allem die Zeit bis zur Gründung dieser Abteilungen betrachtet. Dabei sei hervorgehoben, dass von Rohr die Zeit von Oktober 1908 bis Sommer 1913 wie folgt bezeichnete: „Die Jahre meiner theoretischen Begründung der Opto-Abteilung" [Lebenserinnerungen, S. 286].

In diesem Beitrag soll gezeigt werden, welche Ausbildung Moritz von Rohr genoss, bevor er bei Zeiss eintrat und warum er nach dem Studium in Berlin bei dem bedeutenden Mathematiker Georg Cantor (1845 – 1918) in Halle promovierte. Der Erfolg von Rohrs (zahl-

Bild 1: Moritz von Rohr

reiche Patente und 571 Publikationen, aufgelistet in [Jahn-Jubelt 1943]) beruhte auf Vorausberechnung optisch-technischer Lösungen, auf akribischen historischen Forschungen, zum Gegenstand, herausragenden Sprachkenntnissen sowie auf interdisziplinärer Kooperation mit Forschern im In- und Ausland, darunter Ophthalmologen und Urologen. Außerdem wird dokumentiert, welche Haltung die Zeiss-Geschäftsführung zu Beginn des 20. Jahrhunderts (nach Ernst Abbes Ausscheiden) zur Habilitation und zu weiteren akademischen Positionen ihrer Forscher einnahm.

Dieser Artikel basiert auf Quellen, die z. T. erstmals ausgewertet wurden. Dazu gehören die umfangreiche Promotionsakte aus dem Universitätsarchiv Halle und die Lebenserinnerungen des Forschers. Diese verfasste von Rohr zu Beginn des Ersten Weltkrieges bzw. nach dem Tode seiner Ehefrau; er verwendete dazu Briefe, die er an seinen Onkel u. a. geschrieben hatte. Das Dokument wurde bei seinem Neffen Walther Eltester (1899–1976) aufbewahrt und gelangte von diesem an das Optische Museum Jena. Wichtige Basis waren außerdem Akten aus dem Carl Zeiss Archiv Jena, dem Universitätsarchiv Jena, Patentliteratur u. a.

Familie und Schulbildung

> *„Eigentlich machte mir nur die Mathematik Vergnügen,
> alles andere betrieb ich nur, weil ich mußte."*
> [Lebenserinnerungen, S. 28]

Louis Otto Moritz von Rohr wurde am 4. April 1868 in Longin (Lażyn, Kreis Inowrazlaw, Posen) im damaligen Preußen (heute zu Polen gehörend) geboren. Seine Eltern Louis Albert von Rohr (1830–1887) und Marie Sophie Elisabeth geborene von Rohr (1837–1933) hatten am 1. Mai 1864 in Insterburg geheiratet. Aus der Ehe gingen sieben Kinder hervor. Von diesen starben mehrere an der „Familienkrankheit Tuberkulose" – wie es Moritz von Rohr ausdrückte. Seine Mutter wohnte seit 1898 bei ihm in Jena, wo sie auch begraben ist (vgl. Bild 16). Moritz von Rohr erwähnte von seinen Geschwistern die vor ihm Geborenen Fritz (†) und Käthe (*1866, †10.10.1893 Tuberkulose) und die nach ihm Geborenen Heinrich Karl († 10.7.1910 Tuberkulose) sowie Paul Rudolf Willibald (1879–1914), der Tiefbau studierte und im Ersten Weltkrieg fiel. Das Gut seines Vaters Louis Albert von Rohr (1830–1887) war kaum einträglich, sodass dieser den Posten eines preußischen Distriktskommissars annahm und an verschiedene Orte versetzt wurde. Da der Vater bereits am 7. Mai 1887 in Czarnikau verstarb, wurde ein „Oheim" (Onkel), Ernst von Rohr, der im Oberbergamt in Halle/S. tätig war, als Vormund eingesetzt.

Nach privater Vorbildung wurde Moritz von Rohr ab 1877 zum Superintendenten Schönfeld, Inowrazlaw (genannt Hohensalza von 1904-1920), in Pension gegeben und besuchte das dortige Kgl. Gymnasium von Sexta bis Prima. Häufig krank, brauchte er elf Jahre bis zum Schulabschluss; das letzte Schuljahr belegte er zweimal. 1878 hatte er eine tuberkulöse Kniegelenkentzündung erlitten, die zu einer Rückgratkrümmung führte, weil der linke Fuß nicht mit wuchs. Er musste bis 1894 zwei Krücken verwenden, die später durch einen Stock ersetzt wurden. [Lebenserinnerungen, S. 59] Dennoch war er ein guter Schüler und erteilte bereits als Tertianer Nachhilfe-Unterricht, um sein geringes Taschengeld aufzubessern.

Moritz von Rohr, der sich später als „rechnender Optiker" bezeichnete [Lebenserinnerungen, S. 310], liebte bereits in der Schulzeit vor allem Mathematik: „Wiederum hatte mir die Mathematik ein besonderes Vergnügen bereitet. [...] Besonders standen meine mathematischen Leistungen über dem Durchschnitt, aber ich befriedigte auch in den klassischen Sprachen, wie ich denn zu Weihnachten 1883 den ersten Platz erklommen hatte." [Ebd., S. 36; 45] In den Schulferien des Jahres 1886 widmete er sich selbständig einer (nicht aufbewahrten) mathematischen Arbeit, topologische Beziehungen und Maßverhältnisse betreffend. [Ebd., S. 77]

Das Abiturzeugnis vom 22. Februar 1888 ist in der Promotionsakte [UAH] aufbewahrt. Aufgrund seiner Leistungen war er von der mündlichen Reifeprüfung befreit worden. Mathematik war jedoch das einzige Fach, das mit der Note *sehr gut* bewertet wurde:

Bild 2: Auszug aus dem Reifezeugnis vom 22. 2. 1888

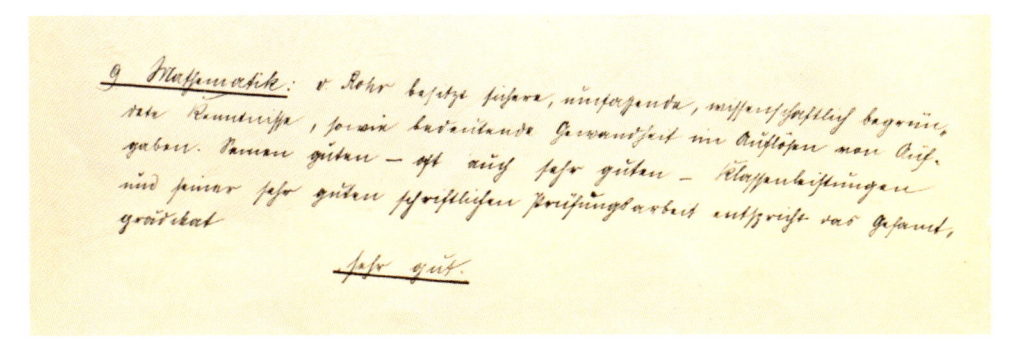

„Mathematik: v. Rohr besitzt sichere, umfassende, wissenschaftlich begründete Kenntnisse, sowie bedeutende Gewandtheit im Auflösen von Aufgaben. Seine guten – oft auch sehr guten – Klassenleistungen und seiner sehr guten schriftlichen Prüfungsarbeit entspricht das Gesamtprädikat sehr gut." [UAH]

In den Fächern Physik, Geschichte und Geographie, Latein. Deutsch, Religionslehre erhielt er *Gut*; in Französisch und Griechisch die Note *Genügend*.

Sein Mathematiklehrer, der Gymnasialprofessor Ferdinand Schmidt (1828–1893), der die Lehrbefähigungen für die Fächer Mathematik und Physik für die erste Stufe sowie Deutsch und Botanik für die zweite Stufe besaß [BBF, Personalblatt], bescheinigte ihm eine Befähigung zum Mathematik-Studium [Lebenserinnerungen, S. 84]. Moritz von Rohr dankte es ihm später, indem er ihm seine Dissertationsschrift „in schuldiger Dankbarkeit und Verehrung" widmete. Der Familienrat hatte zu Weihnachten 1887, noch vor der Reifeprüfung, entschieden, dass er Mathematik in Berlin studieren soll [ebd., S. 81], wo Großeltern und Tanten wohnten. Seine Mutter Marie von Rohr mietete 1888 in Berlin eine Wohnung und zog mit ihm, seiner Schwester Käthe und seinen Brüdern Heinrich und Paul dorthin.

Studium in Berlin

„Einen großen Einfluß auf mein Studium gewann der Berliner Mathematische Verein [...]."
[Lebenserinnerungen, S. 110]

Im Unterschied zur Mehrzahl der damals Studierenden (vgl. [Abele et. al 2004]) wechselte Moritz von Rohr den Studienort nicht. Er war vom Sommersemester 1888 bis zum Wintersemester 1891/92 an der Universität Berlin eingeschrieben, lebte in der Wohnung der Mutter und kümmerte sich um das schulische Fortkommen der jüngeren Brüder. Er hatte ihnen Nachhilfeunterricht zu erteilen und vor dem Oheim Ernst von Rohr in Halle Rechenschaft über deren schulische Leistungen abzulegen.

Der Studienbeginn fiel ihm schwer; es fehlte eine geeignete Beratung. Über die Einführungsvorlesungen von Ernst Kötter (1859–1922) klagte er: „Ich kann schwer beschreiben, wie qualvoll ich unter diesem Menschen gelitten habe." [Ebd., S. 86] Der Vormund aus Halle vermittelte daraufhin eine Empfehlung an den aus Halle stammenden Berliner Privatdozenten Johannes Knoblauch (1855 – 1915) [ebd., S. 97], der von Rohr einen Stundenplan ab zweitem Semester zusammenstellte. Wenn wir die besuchten Lehrveranstaltungen sehen (Tab. 1), könnten wir vom absolvierten Programm sehr beeindruckt sein. M. von Rohrs Äußerungen deuten allerdings auf eine unterschiedliche Aufnahme der Vorlesungen und zugleich auf ein geringes Selbstbewusstsein. Erst sein Beitritt zum Berliner Mathematischen Verein im vierten Semester gab ihm Auftrieb; er hielt dort am 30. Juli 1890 einen Vortrag über eine vom Geometer Jacob Steiner (1796 – 1863) gestellte „Teilungs-Aufgabe". Um welche Aufgabe es sich handelte, konnte nicht exakt bestimmt werden. Es könnte die Frage gewesen sein, die Steiner in einer Arbeit von 1850 stellte: „in wieviele gleiche Theile oder in was für Theile die Zahl a zerlegt werden müsse, damit das Product derselben am allergrößten, ein Maximum Maximorum werde?" [Steiner 1850, S. 208]

Moritz von Rohr urteilte allerdings über sich: „Dass ich zu den großen mathematischen Leuchten nie gehören würde, war mir [...] freilich ganz klar." [Ebd., S. 114]

SS 1888	
Experimentalphysik II Theil 2	Geh. Prof. Kundt
Differentialrechnung	Geh. Dr. Kötter
Übungen zur Differentialrechnung	Geh. Dr. Kötter
Einleitung in die synthetische Geometrie	Geh. Dr. Kötter
Übungen zur synthetischen Geometrie	Geh. Dr. Kötter
WS 1888/89	
Allgemeine Geschichte der Philosophie	Geh. Prof. Zeller
Integralrechnung	Geh. Dr. Kötter
Übungen zur Integralrechnung	Geh. Dr. Kötter
Analytische Geometrie	Geh. Dr. Hensel
Übungen zur Analytischen Geometrie	Geh. Dr. Hensel
Experimentalphysik I Theil	Geh. Prof. Kundt
Politik und Geschichte des europäischen Staatsrechtstums	Geh. Prof. v. Treitschke
SS 1889	
Theorie und Anwendung der Determinanten	Geh. Prof. Knoblauch
Über die Grundbegriffe der Analysis	Geh. Prof. Knoblauch
Einleitung in die Theorie der Differentialgleichungen	Geh. Prof. Fuchs

Tabelle 1: Lehrveranstaltungen, die Moritz von Rohr an der Universität Berlin besuchte [UAH]

Theorie der krummen Flächen	Geh. Prof. Hettner
Geometrische Optik	Geh. Prof. Neesen
WS 1889/90	
Logik u. Erkenntnistheorie	Geh. Prof. Dilthey
Differentialrechnung	Geh. Prof. Hettner
Übungen zur Differentialrechnung	Geh. Prof. Hettner
Einleitung in die Theorie der algebraischen Gleichungen	Geh. Prof. Knoblauch
Mathematische Übungen	Geh. Prof. Knoblauch
Theorie der linearen Differentialgleichungen	Geh. Prof. Fuchs
SS 1890	
Analytische Mechanik	Geh. Prof. Hettner
Übungen zur Integralrechnung	Geh. Prof. Hettner
Theorie der Determinanten	Geh. Prof. Kronecker
Darstellung der Funktionen	Geh. Prof. Fuchs
Theorie der Funktionen	Geh. Prof. Fuchs
Algebraische Differentialgleichungen	Geh. Dr. Schlesinger
WS 1890/91	
Theorie der algebraischen Gleichungen	Geh. Prof. Kronecker
Theorie der elliptischen Funktionen	Geh. Prof. Fuchs
Einleitung in die Philosophie	Geh. Prof. Paulsen
Geographie von Asien	Geh. Prof. v. Richthofen
Theorie der Kugelfunktionen	Geh. Dr. Schlesinger
SS 1891	
Anwendungen der Theorie der elliptischen Funktionen	Geh. Prof. Fuchs
Theoretische Physik erster Theil	Geh. Prof. Planck
Praktische Physikalische Arbeiten	Geh. Prof. Kundt[2]
Allgemeine Verkehrsgeographie	Geh. Prof. v. Richthofen
Über Transzendenz der Zahlen e und ϖ	Geh. Prof. Hettner
Kapitel der Flächentheorie	Geh. Prof. Knoblauch
WS 1891/92	
Theorie der Abelschen Funktionen	Geh. Prof. Fuchs
Pädagogik	Geh. Prof. Paulsen
Praktische Physikalische Arbeiten	Geh. Prof. Kundt
Allgemeine Geographie	Geh. Prof. v. Richthofen

Trotz des geringen Selbstvertrauens eignete sich Moritz von Rohr Kenntnisse an, die es ihm ermöglichten zu promovieren. Er gewann durch den in Jena geborenen Georg Hettner (1854–1914) – dessen Lehre er als vorzüglich lobte – guten Einblick in die Flächentheorie; bei ihm wiederholte er auch die (bei Kötter nicht verstandene) Anfänger-Vorlesung zur Differentialrechnung. [Lebenserinnerungen, S. 105] Leopold Kronecker (1823–1891) – einer der bedeutendsten Berliner Mathematiker – er verstarb am 29. Dezember 1891 – nahm von Rohr im WS 1890/91 in sein (Forschungs-)Seminar auf, obgleich dieser urteilte: *„Kroneckers algebraische Gleichungen habe ich entschieden nicht verstanden"* [ebd. S. 115]. In Kroneckers Seminar präsentierte von Rohr noch einmal Ergebnisse zu dem Thema, über das er bereits im Mathematischen Studentenverein gesprochen hatte: *„[...] vor Kronecker am 26.XI. und am 10.XII. meinen ersten (und einzigen) Vortrag über die Steinersche Teilungsaufgabe [...]. Natürlich war es eine Anfängerleistung, aber ich konnte mich damit trösten, daß in jenem Raum entschieden mangelhaftere Vorträge gehalten worden waren."* [Ebd., S. 116].

Über weitere Berliner Professoren äußerte von Rohr: „[...] bei [Lazarus] Fuchs mit seinen elliptischen Funktionen konnte ich wohl folgen; an [Ludwig] Schlesingers Kugelfunktionen habe ich gar keine Erinnerung mehr. Ganz hervorragend gefiel mir aber Richthofens Geographie..." [Ebd., S. 115].

Der erwähnte Geograph Ferdinand von Richthofen (1833–1905) erkannte offensichtlich früh von Rohrs wissenschaftliches Potential. Er riet ihm, Englisch zu lernen und orientierte auf freies Vortragen im (geographischen) Kolloquium, wo von Rohr am 30. Juni 1891 und am 12. Januar 1892 sprach. Von Richthofen lud ihn in seine Abendgesellschaften ein und vermittelte ihm – nach erfolgreicher Doktorprüfung – eine Stelle in Berlin.

Von Rohr strebte nicht das Lehramt an höheren Schulen an, wie die Mehrzahl der damaligen Mathematik-Studierenden (vgl. dazu [Abele et al. 2004]). Er wollte das Studium der Mathematik mit der Promotion abschließen und suchte sich einen Doktorvater selbst.

Promotion mit mathematischer Dissertation in Halle

> *„... erörterte die Möglichkeit, bei ihm [Georg Cantor] den Doktor zu machen..."*
> [Lebenserinnerungen, S. 122]

Oheim Ernst von Rohr ebnete den Weg in Halle. Als Moritz von Rohr Mitte September 1891 bei ihm weilte, suchte er Georg Cantor (1845–1918), Professor der Mathematik an der Universität Halle, auf „[...] und erörterte die Möglichkeit, bei ihm den Doktor zu machen. Unangenehm war es mir, daß er nicht recht an meine Teilungsarbeit heranwollte, obwohl sie besser geworden wäre, als die Behandlung der Aufgabe aus der analytischen Mechanik, die ich der Not gehorchend von ihm entgegennehmen mußte." [Ebd.,122]

Moritz von Rohr hatte offensichtlich geglaubt, mit dem einzigen Thema, dass er während des Studiums selbständig tiefer behandelt hatte, promovieren zu können. Cantor hatte mit der Mengenlehre ein neues Forschungsfeld begründet, das jedoch in den 1890er Jahren erst im Begriff war, anerkannt zu werden, und von Rohr hatte darüber in Berlin nichts gehört. So empfahl ihm Cantor ein Thema, mit dem sich sein Hallenser Kollege Albert Wangerin (1844–1933) befasst hatte: die Rotation zweier miteinander verbundener Körper. M. von Rohr konnte dieses Dissertationsthema, „Ueber die Bestimmung derjenigen Substitutionscoefficienten als Function der Zeit, welche bei der Rotation mit einander verbundener Körper auftreten" (Bild 3) offensichtlich leicht bewältigen. Bereits bis zum 7. Februar 1892 hatte er es fertig ausgearbeitet [Lebenserinnerungen, S. 126]. Zwei Tage später fuhr er nach Halle, um einen Vortrag in der dortigen Geographischen Gesellschaft zu halten und das Promotionsverfahren weiter vorzubereiten. Dazu besuchte er – wie damals üblich – die möglichen am Verfahren beteiligten Professoren: Cantor, Wangerin und den Physiker Friedrich Ernst Dorn (1848–1916). Wieder in Berlin, bereitete er sich mit seinem dortigen Studienfreund Georg Bohlmann (1869–1928) auf die mündliche Doktorprüfung vor. Mit Bohlmann blieb von Rohr auch später eng befreundet. Dieser promovierte im Herbst 1892 ebenfalls in Halle, bei Wangerin (m.c.l.), habilitierte sich 1894 in Göttingen und erzielte wichtige Ergebnisse im Gebiet Wahrscheinlichkeitsrechnung/Versicherungsmathematik. M. von Rohr reichte bereits am 4. Mai 1892 den Antrag auf Zulassung zur Promotion bei der Philosophischen Fakultät der Universität Halle ein. Schon zehn Tage danach verfasste Georg Cantor das Gutachten und empfahl die Annahme des Kandidaten zum Rigorosum.

Das Gutachten von Cantor hat folgenden Wortlaut:

Die vorliegende Arbeit des Candidaten M. v. Rohr „Ueber die Bestimmung derjenigen Substitutionscoefficienten als Function der Zeit, welche bei der Rotation mit einander verbundener Körper auftreten" schließt sich an eine Abhandlung unseres Kollegen Wangerin an, welche in dem Jahresbericht von 1889 der Universität publiziert worden ist, in welcher die Rotation zweier mit einander verbundener Körper untersucht wird, von denen der eine sich um einen festen Punkt, der andere um eine innerhalb des ersten Körpers gelegene Axe dreht.

Wenn von aeusseren beschleunigenden Kräften abgesehen wird, so führt Herr Wangerin die Auflösung der von ihm aufgestellten Differentialgleichungen (Unter gewissen Voraussetzungen über die vorkommende Trägheits- und Deviationsmomente) auf elliptische Integrale zurück.

Es blieb darnach die Aufgabe zu lösen übrig, welche sich Herr v. Rohr gestellt hat, die von Herrn Wangerin mit θ, φ, ψ und δ bezeichneten Winkelgrößen als Funktionen der Zeit mit Hülfe der elliptischen und Thetafunctionen auszudrücken. Dieses Problem wird mit eingehenden Verständniss von unserem Candidaten behandelt.

In den § 1 und § 2 wird die Wangerinsche Theorie auseinandergesetzt, in § 3 beginnt erst die eigentliche Arbeit des Verfassers, der hier zunächst das die Zeit darstellende Integral auf die Normalform zurück führt und den Hülfswinkel υ durch elliptische Functionen der Zeit ausdrückt. In § 4 wird der Winkel ψ, in § 5 der Winkel δ als Function von t bestimmt. Die umfänglichen Realitätsdiscussionen und Constantenberechnungen erscheinen als anerkennenswerthe Ergänzungen und Ausführungen des Gedankenganges und der Resultate der Wangerinschen Originalarbeit.

Es lässt sich die Dissertation als "accurate et diligenter composita" charakterisieren und ich erlaube mir, sie der Facultät zur Annahme vorzuschlagen.

Halle d. 14. Mai 1892   *G. Cantor* [UAH]

Die mündliche Doktorprüfung fand am 16. Juni 1892 um 16.00 Uhr in den Fächern Mathematik, Physik und Philosophie statt. Moritz von Rohr kommentierte später: „Bei meiner Prüfung ging es in Mathematik und Physik recht erfreulich, dagegen fiel ich in Philosophie ab und erhielt nur die Wertung cum laude." [Lebenserinnerungen, S. 128] Aus der Promotionsakte ist jedoch ersichtlich, dass alle drei Prüfer jeweils für ihr Fach die Note *cum laude* erteilten [UAH].

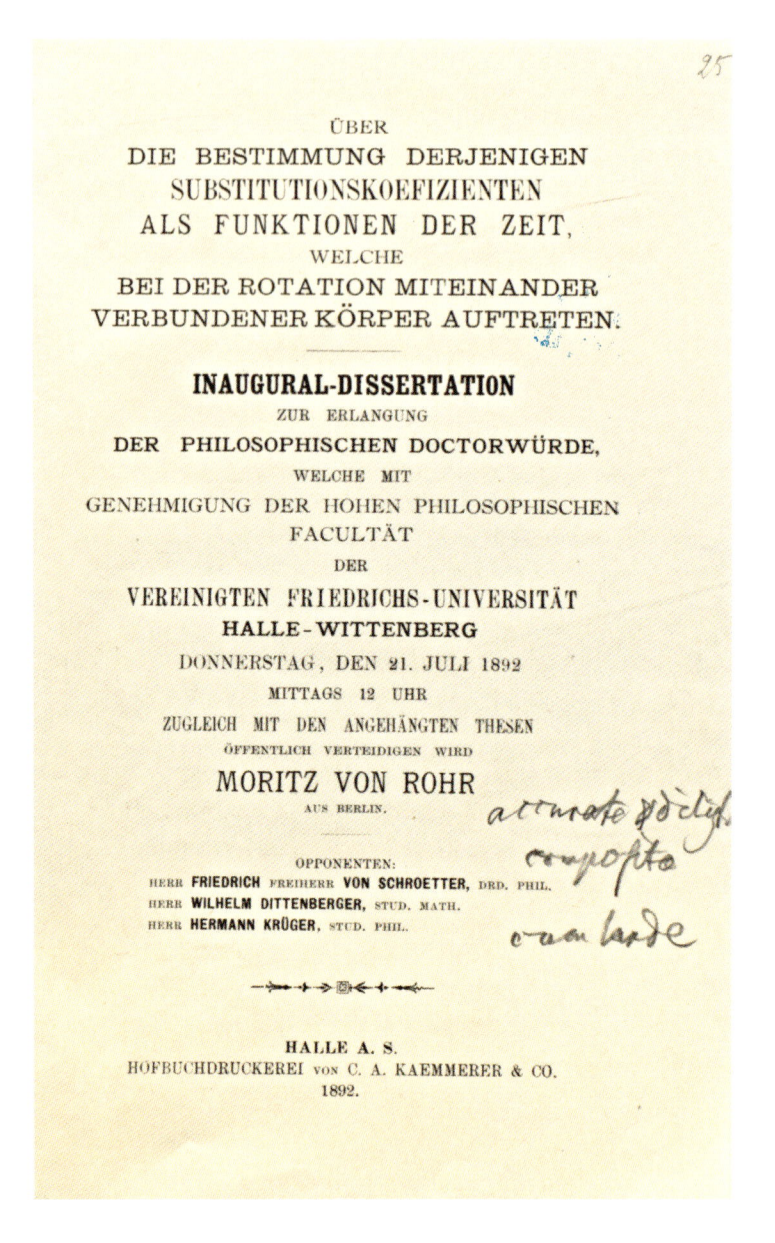

> ÜBER
> DIE BESTIMMUNG DERJENIGEN
> SUBSTITUTIONSKOEFIZIENTEN
> ALS FUNKTIONEN DER ZEIT,
> WELCHE
> BEI DER ROTATION MITEINANDER
> VERBUNDENER KÖRPER AUFTRETEN.
>
> **INAUGURAL-DISSERTATION**
> ZUR ERLANGUNG
> DER PHILOSOPHISCHEN DOCTORWÜRDE,
> WELCHE MIT
> GENEHMIGUNG DER HOHEN PHILOSOPHISCHEN
> FACULTÄT
> DER
> VEREINIGTEN FRIEDRICHS-UNIVERSITÄT
> HALLE-WITTENBERG
> DONNERSTAG, DEN 21. JULI 1892
> MITTAGS 12 UHR
> ZUGLEICH MIT DEN ANGEHÄNGTEN THESEN
> ÖFFENTLICH VERTEIDIGEN WIRD
> **MORITZ VON ROHR**
> AUS BERLIN.
>
> OPPONENTEN:
> HERR FRIEDRICH FREIHERR VON SCHROETTER, DRD. PHIL.
> HERR WILHELM DITTENBERGER, STUD. MATH.
> HERR HERMANN KRÜGER, STUD. PHIL.
>
> HALLE A. S.
> HOFBUCHDRUCKEREI VON C. A. KAEMMERER & CO.
> 1892.

Bild 3: Titelblatt der Dissertation.

Cantor, der im Hauptfach Mathematik zuerst prüfte, trug eigenhändig in die Akte ein:

„In der Mathematik wurden in der mündlichen Prüfung zunächst die von Cauchy eingeführten Principien der Theorie der homogenen Functionen einer complexen Variablen besprochen. Der Candidat entwickelte in durchaus befriedigender Weise die Hauptsätze über die Integrale complexer Differentiale und ihre wesentlichsten Anwendungen auf die Entwicklung und Darstellung der eindeutigen analytischen Functionen als Reihensummen. Auch in der Lehre von den elliptischen Integralen bewies er gründliche Kenntnisse. Auf die neueren, namentlich von Fuchs herrührenden Untersuchungen über homogene lineare Differentialgleichungen ist der Candidat mit Verständnis eingegangen. In der analytischen Mechanik wurde namentlich das Rotationsproblem einer Besprechung unterzogen und hier zeigte der Candidat eine genaue Kenntnis der wichtigsten einschlägigen Arbeiten, besonders der Jacobischen.

Das Resultat der Prüfung kann sonach als ein durchaus erfreuliches bezeichnet werden, so daß meinerseits dem Prädicat cum laude gern zugestimmt werden würde, falls die Herren Collegen damit einverstanden sein sollten. Cantor" [UAH]

Dorn urteilte:

„In der Physik wurden zunächst einige Fragen aus dem experimentellen Theil der Elektricitätslehre besprochen (Reibungs – [...]³ – Influenzelektricität, Dielektricitätsconstante, Erzeugung und Wirkungen des elektr. Stromes). Der Cand. legte klare u. wohlgeordnete Kenntnisse an den Tag; eine kurze Erörterung über die Grundlagen der mechanischen Wärmetheorie zeigte, daß der Cand. sich auch mit theoretischer Physik erfolgreich beschäftigt hat. Ich stimme daher dem Prädicat ‚cum laude' gern zu. Dorn." [UAH]

Philosoph Benno Erdmann (1851 – 1921) schrieb:

„Der Cand. hatte ein sehr geringes philosophisches Wissen, auch hinsichtlich der philos. Grundlagen der Mathematik. Dagegen wußte er den Inhalt von ihm gehörter philos. Vorlesungen so weit verständig zu reproduciren, daß ich kein Bedenken habe für das Gesamtprädikat cum laude zu stimmen. B. Erdmann." [UAH]

Nachdem die zu benotenden Leistungen erbracht waren, fanden die „Öffentliche Verteidigung" von Thesen und der sog. „Doktor-Schmaus" – den Oheim Ernst von Rohr finanzierte – am Donnerstag, den 21. Juli 1892, mittags ab 12 Uhr, in Halle statt. Moritz von Rohr hatte für diese öffentliche Veranstaltung folgende Thesen formuliert, die z. T. auf sein künftiges Feld der theoretischen Optik passen:

„I. Die Schwierigkeiten, welche sich der exakten Behandlung von Problemen der theoretischen Physik darbieten, sollen vor Allem dem Mathematiker Anlass zur Ausbildung der betreffenden mathematischen Disziplinen geben.

II. Schon die Erkenntnis der Unlösbarkeit eines mathematischen Problems bedeutet ein Fortschritt.

III. Die Vorwürfe, welche Friedrich Wilhelm III. wegen der Aufrechterhaltung des Friedens in den Jahren 1809, 11 und 12, gemacht worden sind, sind ungerechtfertigt." [UAH]

Am 5. Juli 1892 war Moritz von Rohr aufgrund seiner Gonitis Tuberculosa als dauernd untauglich zum Dienst in Heer und Flotte ausgemustert worden. [UAJ, Bestand D, Nr. 2407] Er konnte sich somit der weiteren beruflichen Karriere widmen, unterstützt durch Ferdinand von Richthofen, der ihm eine Stelle am Meteorologischen Institut in Berlin vermittelte.

Zwischenphase am Kgl. Meteorologischen Institut in Berlin, 1892–1895

> *„Ich hatte den Ehrgeiz, bei meiner Tätigkeit für die Gewitterabteilung nicht allein das trockene, sozusagen statistische Zahlenwerk zu bringen, sondern auch ein merkwürdiges Gewitter mit allen damaligen Hilfsmitteln zu schildern."*
> [Lebenserinnerungen, S. 141]

Das Kgl. Meteorologische Institut wurde von Wilhelm von Bezold (1837–1907) geleitet, der von Rohr ab 27. Juni 1892 als unbezahlten Anwärter in die klimatologische Abteilung aufnahm. Zum 1. Oktober 1892 wurde von Rohr als (jüngster) wissenschaftlicher Assistent in der Gewitterabteilung bei Richard Assmann (1845–1918) angestellt, mit fünf Stunden täglicher Arbeitszeit und einem Monatsgehalt von 100 Mark.

Die geringe Stundenzahl ermöglichte Nebentätigkeiten: Arbeiten in der Bibliothek des Geographischen Instituts, wo er u.a. den Umgang mit statistischen Daten und den Gebrauch des Rechenschiebers erlernte; die Mitarbeit am *Jahrbuch über die Fortschritte der Physik* (ein physikalisches Referate-Journal) und an der *Meteorologischen Zeitschrift*. M. von Rohr erwarb hierbei Fähigkeiten, die später bei Zeiss wichtig wurden. Er trat damals der Deutschen Meteorologischen Gesellschaft bei und verfasste in seiner Freizeit eine wissenschaftliche Arbeit über das Wintergewitter vom 11. Dezember 1891, die er 1895 abschloss. Nebenher vertiefte er seine Englisch-Kenntnisse. Im Nachhinein, in anderer (Zeiss-)Umgebung, lobte er die hier erfahrene, besonders wohlwollende Arbeitsatmosphäre.

Der Weg zu Zeiss nach Jena

> „... *Abbe, ein Idealist vom reinsten Wasser* ..."
> [Lebenserinnerungen, S. 157]

Im April 1895 erfuhr von Rohr, dass die photographische Abteilung von Zeiss, Jena, „einen promovierten Mathematiker mit einiger Geschäftserfahrung" suchte. [Ebd., S. 154] Interessierte sollten sich zunächst bei Otto Lummer (*1860 Gera, †1925 Breslau) in der Physikalisch-Technischen Reichsanstalt (PTR) in Berlin melden. Lummer hatte guten Kontakt zu Abbe. Er war im Winter 1887 – bereits Beamter an der PTR – von seinem Doktorvater Hermann von Helmholtz (1821–1894) nach Jena geschickt worden, um dessen „Vorlesungen über theoretische Optik zu hören und die Rechenmethoden der praktischen Optik kennen zu lernen", wie er im Vorwort zu den von ihm 1910 herausgegebenen Vorlesungen von E. Abbe selbst schrieb (vgl. [Abbe, 1910]).

Von Rohr meldete sich am 13. Mai 1895 wegen der freien Stelle und wurde Ende Mai, kurz vor Pfingsten, nach Jena bestellt, wo ihn Abbe, der Physiker Siegfried Czapski (1861–1907) – ein Helmholtz-Schüler, den Abbe früh als Mitarbeiter gewonnen hatte –, der Leiter der Photographischen Abteilung Paul Rudolph (1858–1935) und der kaufmännische Disponent Max Fischer (1857–1930) zu einem gemeinsamen Gespräch empfingen.

Ernst Abbe arrangierte noch ein zusätzliches Treffen in Berlin am 7. Juni 1895. Er bestellte von Rohr abends in das Kaiserhof-Café (Abbe übernachtete offensichtlich im Hotel Kaiserhof, Wilhelmplatz 3–5, gegenüber der Reichskanzlei. Zum Hotel gehörte ein *Romanisches Café* für Hotelgäste und Besucher). Zunächst gab es hier eine Wissenschaftler-Runde, an welcher u. a. Otto Lummer teilnahm. Daran anschließend führte Abbe ein gesondertes Gespräch mit von Rohr. [Lebenserinnerungen, S. 157] Moritz von Rohr war von Abbes Persönlichkeit sehr beeindruckt und schrieb über die Zusammenkunft: „[...] mit Abbe allein, und ich empfing, wie ich meinem Oheim schrieb, einen tiefen Eindruck von seiner Art und Weise, in der er mir auseinandersetzte, dass ich später bei meiner wissenschaftlichen Beschäftigung eine gewisse Freiheit haben würde, mir meine Ziele zu setzen. Und das ist auch wirklich eingetroffen [...]" [Ebd., S. 158]

Es ist bemerkenswert, wie der neue Mitarbeiter vorbereitet wurde. Um sich einzuarbeiten, erhielt von Rohr bereits Bücher nach Berlin geschickt:

Bild 4: Moritz von Rohr, 1895

Siegfried Czapski: *Theorie der optischen Instrumente nach Abbe*, 1893;
August E. Kramer: *Theorie der zwei- und dreitheiligen (astronom.) Fernrohrobjektive*, 1885.
Hugo Schröder: *Die Elemente der photographischen Optik*, 1891.
Moritz von Rohr bezeichnete später nur das erstgenannte Buch als solches mit „wirklichem Lehrwert" [ebd.], an dessen zweiter Auflage er mitarbeiten sollte.

Privates

Im Sommer 1895 trat Moritz von Rohr die lang geplante Englandreise an (Mitte Juli bis ca. 10. August 1895). Hier vertiefte er nicht nur seine Englisch-Kenntnisse, sondern lernte offensichtlich auch seine spätere Ehefrau Marianne Erlam, geboren am 26. Juli 1854 in London, Middlesex, kennen. Sie war fast 14 Jahre älter als er. Das Geburtsdatum steht auf dem Grabstein auf dem Nordfriedhof in Jena (vgl. Bild 16) und wurde durch Moritz von Rohr eigenhändig in seine Personalunterlagen der Universität Jena eingetragen [UAJ, Bestand D, Nr. 2407]. Andere, im Netz verfügbare Quellen geben ein falsches Geburtsjahr, 1858, für seine Frau an.[4] Wie er seine Frau kennenlernte, beschrieb er in seinen Lebenserinnerungen nicht. Wir wissen nur, dass ihn die Festanstellung 1896 dem Ziel der Verlobung näher brachte – was er zunächst noch als Geheimnis hütete [Lebenserinnerungen, S. 179] –, dass er auch die Sommerurlaube 1896 und 1897 in London verbrachte und dort am 10. September 1898 heiratete (beide besaßen die evangelische Konfession). Von Rohr besuchte mit seiner Frau regelmäßig deren Mutter (London, Shirland Road 74) und Schwestern. [Ebd., S. 296] Seine Frau litt früh an Gelenkrheumatismus und weilte häufig in Kurbädern. Sie starb vor ihm, am 4. April 1927 in Jena. Die Ehe blieb kinderlos.

Moritz von Rohr hatte 1895 in Jena zunächst eine Wohnung in der Blumenstraße 3 (bei Frau Venus) bezogen und war Anfang April 1896 in die Berggasse 2 zum Holzbildhauer Th. Wolff gewechselt. Als seine Mutter 1898 zu ihm nach Jena übersiedelte, wählten sie eine Wohnung in der Wagnergasse 11II. Danach zog von Rohr mit Frau und Mutter in die Talstraße 34. Seit April 1909 gehörte Martha Preller als liebevolle Unterstützung zum Haushalt [ebd., S. 288], die auch im März 1913 den Umzug in neun Zimmer der zweiten Etage des Hauses Moltkestraße 5 (seit 1950: Wilhelm-Külz-Straße) mit bewältigte. Dort hatte zuvor Walther Bauersfeld

(1879 – 1959) mit seiner Familie gewohnt. Im ersten Stock desselben Hauses hatte sich der mit Moritz von Rohr befreundete August Köhler (1866 – 1948), Mikrophotographie, mit seiner Frau eingerichtet. [Ebd., S. 383]

In der Photographischen Abteilung bei Zeiss, 1895 – 1899

„Die Ausbildung im Rechnungswesen übernahm natürlich Rudolph, übrigens ohne sich besonders darauf vorzubereiten..."
[Lebenserinnerungen, S. 163]

Von Rohr arbeitete in seinem Probejahr als Paul Rudolphs wissenschaftlicher Assistent („Helfer") mit einem Monatsgehalt von 200 Mark und sechs Wochen Urlaubsanspruch. Rudolph führte neue Mitarbeiter ein, indem er ihnen das einfache Handhaben von 6-stelliger Logarithmentafel am Beispiel eines größeren Fernrohrobjektivs erklärte. Es war eine tägliche Rechenzeit von sechs Stunden vorgesehen. Da die Abteilung im Wohnhaus von Abbe sehr beengt untergebracht war – Rudolph mit zwei weiteren Mitarbeitern in einem Raum –, arbeitete von Rohr zunächst fünf Monate lang in der eigenen Wohnung zu Hause. Abends musste er seine Ergebnisse (Berechnung von Aufnahmelinsen) zur Kontrolle vorlegen. Da er unbedingt fest angestellt werden wollte, rechnete er nach eigener Aussage meist mehr als die vorgeschriebene Stundenzahl. Zum 1. Oktober 1896 wurde er als Assistent mit einem Jahresgehalt von 3.000 Mark fest angestellt, wobei ihm eine Steigerung bis auf 6.000 M, jährlich 600 M mehr, zugesichert wurde. [Ebd., S. 179]

Bereits 1896 errang von Rohr maßgebliche Anerkennung, weil es ihm gelungen war, Fragen der Perspektive, Tiefe und Helligkeit am photographischen Objektiv allgemein und grundsätzlich zu beantworten, indem er auf der Abbeschen Lehre von der Strahlenbegrenzung aufbaute (vgl. [ebd. S. 180]; und Bild 5). Dieses Ergebnis unterstrich Siegfried Czapski im Vorwort zur zweiten Auflage seines Buches *Grundzüge der Theorie der optischen Instrumente* in besonderer Weise:

„Namentlich in den in Kapitel VII B wiedergegebenen, hauptsächlich von M. von Rohr herrührenden Untersuchungen, erblicke ich eine wertvolle Weiterführung der ABBEschen Theorie der Strahlenbegrenzung, durch die sie zum Teil erst die rechte Bedeutung für die Lehre von der Abbildung durch optische Instrumente erhält. In ABBEs eigenen Ausführungen wenigstens tritt nicht genügend deut-

lich hervor, daß allen Instrumenten gemeinsam die Beschränkung auf eine variable oder feste, gekrümmte oder ebene Bildfläche ist – bei den Projektionssystemen ist dies der auffangende Schirm (Mattscheide, photographische Platte), bei den zur Unterstützung des Sehens bestimmten die Netzhaut des Auges. Da die Objekte ihrerseits aber mit seltenen Ausnahmen auch nicht angenähert nur als flächenhaft ausgedehnt gedacht werden können, so bildet die Feststellung, wie solche körperliche Objekte bei der Abbildung durch optische Instrumente auf einer im Bildraume angebrachten Fläche wiedergegeben werden, den unerlässlichen Schlussstein der Lehre von der Abbildung überhaupt. Zu diesem hat M. von Rohr schon 1896 den Weg gefunden in der sehr glücklichen Einführung der sogenannten Einstellebene (E.-E.), einer im Objektraume befindlichen Ebene (oder sonstigen Fläche) der die physische Bildebene (Schirm-, Mattscheibenebene) (M.-E.) in bezug aus das vorliegende System optisch konjugiert ist und in der jeder Punkt des abgebildeten Objekts durch die Spur des von der Mitte der Eintrittspupille nach ihm gezogenen Vektors repräsentiert ist. Das wirkliche Bild ist nach der Feststellung M. v. ROHRs also das nach den gewöhnlichen Gesetzen für die Abbildung von Ebenen (Flächen) ermittelbare optische Bild dieses in der Einstellungsebene konstruierbaren Urbildes (von M. v. ROHR das objektivseitige Abbild genannt). Auf diesem Wege erledigt sich in überraschend einfacher Weise die z. B. in der Photogrammetrie so wichtige Frage nach der Perspektive, des weiteren unter Berücksichtigung der Größe der E.-P. die nach der Tiefenschärfe, und es kann leicht der Einfluß der Grundeigenschaften eines Systems (im wesentlichen Lage seiner E.-P.) auf die Gestalt des Bildes geschieden werden von dem Einfluß seiner individuellen Eigenschaften (der Abbildungsfehler insbesondere Verzeichnung und Bildverkrümmung, aber auch der fundamentaleren wie Brennweite und angulare Vergrößerung der Hauptstrahlen – Tangentenverhältnis)." [Czapski 1904, Vorwort]

Der Leiter der Photographischen Abteilung Paul Rudolph war ein guter Physiker, unter dessen Leitung wichtige Kamera-Objektive entstanden. Höhere mathematische Kenntnisse besaß er jedoch nicht und konnte diese auch nicht wertschätzen. Somit war sein Verhältnis zu von Rohr wenig fruchtbar bzw. angespannt. Letzterer urteilte im Nachhinein, dass er bei Rudolph vor allem Briefe schreiben, das Abfassen von Preislisten und von Gebrauchsanweisungen gelernt habe. [Ebd., S. 208] Dennoch widmete er ihm – wohl aus taktischen Gründen – sein in der Zeit als dessen Assistent entstandenes erstes Buch: *Theorie und Geschichte des photographischen Objektivs, nach Quellen bearbeitet* (1899). (Bild 6)

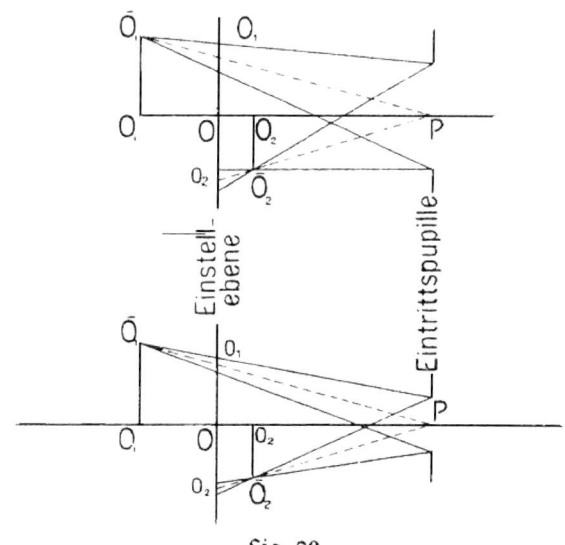

Fig. 20.
Zur Tiefe bei photographischen Objektiven.
Der obere und der untere Teil der Figur stimmen in der Lage der Einstellebene, Eintrittspupille und der Objekte genau überein. Verschieden ist nur der Durchmesser der Eintrittspupille, der oben die doppelte Größe des unteren hat. Aus diesem Grunde sind die Zerstreuungskreise $o_1 o_2$ in der Einstellebene O oben auch doppelt so groß wie unten, und das objektseitige Abbild $o_1 O o_2$ ist oben doppelt so unscharf wie unten. (Aus Versehen steht oben in der Einstellungsebene O statt o_1 fälschlich O_1.)

Bild 5: Abbildung zu v. Rohrs Ergebnis aus dem Jahre 1896.

Darin steht: „P. Rudolph gewidmet, als ein Zeichen persönlicher Anhänglichkeit und sachlicher Würdigung seiner Leistungen".

Von Rohr hatte schnell die Überzeugung gewonnen, dass es für das Lösen von Tagesaufgaben, für das Klären theoretischer Fragen und für Patententscheidungen wichtig war, nicht nur die bei Zeiss benutzten Linsen zu kennen, sondern möglichst alle Aufnahmelinsen, die international und auch in früheren Zeiten entstanden waren. Die „Sammlung der Durchrechnung fremder Linsen" war zu seiner ersten, selbst gestellten Aufgabe geworden [ebd., S. 192]. Dafür nutzte er internationale Kontakte, saß viele Stunden in Bibliotheken (Jena, London, München, Berlin) und opferte Freizeit und Ferientage. Auf diese Weise war das Buch von 1899 entstanden. Welche Wertschätzung dieses Buch bei Zeiss erfuhr, drückt sich u. a. darin aus, dass es am 7. Oktober 1899 eine „Vollendungsfeier" zum Buch mit 1000 M Prämie gab, die er für einen Urlaub in Wien mit seiner Frau nutzte [ebd., S. 203], und dass er ab 1. Oktober 1899 eine neue Position im Unternehmen erhielt.

Mit seiner Frau übersetzte von Rohr noch 1899 einen Abschnitt des Buches über die Bedeutung des optischen Glases für die Aufnahmelinsen ins Englische, was noch im selben Jahr in *The British Journal of Photography* erschien. [Ebd., S. 212]

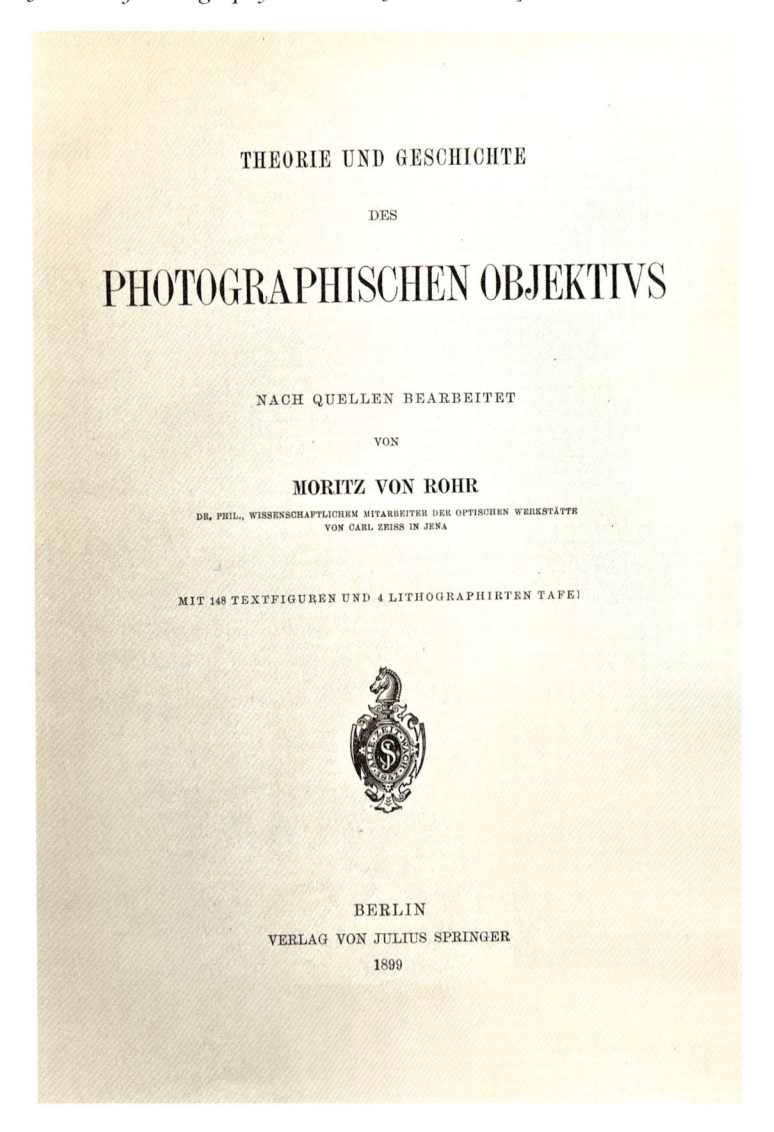

Bild 6: Titelblatt des Buches von Rohrs, 1899.

„Persönlicher Helfer" Ernst Abbes in der mikroskopischen Abteilung, 1899–1903

> *„Die so geschaffene und dem üblichen Rechenplan für Kugelflächen angeschlossene Rechenvorschrift ist für die Abbesche Anlage der Rechnung an unkugeligen Flächen bei uns lange Zeit im Gebrauch geblieben."*
> [Lebenserinnerungen, S. 211f.]

Abbe wählte Moritz von Rohr als „persönlichen Helfer" – so bezeichnete sich von Rohr in seinen Lebenserinnerungen selbst. Die neue Tätigkeit beruhte einerseits darauf, dass er sich als fleißiger, zuverlässiger, selbständig arbeitender Rechner erwiesen hatte. Andererseits war die Position gerade frei geworden, weil Johannes Harting (1868–1951), der zuvor „Abbes Rechenstube" leitete, die Firma verlassen hatte. Von Rohrs Aufgabe bestand zunächst darin, die Rechenstube neu aufzubauen, da weitere geeignete Personen fehlten. Er musste selbst Mitarbeiter auswählen und diese so heranbilden, dass sie in der Lage waren, mechanisch bestimmte Rechenarbeit zu leisten. So schrieb er, es war „[...] schwer, Volksschülern das Rechnen mit Logarithmen beizubringen". [Ebd., S. 211] Und weiter führte er aus:

„Als ich die Rechenstube einigermaßen in Ordnung hatte, habe ich mir im Einverständnis mit Abbe die Aufgabe gestellt, eine Einzellinse von großem Öffnungswinkel durch Verfügung über die Gestalt einer der beiden Grenzflächen für eine bestimmte Vergrößerung von dem Öffnungsfehler zu befreien und – infolge zweckmäßiger Durchbiegung – dabei auch die Sinusbedingung zu erreichen. Da hier schon ganz beträchtliche Abweichungen von der Kugelfläche in Frage kamen, so habe ich, was in den ursprünglichen Abbeschen Formeln nicht geschehen war, auch die Auftragung berücksichtigt. Das kam mathematisch darauf hinaus, eine transzendente Gleichung durch verständiges Pröbeln zu lösen. Die so geschaffene und dem üblichen Rechenplan für Kugelflächen angeschlossene Rechenvorschrift ist für die Abbesche Anlage der Rechnung an unkugeligen Flächen bei uns lange Zeit im Gebrauch geblieben. Die Lösung der so früh gestellten Aufgabe ließ nicht sehr auf sich warten, und Abbe hat mit Teilnahme davon Kenntnis genommen, daß hier eine von Zwischenfehlern fast ganz freie Strahlenvereinigung im Achsenpunkte erreicht war, während der Null-Wert der Brennweite am Rande der Linse wieder erreicht wurde." [Ebd., S. 211f.]

Die Lebenserinnerungen von Rohrs dokumentieren, dass Abbe seinem Rechner Moritz von Rohr auch zahlreiche eigene kreative Ideen unterbreitete. Abbe stellte die Aufgabe, nichtkugelige Flächen zu behandeln und arbeitete einen sog. Rechenplan dafür aus, den von Rohr mit weiteren Rechnern ausführte [Lebenserinnerungen, S. 214]; so wurden neue photographische Linsen aufgrund der Berechnung nach Abbes Anlage gefunden und ausgeführt [ebd., S. 216]; und Abbe entwickelte die Idee für eine Rechenvorschrift, um die Bildfeldebnung der Mikroskopobjekte zu verbessern. Von Rohr schrieb darüber:

„Die Rechenvorschrift, die er (Abbe) dazu vorschlug, war überraschend neu und ganz schnell entwickelt worden. Allerdings griff mich die Beschäftigung bei ihm sehr an, weil er selber in seiner frühen Rechenzeit unheimlich schnell gerechnet hatte und ohne weiteres eine ähnliche Leistung auch von mir erwartete. Natürlich mochte ich nicht klagen, sondern habe alle Kräfte darangesetzt, ihn zu befriedigen; es war mir aber eine ungemeine Erleichterung, als er im Sommer 1900 wie gewöhnlich nach Lugano reiste, und ich bei der Arbeit zu einem meinen Kräften angemesseneren Zeitmaß übergehen konnte." [Ebd., S. 216f.]

Zum 1. Oktober 1900 erhielt von Rohr einen lebenslangen Vertrag in der Firma Zeiss, veranlasst durch Hermann Ambronn (1856–1927) [ebd., S. 222], der seit 1. Oktober 1899 die Mikro-Abteilung leitete und an der Universität Jena eine a. o. Professur für wissenschaftliche Mikroskopie erhielt.

Abbe drückte seine Wertschätzung für Moritz von Rohrs Leistungen auf einer Postkarte an ihn aus:

Lugano, 30/IX 01

Geehrtester Herr Doctor
Durch Ihre heute empfangene Mittheilung haben Sie mir eine ausnehmend grosse Freude bereitet. Sie ist um so grösser, da ich mich schon mit dem Gedanken vertraut gemacht hatte, der betreffende Versuch würde keinen Erfolg ergeben – weil die technische Aufgabe (wegen der Grösse der Abweichung) für den ersten Anfang zu schwer gestaltet sei. Ich freue mich nun sehr darauf, nach meiner Rückkehr (wohl erst 10 oder 11ten Octob.) das weitere Vorgehen mit Ihnen zu besprechen. Inzwischen aber sage ich Ihnen für meine Person herzlichen Dank für Ihr der Sache gewidmetes Interesse und für Ihre Mittheilung, und bitte Sie, diesen Dank auch Allen auszusprechen, die sonst noch an dem schwierigen Versuch sich betheiligt haben. Mit besten Grüssen Ihr treu ergebener E. Abbe (vgl. Bild 8).

Bild 7: Moritz von Rohr, um 1900.

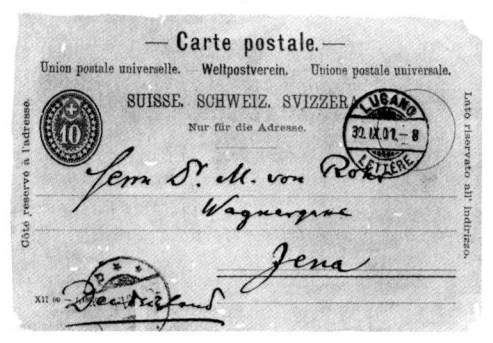

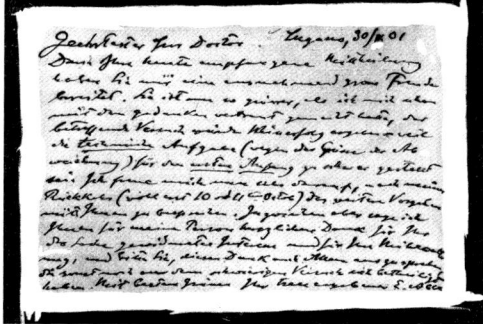

Bild 8: Postkarte (Vor- und Rückseite), die Ernst Abbe am 30. September 1901 aus Lugano an Moritz von Rohr schrieb.

Die erwähnte theoretisch wichtige Arbeit über nichtsphärische Flächen und die aplanatische Beleuchtungslinse großer Öffnung war ihrer Zeit etwas voraus. Diese Linse wurde erst später (1911) durch den schwedischen Ophthalmologen Allvar Gullstrand (1862–1930) für das von ihm entwickelte Ophthalmoskop (Augenspiegel, Spaltlampe) eingeführt, das schließlich bei Zeiss gebaut wurde. (Vgl. [CZA 236, Bl. 4]; auch [Pfeiffer 1989, S. 132]; [Donnerhacke/Fritsch, 2004])

Seit dem dritten Jahr unter Abbe entwickelte sich ein engeres Verhältnis zu diesem – der von Rohr zunächst konservativer beurteilt hatte, als er war. M. von Rohr durfte Abbe sonntags früh zu Hause besuchen und traf ihn, wenn er das Angebot annahm, allein im Arbeitszimmer an. [Lebenserinnerungen, S. 231] M. von Rohr, der später einen Nachruf auf Abbe und dessen Biographie verfasste, betonte dessen „Rechtlichkeit und Uneigennützigkeit" wiederholt [ebd., S. 245]. Wenn er nach Abbes Tod – gemeinsam mit Ambronn, Köhler, König und Schüttauf – „eine Stiftung zur Erziehung begabter Arbeiterkinder" kreieren wollte (jeder sollte ein halbes Monatsgehalt dafür stiften) und dies „allein als ein erträgliches Ehrenmal für seine Person" bezeichnete [ebd., 253], so hatte er wohl Abbes Person gut erkannt.

Eine besonders wichtige Zusammenarbeit entstand zwischen dem „Rechner" Moritz von Rohr und dem erwähnten, als „Prüfer" bezeichneten August Köhler [ebd., S. 222]. Köhler, der in Verbindung mit seiner zoologischen Doktorarbeit in Gießen eine neue Art von Mikroskopbeleuchtung entwickelt hatte (1893), war seit 1. Oktober 1900 bei Zeiss und wurde zum Leiter der neu gegründeten Mikrophotographischen Abteilung. Ihre durch gegenseitige Wertschätzung getragene Kooperation währte ca. zehn Jahre und wurde mit Hans Boegehold (1876–1965) fortgesetzt. So berechnete von Rohr 1902 z. B. einen Monochromat [von griech. monochrōmatos = einfarbig], einen Typ mikroskopischer Objektive, deren chromatische Aberration nur für einen bestimmten Wellenlängenbereich (gewöhnlich Ultraviolett -Licht;) korrigiert ist. Köhler realisierte das technisch, womit das erste Ultraviolettmikroskop entstand. Dabei hatte es massiver Überzeugungskunst von beiden, von Rohr und Köhler, bedurft, um Abbe von der Anordnung von drei Objektiven für kurzwelliges Licht, „eines mit dem Licht von Hg grün berechneten Monochromats" zu überzeugen [Lebenserinnerungen, S. 234f.]. Diese Berechnung gehörte zu denjenigen Leistungen, die von Rohr selbst als eine seiner wichtigsten Resultate als Rechenmeister betrachtete (vgl. den Anhang zu diesem Aufsatz).

Von Rohrs erste „wirkliche" Erfindung & Gullstrand

Über Ernst Abbe herrschte wohl verbreitet die Ansicht, dass er keine Patente nehmen würde, wie von Rohr in einem Gespräch mit Rudolf Steinheil (1865 – 1930), seit 1890 Leiter der Optisch-astronomischen Anstalt C. A. Steinheil & Söhne in München, erfuhr. Von Rohr korrigierte jedoch, „Abbe wollte nur Geräte zu rein wissenschaftlichem Gebrauch nicht unter Schutz stellen". [Lebenserinnerungen, S. 236] Abbe und auch zahlreiche seiner Forscher erwarben Patente. Von Rohrs erste wichtige Erfindung wurde durch den bereits genannten Allvar Gullstrand angeregt, als er diesen noch nicht persönlich kannte.

Der schwedische Ophthalmologe Gullstrand hatte von sich aus Ende 1900 an das Unternehmen Zeiss, speziell an Czapski, geschrieben (vgl. [CZA, Arch. 1066]). Die Zeiss-Korrespondenz mit Gullstrand wurde deshalb zunächst von Czapski, dann von Rudolph geführt; erst ab 5. März 1903 wurde von Rohr dessen Hauptkorrespondenzpartner bei Zeiss, nachdem er bereits wichtige Resultate auf diesem Gebiet erzielt hatte.

Gullstrand reiste regelmäßig zu Ophthalmologen-Tagungen nach Heidelberg und besuchte auch Czapski in Jena. Dieser reichte die von Gullstrand 1901 gestellte Aufgabe, eine anastigmatische Betrachtungslupe mit großem verzerrungsfreiem Blickfeld zu berechnen und herzustellen, an die photographische Abteilung unter Rudolph – als von Rohr dort nicht mehr tätig war und nur zufällig von der Aufgabe erfuhr. Rudolph hatte Ernst Wandersleb (1879 – 1963) mit dem Thema betraut, der pröbelnd eine drei-linsige Anlage realisierte, die zwar das Problem löste, aber der Preis für dessen Linsenfolge war (mit mehr als 100 Mark) zu hoch, sodass es kein Geschäft wurde. Von Rohr erfuhr, dass die photographische Abteilung nicht weiter daran forschte und widmete sich aus eigenem Antrieb dieser Aufgabe. Er erläuterte: „Ich ging nach den ABBEschen Formeln der Vorrechnung mit Berücksichtigung der Dicken vor und fand bald die beiden einfachsten Lösungen, zwei merklich verschiedene Formen (eine mit Flint und eine mit Korn voraus), die, wie ich später hörte, schon von GULLSTRAND selber angedeutet worden waren. Da auch die strenge trigonometrische Rechnung auf befriedigende Ergebnisse geführt hatte – die erste Form zeigte geringere Zwischenfehler beim Astigmatismus, die zweite bei der Verzeichnung – und da GULLSTRAND mit der Weiterführung seiner Anregung einverstanden schien, so habe ich noch vor dem Ende von 1902 eine Versuchsausführung bestellt, mit deren Leistung Freund KÖHLER und ich zufrieden waren." [Lebenserinnerungen, S. 239]

Allerdings benötigten beide noch einige Zeit und Versuche, um die von Gullstrand betonte Bedeutung des Augendrehpunktes einzusehen und zu besten Resultaten zu gelangen.

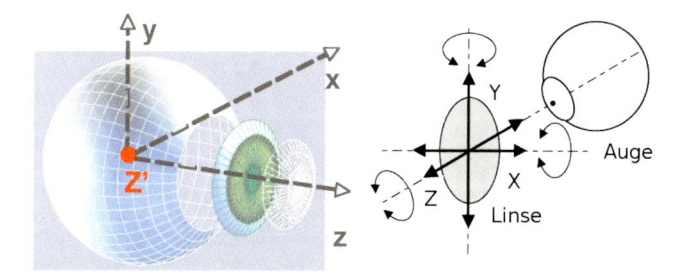

Bild 9: Augendrehpunkt.

Gullstrand, der kein pekuniäres Interesse hinsichtlich des Erlangens von Patenten besaß, betonte aber sein Hervorheben des Augendrehpunktes für die optischen Geräte als entscheidend, wenn er damit auch nicht der Erste war, wie von Rohr bei seinen historischen Untersuchungen ergründete; bereits Kepler (*Dioptrice* 1611) hatte die Bedeutung des Augendrehpunkts unterstrichen. Am 6. Juli 1902 schrieb Gullstrand an die Optische Anstalt Carl Zeiss Jena:

„Im Briefe vom 11.1.d.J. hat mir die Anstalt durch Herr Dr. Rudolph gestattet, die mir laut Factura vom 30.12.01 übersandte anastigmatische Lupe so lange probeweise zu benützen, als ich wünsche. [...] Ich habe natürlich keine anderen Ansprüche als, daß mir das Princip des Verlegens des Knotenpunktes für die axialen Strahlen der austretenden Lichtbüschel in den Drehpunkt des Auges und das Princip des Zusammensetzens aus zwei Menisken mit Brechkraft und Biegung von entgegengesetztem Vorzeichen zuerkannt werde." [CZA, Arch. 1066]

Nach anfänglichen anderen Versuchen hatte von Rohr den Veranten unter Beachtung des drehenden Auges berechnet, und Köhler entwickelte das Betrachtungsgerät auf dieser Basis. [Lebenserinnerungen, S. 240][5] Nun zu weiterer theoretischer Arbeit veranlasst, gelangte von Rohr zu seiner ersten wirklichen Erfindung: *„[...] dem Gedanken zum Doppelveranten, in dem zur Anpassung an den Augabstand die Verschiebung dem Halbbilde und der zugehörigen Linse, die beide fest miteinander verbunden blieben, gleichzeitig erteilt wurde."* (Vgl. [ebd., S. 240f.]; Bild 10) Von Rohr erwarb damit ein Patent (Kaiserliches Patentamt Patentschrift Nr. 151312), wobei er eng mit dem Leiter der Zeiss-Patentabteilung Emil Dönitz[6] zusammen arbeitete.

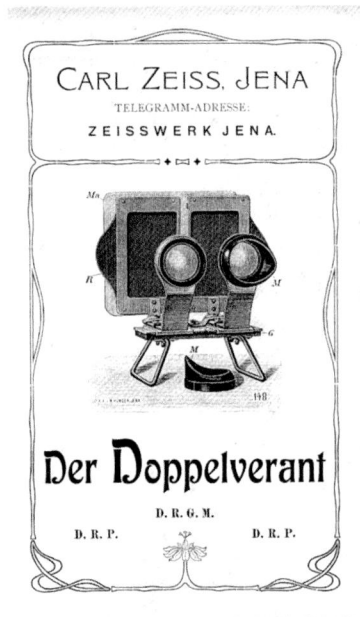

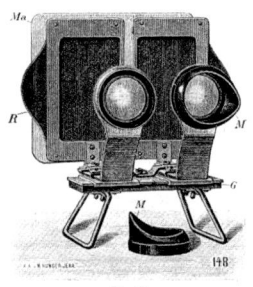

Bild 10: Doppelverant, der von M. von Rohr erfunden und von Zeiss gebaut wurde.

Gullstrand, der die Geräte jeweils erprobte, beglückwünschte (vgl. Bild 11) von Rohr zu seinen Ergebnissen und regte an, in der zweiten Auflage des Buches von Czapski (1904) einen Abschnitt über die Brille aufzunehmen. Hier stellte von Rohr die Rolle des Augendrehpunktes noch etwas unterbelichtet dar, wie er später erklärte: „[...] ich mich auf das ruhende, der Achse entlang schauende Auge beschränkte und nur am Schluß andeutete, daß das Brillenglas eigentlich für das um seinen Drehpunkt bewegte Auge anzulegen sei." [Lebenserinnerungen, S. 241] Von Rohr meinte, er wäre bereits zu diesem Zeitpunkt, ca. 1902/03, in der Lage gewesen, das Brillenproblem zu lösen, doch es kam „[...] der Gedanke auch nicht von ferne, daß es sich um eine Sache von großer wirtschaftlicher Bedeutung handeln könne.“ [Ebd.]

Dass es geraume Zeit gedauert hatte, bis von Rohr von der notwendigen Beachtung des Augendrehpunktes überzeugt war, schrieb er selbst in seinen Lebenserinnerungen. Ein Brief von Gullstrand an von Rohr drückt dies noch einmal deutlich aus und verweist zugleich auf weitere theoretische Anregungen des schwedischen Ophthalmologen, welche auch die nachfolgende Korrespondenz durchziehen:

„Seitdem Sie die Bedeutung des Drehungspunktes bei Combination des Auges mit einem optischen Instrument anerkannt haben, werden Sie wohl auch mit mir darin einig sein, dass bei Berechnung der Comafehler[7] *unter endlichem Einfallswinkel des Hauptstrahlers die Coordinaten mM nicht genügen. An ihrer Stelle hat man die Coordinaten in der mit dem Auge beweglichen Ebene der Eintrittspupille des Auges zu setzen.*

Verfährt man aber auf diese Weise, so ergeben sich diese Fehler unmittelbar aus den für Strahlenbündel mit einfacher Asymmetrie geltenden Gesetzen, und zwar findet man, wenn diese Coordinaten mit

Bild 11: Gullstrand an Moritz von Rohr, am 9. 9. 1903.[8]

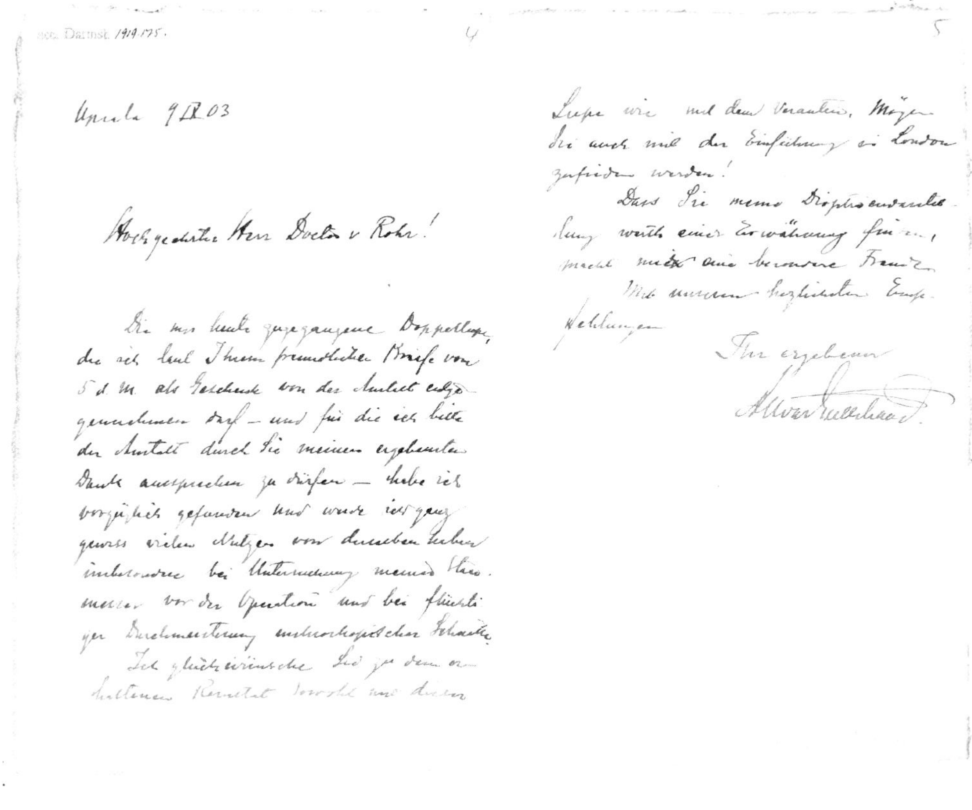

Upsala 9 IX 03

Hochgeehrter Herr Doctor v Rohr!

Die mir heute zugegangene Doppellupe, die ich laut Ihrem freundlichen Briefe vom 5 d. M. als Geschenk von der Anstalt entgegennehmen darf – und für die ich bitte der Anstalt durch Sie meinen ergebensten Dank aussprechen zu dürfen – habe ich vorzüglich gefunden und werde ich ganz gewiss vielen Nutzen von derselben haben insbesondere bei Untersuchung meiner Staarmesser vor der Operation und bei flüchtiger Durchmusterung mikroskopischer Schnitte.

Ich glückwünsche Sie zu dem erhaltenen Resultat sowohl mit dieser Lupe wie mit dem Veranten. Mögen Sie auch mit der Einführung in London zufrieden werden!

Dass Sie meine Dioptrieendarstellung werth einer Erwähnung finden, macht mir eine besondere Freude.

Mit meinen herzlichsten Empfehlungen

Ihr ergebener

Allvar Gullstrand

nN bezeichnet werden, dass der Coefficient von n^2 d. h. der Comafehler in beschränktem Sinne, die bezüglichen Coefficienen von N^2 und nN d. h. der Rinnenfehler und der Dreiecksfehler, gleich der direkten Asymmetrie, bezw. der transversalen und der doppelten transversalen Asymmetrie des in der Eintrittspupille des Auges gelegenen Wellenflächenelementes sind, sämmtliche mit einem und demselben vom Abstande des Bildes abhängigen Coefficienten multiplicirt. Die Formeln zur Berechnung dieser Asymmetriewerthe sowie die Formeln für Uebergang von Fläche zur Fläche finden Sie in meinem Beitrag etc. nach zwei Methoden deducirt und in der ‚AllgemeinenTheorie' etc. referirt. Optische Invarianten und Summenformeln daraus zu machen wird Ihrer Meisterhand ein Leichtes sein. [...]

Ich würde Sie, verehrter Herr Doctor, nicht mit meinen Arbeiten belästigen, wenn ich nicht den Eindruck bekommen hätte, dass Sie wirklich bestrebt sind, ein besseres Verständniss der Combination Instrument und Auge den Physikern beizubringen." [CZA, Arch. 1066]

Das an den Verantlinsen erprobte Wissen half von Rohr wenige Jahre später [ebd., S. 247], als Rudolf Straubel (1864 – 1943), Abbes Nachfolger in der Geschäftleitung, auf den ökonomischen Nutzen von Brillen aufmerksam geworden war.

Rechenmeister der Mikro-Abteilung, 1903 bis 1908

Nachdem sich Ernst Abbe im September 1903 von der Geschäftsleitung der Firma aus gesundheitlichen Gründen zurückgezogen hatte, wurde Moritz von Rohr ab 1. Oktober 1903 mit der Position des Rechenmeisters der Mikro-Abteilung betraut. Er bezeichnete das folgende Jahr als „das erste Jahr größerer Selbständigkeit" [Lebenserinnerungen, S. 244]. Seine zahlreichen Aktivitäten in diesem Zeitraum seien hier summarisch aufgelistet:

- die Publikation eines Buches, das noch Ende 1903 Ernst Abbe als Widmungsexemplar überreicht wurde: Moritz von Rohr, *Die Bilderzeugung in optischen Instrumenten vom Standpunkte der geometrischen Optik*, Berlin: J. Springer, 1904;
- der Beginn einer Kooperation mit dem Münchener Mathematiker Sebastian Finsterwalder (1862 – 1951) auf dem Gebiet der Photogrammetrie (vgl. [CZA, Arch. 1058]);
- das erste persönliche Treffen mit Gullstrand im Frühjahr 1904 in Berlin;

- die Erteilung von US-Patenten,
  - Patent US774801 Lens-Stereoscope, angemeldet: 23. 2.1904, erteilt: 15.11.1904:
  - Patent US775353: Lens Combination for Producing Virtual Images (Bild 12);
  - Patent US873896: Double objective, angemeldet: 28. 6.1907, erteilt: 17. 12.1907

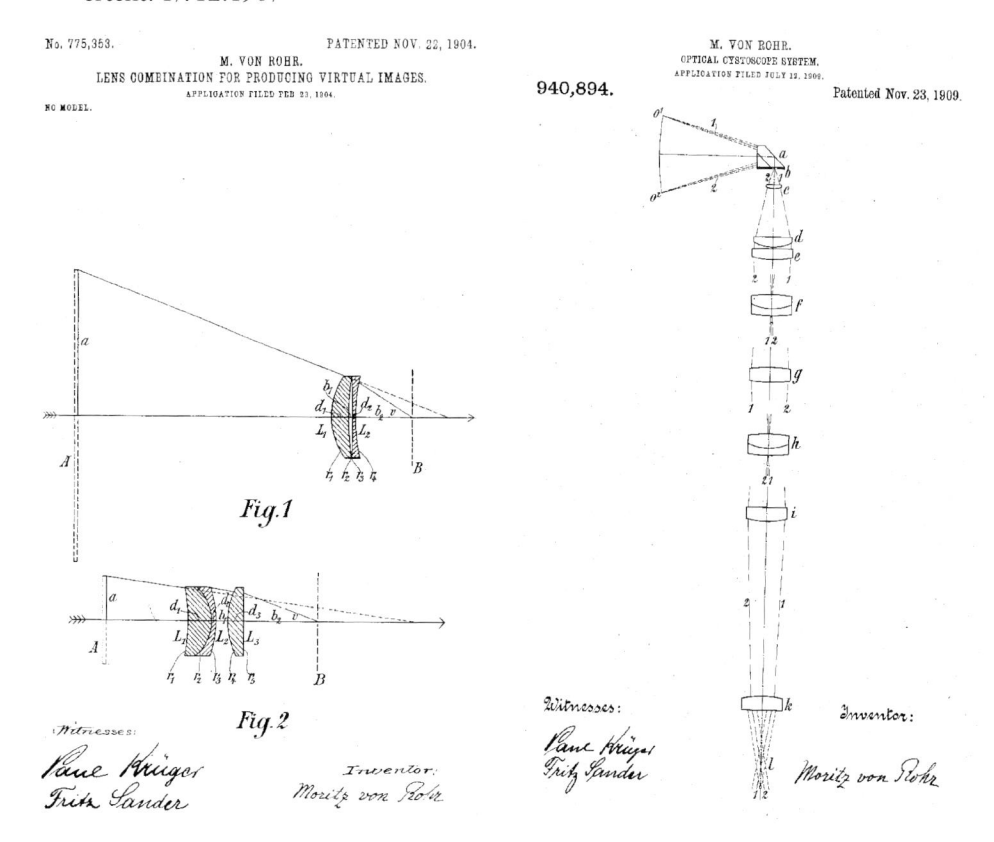

Bild 12: Patent US775353 A, Bl. 1.

Bild 13: US-Patent 940,894: Optical Cystoscope System, 1909.

Zugleich widmete sich von Rohr einer eingehenden Untersuchung der historischen Entwicklung des ein- und beidäugigen Sehens, die zu dem Buch *Die binokularen Instrumente* (Springer Berlin, 11907, 21920) sowie zur Edition von historischen, für die Optik wichtigen Originalarbeiten in der Reihe Ostwalds Klassiker führte.

Im Juli 1907 begann die Zusammenarbeit mit dem Urologen Otto Ringleb (1875 – 1946), die zur Entwicklung eines verbesserten Blasenspiegels (Kystoskop) führte. Als erster Erfinder eines Kystoskops gilt der Urologe Maximilian Nitze (1848 – 1906). Von Rohr erwarb auf diesem Gebiet mehrere Patente (vgl. z. B. sein US-Patent, Bild 13). Er half Ringleb, ein Lehrbuch für Ärzte und Studierende zu verfassen [Ringleb 1920], und unterstützte dessen Habilitationsschrift zu diesem Thema (1911) (vgl. [Lebenserinnerungen, S. 273]. Ringleb bezahlte die von Rohrsche Unterstützung durch dessen kostenlose ärztliche Behandlung. Ringleb erhielt schließlich den ersten Lehrstuhl für Urologie (Universität Berlin), allerdings verbunden mit einer überaus starken Anpassungsleistung an das NS-System (als hochrangiger SS-Führer wurde er 1945 arrestiert). Von Rohr trug mit Artikeln und Buchbeiträgen dazu bei, die Ergebnisse über das Kystoskop zu verbreiten, schrieb u.a. das Kapitel über die optische Theorie der Ringlebschen Geräte im Handbuch der Cystoscopie [Casper 1898], „um die Strahlenbegrenzung in diesem Sonderfall klarzulegen und so die geometrischen Grundlagen für ein richtiges Verständnis vom Blasenrohr zu schaffen." [Ebd., S. 311].

Ein weiteres Patent von Rohrs in diesem Gebiet ist nachweisbar als D.R. – Patent-Nr. 279595: Geteilte Kollektivlinse für Kystoskope, angemeldet am 8. 5. 1913, Nr. Patentrolle 302 [CZA, Arch.Pat. 266].

Der Brillenauftrag[9]

Moritz von Rohr bezeichnete das Jahr 1908 als tiefen Markstein seiner Tätigkeit [Lebenserinnerungen, S. 275]. Der Zeiss-Geschäftsführer Rudolf Straubel war während einer USA-Dienstreise in das Brillenwerk Bausch & Lomb geführt worden, das 1853 als Manufaktur für Monokel gegründet worden war und seit 1892 mit Zeiss auf dem Gebiet optischer Linsen kooperierte. Angesichts der noch pröbelnden Arbeitsweise hatte Straubel die Idee, dass mit Berechnungen bessere Erfolge erzielt werden könnten. Somit trug der promovierte Mathematiker Straubel seine Idee Ende Januar 1908 an von Rohr heran [ebd., S. 276]. Dieser berichtete bereits einen Monat später vor der Geschäftsleitung, dass es ihm gelingen könne, innerhalb von ca. zwei Jahren eine Brillentheorie auszuarbeiten. Von Rohrs zu diesem Zweck erhobene Forderungen wurden ausnahmslos gewährt [ebd., S. 277].

Erstens brauchte von Rohr geeignete Mitarbeiter. Er konnte den ihm bekannten promovierten Mathematiker Hans Boegehold (1876 – 1965) gewinnen, der zum 1. Juni 1908 bei Zeiss eingestellt wurde. Zusätzlich wurde von Rohr der Experimentalphysiker Otto Henker (1874 – 1926) als Assistent zugeordnet, der nach seiner Promotion 1903 Assistent unter Straubel geworden war [ebd., S. 283] und nun bei den Brillenarbeiten für die gerätetechnische Umsetzung sorgen sollte. Während es mit Boegehold eine vorzügliche

Kooperation gab, hatte von Rohr den Eindruck, dass Henker relativ bald versuchte, ihn zu verdrängen. [Ebd.][10]

Zweitens wollte von Rohr Erkundigungsreisen unternehmen. Die erste Reise führte zu Gullstrand nach Uppsala Anfang April 1908, wobei die Beziehungen vertieft wurden, von denen beide Seiten profitierten. Bei der zweiten Reise nach London (Optiker-Schule im Northampton Institute), ebenfalls noch im Frühjahr 1908, gewann von Rohr die Einsicht, dass der dortige theoretische Stand nicht höher war und damit tatsächlich Neues zu kreieren möglich war. Das Londoner Beispiel regte von Rohr zugleich an, auch für die Aus- und Weiterbildung von Optikern und Augenärzten neue Wege zu beschreiten. Dies führte ab 1911 zu den ersten Brillen-Kursen[11] und letztlich zur Gründung der Fachschule für Augenoptik 1917 in Jena (vgl. hierzu [Hörichs 1999]).

Drittens mussten Mittel für den Ankauf von Büchern und Zeitschriftenreihen zum Themenfeld bereitgestellt werden, die auch in Bezug auf Patentfragen wichtig waren.

Von Rohr war noch Rechenmeister der Mikro-Abteilung, als er Anfang 1908 mit der Arbeit an der Brille begann. Die Zeit von Oktober 1908 bis Sommer 1913 bezeichnete er, wie eingangs bereits hervorgehoben, als „Die Jahre meiner theoretischen Begründung der Opto-Abteilung". [Lebenserinnerungen, S. 275 und 286].

Im Folgenden werden vor allem weitere Patente und die Beziehungen von Rohrs zu verschiedenen Ophthalmologen betrachtet.

Nach dem Treffen mit Gullstrand in Uppsala

Nachdem Moritz von Rohr von der „Zusammenkunft betr. Brillenauskünfte" aus Schweden zurückgekehrt war, bedankte er sich in einem Brief vom 12. April 1908 noch einmal bei Gullstrand, betonend, dass dieser „sein ganzes Gebäude der Optik ins Wanken gebracht" habe und dass er seine neuen Vorstellungen übernehmen werde. Auf dieser Basis entstanden in Jena neue Gläser, Linsensysteme und Geräte, von denen hier nur Einiges erwähnt werden soll.

In den Moritz-von-Rohr-Akten des Zeiss-Archivs ist vor allem ein Patent, das die Erfindung eines torischen Brillenglases betrifft, umfassend aufbewahrt. Dadurch ist bekannt, dass diese Erfindung in zahlreichen Ländern ab September 1909 angemeldet wurde[12] [CZA, Arch. Pat. 156]:

- D.[eutsches] R.[eich] – Patent-Nr. 23345, angemeldet: 22. 9. 1909, publiziert: 7. 4. 1911.

- *Patent USA.* Toric Spectacle Glasses, angemeldet 25. 8. 1910; erteilt: 18. 4. 1911 (Bild 14).
- *Patent Schweiz*, Bern. Torisches Brillenglas, angemeldet: 21. 9. 1910, erteilt: 1. 8. 1912 (gesetzlicher Schutz bis 21. 9. 1925).
- *Österreichische Patentschrift*, Wien. Torisches Brillenglas, angemeldet: 21. 9. 1910, Beginn Patendauer: 1. 5. 1911 (Nr. 49875).
- *Italien*. Sept. 1910; 30. 9. 1910: Verre de lunette Torique.
- *Frankreich*. 21. 9. 1910, Paris Verre de lunettes torique, demandé 21. 9. 1910, délivre 28. 11. 1910, publié 3. 2. 1911.
- *GB, London*. Improvements in Toric Spectacle Glasses. Date of Application in the United Kingdom: 21. 9. 1910, accepted: 2. 2. 1911.

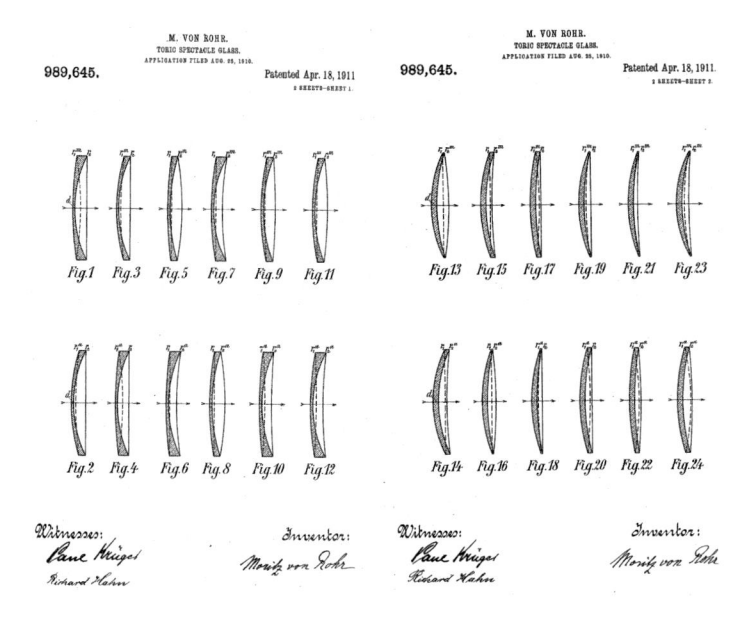

Bild 14: M. von Rohr: US 989645 A. Toric Spectacle Glasses, 1911.

In der österreichischen Patentschrift zu diesem Thema wurde erklärt: „Die Erfindung betrifft Brillengläser, die den astigmatischen Fehler eines Auges durch gleichen, aber entgegengesetzten Astigmatismus aufheben sollen, und zwar torische Gläser[13], sowohl sphärisch-torische als auch doppelt torische." [CZA, Arch. Pat. 156]

Vom Treffen in Uppsala mit Gullstrand hatte von Rohr auch die Idee für die Berechnung eines Fernrohrs mitgebracht, die ebenfalls zu Patenten führte und auch Anlass zu internationalen Diskussionen gab (vgl. [Gee, 2014]):

„Wie ich gleich vermutete, war Herr Professor Straubel über Ihre Aufgabe der Berechnung eines holländischen Fernrohres besonders glücklich, und ich muß gestehen, daß ich auch sehr ge-

spannt darauf bin, wie sich die Rechnungen gestalten werden."
[CZA, Arch. 1066]

In seinen Lebenserinnerungen (S. 289) schrieb von Rohr allerdings hierzu, dass sich beim holländischen Fernrohr doch kein wesentlicher Fortschritt im Vergleich zu den Arbeiten pröbelnder Vorgänger ergeben habe: *„Die durch die richtige Erkenntnis der Lage ermöglichte Fehlerhebung kam hier also zu spät. Dagegen ließ sich das Opernglas von zweifacher Vergrößerung ganz außerordentlich vervollkommnen [...]"*. Bei der Fernrohrbrille ging von Rohr „ganz nach der Gullstrandschen Vorschrift [vor], mindestens für endliche Hauptstrahlneigungen die Farbenverschiedenheit zu heben" und erprobte seine Resultate an der Person eines Kurzsichtigen mit herausragendem Erfolg. [Ebd., S. 291]

Sieben auf diesem Gebiet erreichte Patente von Rohrs sind in den Anmerkungen angeführt.[14]

Insgesamt erreichte Moritz von Rohr mindestens 24 Patente, die im Zeitraum von 1903 bis 1914 angemeldet und von 1904 bis 1915 erteilt wurden, einige davon gemeinsam mit Straubel[15], mit Henker bzw. Linke[16] u. a. Die in den USA und in Großbritannien erteilten Patente sind in der Regel online verfügbar. Weitere konnten den Unterlagen des Carl Zeiss Archivs entnommen werden. Die eingesehenen Quellen lassen vermuten, dass das Material nicht vollständig ist.

Für Gullstrand: Ehrenpromotion in Jena und Nobelpreis

> *„Gullstrand riet mir, zu einem Versuch eine Linse
> mit einer unkugligen Fläche zu nehmen;
> er war eben einer der ganz wenigen Augenärzte der damaligen Zeit,
> die ein solches Mittel überhaupt vorschlagen konnten."*
> [Lebenserinnerungen, S. 285]

Anlässlich des 350-jährigen Jubiläums der Universität Jena wurde Allvar Gullstrand am 31. Juli 1908 mit der Ehrenpromotion zum Dr. phil. h. c. ernannt: „Für seine großen Verdienste um die Erforschung der augenärztlichen Untersuchungsmethoden." [Hartung et al. 2004]

Den Auftrag, den offiziellen Antrag für die Auszeichnung zu stellen, hatte der Ordinarius für Experimentalphysik Adolf Winkelmann (1848 – 1910) übernommen. In einem Brief an den damaligen Dekan der Philosophischen Fakultät schrieb Winkelmann am 22. Mai 1908:

„Sehr geehrter Herr Dekan!
Der mündlichen Besprechung gemäss theile ich Ihnen folgende kurze Notiz mit: Herr Gullstrand ist Professor der Ophthalmologie an der Universität Upsala. Er hat sich sehr eingehend mit der Theorie der optischen Abbildung beschäftigt und eine gewisse Anzahl von Abhandlungen darüber veröffentlicht, die in deutscher Sprache erschienen sind. Eine dieser Abhandlungen trägt den Titel: 'Thatsachen und Fiktionen der optischen Abbildung'; dieselbe zeigt, in welcher Richtung ein Fortschritt anzubahnen ist. Man wird behaupten dürfen, daß Gullstrand der bedeutendste Theoretiker der Jetztzeit auf dem Gebiete der optischen Abbildungslehre ist.
Mit bestem Gruss
Ihr ergebenster
A. Winkelmann" [UAJ, M NR. 658, Bl. 133]

Die Zeiss-Geschäftsleitung hatte die Auszeichnung mit der Ehrendoktorwürde offensichtlich angeregt. Straubel veranstaltete am 31. Juli 1908 ein Essen zu Ehren von Gullstrand, an welchem auch von Rohr teilnahm.

Gullstrand und von Rohr wollten anschließend gemeinsam die Jahrestagung der Deutschen Ophthalmologischen Gesellschaft in Heidelberg besuchen, die am 4. 8. 1908 begann. Bereits zuvor hatte Gullstrand ihm geraten, für die Berechnung einer Starlinse „[...] eine Linse mit einer unkugeligen Fläche zu nehmen; [...]. Ich berichtete ihm von meinen Rechnungen, die bereits in der Ausführung waren, und er billigte natürlich mein Vorgehen." [*Lebenserinnerungen*, S. 285]. In Heidelberg trug von Rohr über eine Starlinse mit einer unkugeligen Fläche vor, die er für einen konkreten Patienten im Kontakt mit dem Jenenser Augenarzt Ernst Hertel (1870 – 1943) entwickelt hatte [ebd., S. 285f.]. In der weiteren Arbeit daran, auch unter Zuhilfenahme von Boegeholds Ergebnissen,[17] entstanden die neuen Stargläser. Sie wurden nach von Rohrs Vorschlag als *Gullstrandsche Katralgläser* bezeichnet, *„weil er als erster von den Ophthalmologen die Bedeutung der unkugeligen Flächen für die Star-Brillen erkannt und öffentlich ausgesprochen hatte, wenngleich ihm natürlich an der von uns gefundenen Form kein Anteil gebührte."* [Ebd., S. 300]

Gullstrand wurde im Jahre 1911 mit dem Nobelpreis geehrt. Im *Kompaktlexikon der Biologie* (2001) können wir lesen: *„G.[ullstrand] erhielt 1911 den Nobelpreis für Physiologie oder Medizin für seine zusammen mit Louis Otto Moritz von Rohr (1868 – 1940) durchgeführten Arbeiten zum dioptrischen Apparat des Auges, mit denen* *sie die Korrektur von Brechungsfehlern des Auges durch die Brille auf eine wissenschaftliche Grundlage stellten."* Gullstrand war sich dessen bewusst, dass Moritz von Rohr viel dazu beigetragen hatte, seine Leistungen bekannt zu machen, wie er auch in einem Brief an ihn ausdrückte (zitiert in [Donnerhacke 2004, S. 163, Anm. 10]).

Moritz von Rohr verwies jedoch uneigennützig immer wieder auf Gullstrands entscheidende theoretische Grundlagen und Anregungen für die Berechnungen und Entwicklungen bei Zeiss. Weniger bekannt ist, dass Prof. Dr. Bernhard Hasselberg (1848–1922), Membre de L'Académie des sciences Stockholm, mit einem Brief vom 29. August 1911 bei von Rohr anfragte, wie er Gullstrands Leistungen und insbesondere dessen Berechnungsmethoden beurteile. [CZA, Arch. 1067] In seiner Antwort vom 4. September 1911 betonte von Rohr Gullstrands Ergebnisse einer 20-jährigen Arbeit strenger wissenschaftlicher Forschung und deren Wert für die technische Optik, wobei er noch einmal die besondere Bedeutung des Augendrehpunktes hervorhob. Weiter schrieb er, „Rechenformeln für die technische Optik […] in bewunderungswürdiger Weise abgeleitet" habe, und „ich [bin] in meiner Entwicklung als technischer Optiker von Herrn Gullstrand weitgehend beeinflußt worden." [Ebd.]

Gullstrand lud von Rohr ein, zum Fest am 10. Dezember 1911 nach Stockholm zu kommen, wobei er alle Reise- und Hotelkosten tragen wollte. Zugleich gratulierte er zum Erfolg des ersten Brillenkurses, der in Jena vom 4. bis 7. Oktober 1911 stattgefunden hatte. Moritz von Rohr konnte der Einladung nach Stockholm aus gesundheitlichen Gründen nicht folgen. [Ebd.]

Ophthalmologen setzen Professur und Ehrenpromotion durch

> *„Die Jahre meiner theoretischen Begründung der Opto-Abteilung (vom Oktober 1908 bis zum Sommer 1913)"*
> [Lebenserinnerungen, S. 286]

Die fortgesetzte Zusammenarbeit mit Ophthalmologen sollte ihn schließlich zu besonderer Anerkennung an der Universität Jena führen. Seit 1908 hatte er regelmäßig an den Heidelberger Ophthalmologen-Tagungen teilgenommen und Ergebnisse vorgestellt. Durch einen Jenenser Professor der Augenheilkunde konnte er wenige Jahre später auch wissenschaftliche Ambitionen an der Universität verfolgen, die ihm 1905 durch die Firma Carl Zeiss noch versagt worden waren.

Auf Anraten von Siegfried Czapski hatte Moritz von Rohr im Jahre 1905 versucht, sich an der Universität in Physik zu habilitieren und dazu bereits erfolgreich Kontakt mit Adolf Winkelmann aufgenommen. [Lebenserinnerungen, S. 257] Die damalige Zeiss-Geschäftsführung, wohl besonders Rudolf Straubel [ebd.], hatte dies jedoch als nicht im Interesse des Unternehmens liegend ablehnt.

Es war damals in der deutschen Industrieforschung durchaus üblich, dass herausragende Forscher sich nebenher an der Universität habilitierten und eine unbesoldete Professur erhielten. Dafür gibt es zahlreiche Beispiele in der elektrotechnischen, nachrichtentechnischen u. a. Industrie in Berlin (vgl. hierzu [Tobies 2012, S. 182]). Auch für Zeiss-Forscher und die Universität Jena bestand hierfür schon seit Ernst Abbe eine Tradition. Dennoch waren Vorstandsmitglieder von Zeiss (nach Abbes Ausscheiden) nicht immer geneigt, das, was sie selbst innehatten, auch für weitere untergebene Forscher zu erlauben.

In einem Schreiben vom 21. Dezember 1906, das der Physiker Henry Siedentopf (1872 – 1940) an die Geschäftsleitung der Firma Carl Zeiss richtete, kommt die damalige Haltung der Geschäftführung zur Habilitation ihrer Forscher zum Ausdruck. Außerdem verwies Siedentopf darin auch auf Moritz von Rohr:[18]

„Das in der Antwort auf meine angegebene Mitteilung vom 1. Dez. gegen mich und meine Kollegen durch die G.L. erlassene Verbot der Habilitation trifft mich insofern unerwartet, als ich glaubte, daß nach dem St. St. (=Stiftungsstatut) und bei der bekannten Stellungnahme der Stiftung zu dieser Frage eine Behinderung in freiwilliger außerdienstlichen Bestrebungen, die noch dazu als im direkten Interesse der Werkstätte liegend von der G.L. anerkannt werden, nicht eintreten könnte. Die Begründung der mir erteilten Ablehnung beruft sich lediglich auf einen Präcedenzfall. Da ich aber die abschlägige Entscheidung auch in solchem Falle als nicht im Einklange mit dem St. St. betrachte, vermag ich sie auch nicht als zu Recht bestehend anzusehen.

Sollte sich die G.L. auf Grund dieser oder anderer Darlegungen entschließen, die Gründe ihres früheres Entschlusses durch welche Herr Dr. von Rohr die Genehmigung versagt wurde, noch einmal zu prüfen, so bitte ich ergebenst um Berücksichtigung folgender persönlicher und sachlicher Momente.

Herr Dr. von Rohr ermächtigte mich zu der Erklärung, daß er seinerseits auf jeden weiteren Schritt zur Habilitation verzichte, auch wenn nun, wie er hoffe, die Genehmigung erteilt werden sollte. Von den sonst vorhandenen lebenslänglich angestellten wissenschaftlichen Mitarbeitern (außer Hr. Köhler[19]), beabsichtigt niemand eine Habilitation, das gleiche gilt so weit meine Kenntnis reicht, von sämtlichen jüngeren Herren, sodaß als Faktum bestehen bleibt, daß außer Hrn. Dr. Köhler, dem die bereits früher erteilte Erlaubnis wohl nicht wieder entzogen wird, niemand diese Absicht hat. [...]

Im übrigen erinnere ich daran, daß bei meiner Anstellung Hr. Prof. Czapski mir mündlich erklärt hat, daß eine etwaige Habilitation meinerseits nur im Interesse der Firma liegen würde. (Bl. 386)

Daß für die Firma ein direkter Vorteil aus einer 1-2 Stunden wöchentlich [...] Vorlesungsthätigkeit über wissenschaftliche Mikroskopie entstehen würde, ist in der mir von Herrn Prof. Czapski im Namen der G. L. erteilten Antwort [...] zugegeben und diese Erkenntnis wird soeben auch äußerlich durch die Aggregierung des Hrn Prof. Benda[20] in Berlin bewiesen. Daß bei den zahlreich vorkommenden Verhandlungen und persönlichen Besprechungen mit Universitätsangehörigen für mich persönlich aber auch für die Firma ein großer Vorteil daraus entspringen würde, wenn ich Universitätsangehöriger bin, ist sicher. Im Falle einer Ablehnung schädigt sich dagegen die Firma direkt nach meiner Überzeugung, weil sie sich der Möglichkeit beraubt, mich in der meinen Fähigkeiten besonders entsprechenden Weise für sie thätig sein zu lassen. Ich bemerke schließlich, daß Bestrebungen ähnlicher Art in Konkurrenzfabriken zulässig sind und daß ich ferner begründete Vermutung hege, daß von solchen Konkurrenzfabriken ausgehende Bestrebungen in der Entwicklung sein dürften, durch wissenschaftliche Vorlesungen an besonderen Instituten mehr als bisher für andere Fabriken zu wirken. [...]

Dr. H. Siedentopf"

Die Zeiss-Geschäftsleitung lehnte Siedentopfs Antrag erneut ab „[...] unter Zurückweisung der Rechtsansprüche und des zum Teil ungehörigen Tones der Eingabe ab [...]." [Ebd., Bl. 392] Siedentopf wurde 1907 in der Nachfolge von Hermann Ambronn die Leitung der Abteilung für Mikroskopie übertragen, welcher er bis zur Pensionierung 1938 vorstand.[21]

Moritz von Rohr habilitierte sich nicht. Er erhielt – wie Siedentopf – dennoch akademische Ehrungen und Titel.

Bei den Heidelberger Tagungen der Deutschen Ophthalmologischen Gesellschaft lernte von Rohr Wolfgang Stock (1874 – 1956) kennen, der im Jahre 1910 Professor für Ophthalmologie an der Universität Jena wurde. Stock schätzte von Rohrs Arbeiten und bat ihn u. a., die Betreuung der Habilitation seines Schweizer Assistenten Carl August Hegner (1880–1964) zu übernehmen. [Lebenserinnerungen, S. 303] Hegners Habilitationsschrift *Zur Verteilung der überwindbaren Höhenfehler im Blickfelde* (Jena 1912) dokumentiert den Erfolg, der maßgeblich auf von Rohrs Unterstützung beruhte. Wolfgang Stock dankte dies von Rohr; er beteiligte sich an der Vorbereitung des ersten Brillenkurses in Jena, den von Rohr abhielt. Beide publizierten auch gemeinsam.[22]

Aus von Rohrs Lebenserinnerungen (S. 304) erfahren wir, dass Wolfgang Stock, damals Dekan der Medizinischen Fakultät, aus eigenem Antrieb eine außerordentliche Professur für Optik in der Medizin für von Rohr beantragt und ihm am 2./3. Juli 1912 darüber informiert hatte. Stock hatte in einem Rundschreiben an seine Fakultätskollegen formuliert: *„Herr von Rohr ist augenblicklich wohl neben Gullstrand anerkannt die erste Autorität in den Fragen der in der Ophthalmologie nötigen optischen Instrumente und ich würde es für einen großen Gewinn halten, wenn er auf diese Weise in den Kreis der Universität gezogen würde."* [UAJ, Bestand L, 291, Bl. 61]

In der Fakultätssitzung vom 10. Juli 1912 hatten die Kollegen zugestimmt; zugleich war der Auftrag an Stock ergangen, bei Rudolf Straubel nachzufragen, wie die Firma Zeiss dazu steht. Über dieses Gespräch berichtete Stock an seine Kollegen am 14. Juli 1912:

„Hochgeehrte Herren Collegen!

In der letzten Fakultätssitzung haben wir beschlossen, daß ich in der Angelegenheit der Berufung des Herrn Dr. von Rohr als Extraordinarius für medizinische Optik einmal zu Herrn Professor Straubel gehen solle, um zu erfahren wie er als Leiter der Firma Zeiss sich zu dieser Sache stelle.

Er sagte mir daß er selbst ausserordentlich erfreut sei über diesen Beschluss der Fakultät, weil diese Ehrung einen Mann treffe den auch er ausserordentlich hoch stelle. Er freue sich auch deshalb weil er daraus sehe, daß die wissenschaftlichen Verdienste die dieser Mann habe, anerkannt werden.

Er möchte aber allein, ehe er mit dem Gesamtvorstand über diese Frage gesprochen habe, keine definitiv bindende Entscheidung abgeben.

Er setzte mir auseinander, daß die Habilitation Mitgliedern der Firma grundsätzlich nicht gestattet würde, daß diese Sache allerdings etwas ganz anderes sei, daß er aber wie gesagt trotzdem nicht allein entscheiden möchte.

Er liess durchblicken, daß es ihm am allerliebsten gewesen wäre, wenn wir vorher überhaupt nicht angefragt hätten.

Es fragt sich nun ob wir warten sollen, bis eine Vorstandssitzung der Firma Zeiss stattgefunden hat, was frühestens im August stattfin-

den könnte oder ob wir nicht einfach von uns aus die Sache einmal an den Senat weitergehen lassen sollen.

Ich für meine Person wäre eher für das letztere.

Ich bitte die Herren Collegen sich zu äussern.

Eine Zusammenstellung der wissenschaftlichen Arbeiten des Herrn von Rohr füge ich bei.[23] Hochachtungsvoll

Stock, z.Z. Dekan" [UAJ, Bestand L, 291, Bl. 58]

Offensichtlich dauerte es geraume Zeit, bis das Verfahren weiter fortschritt. Die Fakultät wartete ab. Nach von Rohrs Aufzeichnungen hätte Rudolf Straubel, der im Jahre 1905 noch gegen seine Habilitation gewesen war, jetzt zugestimmt, aber Otto Schott (1851–1935) wäre als neuer Gegner aufgetreten. [Lebenserinnerungen, S. 304] In den Universitätsakten befindet sich ein weiteres Schreiben Wolfgang Stocks, datiert auf den 20. Januar 1913, woraus hervorgeht, dass ihn Straubel um eine Unterredung gebeten und ihm mitgeteilt hatte, dass *„S. Excellenz der Herr Staatsminister als Vorsitzender der Carl-Zeiss-Stiftung [...] der Ansicht (ist), daß die Carl-Zeissstiftung als solche augenblicklich keine Entscheidung fällen kann. Es muss erst officiell von den Regierungen der Erhalterstaaten bei ihr angefragt werden."* [UAJ, Bestand L, 291, Bl. 59]

Somit wurde jetzt der offizielle Weg beschritten. Der Dekan der Medizinischen Fakultät teilte dem Rektor in einem Schreiben vom 17. Februar 1913 mit, dass seine Fakultät

„[...] in der Sitzung vom 12. Februar 1913 einstimmig den Beschluß gefaßt hat, den illustren Senat die Berufung des Herrn Prof. von Rohr als Prof. Extraordinarius für ‚Optik in der Medizin' vorzuschlagen und denselben zu ersuchen, diese Berufung bei den Regierungen befürworten zu wollen.

Die Berufung soll nach Beschluß der Fakultät eine persönliche sein und ein Gehalt soll mit diesem persönlichen neuen Lehrauftrag nicht verbunden werden.

Das Gutachten des Fachvertreters Herrn Prof. Stock, dem sich die Fakultät einstimmig anschließt, ebenso ein Verzeichnis der Arbeiten liegt bei." [UAJ, Bestand L, 291, Bl. 60; und Bestand B.A., 915, Bl. 159]

Wolfgang Stock, Direktor der Universitätsaugenklinik, hatte folgendes Gutachten geschrieben:

„Im Verlaufe der letzten 10 Jahre sind die optischen-medizinischen Instrumente derartig vervollkomnet [sic!] und ist das Studium dieses Gebietes viel wichtiger geworden, als man hat ahnen können. Mit den neueren derartigen Forschungen und Errungenschaften der

Ophthalmologie ist der Name ‚Gullstrand' aufs engste verknüpft. Seine Verdienste sind ja durch Verleihung des Nobelpreises schon jetzt anerkannt worden.

Es wäre ihm aber unmöglich gewesen, seine Anregungen in die Praxis umzusetzen, wenn er nicht an Herrn von Rohr einen unermüdlichen und hochbegabten Mitarbeiter gehabt hätte.

Die Verdienste des Herrn von Rohr kommen zur Anerkennung in der Wertschätzung, die er bei allen Ophthalmologen geniesst. Seine Vorträge und Discussionsbemerkungen auf Congressen werden mit grossem Interesse verfolgt.

Da das Einarbeiten in die Optik keineswegs leicht ist, und besonders diese neuen Probleme nur unter sehr sachgemässer Anleitung zu verstehen sind, so haben die Ophthalmologen Herrn von Rohr gebeten, ihnen diese Errungenschaften in Kursen näher zu bringen.

Diese Kurse sind sehr besucht gewesen und zwar nicht nur von Assistenten und Dozenten, sondern auch von ordentlichen Professoren, ich nenne nur Uhthoff, Axenfeld, v. Hippel u.a.m.[24]

Ich habe selbst diese Vorlesungen auch gehört und mich überzeugt, daß Herr von Rohr ein ausgesprochenes Lehrtalent, einen klaren, ruhigen interessanten Vortrag hat.

Da zur Zeit nirgends ein Mann existiert, der in derselben Weise wie Herr von Rohr gerade diese optisch-medizinischen Probleme lehren könnte, halte ich es für unsere Universität für ein Bedürfnis sich die Fähigkeiten dieses Mannes zu sichern.

Ich bin fest überzeugt, daß durch die Aufnahme der Ankündigungen der Vorträge des Herrn von Rohr in unserem Vorlesungsverzeichnis junge Leute, die sich für Ophthalmologie interessieren nach Jena gezogen werden, daß man geradezu ein Zentrum für Optik hier schaffen könnte.

Ich schlage deshalb vor, Herrn von Rohr als ausserordentlichen Professor für Optik in der Medizin zu berufen.

Diese Berufung soll wie oben auseinandergesetzt eine persönliche für Herrn von Rohr sein, dem damit einmal die Anerkennung für seine wissenschaftlichen Leistungen (cf auch das Verzeichnis seiner Publikationen[25]*) ausgesprochen wird und dann dessen Fähigkeiten in den Dienst der Universität gestellt werden.*

Da er als Angestellter der Firma Zeiss unabhängig ist, wäre irgendeine Ausgabe für die Universität mit dieser Berufung nicht verbunden.

Professor Stock
Jena, 13. II.13." [UAJ, Bestand B.A., 915, Bl. 160-161]

Prorektor und Senat der Universität leiteten den Antrag am 22. Februar 1913 an die vier Regierungen weiter, denen die Universität unterstand. Von Rohr wurde am 28. April 1913 ernannt und nahm die Berufung mit Schreiben vom 29. April 1913 an. Die Vereidigung innerhalb des Senats musste er aus gesundheitlichen Gründen mehrfach, bis zum 12. Juli 1913, verschieben [UAJ, Bestand BA, 915, Bl. 168-171].

Nach seinen Lebenserinnerungen führte er jedoch bereits am 22. und 29. Juni 1913 die damals üblichen „Professoren-Visiten" durch, wobei jedem Fakultätsmitglied ein kurzer Besuch abgestattet werden musste. Dies brachte ihm erneut gesundheitliche Probleme, die er mit Erkältung, dumpfer Taubheit im rechten Ohr, tuberkulöse Mittelohrentzündung, daneben Urethra, beschrieb. Er unterzog sich im August 1913 einer Operation, die Ringleb in Berlin durchführte. Schließlich war auch das linke Ohr betroffen, Rheuma kam hinzu, sodass er sich einer längeren Kur unterziehen musste. Die vollständige Taubheit blieb. Da er sich bei Kriegsausbruch im Sommer 1914 zur Erholung an der englischen Küste befand, wurde er als Kriegsgefangener behandelt und bis zum 28. Oktober 1914 festgehalten. Zurückgekehrt am 30. Oktober 1914, kündigte er für das Wintersemester 1914/15 seine erste Vorlesung als Universitätsprofessor an. [UAJ, Bestand BA, 915, Bl. 197-199].

Von Rohr, der in den nachfolgenden Jahren weitere Patente erwarb und zahlreiche weitere Aktivitäten verfolgte, erlangte mit seiner Tätigkeit an der Medizinischen Fakultät der Universität einen guten Ruf, sodass sich die Mediziner auch nach Wegberufung Wolfgang Stocks für ihn einsetzten. Der Dekan Jussuf Ibrahim (1877–1953) leitete am 17. März 1922 einen Antrag von Arthur Brückner (1877–1975)[26], o. Prof. für Augenheilkunde, an seine Kollegen weiter, von Rohr zum Dr. med. h. c. vorzuschlagen, dem alle Fakultätsmitglieder schriftlich zustimmten. [UAJ, Bestand L, 500, Bl. 20-21] Wie von Rohr später schrieb, blieb sein Hörerkreis in den Vorlesungen aufgrund seines Ohrenleidens durchaus begrenzt, häufig hätte er nur einen einzelnen Hörer gehabt, aber wohl Schüler hinterlassen, „die der Jenaer medizinischen Fakultät keine Schande machen." [Brief von Rohrs v. 12. 4. 1938 an den Dekan der Med. Fakultät, UAJ, Bestand L, Nr. 385, Bl. 23]

Bild 15: Moritz von Rohr

Der ausführliche Antrag zum Ehrendoktorat enthält eine gute Würdigung der Arbeiten von Rohrs, die Brückner wie folgt formulierte:

„Jena, den 15. März 1922
Wie bereits in der Fakultäts-Sitzung am 10. März seitens des Herrn Dekans zur Sprache gebracht worden ist, beantrage ich für den a.o. Professor der medizinischen Fakultät Dr. phil. M. von Rohr, der einen Lehrauftrag für Optik in der Medizin inne hat, die Verleihung des Dr. med. hon. causa.

Da der Genannte hier seit vielen Jahren tätig ist, darf ich im allgemeinen als bekannt voraussetzen, daß er sich um die medizinische Wissenschaft, sowohl in theoretischer, wie auch mittelbar in praktischer Hinsicht sehr große (Ver)Dienste erworben hat. Es sei mir aber gestattet, auf Folgendes noch besonders hinzuweisen.

Herr von Rohr hat in der Ophthalmologie wichtige Probleme, welche die Brille bietet, vor ca. 15 Jahren aufgegriffen und im wesentlichen gelöst. Die Anforderungen, welche an eine Brille bei bewegtem Auge zu stellen sind, hat er erkannt und durch rechnerische Verfahren der praktischen Erfüllung zugeführt. Die Fernrohrbrille, welche durch Vergrößerung des Netzhautbildes vielen Schwachsichtigen eine Verbesserung des Sehens und damit eine Wiederherstellung der Erwerbsfähigkeit – so insbesondere vielen Kriegsbeschädigten – erlaubt, verdankt von Rohr ihre Entdeckung und rechnerische Durcharbeitung. Eine große Zahl von Publikationen auf dem Gebiete der Brillenoptik, von denen hier nur das Hauptwerk ‚Die Brille als optisches Instrument' genannt sei, legen Zeugnis von der umfangreichen literarischen Tätigkeit des Genannten auf diesem Gebiet.

Auch durch das gesprochene Wort hat Herr von Rohr schon seit über einem Dezennium durch Abhaltung von Kursen, nicht nur für Angehörige der Universität Jena, sondern auch vor einem größeren Forum von Fachgelehrten zur Verbreitung der Kenntnisse in der modernen Brillenlehre beigetragen. Er genießt also auf diesem Gebiet eine weit über Deutschlands Grenzen hinausgehende Berühmtheit.

Für die Sinnes-Physiologie besitzen die Arbeiten von Rohrs ebenfalls große Bedeutung. Er hat in dieser Richtung vor allem bedeutsame historische Arbeiten geliefert. So erscheint jetzt von ihm in der Reihe von Uebersetzungen älterer, z. T. lateinischer, z. T. englischer (Kepler, Aquilonius, Wells) auch für den gegenwärtigen Stand unseres Wissens grundlegender Arbeiten, die bei ihrem Bekanntwerden geeignet sind, die Auffassung über die geschichtliche Entwicklung mancher Probleme der Physiologie des Auges wesentlich zu modifizieren. Sein Quellenwerk über die binokularen Instrumente hat unser Wissen über das doppeläugige Sehen wesentlich gefördert.

Arbeiten über die Optik des Zystoskops seien nur nebenbei erwähnt.

Auch sonst hat von Rohr durch persönliche Ratschläge und Anregungen Vertretern verschiedener praktisch-medizinischer Fächer Förderung zuteil werden lassen. Genannt sei hier nur die Beratung, welche der Berliner Chirurg Kisch in der Frage der Sonnenbestrahlung[27] durch von Rohr erfahren hat.

Seit etwa 10 Jahren ist von Rohr Schriftleiter der im Verlag von Springer erscheinenden Zeitschrift für ophthalmologische Optik[28].

Die Verleihung des Ehrendoktors unserer Fakultät dürfte unter diesen Umständen nicht nur eine Ehrung von Rohrs, sondern auch eine solche der Fakultät selbst bedeuten.

Ich möchte noch darauf hinweisen, daß die Deutsche ophthalmologische Gesellschaft Anfang Juni d. J. hier in Jena – zum ersten Mal nicht in Heidelberg – ihre Tagung abhält. Damit ist eine Begründung, warum die Ernennung von Rohrs zum Ehrendoktor erst jetzt erfolgt, nach außen hin gegeben. Da nach Lage der Sache bei der Bedeutung von Rohrs die Möglichkeit vorliegt, daß eine andere Fakultät uns mit der Ernennung zuvorkommen könnte, erlaube ich mir den vorliegenden Antrag schon jetzt mit der Bitte um schriftliche Abstimmung zu unterbreiten.

Brückner" [UAJ, Bestand L, 500, Bl. 22; 24]

Bei der Verleihung der Ehrendoktorwürde an von Rohr wurde der Text zusammengefasst:

„In Anerkennung seiner großen Verdienste, welche er sich durch seine Forschungen auf dem Gebiet der physiologischen und physikalischen Optik des Auges und der Brillenlehre erworben hat. Bei der mathematischen Durcharbeitung der letzteren hat er praktisch äußerst bedeutsame Neuschaffungen, wie das punktuell abbildende Brillenglas, das asphärische Starglas sowie die Fernrohr- und die Anisometropbrille hervorgebracht. Durch seine in exakt-kritischer Methodik ausgeführten geschichtlichen Untersuchungen hat er gesicherte Grundlagen für eine Geschichte der Brille geschaffen und hat es verstanden, durch die Uebertragung in die deutsche Sprache oder durch Neuherausgabe älterer, aber in Vergessenheit geratene, für die Wissenschaft bedeutsame Arbeiten wieder aufleben zu lassen. Hierdurch hat sich nicht nur oft eine wesentliche Aenderung in unserer Auffassung von der historischen Entwicklung mancher physiologisch-optischer Probleme ergeben, sondern auch die Veranlassung zur Beschäftigung mit Fragen, die bereits als gelöst angesehen wurden. Durch das gesprochene Wort hat er gleichfalls außerordentlich viele

Anregungen verbreitet, die sich in den verschiedensten Disziplinen der theoretischen und praktischen Medizin ausgewirkt haben und noch auswirken."

[UAJ, Bestand L, 500, Bl. 23; Doktorurkunde in Latein, Bl. 25]

Schlussbemerkungen

„Die Arbeiten zur Geschichte der Optik im allgemeinen waren von M. von Rohr umso eifriger zu fördern, als ohne eine tiefere Kenntnis der Geschichte seine Beraterstellung bei der optischen Sammlung von vornherein ohne Kraft und Bedeutung gewesen sein würde. [...] Wünschenswert wäre freilich [...] eine Fortsetzung der Forschungen zur Geschichte der Optik." [CZA, BACZ 236, Bl. 14][29]

Moritz von Rohr erwarb Patente, entwickelte neue Berechnungsmethoden, publizierte und leistete wichtige Arbeit als Herausgeber von Büchern und Zeitschriften. Aufgrund seiner Sprachkenntnisse (Englisch, Französisch) konnte er internationale Kontakte knüpfen und Kooperationen im Interesse der Firma Zeiss pflegen. In Zusammenarbeit mit Medizinern und Vertretern weiterer Gebiete trug er maßgeblich bei, die Berechnungsgrundlagen für wissenschaftliche Geräte zu schaffen, die in der Augenoptik, Urologie, Photogrammetrie u. a. eingesetzt werden konnten. M. von Rohr stellte die Aus- und Weiterbildung von Optikern und Augenärzten auf eine neue wissenschaftliche Basis und betonte den Wert historischen Arbeitens für den Aufbau und die Leitung des Optischen Museums wie auch für aktuelle Forschungen und Patentfragen. Die Realisierung des breiten Spektrums von Aufgaben, die er als Einzelperson übernommen hatte, erforderte in den nachfolgenden Jahren verschiedene Forscher, bzw. einzelne Gebiete wurden – nach von Rohrs Ansicht – nicht hinreichend gut weiter verfolgt (vgl. Anhang).

Moritz von Rohr gehörte zahlreichen wissenschaftlichen Gesellschaften an – darunter die Deutsche Physikalische Gesellschaft, die Deutsche Meteorologische Gesellschaft, die Berliner Gesellschaft für Erdkunde. In seiner Personalakte an der Universität hielt er folgende Auszeichnungen für erwähnenswert [UAJ] Bestand D, Nr. 2407]:

- Anfang 1922 unter die Herausgeber der *Zeitschrift für Instrumentenkunde* aufgenommen[30];
- Am 9. Februar 1922 zum Ehrenmitglied der Optical Society of London gewählt;

- Ausgewählt, um am 17. November 1923 die Thomas-Young-Oration vor der Optical Society in London verlesen zu dürfen;
- Am 16. Mai 1926 zum Mitglied der Deutschen Akademie der Naturforscher Leopoldina gewählt;
- die Akademie der Wissenschaften zu Berlin verlieh ihm am 28. Juni 1934 die Silberne Leibniz-Gedenkmünze

Außerdem wurde Moritz von Rohr am 12. Februar 1935 mit einer goldenen Medaille der Wiener photographischen Gesellschaft geehrt. (Vgl. [UAJ] Stier 1960, S. 1592; [Zeiss Archiv Jena: Arch. 1002])

Anlässlich seines 40-jährigen Dienstjubiläums erhielt von Rohr eine Ehrengeschenk der Firma Zeiss in Höhe von 10.000 RM [CZA, Arch. 1002]. Das Gratulationsschreiben vom 30. September 1935 fasste wesentliche Leistungen noch einmal zusammen:

„Sehr geehrter Herr Professor!
[...] Am Aufbau und der Entwicklung der beiden Werksabteilungen Opto und Med haben Sie maßgeblichen Anteil. Die Theorie der optischen Instrumente, insbesondere die Theorie von der Strahlenbegrenzung, die Lehre von der Brille und der binokularen Instrumente verdanken Ihnen grundlegende Fortschritte. Die Geschichte der optischen Instrumente, insonderheit die Geschichte des photographischen Objektivs, sowie die Geschichte des optischen Glases sind durch Ihre Forschungen auf feste Grundlage gestellt worden.[...]" [CZA 236, Bl. 21]

Aufgrund seiner Krankheit – Verlust beider Trommelfelle im Sommer 1913; herzleidend seit 1924 – konnte sich von Rohr nach 1933 von politischen Aktionen fern halten. In seiner Personalakte an der Universität schrieb er:

„Ich gehöre der NSDAP nicht an. Ich konnte und kann mich bei meiner Taubheit nicht am Parteileben beteiligen. Ich besuche aus freien Stücken nie Versammlungen u. ä." [UAJ, Bestand D, Nr. 2407]

Zum Sommersemester 1936 wurde er auf Grund eines ärztlichen Zeugnisses von seiner Position an der Universität beurlaubt. [UAJ, Bestand D, Nr. 2407; Bestand L, Nr. 385, Bl. 20] Zum 70. Geburtstag am 4. April 1938 widmeten ihm Kollegen von Zeiss ein Sonderheft der *Zeiss-Nachrichten*. Rektor Abraham Esau (1884–1955) und der Dekan der Medizinischen Fakultät Werner Gerlach (1891–1963) – beides besondere Exponenten des NS – verwendeten in ihrem Gratulationsschreiben nahezu wörtlich den beim Ehrendoktorat 1922 formulierten Text; jeder politische Bezug war vermieden, abgesehen von der vorgeschrieben Grußfloskel. [UAJ, Bestand L, Nr. 385, Bl. 21, 22] In seinen Lebenserinnerungen hob von Rohr antisemitische und antipolnische Ansichten seines Mathematiklehrers Schmidt und frühe antisemitische Äußerungen Ringlebs als kritikwürdig hervor. Von Abbes sozialer Haltung war er begeistert. Von Rohr konzentrierte sich auf wissenschaftliche Arbeit, wofür er eine Zusammenarbeit mit Geeigneten anstrebte, unabhängig von deren politischer Haltung.

Moritz von Rohr starb nach schwerer Erkrankung in der Nacht vom 20. Juni 1940. Die Trauerfeier fand am Samstag, den 22. Juni 1940, um 15.30 Uhr, auf dem Nordfriedhof statt. [Ebd., Bl. 24]

Die Stadt Jena bewahrt sein Andenken, indem eine Straße nach ihm benannt wurde: Moritz-von-Rohr-Straße in 07745 Jena.

Bild 16: Grabstein auf dem Nordfriedhof in Jena.

Anhang

Persönliche Aufzeichnungen von Rohrs

M. von Rohrs wichtigere Leistungen als Rechenmeister[31]
(im Wesentlichen bis zu seiner schweren Erkrankung 1913)

1899/1900	Erste Arbeiten an nichtsphärischen Flächen. Die aplanatische Beleuchtungslinse großer Öffnung. Später (1911) als Ophthalmoskoplinse von GULLSTRAND eingeführt.
1900/01	Einzelglied eines photographischen Doppelobjektivs (nach ABBEschem Plan).
um 1901	Anastigmatische Lupen (ausgehend von der PETZVALschen Bildnislinse) mit A. KÖHLER. Ganz lichtstarke Lupen von sehr kurzer Brennweite nach der 1911 als Biotar eingeführten Anlage.
um 1902	Berechnung der ersten Monochromate (für KÖHLERs Mikroaufnahmen mit ultraviolettem Licht bestimmt).
1902/03	Ausarbeitung der beiden Anlagen der Verantlinsen. (Wichtig für die Lösung der in den Punktalgläsern liegenden Aufgabe).

1904/05	Anpassung der ersten (verzeichnungsfreien) Anlage an eine von S. FINSTERWALDER geplante Umzeichnungskammer.
1905	Lichtstarker, eine asphärische Fläche enthaltener Spiegel angenähert gleichmäßiger Dicke (später durch die weit vollkommeneren STRAUBELschen Spiegel ersetzt).
Seit Januar 1908	Untersuchung der Möglichkeiten des Brillenglases zur Unterstützung des bewegten Auges (später unter Mitarbeit von H. BOEGEHOLD).
	In Verbindung damit, zum Teil merklich später, Fernrohrbrille Holländisches Fernrohr mit ganz schwacher Vergrößerung und großem Blickfeld (nicht eingeführt) Anisometropenbrille Haftglasversuche (zur gerechten Prüfung von Brillen und Augenhilfen durch einen Sachverständigen anderer Einstellfehlers).
1908	Arbeiten an den verbesserten Kystoskopen mit mehrfacher Umkehrung.
1911	Arbeiten an Geräten zu Innenaufnahmen der lebenden Blase.
	Zwischenein Gelegentliche Anregungen H. BOEGEHOLDs an verschiedenen Stellen der obigen Gebiete.
1913 ff.	Arbeiten an der Anlage eines Urethroskops; immer durch H. BOEGEHOLD für die Rechenarbeiten unterstützt.

Bemerkungen zu der Stellung als Rechenmeister [32]

Zu der Aufführung ist wenig zu bemerken, da der von M. von Rohr herangezogene und geförderte Nachfolger H. BOEGEHOLD ganz ausgezeichnete Ergebnisse aufzuweisen hat, die in dem Fach der Mikroskopobjektive weit über die ROHRschen Leistungen hinausgehen. – Die Arbeit an den nicht-sphärischen Flächen wird jetzt glücklicherweise gefördert, und es ist zu hoffen, dass sich auf dem alten Gebiete der Aufnahmelinse die Hoffnungen erfüllen, die E. ABBE seinerzeit im Allgemeinen hegte. Im Brillenfach wird man von den nicht-sphärischen Flächen ebenfalls manches erhoffen können, namentlich wenn es gelingt (was für die Jenaer Werkstätte ungemein erwünscht wäre), eine optisch bessere Schulung des augenärztlichen Nachwuchses zu erreichen. – Von den Monochromaten wird, wenn sich der englische Hauptfachmann dieses Gebietes nicht täuscht, eine große Leistungssteigerung der Keimforschung zu erwarten sein. Es ist sehr erfreulich, dass die Jenaer Werkstätte hauptsächlich durch A. KÖHLERs Arbeiten dabei mitwirkt. Freilich möchte man glauben, daß auch aus diesem Grunde für Rechenmeister mit Kenntnis der englischen Sprache und englischer Lebensformen zu sorgen sei. – Die Verantaufgaben – und hier hat L. E. W. van ALBADA[33] noch im letzten Jahrzehnt schöne Anregungen gegeben – können ohne Zusammenarbeit mit dem Dresdener Kammer-Werk nicht gefördert werden. M. von Rohr kann nur bedauern, dass seiner Meinung nach auf diesem Gebiete mit keinem besonderen Nachdruck gearbeitet worden ist. – Die Geräte zur Untersuchung der Körperhöhlen könnten wohl noch weiter entwickelt werden, wenn der Med-Abteilung eine leistungsfähige Kraft eingereiht würde, die sich auch dieser Angaben [Aufgaben? R. To] annehmen könnte.

Danksagungen

Die Autorin dankt in besonderem Maße dem verstorbenen Dipl.-Phys. Ernst Werner für die Anregung zum Vortrag im Jenaer Verein für Technikgeschichte e.V. dem verstorbenen Prof. Dr.-Ing. Manfred Steinbach für die Aufnahme des Beitrages in das Jahrbuch sowie Herrn Dr. Peter Hahmann für die herausragende Tätigkeit als Herausgeber dieses Bandes. Weiterer Dank für die gewährten Arbeitsmöglichkeiten gebührt vor allem den Leitern der benutzten Archive, insbesondere Frau Margit Hartleb, Universitätsarchiv Jena, Frau Archivarin Karin Keller vom Universitätsarchiv Halle, Herrn Rolf-Ferdinand Schmalbrock, Geschäftsführer der Ernst-Abbe-Stiftung Jena und Direktor am Abbe-Institut für Stiftungswesen an der Friedrich-Schiller-Universität Jena, Frau Franziska Trögel, Museumspädagogin am Optischen Museum, sowie Herrn Dr. Wolfgang Wimmer, Zeiss-Archiv. Für die Hilfe bei der Suche nach der Patentliteratur geht herzlicher Dank an Dr. Wolfgang Ziegler, Jena und Prof. Dr. Günter Dörfel, Dresden. Besonderer Dank gebührt Dr. Winfried Mahler für vielfältige Unterstützung.

Anmerkungen

1 Erweiterte Fassung eines Vortrags, gehalten am 20.10.2015 im Jenaer Verein für Technikgeschichte.
2 Der Experimentalphysiker August Kundt (1839–1894) ließ sich selbst bei den Übungen nicht sehen. Über dessen damaligen Assistenten Heinrich Rubens (1865–1922) schrieb v. Rohr: „[...] er war damals eitel, selbstgewiß, für uns Anfänger ohne Teilnahme und hat durch sein überhebliches herzloses Wesen mir den Geschmack an den physikalischen Übungen für immer verdorben." [*Lebenserinnerungen*, S. 118]
3 Aufgrund der Akteneinbindung nicht lesbar.
4 Vgl. http://geneagraphie.com/getperson.php?personID=I629759&tree=1, beruhend auf: GHdA, Adel A Bd. XVIII, Bd. 87 der Gesamtreihe, Hueck, v., Walter (Hauptbearbeiter), (C. A. Starke Verlag, Limburg a. d. Lahn 1985), 364 (Reliability: 3). Auch die Angabe des Geburtsjahres in der *Neuen Deutschen Biographie*, Bd. 22 (2005), S. 3, ist falsch.
5 Zur Erläuterung des Veranten und Gullstrands theoretischen Grundlagen vgl. auch [Hörichs 2013, S. 147-50].
6 Dessen Sohn Karl Dönitz (1891–1980) wurde im Nürnberger Kriegsverbrecher-Prozess schuldig gesprochen.
7 Die Koma (Asymmetriefehler, von lat. *coma*, Schopf, Schweif) entsteht bei schräg zur optischen Achse einfallendem Strahlenbündel durch eine Überlagerung zweier Abbildungsfehler: der auch bei achsparallelem Bündel wirkenden sphärischen Aberration und dem Astigmatismus schiefer Bündel.
8 Wortlaut des Briefes von Gullstrand an v. Rohr: Upsala 9.IX.03, Hochgeehrter Herr Doctor v. Rohr!
Die mir heute zugegangene Doppellupe, die ich laut Ihrem freundlichen Briefe vom 5.d.M. als Geschenk von der Anstalt entgegennehmen darf – und für die ich bitte der Anstalt durch Sie meinen ergebensten Dank aussprechen zu dürfen – habe ich vorzüglich gefunden und werde ich ganz gewiss vielen Nutzen von derselben haben insbesondere bei Untersuchung meiner Starmesser vor der Operation und bei flüchtiger Durchmusterung [...]optischer Schnitte. – Ich beglückwünsche Sie zu dem erhaltenem Resultat sowohl mit dieser Lupe wie mit dem Veranten. Mögen Sie auch mit der Einführung in London zufrieden werden! – Daß Sie meine Dioptrien [...] werth einer Erwähnung finden, macht mir eine besondere Freude. – Mit meinen herzlichsten Empfehlungen Ihr ergebener Allvar Gullstrand.
9 [Hörichs 2013] gibt einen Überblick über die Brillenfertigung bei

Zeiss. Die Angabe „Rohr war bei Zeiss von 1895-1935 wissenschaftlicher Leiter der Brillenfertigung" (S. 146) kann nicht bestätigt werden.

10 Das gute Einvernehmen zwischen v. Rohr und Henker [Hörings 2013, S. 157] kann aus den Lebenserinnerungen ebenfalls nicht bestätigt werden. Auch übernahm Henker nicht 1908 „die Leitung der neu gegründeten Brillenabteilung", wie [Fertsch 1969] in die Literatur transportierte.

11 Da die Daten der ersten Brillenkurse in manchen Quellen falsch angegeben sind, seien diese hier angeführt: Die ersten Kurse fanden statt: 4.–7.10.1911 in Jena; 3.–12.3.1912 in Berlin; 10.–13.4.1912 in Jena, 24.2.–1.3.1913 in Wien; 3.3.1913 in Budapest [Lebenserinnerungen, S. 321f., 367, 380-82].

12 Für die meisten anderen Patente konnte das bisher nicht nachgewiesen werden.

13 Eine torische Linse hat unterschiedliche Brechkraft in senkrecht zueinander stehenden Richtungen. Sie dient zur Korrektur des Astigmatismus

14
- D.R. – Patent-Nr. 234524: Gegenstand: Prismatische Brille; angemeldet: 6.9.1909,
- D.R. – Nr. Patentrolle 174 [CZA, Arch. Pat. 154] (vgl. dazu auch [Lebenserinnerungen, S. 308f])
- D.R. – Patent-Nr. 227921: Gegenstand: Fernrohrbrille; angemeldet: 9.9.1909, D.R. – Nr. Patentrolle 175 [CZA, Arch. Pat. 155]
- D.R. – Patent-Nr. 235575: Gegenstand: Okular für holländische Fernrohre; angemeldet: 28.4.1910, D.R. – Nr. Patentrolle 191 [CZA, Arch. Pat. 170]
- D.R. – Patent-Nr. 242349: Brillenfernrohr; angemeldet: 2.12.1910, Nr. Patentrolle 203 [CZA, Arch. Pat. 182]
- D.R. – Patent-Nr. 250923: Fernrohrlupenbrille; angemeldet: 10.10.1911, Nr. Patentrolle 226 [CZA, Arch. Pat. 204]
    Als US-Versionen von Patenten in diesem Gebiet konnten identifiziert werden:
- Patent US962920. A Galilean-telescope lens system; eingetragen: 25.1.1910, veröffentlicht: 28.6.1910.
- Patent US 578,862. Magnifying spectacle-glass (Vergrößerungs-, Brillengläser), which are made up like a Galean Telescope of a collective lens and a dispersive lens fitted behind each other with an intervening space (air lens); 25.8.1910, 8.8.1911.
- Als gemeinsames Patent von Moritz von Rohr und Otto Henker ist ein Patent aufgeführt zum Thema Brillenglas mit Farbglasschicht auf

Innenseite, angemeldet am 14.6.1912 (Nr. Patentrolle 259) [CZA, Arch.Pat.232]

15 US-Patent 934,579, Rudolf Straubel & Moritz von Rohr: Deformed collective lens, 1909.
http://www.google.com/patents/US934579?hl=de

16 [CZA, Arch. Pat. 517] Gegenstand: Zeilenpasser, Abt. Photo; Erfinder: Linke & von Rohr, D.R. – Patent-Nr. 398671, Datum der Anmeldung: 10.4.1922, Nr. Patentrolle 609.

17 „[...] hatte ich unter Benutzung der BOEGEHOLDschen Vorrechnungsformeln eine astigmatische Brille für den am Star operierten Zimmermeister Staude berechnet, wobei in den beiden Hauptschnitten die ungemeine Brechwertverschiedenheit von 6.1 dptr auszugleichen gewesen war." [Lebenserinnerungen, S. 299]

18 Abschrift des Schreibens. Akten des Stiftungskommissars der Carl-Zeiss-Stiftung, Bd. VIII, T. 1: 1. Januar 1907 bis September 1907. [CZA, Arch. 23020, Bl. 385-389]

19 Es ist keine Habilitation von August Köhler nachweisbar. Er wurde – wie von Rohr – unbezahlter a.o. Professor und Ehrendoktor der Universität Jena. Aus den Akten geht hervor, dass sich M. v. Rohr 1922 für die Ernennung seines Freundes zum Extraordinarius für Mikrophotographie an der Medizinischen Fakultät einsetzte. V. Rohr schrieb am 28.4.1922 das wissenschaftliche Gutachten für Köhler. [UAJ, Bestand L, 500, Bl. 26-35]

20 Gemeint ist Carl Benda (1857–1932), Arzt und Mikrobiologe, der das Mikroskop für das Studium von Zellstrukturen nutzte; er wurde Leiter einer Abteilung des Städtischen Krankenhauses und zugleich Honorarprofessor an der Universität Berlin.

21 Der Senat seiner Geburtsstadt Bremen ehrte Siedentopf am 9.7.1918 mit dem Professorentitel, die Universität Jena am 30.9.1919 mit einer unbesoldeten außerordentlichen Professur für Mikroskopie.

22 Zur gemeinsamen Vorbereitung des ersten Brillenkurses in Jena vgl. [Lebenserinnerungen, S. 315]. Zu Gemeinschaftspublikationen mit Stock vgl. Rohr, M.; Stock, W.: Über eine Methode zur subjektiven Prüfung von Brillenwirkungen. In: *Graefes Archiv* **83** (1912) S.189-205; Dies.: Ueber eine achromatische Brillenlupe schwacher Vergrößerung. In: *Klinische Monatsblätter für Augenheilkunde* **51** (1913) S.206-210.

23 Ist hier nicht in der Akte.

24 Wilhelm Uthoff (1853–1927), Professor für Ophthalmologie an der Universität Breslau; Theodor Axenfeld (1867–1930) war Assistent bei Uthoff gewesen und 1901 Professor für Ophthalmologie an der Universität Freiburg geworden. Arthur von Hippel (1841–1916) war

damals Professor für Ophthalmologie an der Universität Göttingen.
25 Im Publikationsverzeichnis, Bl.162-163, wurden v. Rohrs Dissertation, 12 Monographien und 30 Veröffentlichungen in Zeitschriften aufgelistet.
26 Brückner publizierte 1924 ein Buch *Grundzüge der Brillenlehre für Augenärzte* (Springer: Berlin), in welchem er mehrfach v. Rohrs Publikationen zitierte. In der Einleitung betonte er die notwendige Verbreitung mathematischer Kenntnisse unter den Augenärzten. Er schrieb u.a.: „Die Kenntnis der Brille, wie sie M. v. Rohr in seinem Beitrage zum Handbuch der gesamten Augenheilkunde niedergelegt hat, darf den jüngeren Augenärzten nicht fremd bleiben [...]." (S. 3)
27 Vgl. Kisch, Eugen: *Der gegenwärtige Stand der Lichtbehandlung der Knochen- und Gelenktuberkulose in der Ebene. Die extrapulmonale Tuberkulose*. Bd. 1, H. 1. 1925 (Sonderbeilage der Med. Klinik). – Eugen Kisch (1885–1969), seit 1922 a. o. Professor für Chirurgie an der Universität Berlin, wurde 1933 aufgrund seiner jüdischen Herkunft entlassen und emigrierte in die USA bzw. Brasilien; vgl. http://gedenkort.charite.de/menschen/listen_der_vertriebenen/.
28 Am Juni 1912 hatte E. H. Oppenheimer bei von Rohr angefragt, ob er sich an der Herausgabe einer neuen Zeitschrift über die Brille beteiligen würde [Lebenserinnerungen, S. 367]; d.h., die Anregung, die neue *Zeitschrift für ophthalmologische Optik mit Einschluss der Instrumentenkunde* zu gründen, ging nicht von Moritz v. Rohr aus – wenn er auch später die Hauptarbeit leistete. Band 1 (1913/14) erschien unter der Herausgeberschaft von Karl Richard Greeff (1862–1938), E.H. Oppenheimer und Moritz von Rohr im November 1914.
29 Aus einem Tätigkeitsbericht von Rohrs, verfasst für Rudolf Straubel, am 18. 1. 1934.
30 Die *Zeitschrift für Instrumentenkunde. Organ für Mittheilungen auf dem gesammten Gebiete der wissenschaftlichen Technik* erschien seit 1881 ebenfalls im Verlag Julius Springer.
31 Aus einem Tätigkeitsbericht, den Moritz von Rohr mit Schreiben vom 18. 1. 1934 an Rudolf Straubel schickte, betr. Vorbereitung seines 40-jährigen Dienstjubiläums 1935. [CZA, BACZ 236] Bl. 4-5.
32 Das gehört zu von Rohrs eigenem Tätigkeitsbericht, ebd., Bl. 6.
33 Lieuwe Evert Willem van Albada (1868–1955) entwickelte schon 1902 eine Stereokamera, die 1907 bei Zeiss gebaut wurde. Ab 1931 entwickelte er eine Kleinbild-Stereo-Kamera, vgl. http://journal.depthoffield.eu/vol09/nr18/f01nl/en

Bibliographie

[BBF] Archiv der Bibliothek für Bildungsgeschichtliche Forschung, Berlin.
[CZA] Carl Zeiss Archiv Jena, Nachlaß Moritz von Rohr und weitere Akten.
[Lebenserinnerungen] Optisches Museum, Ernst-Abbe-Stiftung, Lebenserinnerungen Moritz von Rohr: NL5 Nr. 2.
[StB] Handschriftenabteilung der Staatsbibliothek Preußischer Kulturbesitz, Sammlung Darmstaedter (Brief Gullstrand an von Rohr)
[UAH] Universitätsarchiv Halle, Philos. Fakultät II, Promotionsakte (Moritz von Rohr), Nr. 156, I, Nr. 25.
[UAJ] Universitätsarchiv Jena,
- Bestand I, Nr. 1/3. Stier, Friedrich (1960): Lebensskizzen der Dozenten und Professoren an der Universität Jena, 1548/58–1958, Bd. 3.
- Bestand B. A., Nr. 915. Acta academia, betreffend: die Anstellung ordentlicher Professoren, ordentlicher Honorar- außerordentlicher Professoren der Medicin, 1910 bis 1914, Vol. X.
- Bestand D, Nr. 2407. Personalakte M. von Rohr.
- Bestand L, Nr. 291. Dekanats-Akten der medizinischen Fakultät zu Jena, WS 1912/1 3.
- Bestand L, Nr. 385. Dekanats-Akten der medizinischen Fakultät zu Jena, nach 1933.
- Bestand L, Nr. 500. Dekanats-Akten der medizinischen Fakultät zu Jena, SS 1918-1923.

Abbe, Ernst: *Die Lehre von der Bildentstehung im Mikroskop. Bearbeitet von Otto Lummer und Fritz Reiche.* Braunschweig: Verlag Vieweg, 1910
Abele, Andrea; Neunzert, Helmut; Tobies, Renate: *Traumjob Mathematik! Berufswege von Frauen und Männern in der Mathematik.* Basel: Birkhäuser, 2004
Boegehold, Hans; Köhler, August: In: *Neue Deutsche Biographie*, Bd. 12, Berlin: Duncker & Humblot, (1980) S.306.
Czapski, Siegfried: *Grundzüge der Theorie der optischen Instrumente nach Abbe.* Zweite Auflage unter Mitwirkung des Verfassers und mit Beiträgen von M. von Rohr, hrsg. v. Otto Eppenstein. Leipzig: Verlag von Johann Ambrosius Barth, 1904
Casper, Leopold: *Handbuch der Cystoskopie* (Leipzig: Georg Thieme 1898, ^{2}1905, ^{3}1911, 1923)
Donnerhacke, Karl-Heinz; Manfred Fritsch, Manfred (2004): Zur Geschichte des Bereiches Medizintechnik/Ophthalmologische Geräte bei Carl Zeiss in Jena. In: W. Gommel et al. (Hrsg.) *Jenaer Jahrbuch zur*

Technik– und Industriegeschichte **6** (2004) S.129-175.Jena: Vopelius

Fertsch, Ferdinand; Henker, Otto Rudolf. In: *Neue Deutsche Biographie* **8**, (1969) S.529.

Gee, Brian: *Francis Watkins and the Dollond Telescope Patent Controversy* (Science, technology, and culture 1700-1945). Ashgate, 2014

Gloor, Balder P.: Gonin - Vogt; - Goldmann - Fankhauser. Entscheidende Beiträge zur klinischen und technischen Entwicklung der Augenheilkunde im 20. Jahrhundert. In: M. Steinbach (Hrsg.) *Jenaer Jahrbuch zur Technik – und Industriegeschichte* **13** (2010), S.211-264. Jena: Vopelius

Handbuch (1932). *Handbuch der wissenschaftlichen und angewandten Photographie*, Bd. I *Das Photographische Objektiv*. Wien: Springer.

Hartung, Joachim; Wipf, Andreas (Hg.) (2004): *Die Ehrendoktoren der Friedrich-Schiller-Universität in den Bereichen Naturwissenschaften und Medizin – eine Bildergalerie*. Weimar/Jena: Hain Verlag.

Hebenstreit, Peter (2008): Die manuelle optische Toleranzrechnung. In: M. Steinbach (Hrsg.) *Jenaer Jahrbuch zur Technik – und Industriegeschichte* **11**, S.377-388.

Hörichs, Walter (1999): 80 Jahre Fachschule für Augenoptik „Hermann Pistor" in Jena. In: M. Steinbach (Hrsg.) *Jenaer Jahrbuch zur Technik – und Industriegeschichte* **1**, S.141-152.

Hörichs, Walter (2013): Die Brillenfertigung bei Carl Zeiss in Jena in der ersten Hälfte des 20. Jahrhunderts. In: M. Steinbach (Hrsg.) *Jenaer Jahrbuch zur Technik – und Industriegeschichte* **16**, S.145-180.

Jahn-Jubelt, K. (1943): Zusammenstellung der von Moritz von Rohr veröffentlichten Arbeiten. In: *Forschungen zur Geschichte der Optik* (Springer-Verlag Berlin), H. 3, S.115-133.

Kingslake, Rudolf (1989): *A History of the Photographic Lens*. San Diego/London: Academic Press.

Kompaktlexikon der Biologie (2001). Heidelberg: Spektrum Akademischer Verlag.

Pfeiffer, Wolfgang (1989): Zur Entwicklungsgeschichte einiger ophthalmologischer Geräte von Carl Zeiss. In: *Ophthalmologica* **199**, S.129-140.

Ringleb, O.: *Das Kystoskop. Eine Studie seiner optischen und mechanischen Einrichtung und seiner Geschichte*. Verlag Werner Klinkhardt: Leipzig 1910.

Rohr, Moritz, von (1899): *Theorie und Geschichte des photographischen Objektivs, nach Quellen bearbeitet*. Berlin/Heidelberg: Springer.

Schumacher, Pit (2012): *Die Zeiss Punktal Story, 1912-2012*. Books on demands.

Steiner, Georg (1850): Über das größte Product der Theile oder Summen

jeder Zahl. In: *Crelle-Journal* **20**, S.208-220.
Tobies, Renate (1990): Ernst Abbes Einfluß auf die Universität Jena: Mathematik und Physik. In: R. Stolz/J. Wittig (Hg.), *Carl Zeiss und Ernst Abbe. Leben Wirken und Bedeutung.* Jena: Universitätsverlag, S.305-315.
Tobies, Renate (2012): *Iris Runge. A Life at the Crossroads of Mathematics, Science, and Industry.* Basel: Birkhäuser.
Zeiss-Nachrichten, Sonderheft 3 (4. April 1938): *Moritz von Rohr zum siebzigsten Geburtstag*, mit Beiträgen von August Köhler (Jena): M. von Rohrs Arbeiten auf dem Gebiet der Mikroskopie; L. E. W. van Albada (Bloemendaal b. Harlem): M. von Rohr und die Stereoskopie; Albert König (Jena): Einige Veröffentlichungen von M. von Rohr; Hans Boegehold (Jena): M. von Rohr als Geschichtsforscher und Geschichtsschreiber der Optik.

Bildnachweis
Bild 1: [CZA, BIII 01845]; Bild 2 und Bild 3: [UAH]; Bild 4: [CZA, BIII, 01844]; Bild 5: https://en.wikipedia.org/wiki/Moritz_von_Rohr; Bild 7: [CZA, BIII 01883]; Bild 8: [CZA, B 03053, 1 und 2]; Bild 9 und 10: Internetzusammenstellung; Bild 11: [StB], Sammlung Darmstaedter; Bild 12: https://www.google.com/patents/US873896; Bild 13: https://www.google.us/patents/US940894; Bild 14: https://www.google.com/patents/US989645; Bild 15: [CZA, CZO B 13710]; Bild 16: Foto Dr. W. Mahler, 9.8.2015.

Renate Tobies

studierte Mathematik, Chemie, Physik, Pädagogik und Psychologie in Leipzig und ist für Geschichte der Mathematik und Naturwissenschaften habilitiert. Korr. Mitglied der Académie internationale d'histoire des sciences (Paris) und Auswärtiges Mitglied der Agder Academy of Sciences and Letters in Kristiansand (Norwegen). Sie lehrte als Gastprofessorin in Braunschweig, Kaiserslautern, Saarbrücken, Stuttgart; Graz und Linz (Österreich), seit 2010 an der FSU Jena. Forschungen zur Wissenschafts- und Bildungsgeschichte des 19. und 20. Jahrhunderts, bes. zur Geschichte der Mathematik und ihrer Anwendungen. Sie publizierte 10 Bücher und zahlreiche Aufsätze, u.a. zur Rolle der Carl-Zeiss-Stiftung bei der Förderung von Mathematik und zur Mathematik in der Industrieforschung. http://renate.tobis.org/

Hartmut Heuermann, Braunschweig

Englisch in Wissenschaft und Technik als sprachwissenschaftliches Problem

Seien wir realistisch: Die Bastion der englischen Sprache auf unserem Planeten ist uneinnehmbar. Englisch ist zum erkorenen Medium für grenzüberschreitende Kommunikation aufgestiegen und behauptet eine Führungsposition unter den Weltsprachen. Man mag dies begrüßen oder bedauern. Jedenfalls lassen sich die Millionen Menschen, die sich weltweit des Englischen bedienen, sprachlich nicht umziehen und dazu bringen, dem Gebrauch des Mediums zu entsagen. Als Lingua franca, die heute eine ähnliche Rolle spielt wie einstmals das Lateinische, ist sie nützlich und mittlerweile unersetzlich. Alle beobachtbaren Tendenzen in der jüngeren Sprachgeschichte lassen dies erkennen, wobei Verkehr und Tourismus, Sport und Pop-Kultur, Wirtschaft, Werbung und Wissenschaft die Antriebsmotoren der dynamischen Entwicklung sind. Der Stempel des Internationalismus heißt Englisch [Linsmayer 2013]. Der Hoffnung von Charles Linsmayer, dass Deutsch sich jemals wieder als gleich- berechtigte Wissenschaftssprache etablieren könnte, vermag sich heute wohl kaum jemand anzuschließen [Heuermann 2014].

So erklärt sich, dass – wie Thomas Paulwitz in *DSW 57* [Paulwitz 2014] berichtet – der Internationalität verpflichtete „Eliteuniversitäten" hierzulande dazu übergehen, Lehrveranstaltungen ausschließlich auf Englisch anzubieten und Kurse wie „Advanced Material Science" oder „Computational Mechanics" aus der Taufe zu heben. Dies mit der Unterstellung, dass sämtliche Akteure (Professoren, Assistenten, Studenten) imstande sind, sich problemlos auf diesen Modus sprachlicher Wissensvermittlung einzustellen. Doch diese Umstellung beruht auf einer Illusion, der Illusion, Englisch könne doch heute jeder; denn Englisch hat man gefälligst zu können. Punkt. Wollte man einem deutschen Wissenschaftler die Gewissensfrage stellen, ob er es wirklich kann, oder wollte man ihm gar die Kompetenz absprechen, käme das einer Majestätsbeleidigung gleich, obwohl es meines Wissens keine empirischen Belege zur Stützung des Anspruchs gibt.

Hartmut Heuermann

Englisch kann Jeder – oder doch nicht?

Von Studenten, die im englischsprachigen Ausland zu studieren beabsichtigen, verlangt der DAAD (aus gutem Grund) den „Test of English as a Foreign Language". Für Hochschullehrer, die eine Gastprofessur in einem angloamerikanischen Land antreten, gibt es keine vergleichbare Kompetenzprüfung. Es gibt überhaupt keine Instanz, die sicherstellt, dass Hochschullehrer den Anforderungen gewachsen sind, die Lehrveranstaltungen oder Fachkonferenzen auf Englisch verlangen. Es wird schlicht angenommen, dass sie es sind. Wäre ja noch schöner, wollte man ihnen, die sich in den hehren Sphären internationalisierter Wissenschaft bewegen, sprachlich auf den Zahn fühlen wollen! Es herrscht der täuschende Glaube, man sei allen Situationen gewachsen, die im Wissenschaftsbetrieb mittels Englisch zu bewältigen sind. Mit anderen Worten: Man handelt hier mit ungedeckten Schecks, denn, wie sich zeigen lässt, mangelt es am erforderlichen Kapital. Gibt es zuweilen auch ehrliche Stimmen wie die des Germanisten Rudi Keller, der gesteht: „Ich kann auf Englisch einfach nicht so gut denken wie auf Deutsch. Ich schreibe daher auf Deutsch und lasse es dann übersetzen." Oder nehmen wir die Einschätzung eines Maschinenbau-Studenten, den Thomas Paulwitz zitiert: „Wir haben ja nichts gegen die englische Sprache. Aber es ist schon ein Unterschied, ob ich komplexe Themen auf Deutsch oder Englisch erkläre." Wohl wahr! Die Mehrheit aber gibt sich der für sie schmeichelhaften Illusion hin, ihr Englisch erfülle alle erforderlichen Standards.

Machen wir uns klar: Muttersprache ist nicht gleich Fremdsprache, Wissenschaftssprache ist nicht Verkehrssprache, wissenschaftliche Intelligenz bedeutet nicht Sprachkompetenz. Wir finden – mit wenigen Ausnahmen – bei deutschen Sprechern, die sich des Englischen bedienen, keine der Muttersprache vergleichbare Sprachbeherrschung. Alle aktuellen Erkenntnisse, besonders die der Psycholinguistik und Sprachdidaktik, sind hier eindeutig. Womit wir es zu tun haben, lässt sich tendenziell auf die Formel bringen: Schulenglisch + Fachvokabular = Wissenschaftsenglisch. Dass dabei die Feinheit der Sprache, die Differenziertheit und Korrektheit in Stil und Wortschatz, die Regeln der Grammatik und Phonetik oft auf der Strecke bleiben, ist unausweichlich.

Spracherwerbsprobleme

Man kann natürlich nicht behaupten, wissenschaftliche Intelligenz sei eine Barriere zum Sprachenlernen. Das wäre absurd, aber sie ist auch kein Erfolgsgarant. Denn Wissenschaftler sind weder mit Sprachkompetenz als Gottesgabe gesegnet noch haben sie im Normalfall die fremde Sprache wie eine zweite Haut angelegt. Eher sind es gemeine Sterbliche, für die das Erlernen einer zweiten Sprache einen langwierigen, schwierigen, störanfälligen Prozess darstellt, den sie nicht allein deshalb elegant meistern, weil sie Wissenschaftler sind. Ihr Gehirn hat die gleiche mentale und kulturelle Distanz zu überbrücken, die zwischen unabhängigen Sprachsystemen besteht und den Wechsel vom einen zum anderen schwierig macht. Sie haben die gleiche Geduld aufzubringen, die der Sprachlernprozess nun einmal erfordert, mag es sich um den Erwerb von englischem Fachjargon oder um das Verständnis der Sprache Shakespeares handeln. Wenn sie nicht zufällig zwei- oder mehrsprachig aufgewachsen sind, haben sie die gleichen Spracherwerbsprobleme wie alle Fremdsprachenlerner.

In der anglisierten Wissenschaftssprache vervielfachen sich Störungen und Informationsdefizite, wenn das Niveau der Sprecher zu wünschen übrig lässt. Denn es ist unvermeidlich, dass Mängel auf sprachlichem Niveau Verluste in der intellektuellen Substanz nach sich ziehen. Wer ein komplexes, abstraktes Wissenschaftsproblem mittels einer rudimentären, mangelhaft beherrschten Sprache glaubt lösen zu können, gleicht einem Menschen, der eine Symphonie auf der Mundharmonika spielen will. Das Problem ist schlicht, dass sich hochkomplexe wissenschaftliche Sachverhalte nun mal nicht in simple, defizitäre Sprachstrukturen „quetschen" lassen. Die Störanfälligkeit wächst, und das intellektuelle Niveau sinkt. Der Sprachwissenschaftler Ekkehard König bemerkt bissig: „Die Sprache guter Wissenschaft ist schlechtes Englisch." Fragen wir: wieso?

Die Gefahr der Interferenz

Der größte Stolperstein auf dem Weg zum Erwerb fremdsprachlicher Kompetenz ist die sogenannte Interferenz: Ein mit der Muttersprache etabliertes, in den Sprachzentren des Gehirns verankertes System hat die Tendenz, sich gegen ein neues, „fremdes" System und deren Subsysteme zu wehren. Die Subsysteme der Sprache sind das semantische, phonologische und morpho-syntaktische System, also die Kategorisierung sprachlicher Äußerungen nach Bedeutung, Klang und Struktur. Diese Systeme streben infolge ihrer spezifischen neuronalen Vernetzung danach, sich gegen den „Eindringling" zu wehren. Daraus folgt ein „Substitutionsdruck", ein Veränderungsdruck, den die alten auf die neuen Sprachmuster ausüben. Auch wenn es den neuen Strukturen halbwegs gelingt, sich zu etablieren, schimmern (meist noch jahrelang) die alten Strukturen durch und verraten die Lautqualitäten und Verknüpfungsregeln der Muttersprache. Es ist ungefähr so, als läse man einen Text auf extrem dünnem Papier und der Lektürevorgang würde gestört von dem durchschimmernden Druck auf der vorigen Seite. Alle Fremdsprachenlehrer wissen ein Lied von solchen Störungen zu singen. Und Wissenschaftler, egal welcher Nationalität, können der Interferenz in der gleichen Weise zum Opfer fallen wie andere Sprachlerner.

Besonders problematisch wird es, wenn eine Form der Interferenz auftritt, die man als „negativen Transfer" bezeichnet. Das ist die unzulässige Übertragung von Vokabeln und Redeweisen (Idioms), die systemspezifisch und daher nicht übertragbar sind. Dahinter steckt die irrige Annahme, die Strukturen verschiedener Sprachen verhielten sich analog und man könne problemlos die einen auf die anderen übertragen. Ich erinnere mich an einen Fall, da ein Universitätspräsident ausländischen Gästen die ingenieurwissenschaftlichen Studiengänge seiner Universität erläuterte und unter anderem sagte: „Most of our absolvents are headed for careers in civil engineering." Was sinngemäß heißen sollte: Die meisten unserer Absolventen streben die Bauingenieur-Laufbahn an. Doch er wusste offenbar nicht, dass das Wort „absolvent", obzwar im Englischen vorhanden, dort keinen Studienabsolventen, sondern einen Geistlichen bezeichnet, der nach kanonischem Recht zur Absolution befugt ist. Er glaubte, das deutsche „Absolvent" entspräche dem englischen „absolvent". Absolventen sind im Englischen aber „graduates". „Absolvent" und „absolvent" sind sogenannte „falsche Freunde", die in der Fehlerlinguistik wohlbekannt sind. Sie entstehen aus negativem Transfer.

Schwierige Wissensvermittlung

Ein weiteres Problem betrifft die vier unterschiedlichen Fertigkeiten im Sprachgebrauch: Hören und Lesen auf der passiven gegenüber Sprechen und Schreiben auf der aktiven Seite. Unter Anglisten sind sie bekannt als „the four skills", die vier Fertigkeiten. Die ersten beiden beschreiben das Verständnisvermögen, die „Rezeptivität" des Sprechers, seine Dekodierfähigkeit. Er nimmt auf und verarbeitet, was ihm mündlich oder schriftlich mitgeteilt wird. Die anderen betreffen seine Produktivität, die Enkodierfähigkeit: Er muss seine Äußerungen systemkonform verschlüsseln und dabei selbst aktiv werden. Hier ist klar, dass die rezeptiven Fertigkeiten, da sie gegebene fremde Leistungen verarbeiten, leichter zu erwerben sind als die produktiven, die Eigenleistungen erfordern. Englischsprachige Äußerungen aufzufassen und Fachtexte zu verstehen, bereiten deutschen Wissenschaftlern denn auch selten Schwierigkeiten. Die Probleme tauchen auf bei der Enkodierung, dem eigenen Verbalisieren und Formulieren. Denn der Wechsel verlangt einen qualitativen Sprung, der unterschiedliche neuronale Prozesse ins Spiel bringt und höhere Konzentrationsleistungen erfordert. Wo sie auf der rezeptiven Seite problemlos arbeiten, können sie auf der produktiven Seite leicht scheitern. Was Wissenschaftler aber in erster Linie entwickeln müssen, ist die Sprachproduktion zur möglichst fehlerfreien Vermittlung des Gedachten, Erkannten oder Analysierten. Denn jede Wissenschaft lebt von ihrer Vermittlung.

Echte Zweisprachigkeit als Lösung

Es gibt also – diesseits ideologischer Streitereien um Sprachpolitik, Sprachkultur und Sprachvermischung – rein sachbezogene, sprachwissenschaftliche Probleme, wo es nicht um Meinungen, sondern um Erkenntnisse geht und wo Englisch im deutschen Wissenschaftsbetrieb ein Problem darstellt, das ungelöst ist. Die Muttersprache heißt nicht von ungefähr Muttersprache und die Fremdsprache nicht zufällig Fremdsprache. Dass deutsche Wissenschaftler ihrer Muttersprache, psycholinguistisch bedingt, im Regelfall eine höhere Loyalität entgegenbringen als jeder Fremdsprache, dass sie sie besser beherrschen und ihr Fach deshalb besser vermitteln, liegt auf der Hand. Zugleich ist die Dominanz des Englischen aber eine beinharte Tatsache, die durch nostalgische Reminiszenzen an die ehemalige Glorie des Deutschen nicht zu ändern ist.

Ein verbitterter Rückzug in den Bunker unserer Sprache wäre kontraproduktiv. Wir wissen: Deutsche Wissenschaft ist zwar nicht schlechter als die Wissenschaften anderer Nationen, sie lässt sich international nur schlechter „verkaufen". Denn internationale Kongresse finden in der Regel nicht auf Deutsch statt. Daher kann eine

Problemlösung nur heißen: konsequente Zweisprachigkeit, eine Zweisprachigkeit, die diesen Namen wirklich verdient, weil beide Sprachen mühelos, korrekt und fließend beherrscht werden. Die deutschen Wissenschaftler der Zukunft müssen Individuen sein, die nicht nur ihre Muttersprache für Theorie und Methodologie ihrer Fächer beherrschen, sondern auch deren Entsprechungen im Medium der englischen Sprache – ohne Defizite, ohne Interferenz, ohne Günther-Oettinger-Syndrom. Die Devise kann nicht lauten: „Zurück zu uneingeschränktem Deutsch!", denn dorthin führt kein Weg zurück, sondern „Vorwärts zu echter Bilingualität!". Bis dieses Ziel allenthalben erreicht ist, wird noch einige Zeit vergehen. Inzwischen muss im Bedarfsfall die Arbeit kompetenter Übersetzer in Anspruch genommen werden, bevor fehlerhaftes, schlecht verständliches, unidiomatisches Englisch die Sprecher blamiert.

Literatur

Heuermann, Hartmut: Ein Handel mit ungedeckten Schecks. Warum an deutschen Hochschulen meistens schlechtes Englisch gesprochen wird. In: *Deutsche Sprachwelt* (Erlangen) Ausgabe **58** (2014/15)

Linsmayer, Charles: Deutsch muss Wissenschaftssprache bleiben! *JJB* **16** (2013) S. 11-20

Paulwitz, Thomas: Deutsch ist nicht dumm. In: *Deutsche Sprachwelt* (Erlangen) Ausgabe **57** (2014)

Prof. Dr. Hartmut Heuermann

Prof. Dr. Hartmut Heuermann ist emeritierter Professor für Amerikanistik.
In Bielefeld 1943 geboren, Abitur am Bielefelder Ratsgymnasium 1961, Wehrdienst (Lt. d. Res.) 1961 – 63, Studium der Allg. Sprachwiss., Anglistik u. Romanistik an der Universität Marburg, Philosophicum 1966, Fulbright Stipendium 1966, Studium der Amerikanistik an der Univ. Boston, Graduate School, Master of Arts in English 1968, Promotion zum Dr. phil. (U. Marburg) 1970, Wiss. Ass. an den Univ. Bielefeld u. Paderborn, Berufung zum Prof. für Amerikanistik (TU Braunschweig), Dekan des Fachbereichs für Sozial- u. Erziehungswiss. 1978 – 80, Vizepräsident der TU Braunschweig 1982 – 84, Gastprof. am English Department der U. Boston 1984 – 85, Senatsbeauftragter für internationale Beziehungen der TUBS 1989, Gastprof. am American Studies Dpt. der State U. of New York 1991 – 92, Stellv. Vorsitzender der Dt. Gesellschaft für Amerikastudien 1997 – 99

Einträge in *Wer ist Wer* in Deutschland, *Who is Who* in Europe, *Marqui's Who is Who in the World*

Ute Bergner und Wilfriede Fiedler, Großlöbichau

Jena und die Vakuumtechnik

Der Aufstieg Jenas als Industriestandort resultiert aus dem erfolgreichen Zusammenwirken wissenschaftlicher Erkenntnisse mit deren praktischer Umsetzung zu innovativen Produkten. Bis heute spielt die Optik dabei eine herausragende Rolle. Der Siegeszug der optischen Industrie in Jena ist untrennbar verbunden mit der Entwicklung der Vakuumtechnik. Auch heute bildet die Vakuumtechnik für zahlreiche Hochtechnologieprodukte, die zum Portfolio der Jenaer Industrielandschaft gehören, eine unverzichtbare Voraussetzung. Nicht zuletzt ist die Verfügbarkeit eines guten Vakuums für eine Vielzahl von Forschungsprojekten der Hochschulen und Institute unverzichtbar.

Die Frage nach der Existenz der Leere

Das Streben nach der Erkenntnis der Welt ist so alt wie die Menschheit selbst. Die Beschäftigung mit der damit verbundenen Frage nach Existenz einer Leere reicht bis in die griechische Antike zurück, aus der verschiedene Erkenntnismodelle überliefert sind. Bereits im 5. Jahrhundert v. Z. beschrieben der griechische Philosoph Leukipp und sein Schüler Demokrit die Welt als eine Kombination von Materie und leerem Raum. Sie hatten die Vorstellung, dass Materie aus kleinsten unteilbaren Teilchen (atomoi) besteht, die sich in dem sie umgebenden leeren Raum bewegen und interagieren. Die von Aristoteles und seinen Schülern mehr als hundert Jahre später entwickelte Theorie ging davon aus, dass die Bewegung zwischen den Teilchen ein treibendes Medium erfordere und die Natur keine Leere zulasse. Diese Auffassung vom „horror vacui", dem Schrecken der Natur vor der Leere, setzte sich durch und war bis weit über das Mittelalter hinaus verbreitete Lehre.

Parallel dazu gewann das mit der Renaissance zunehmend einsetzende Interesse an naturwissenschaftlich-technischen Experimenten und damit die Nachweisführung für physikalische Erkenntnisse und Gesetze an Bedeutung und erlebte im 17. Jahrhundert einen ersten Höhepunkt.

So griff der italienische Physiker und Mathematiker Evangelista Torricelli (1608–1647) Studien Galileo Galileis auf, in denen dieser sich mit Bewässerungsanlagen auseinandergesetzt und festgestellt hatte, dass es nicht möglich war, Wasser mit Saugpumpen auf eine Höhe von etwa zehn Metern anzusaugen. Torricelli stülpte einen mit Quecksilber gefüllten, an einem Ende geschlossenen Glastubus in ein Gefäß mit Quecksilber, das ungefähr 76 cm hochstieg, unabhängig davon, wie tief er die Röhre eintauchte. Damit bewies er, dass der Luftdruck dafür verantwortlich war, aber nicht ausreichte, um die Leere im oberen Ende der Röhre zu füllen. Mit der Beobachtung, dass sich die Höhe der Quecksilbersäule ändert und bei einer Schlechtwetterperiode abnimmt, erfand er 1643 das Barometer. Auch die damit verbundene Frage, ob Luft ein Gewicht hat, beschäftigte die Wissenschaftler. 1647 versuchte Blaise Pascal (1623–1662) diese Frage zu beantworten, indem er schlussfolgerte: Wenn Luft ein Gewicht hätte, würde das Quecksilber weniger hoch steigen, wenn man das Experiment in größerer Höhe durchführen würde. Den Nachweis führte 1648 sein Schwager mit der Wiederholung des Versuches auf dem 1.465 m hohen Puy de Dôme durch: Gegenüber 71 cm bei etwa 500 m in Clermont-Ferrand am Fuße des Berges, erreichte die Quecksilbersäule auf dem Berg nur 62,7 cm.

Doch nicht alle Zeitgenossen teilten diese Erkenntnis, darunter der Philosoph und Wegbereiter der Aufklärung René Descartes (1596–1650), der dabei noch an der von Aristoteles begründeten Lehre vom „horror vacui" festhielt und die Existenz eines Vakuums für unmöglich hielt. So soll Descartes gespottet haben, dass ein Vakuum allenfalls in Torricellis Kopf existiere. Nichtsdestotrotz regte er damit andere dazu an, die Existenz des Vakuums experimentell nachzuweisen.

Populär wurde die Diskussion um das Vakuum durch die eindrucksvollen Versuche Otto Gerickes.[1] Damit kommt auch Jena ins Spiel. Die 1548 gegründete und ein Jahrzehnt später mit allen Rechten einer Volluniversität ausgestattete Salana hatte sich schon bald zu einem Anziehungspunkt für Studenten aus protestantischen Ländern entwickelt. 1621 hatte sich der Magdeburger Patriziersohn Otto Gericke in die Matrikel der Universität Jena eingeschrieben, wo er sich bis 1623 dem Studium der Jurisprudenz widmete. Während eines anschließenden Studienaufenthaltes in Leiden und des Besuches der dortigen Ingenieurschule erwarb er sich mathematisches und technisches Wissen. Betreten wir heute das Hauptgebäude der Physikalisch-Astronomischen Fakultät der

Bild 1: Otto von Guericke bei der Demonstration eines Vakuumexperimentes, Gemälde von Rudolf G. Werner, Öl, 1956, (Mit freundlicher Genehmigung der FSU Jena, Kustodie).

Universität Jena am Max-Wien-Platz 1, so empfängt uns ein Gemälde, das Otto von Guericke bei der Vorführung eines seiner Vakuumexperimente zeigt (Bild 1), die er in seinen 1672 publizierten und mit Kupferstichen ausgestatteten „Experimenta Nova Magdeburgica de Vacuo Spatio"[2] erläutert hatte. Ist das Zufall oder hat es eine tiefere Bedeutung?

Der spätere Erfurter Festungsbaumeister und Magdeburger Bürgermeister interessierte sich Zeit seines Lebens für die Naturwissenschaften und Technik. Mehrfach reiste Guericke in diplomatischem Auftrag zu Verhandlungen und Reichstagen, wo er auch mit den neuesten wissenschaftlichen Erkenntnissen in Berührung kam: So hörte er „1646/47 in Osnabrück erstmals von dem neuen philosophischen System René Descartes', welches den Anstoß zu seinen eigenen Versuchen bildete. Er erfuhr in Regensburg [1653/54] von den Versuchen Evangelista Torricellis, der von einer anderen Seite her das Vakuumproblem angegangen hatte".[3]

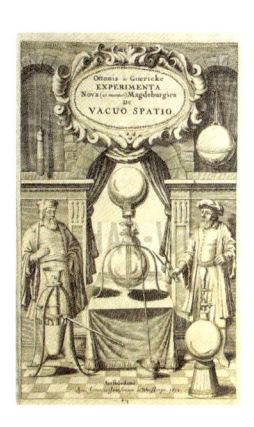

Bild 2: Otto von Guericke: Experimenta Nova Magdeburgica de Vacuo Spatio, Amsterdam 1672.

Auf dem Reichstag in Regenburg 1654, den er als Vertreter der Stadt Magdeburg besuchte, nutzte er die Gelegenheit, seine eigenen Experimente in Anwesenheit Kaiser Ferdinands III. und mehrerer Kurfürsten vorzuführen, darunter die Funktion der von ihm 1647 erfundenen Luftpumpe, mit der er die Existenz eines luftleeren Raumes beweisen wollte. Der Mainzer Erzbischof und Kurfürst Johann Philipp von Schönborn war von Guerickes Versuchen so fasziniert, dass er ihm seine gesamten Instrumente noch während des Reichstages abkaufte und an seinen Hofmathematiker Caspar Schott (1608–1666) übergab.

1657 machte Schott die Versuche Guerickes in dem „Experimentum Novum Magdeburgicum" betitelten Anhang seiner „Mechanica hydraulico-pneumatica" in der Gelehrtenwelt bekannt.[4] Wahrscheinlich im gleichen Jahr hat Gericke erstmals seinen spektakulären Magdeburger Halbkugelversuch ausgeführt, der bis in die Gegenwart nicht an Faszination verloren hat.

Bild 3: Darstellung des Magdeburger Experimentes, in: Caspar Schott: Technica Curiosa, sive mirabilia artis, Kupferstich, Nürnberg 1664.
(Mit freundlicher Genehmigung der Otto-von-Geuricke-Gesellschaft Magdeburg)

Bild 4: Vorführung des Experimentes durch die Otto-von-Guericke Gesellschaft Magdeburg anlässlich der 20-Jahr-Feier von VACOM, Großlöbichau 16. Juni 2012.

Mit der Vorführung seiner Experimente war Gericke auch in den Mittelpunkt der wissenschaftlichen Auseinandersetzungen um das Vakuum geraten. Um in der Diskussion bestehen zu können, arbeitete Guericke intensiv an der theoretischen Argumentation und weiteren Experimenten. So gelang es ihm spätestens 1656, das physikalische Wirkprinzip des Luftpumpens zu erklären, die Druckkräfte auf die Pumpenkolben zu berechnen und seine Pumpenkonstruktionen zu verbessern. 1657 ließ er erstmals bis zu 12 Pferde vor zusammengefügte und evakuierte Halbkugeln spannen. 1661 folgten weitere Versuche mit größeren Kugeln und 16 oder 20 Pferden. Caspar Schott hat die Experimente 1664 in seiner „Technica Curiosa"[5] publiziert, an der Guericke mitgewirkt hatte. Erst 1672 erschien Otto von Guerickes eigenes Werk „Experimenta Nova Magdeburgica de Vacuo Spatio"[2] (Bild 2).

Das Buch war von der Gelehrtenwelt mit Spannung erwartet worden. So hatte Gottfried Wilhelm Leibniz 1671 bei Guericke nachgefragt, wann der angekündigte Band erscheinen würde[6] und würdigte überschwänglich, dass, wenn Guericke: "... nichts anders iemals erfunden oder entdecket hätte, als ... die ausschöpfung der Lufft zu vermehrung menschlicher Kräffte, hätte derselbe sich das Menschliche geschlecht genugsam verbunden."[7]

Leibniz war von den Experimenten Guerickes beeindruckt. Das kommt auch in dem 1675 während seines Aufenthaltes in Paris verfassten „Gedankenscherz" zum Ausdruck, in dem er das von ihm zeitlebens verfolgte Projekt eines „Theaters der Natur und Kunst" beschrieb, für das er mögliche Darbietungen aufzählt: „ ... alle Arten optischer Wunder ... Ein Globus wie jener in Gottorf oder Jena ... Neue Experimente mit Wasser, Luft und dem Vakuum. Für die großangelegten Darbietungen wird auch das Gerät von Herrn Guericke mit den 24 Pferden usw. dienen ..."[8]

Der Anfang physikalischer Experimente in Jena

In dem Zusammenhang klingt auch Leibniz' Bezug zu Jena an, erwähnt er doch den begehbaren Himmelsglobus des Jenaer Mathematikprofessors Erhard Weigel (1625–1699), der mit einem Durchmesser von ca. 5,4 m im Jahr 1661 auf dem Dach des Jenaer Schlosses befestigt worden war.[9] Gottfried Wilhelm Leibniz (1646–1716) hat im Sommersemester 1663 an der Jenaer Universität studiert, die nach dem 30-jährigen Krieg mit Gelehrten wie dem Theologen Johannes Musäus, dem Juristen Georg Adam Struve, dem Mediziner Werner Rolfinck, dem Historiker Johann Andreas Bose und nicht zuletzt dem Mathematiker Erhard Weigel zu neuer Blüte gelangt war. Leibniz hörte bei Weigel „Mechanik, Astronomie, Gnomonik und Fortifikation".[10] Von Erhard Weigel ist auch überliefert, dass er es verstand, seine Vorlesungen mit Experimenten – darunter wohl auch die vielfach ausgeführten Vakuumversuche – besonders anschaulich zu gestalten und damit zahlreiche Studenten anzuziehen.[11]

Sein Schüler Johann Christoph Sturm (1635–1703)[12], der 1656 bis 1662 in Jena studierte, gilt als Begründer der Experimentalvorlesungen. Ab 1676 verfasste er sein „Collegium Experimentale, sive Curiosum" (Bild 5), das vielfach als Vorlage zur Einführung von Experimentalveranstaltungen an anderen Universitäten diente und auch Experimente zum „leeren Raum" enthielt.[13] Teilnehmer dieser Experimentalkollegien – darunter der ab 1694 in Jena lehrende und Weigel 1699 als Professor der Mathematik und Physik nachfolgende Georg Albrecht Hamberger (1662–1716) – trugen zur Verbreitung der „Vakuum-Lehre" bei.[14] Auch dessen Schüler Christian Wolff (1679–1754), der 1699 in Jena Theologie, Mathematik und Physik studierte[15], bot später an der Universität Halle selbst Vorlesungen zur „experimentellen Naturlehre"[16] an, in denen der leere Raum eine wichtige Rolle einnahm. Gerhard Wiesenfeld kommt in seiner Betrachtung der Experimentellen Naturlehre zu dem Schluss: „ … ein Professor, der etwas auf sich hielt, kam nach 1700 nicht mehr umhin, in seinen Vorlesungen eine Luftpumpe zu präsentieren und mit ihr eine Reihe kanonischer Experimente vorzuführen."[17]

Bild 5: Johann Christoph Sturm: Collegium Experimentale, sive Curiosum, 1676, Kupferstich. (Bayerische Staatsbibliothek München, Regensburger Staatliche Bibliothek – 999/Philos. 2217/2219, S. 111)

Bild 6: Johann Andreas Schmidt: Collegii Experimentalis physico-mathematici demonstrationes singulis semestribus, Helmstedt 1721, Kupferstich. (Bayerische Staatsbibliothek München, 4 Diss. 2963#Beibd.2, Tab. IV)

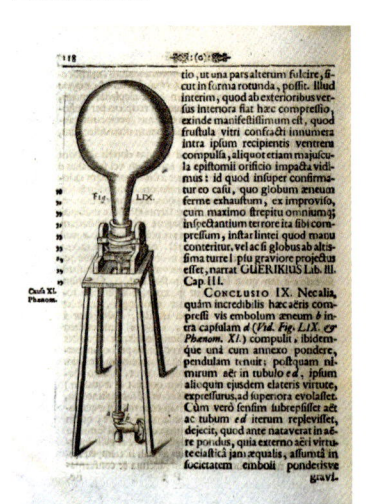

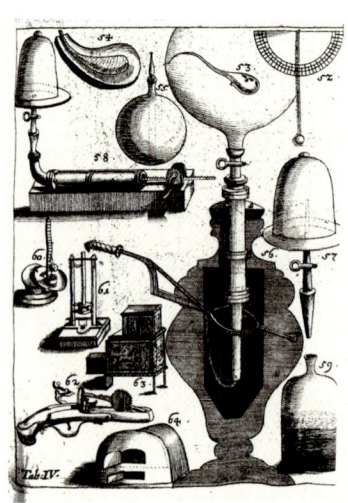

Der Wissenstransfer zwischen den Universitäten Jena und Altdorf als Zentren der die Existenz des Vakuums veranschaulichenden

Experimentalphysik ist offenkundig. Neben Weigel wird ebenfalls von dem nahezu gleichzeitig in Jena lehrenden Physikprofessor Kaspar Posner (1626–1700) berichtet, dass er Demonstrationen nach Experimenten von Otto von Guericke, Robert Boyle, Caspar Schott und Isaak Newton durchgeführt habe.[18] Johann Andreas Schmidt (1652–1726), der sich während seines Studiums bei Erhard Weigel und später als Professor in Jena mit „Naturlehre" beschäftigt hatte, veröffentlichte 1710 eine Schrift, in der er immerhin 100 Instrumente für die Durchführung von Experimenten aufführte, darunter eine ganze Reihe zur Demonstration des Vakuums (Bild 6).[19] Hermann Friedrich Teichmeyer (1685–1744), der u. a. bei Weigels Nachfolger Hamberger in Jena studierte, erhielt 1717 in Jena die wahrscheinlich erste ordentliche Professur für Experimentalphysik. In seinem Hauptwerk „Elementa philosophiae naturalis experimentalis"[20] beschreibt er den Anteil von Guerickes an deren Entwicklung.

Die Suche nach naturwissenschaftlichen Erkenntnissen ist untrennbar verbunden mit ingenieurtechnischen Leistungen und Erfindungen. So hätte von Guericke seine berühmten Versuche ohne die vorhergehende Erfindung der Kolbenpumpe kaum ausführen können.

Auch Weigel hat sich intensiv um die mechanischen Geräte für seine Demonstrationen und die praktische Umsetzung seiner Erfindungen gekümmert. So suchte er 1664 beim Herzog um die Bewilligung von Mitteln für die Einrichtung einer „werckstatt" im Collegium Jenense nach. Weitere Dokumente bezeugen, dass Weigel selbst sowie einige seiner Studenten Instrumente gebaut haben.[21] Der wohl bekannteste darunter ist Jacob Leupold (1674–1727), der später in Leipzig eine renommierte Werkstatt für wissenschaftliche Instrumente betrieb und als der „bedeutendste deutsche technologische Schriftsteller in der ersten Hälfte des 18. Jahrhunderts" gilt.[22] 1708 besprach Christian Wolff (1679–1754), der von 1699 bis 1702 bei Georg Albrecht Hamberger in Jena studierte[23], Leupolds „Antlia pneumatica illustrata" (Bild 7) über den Aufbau und die Funktionsweise einer Luftpumpe in den „Acta Eruditorum Lipsiensibus", der ersten Gelehrtenzeitschrift Deutschlands.[24] In Anlehnung an Guerickes Erfindung hatte Leupold eine Luftpumpe konstruiert, mit der Halbkugeln evakuiert werden konnten.

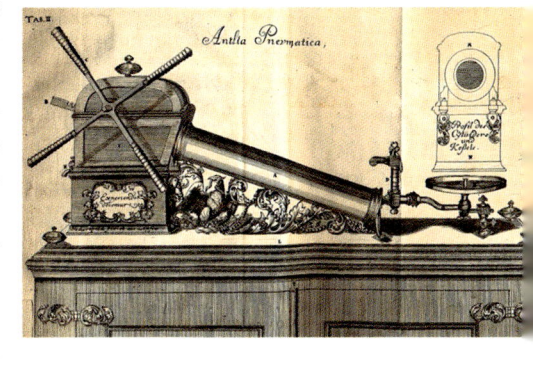

Bild 7: Jacob Leupold: Antlia pneumatica illustrata, Kupferstich, Leipzig 1707. (Mit freundlicher Genehmigung des Deutschen Museums München)

Bild 8: Vakuumpumpe von Jacob Leupold, Leipzig 1709. Mit freundlicher Genehmigung des Mathematisch-Physikalischen Salons der Staatlichen Kunstsammlungen Dresden.

Weigel stellte hohe Anforderungen an seine Mechaniker, die nicht nur handwerklich geschickt, sondern gleichermaßen mathematisch gebildet sein mussten.[25] Mit dieser Kombination von theoretischem Wissen, nützlichen Erfindungen und der anspruchsvollen praktischen Umsetzung der Ideen haben Weigel und andere Wissenschaftler in Jena einen bis heute erfolgreichen Weg begründet, mit dem Carl Zeiß, Ernst Abbe und Otto Schott die Jenaer Wissenschaft und Industrie seit dem ausgehenden 19. Jahrhundert zu Weltgeltung geführt haben.

Licht braucht Vakuumtechnik

Im Zuge der zuerst in England Ende des 18. Jahrhunderts einsetzenden und im 19. Jahrhundert ganz Westeuropa und die USA erfassenden industriellen Revolution entwickelten sich Wissenschaft und Technik so rasant wie nie zuvor. Zunehmend fand auch die Vakuumtechnik in praktische industrielle Anwendungen Eingang. Es zeigte sich, dass Vakuum nicht nur zum Erkenntnisgewinn beitrug, sondern auch in der industriellen Nutzung an Bedeutung gewann. Den entscheidenden Impuls gab die Erfindung der Glühlampe durch Thomas Alva Edison (1847–1931) im Jahre 1879. Der Einsatz des wesentlich länger haltbaren Kohlefadens machte die Evakuierung des Glaskörpers erforderlich. Die Glühlampe, die elektrische Erzeugung von Licht, gehört zu den ersten industriell genutzten Vakuumanwendungen (Bild 9 und Bild 10). Sie führte zur Weiterentwicklung von Vakuumpumpen, Dichtungstechniken und Vakuummesstechnik.

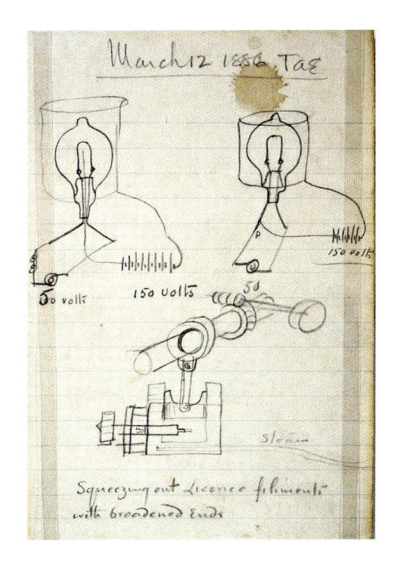

Bild 9: Glühlampe mit Vakuumpumpe, Skizze von Thomas Edison, März 1886, Musée des lettres et manuscrits, Paris (Wiki).

Bild 10: erstes von Thomas Edison zur öffentlichen Demonstration verwendetes Glühlampenmodell, 1879, Museum of American History, Washington DC.

Optikentwicklung und die Anfänge der industriellen Nutzung der Vakuumtechnik in Jena

Licht – inklusive des über den sichtbaren Bereich hinausgehenden Spektrums – ist ein Phänomen, mit dem sich die Optik, die „Lehre vom Licht", sowohl als physikalische Wissenschaftsdisziplin als auch als ingenieurtechnisches Fach entwickelt hat.

Mit Carl Zeiß (1816–1888), Ernst Abbe (1840–1905) und Otto Schott (1851–1935) entwickelte sich in Jena ein bedeutendes Zentrum der Optik. Mit dem Einsatz der Vakuumtechnik eröffneten sich in den 30er Jahren ganz neue Möglichkeiten für die Optik und auch heute sind optische Hochtechnologien ohne Vakuumtechnik nicht realisierbar. Im Folgenden wird gezeigt, wie eng die Entwicklung der Optik mit der Vakuumtechnik verbunden war und ist und das insbesondere in Jena.

Mit Ernst Abbes berühmter Formel zur Auflösungsgrenze eines Mikroskops (d), mit der er unter anderem den Zusammenhang zwischen Wellenlänge (λ) und Brechzahl (n) darstellte, gelang es, die Mikroskopherstellung auf eine wissenschaftliche Grundlage zu stellen:

$$d = \frac{\lambda}{2n \sin \alpha}$$

Dabei gelangte er schon bald zu der Erkenntnis, dass die Brechzahl des Objektivmaterials eine wichtige Rolle bei optischen Abbildungen spielt. Neben den beachtlichen Fortschritten auf dem Gebiet der Herstellung optischer Gläser – insbesondere nach Gründung der Glastechnischen Versuchsanstalt Schott und Gen. – wurden auf der Suche nach besseren optischen Materialien auch andere Wege beschritten: Interessante Ergebnisse wurden durch den Einsatz natürlich vorkommenden Flussspates erzielt, dessen Brechungsindex sich von dem des Glases deutlich unterschied. 1884 sind in Jena erste Apochromate mit Linsen aus natürlichen Flussspatkristallen mit deutlich verbesserter Korrektion der sphärischen und chromatischen Abweichungen gefertigt worden. Abbe selbst suchte 1886 nach natürlichem Flussspat als Optikmaterial in den Schweizer Alpen.[26] Durch den rasant anwachsenden industriellen Bedarf reichten die geeigneten natürlichen Vorkommen an Flussspat schon bald nicht mehr aus, sodass an der künstlichen Herstellung gearbeitet wurde.

Mit der synthetischen Erzeugung von Fluoriden beschäftigten sich Wissenschaftler seit der Mitte des 19. Jahrhunderts, allerdings waren die Kristalle noch zu klein und nicht rein genug für die optischen Anordnungen.

Seit 1930 wurde auch bei Zeiss in Jena an der Züchtung von Kristallen gearbeitet.

Den wirklichen Durchbruch brachte die Idee von L. M. Schamovskij, die Kristallzüchtung im Vakuum durchzuführen. So

Bild 11: Kristallzucht-Labor, Carl Zeiss Jena, 1945, ZEISS-Archiv BIV 35_60.

Bild 12: Kristallzuchtanlage (Kristallzucht aus der Schmelze), Carl Zeiss Jena, 1945, ZEISS-Archiv BIII 03551.

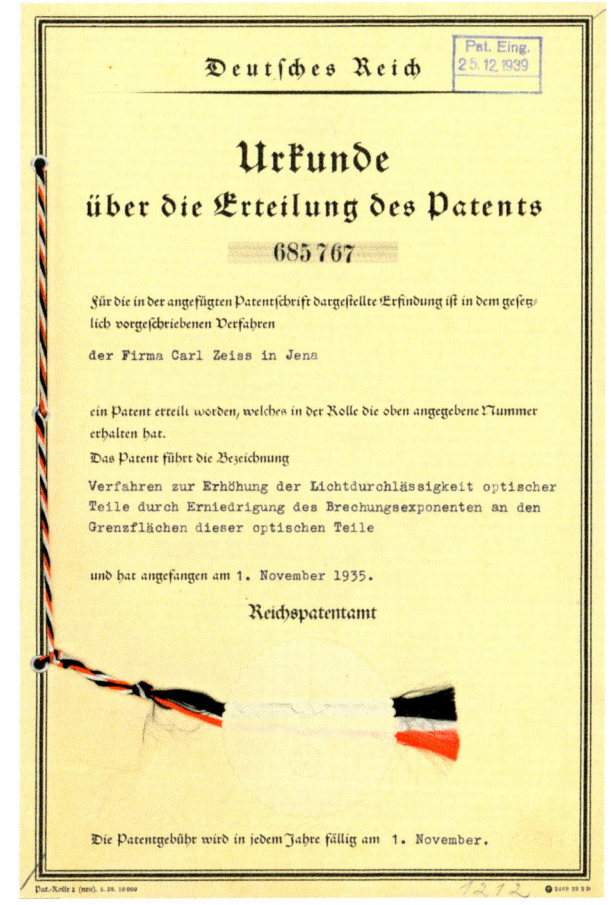

Bild 13: Alexander Smakula, um 1940, ZEISS Archiv, BIII 01843.

Bild 14: Patenturkunde für den „T-Belag", Nr. 685 767, 1. November 1935. (ZEISS-Archiv ZR)

konnten 1937 die ersten für die optische Industrie verwendbaren Kristalle künstlich unter Vakuum hergestellt werden.[27]

1941 gelang es Rudolph Koops (1913–), Mitarbeiter von Alexander Smakula (1900–1983) im Kristall-Labor bei Carl Zeiss in Jena (Bild 11 und Bild 12), das Mischkristall KRS-5 (Thalliumbromidiodid) zu züchten, das in einem großen Wellenlängenbereich einen nahezu konstanten Transmissionsgrad aufweist und besonders für Optiken im Infrarotbereich verwendet wird.[28]

Die Verfügbarkeit synthetischer Kristalle für optische Anwendungen spielte auch in den nachfolgenden Jahrzehnten eine wichtige Rolle in der Optikentwicklung.

Nicht nur die Kristallzüchtung war eine vakuumtechnische Herausforderung der optischen Industrie. Die Herstellung optischer Schichten zur Erhöhung der Auflösung und Verminderung von Verlusten im optischen Gerätebau gewann zunehmend an Bedeu-

Bild 15: Walter Geffcken, um 1940, SCHOTT Archiv 1838.

Bild 16: Patenturkunde für Interferenzfilter, Nr. 716 153, 8. Dezember 1939, SCHOTT Archiv.

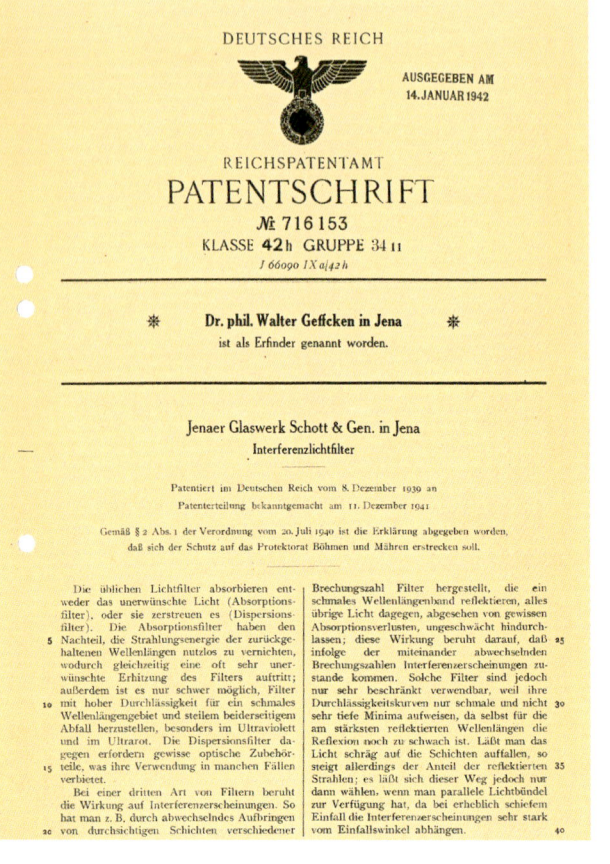

tung. Optische Schichten mit definierten Brechzahlen und Dicken lassen sich stabil ebenfalls nur im Vakuum herstellen. Mit der Erfindung des reflexmindernden T-Belages durch den damaligen Leiter des Kristall-Labors bei Zeiss, Alexander Smakula (Bild 13)[29], die 1935 als „Verfahren zur Erhöhung der Lichtdurchlässigkeit optischer Teile durch Erniedrigung des Brechungsexponenten an den Grenzflächen dieser optischen Teile" patentiert wurde, konnte z.B. die Lichtdurchlässigkeit der Ferngläser um 50 Prozent gesteigert werden (Bild 14).[30] Damit kam dem Vakuumanlagenbau in der Optikindustrie noch größere Bedeutung zu.

Bei Zeiss wurde sehr schnell erkannt, dass der Erfolg der optischen Industrie sehr eng mit der Dünnschichtoptik und damit dem Vakuum gekoppelt ist. Parallel dazu experimentierte Walter Geffcken (1904–1995) bei Schott in Jena mit Mehrfachschichten, die 1940 patentiert wurden (Bild 15).[31] Geffcken entwickelte „auch die ersten Interferenzfilter aus der Kombination von dielektrischen und metallischen Schichten zur Selektion von sehr schmalen Wellenlängenbereichen aus weißem Licht " (Bild 16).³²

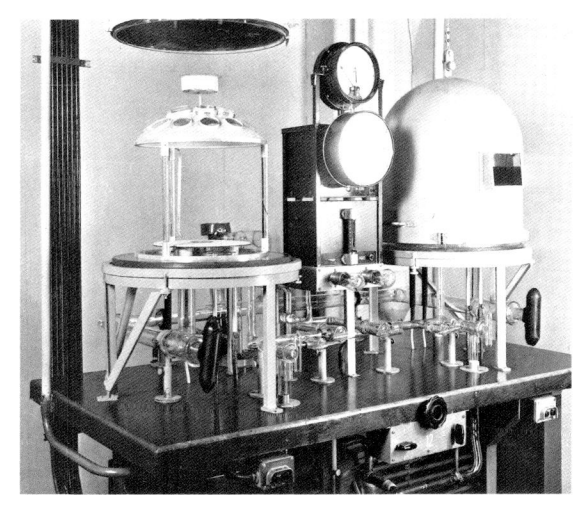

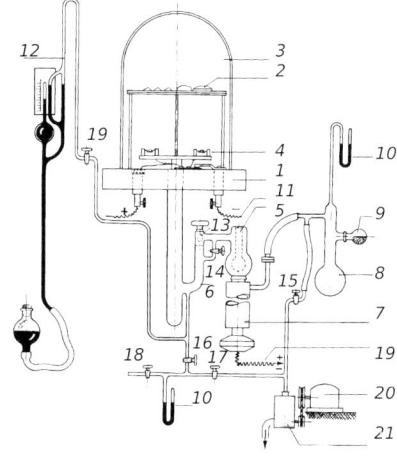

Die verwendeten Optikbeschichtungsanlagen bestanden aus Glasrezipienten mit Schutzhauben aus Metall: "... die Glasrohre sind entweder miteinander verschmolzen oder mittels eingeschliffener und eingefetteter Kegel abgedichtet. ... Zum Einfetten der konischen Schliffe bzw. Kegel und der Hähne wird ‚Leyboldfett P', zum Füllen der Ölfallen, Leyboldöl U' ... benutzt. Für das Aufbringen der Spiegelschichten [bzw. reflexionsmindernden Schichten] ist es erforderlich, aus mehreren Wolframwannen nacheinander zu verdampfen."³³ Um den erforderlichen Unterdruck von mindestens 10E-05 Torr (der Druck wurde mit Quecksilbermanometern gemessen. Die Angabe erfolgte in 1 mm Höhenunterschied des Quecksilbers zwischen den beiden Schenkeln. In Würdigung der Verdienste Torricellis wurde 1 mm Quecksilbersäule = 1 Torr gesetzt.) zu erreichen und aufrechtzuerhalten, wurden Drehschieber- und Quecksilberdiffusionspumpen verwendet. Die Vakuumbeschichtung war eine junge Technologie, Hochvakuumanlagen wurden noch kaum in der Industrie eingesetzt und waren auf dem Markt nicht verfügbar. Die zum größten Teil selbst gebauten Anlagen bildeten die Grundlage für die Beschichtungsabteilung zur Herstellung optischer Schichten im Hause Zeiss (Bild 17 und Bild 18).

Ende der 90er Jahre des 20. Jahrhunderts resümierte der Jenaer Physiker und Spezialist für optische Schichten Erich Hacker: „Die Erfindung der Materialverdampfung im Hochvakuum führte zu wesentlichen Qualitäts- und Produktivitätssteigerungen der Schichtherstellungsverfahren. Neue apparative Techniken – insbe-

Bild 17: Vakuumapparatepaar zum Aufdampfen von reflexionsmindernden Schichten durch Verdampfen von Kryolith oder Magnesiumfluorid im Vakuum, Carl Zeiss Jena, 1945, ZEISS-Archiv BI 26023.

Bild 18: Aufbau eines Hochvakuum-Rezipienten zum Verdampfen von Metallen und Salzen, Carl Zeiss Jena, 1945, ZEISS-Archiv BACZ 28112: 1 Glasgrundplatte, 2 Werkstück, 3 Vakuumglocke, 4 Wolframwanne in Kontaktbolzen gespannt, 5 Ausfriergefäß, 6 Vakuumrohrleitung, 7 Quecksilberdiffusionspumpe mit elektrischer Heizwicklung, 8 Ausgleichgefäß, 9 Trockenkugel, 10 Quecksilberkontaktmanometer, 11 Stromanschlüsse für Heiz- u. Hochspannungsstrom, 12 Mc Leod, 13 Haupthahn, 14 kleiner Vakuumhahn, 15 Pumpenhahn, 16 17 Vorvakuumhahn, 18 Lufthahn, 19 Heizungsanschluß für elektrische Heizung der Quecksilberdiffusionspumpe, 20 Ölrotationspumpe, 21 Kontaktschalter.

sondere Fortschritte im Bereich der Vakuumpumpen – sicherten erhöhte Zuverlässigkeit bei der Erzeugung und Aufrechterhaltung hoher Vakua."[34]

Der Einsatz von Oxidschichten zur Ver- und Entspiegelung, die Entwicklung von Schmalbandfiltern forderten immer reineres Vakuum, was zur Weiterentwicklung, sowohl im Kammerbau als auch bei der Pumpentechnik, führte.

Carl Zeiss Jena nach 1945 – der schwierige Neuanfang

Nach dem 2. Weltkrieg und dessen Ausgang erfuhr auch die Entwicklung der Vakuumtechnik in Jena eine entscheidende Zäsur. Noch in den letzten Kriegstagen waren die Zeiss- und Schott-Werke bombardiert worden (Bild 19).

Nach Kriegsende wurde die Jenaer Optikindustrie infolge der von den Alliierten für Deutschland beschlossenen Reparationen gleich zweifach betroffen. Mit ihrem Abzug aus Thüringen hatten die Amerikaner im Juni 1945 ausgewählte Maschinen, Mustergeräte, Patente, Konstruktionsbücher und Fertigungsvorschriften sowie 126 führende Zeiss-Mitarbeiter und Spezialisten in die USA bzw. in die amerikanische Besatzungszone überführt. „We take the brain", erinnerte Heinrich Küppenbender (1901–1989), seit 1941 Mitglied der Geschäftsleitung bei Carl Zeiss und später Technischer Leiter der Optischen Werke Oberkochen, an den treffenden Ausspruch eines Offiziers der amerikanischen Besatzungstruppen.[35] Nach dem Abzug der Amerikaner und der bereits 1944 durch die Alliierten festgelegten Überführung Thüringens in die sowjetische Besatzungszone wurden in den Jahren 1946/47 94% der noch vorhandenen Fertigungsanlagen und Laboratorien im Zuge der zu erbringenden Reparationsleistungen demontiert und in die Sowjetunion verbracht.[36] 300 weitere Spezialisten der Zeiss- und Schott-Werke wurden zum Aufbau der Fertigungsanlagen mit ihren Familien an verschiedene Orte in der Sowjetunion überführt und kehrten erst 1951 zurück.

Um die stark eingeschränkten verbliebenen Bereiche der Produktion und den Wiederaufbau zu sichern, wandte sich der nach dem Krieg eingesetzte Werkleiter Dr. Schrade an den für Carl Zeiss Bevollmächtigten Generalmajor Dobrowolski mit der Bitte, „folgende Punkte einer wohlwollenden Beurteilung zu unterziehen. ...

Bild 19: Kriegszerstörungen der Carl Zeiss Werke Jena 1945, ZEISS-Archiv BIII 11486.

Zusätzlich zu den bisher genehmigten 6% an Maschinen und Einrichtungen dem Werk auch 6% der Konstruktionsbüro-Einrichtungen zu überlassen. ..."

Zu den im Einzelnen aufgeführten Ausrüstungen gehörten auch Anlagen der Ver- und Entspiegelungswerkstätte, darunter:
- „2 kompl. Hochvakuum-Apparaturen für Verdampfungen, bestehend aus: 2 fertig montierten Pumptischen mit 2 Ablesevorrichtungen, 2 Hochspannungsschränken
- 1 kompl. Anlage für Kathodenzerstäubung bestehend aus:
- 2 fertig montierten Hochvakuum-Apparaturen mit 2 Öl-Vorvakuumpumpen, 2 Hg-Hochvakuumpumpen, 2 Vakuummeter ..."[37]

Im Zuge des Abtransportes der Ausrüstungen für den „Aufbau eines Fabrikbetriebes zur Herstellung optischer Werkstücke" sind auch die für das „Aufdampfen im Hochvakuum" notwendigen Ausrüstungen und Arbeitsschritte zur Reflexionsminderung von Optiken detailliert beschrieben und fotografisch dokumentiert worden: „Zum Verdampfen von Metallen und Salzen im Hochvakuum wird ein Vakuumapparat / (Rezipient) benötigt, in dem ein Unterdruck von mindestens 10E-05 Torr erzeugt werden muß."[38]

Dabei wird sowohl auf die Notwendigkeit der „Einhaltung eines Unterdrucks von mindestens 10E-05 Torr" als auch auf die Bedeutung der Sauberkeit der Glasoberflächen für „das Haften der Spiegelschichten" eingegangen.[39] Die Beschreibungen und beigefügten Abbildungen zeigen die in dieser Zeit üblichen Glasrezipienten (Bild 20) sowie die Glasrezipienten mit Metallschutzhaube und Sichtfenster. Verbindungen wurden angeschmolzen oder mittels

Bild 20: Beschichtungsanlage – Doppelpumpstand für T-Belag, Carl Zeiss Jena 1946 ZEISS-Archiv.

Bild 21: Philips-Vakuummeter Carl Zeiss Jena 1946, ZEISS-Archiv Bl 26025.

eingeschliffener Kegel und Spezialfetten abgedichtet. Das Material zur Verdampfung für die Beläge wurde in auf Glasplatten montierte Wolframwannen (Schiffchen) gelegt. Zur Evakuierung des Systems wurden 3-stufige Quecksilberdiffusionspumpen der Firma Leybold (Köln) eingesetzt. Von Leybold stammte auch das zur Druckmessung verwendete Philips-Vakuummeter (Bild 21)[40], die Vorvakuummessung erfolgte mit einem Kompressionsvakuummeter nach McLeod[41].

Entwicklung der Vakuumtechnik bei Carl Zeiss Jena nach 1945

Infolge der Kriegszerstörungen und der Reparationsleistungen war den Jenaer Zeiss- und Schott-Werken die Produktionsgrundlage weitgehend entzogen worden, und es dauerte bis Mitte der 50er Jahre, um die Verluste allmählich auszugleichen. Hatte sich Zeiss bis zum Ende des 2. Weltkrieges auf den Anlagenbau konzentriert und die notwendigen Komponenten dazugekauft, wurden die Jenaer durch das 1950 in Kraft getretene Technik-Embargo (CoCom) der Westmächte für die Länder des Ostblocks dazu gezwungen, sich mit technischen Grundlagen, darunter der Vakuumtechnik, selbst zu beschäftigen. Denn moderne Optik ohne Vakuumtechnik war und ist undenkbar. „Der Einsatz der Vakuumtechnik in der Feinmechanik-Optik und in dem späteren Wissenschaftlichen Gerätebau war eine zwingende Voraussetzung, um das Leistungsniveau der Erzeugnisgruppen der physikalisch-optischen Messgeräte und Elektronenmikroskopie langfristig auf Weltstand zu halten und für die Optikfertigung notwendigen Vakuumbeschichtungsanlagen und Vakuumkristallzuchtanlagen herstellen zu können".[42] So schätzte die neue Betriebsleitung mit dem zum Werkdirektor ernannten Hugo Schrade (1900–1974)[43] des seit der Verstaatlichung am 1. Juli 1948 als VEB Carl Zeiss Jena firmierenden Werkes die Bedeutung der Vakuumtechnik ein und gründete die „Erzeugnisgruppe Vakuum".

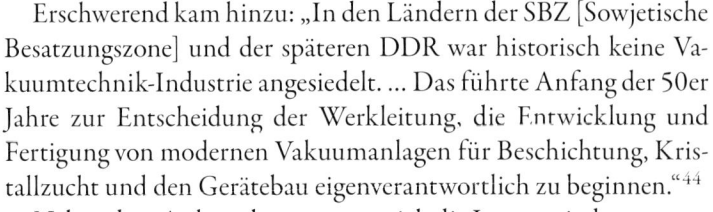

Bild 22: Werkdirektor Hugo Schrade, ZEISS-Archiv BI 03510.

Erschwerend kam hinzu: „In den Ländern der SBZ [Sowjetische Besatzungszone] und der späteren DDR war historisch keine Vakuumtechnik-Industrie angesiedelt. ... Das führte Anfang der 50er Jahre zur Entscheidung der Werkleitung, die Entwicklung und Fertigung von modernen Vakuumanlagen für Beschichtung, Kristallzucht und den Gerätebau eigenverantwortlich zu beginnen."[44]

Neben dem Anlagenbau mussten sich die Jenaer mit dem gesamten Spektrum der Vakuumkomponenten befassen, die die Voraussetzung für den Anlagenbau bildeten. So begannen die Zeissianer in Jena sich mit den Grundlagen der Vakuumtechnik und deren Erforschung zu beschäftigen. Dazu gehörten Werkstoffqualifizierungen und Ausgasmessungen, für die eigens Messtechnik gebaut werden musste. Neben dem Kammerbau, der mit der Zeit vom Glas zunehmend zum Metall überging, beschäftigte man sich in Jena mit der Herstellung und Weiterentwicklung von Hochvakuumpumpen, Vakuummesstechnik, Ventilen und Ventilsystemen sowie Dichtungsmaterialien. Es ging auch darum, in dem Wettbewerb der sich gegenüberstehenden Wirtschaftssysteme die Nase vorn zu haben. Dazu gehörte der Vergleich mit den Wettbewerbsprodukten, wozu insbesondere Messplätze zur Saugleistungsbestimmung oder Restgasbestimmung entwickelt und gebaut wurden.

1952 entstand bei Zeiss ein „Laboratorium für Vakuumgeräte". Mit der Leitung des Labors und später auch des Konstruktionsbereiches wurde Werner Haunstein (1916–2007)[45] betraut, der 1945 mit dem langjährigen Forschungsleiter Paul Görlich (1905–1986)[46] von Zeiss Ikon aus Dresden nach Jena gekommen war.

Bild 23: Werner Haunstein, 1956 (Auszeichnung als Verdienter Erfinder) ZEISS-Archiv BI 02647.

Rückblickend beschreibt Haunstein die fundamentale Bedeutung dieser Aufgabe: „Der Bedarf an Hochvakuumpumpen und vakuumtechnischen Bauelementen war sehr groß und ihre Beschaffung durch die verhängten Embargo-Bestimmungen für uns fast unmöglich. Hier wurde der wissenschaftliche Gerätebau an einer empfindlichen Stelle getroffen, und es ist nicht verwunderlich, wenn sich der VEB Carl Zeiss JENA wieder mit als erster der Hochvakuumtechnik annahm und intensiv mit der schon sprichwörtlichen Gründlichkeit die Entwicklung von Hochvakuumpumpen und Hochvakuumanlagen betrieb, um sich aus dieser Umklammerung zu lösen."[47]

Werner Haunstein hat das umfangreiche Spektrum der Vakuumtechnik in drei Gruppen untergliedert:

„1. Als technologisches Hilfsmittel in der Verfahrenstechnik, bei der Bearbeitung, Veredlung und Herstellung von Bauelementen für den wissenschaftlichen Gerätebau." Zur Herstellung der Linsen, Prismen, Spiegel, Filter, Schwingquarze, Kristalle etc., erläutert er, „werden die Verfahren Aufdampfen und Hochvakuum, Entgasen, Glühen, Sintern und Hochvakuum, Schmelzen und Kristallziehen unter Hochvakuum, Löten und Elektronenstrahlbohren u. a. angewandt.

Bild 24: Paul Görlich, ZEISS-Archiv BI 27720.

2. Als technisch-physikalische Voraussetzung für den Betrieb von wissenschaftlichen Geräten. Die Herstellung von Elektronenmik-

roskopen, Hochvakuum-Bedampfungsanlagen, Präparieranlagen, Röntgenfluoreszenzspektrometer oder Vakuumspektrographen, für deren Betrieb eigene Hochvakuumanlagen erforderlich sind.

3. Als technologisches Hilfsmittel bei der Herstellung und als technisch-physikalische Voraussetzung für den Betrieb der wissenschaftlichen Geräte", wie z. B. Photozellen, Photovervielfacher, Röntgenbildwandler oder Gas-Laser."[48]

Ein Zeitzeuge dieser Entwicklung war Hans Zapfe (1930–2015) (Bild 25), der 1954 in der 1952 gegründeten Vakuumgruppe bei Zeiss seine Tätigkeit als Entwicklungsingenieur und wissenschaftlicher Mitarbeiter aufnahm, die er später auch als Gruppenleiter wesentlich mitprägte.

Bild 25: Hans Zapfe im Gespräch mit Ute Bergner über die Vakuumtechnik in Jena, 18. Juli 2014.

Zu seinen Aufgaben gehörten die Entwicklung und Betreuung der für die Optikproduktion notwendigen Vakuumanlagen und der dazugehörigen Vakuumbauelemente, Vakuumpumpen und Vakuummesssysteme. Aus seiner Sicht arbeiteten die Jenaer Zeissianer zwischen 1949 und 1989 auf folgenden Gebieten der Vakuumtechnik:

„Bau und Betrieb von Vakuumbeschichtungsanlagen, Vakuumtechnik für den Gerätebau und Sonderanlagen, wie z. B. Kristallzuchtanlagen oder Produktionsanlagen für Röntgenbildverstärker,

Entwicklung und Herstellung von Vakuumkomponenten, Vakuumpumpen und Vakuummesstechnik, die 1969 an HVD überführt wurden.

Vakuumtechnik für Elektronenstrahlgeräte, z. B. Elektronenmikroskope oder Elektronenstrahlbearbeitungsanlagen."[49]

Bis zur Verlagerung der Erzeugnisgruppe Vakuum 1969 zum VEB Hochvakuumtechnik Dresden wurde in Jena das gesamte Spektrum der für die Hochvakuumtechnik erforderlichen Bauelemente und Anlagen entwickelt: angefangen bei leistungsfähigen Pumpen, Rezipienten, Ventilen- und Verbindungselementen, zuverlässiger Druckmesstechnik bis hin zu kompletten Hochvakuumanlagen. Bei Werkstoffuntersuchungen, Tests von Pumpenölen oder Versuchsreihen mit Dichtungselementen aus Kunststoffen und anderen Materialien sind den Ingenieuren und Technikern des Vakuumlabors zahlreiche Verbesserungen und Entwicklungen gelungen, die zu einer ganzen Reihe von Patenterteilungen führten. Zugleich waren die Mitarbeiter des Labors bestrebt, für die Vielzahl der Anwendungen „die Hochvakuum-Verbindungen, -Bauelemente und -Pumpen zu typisieren und nach dem Baukastenprinzip zu entwickeln und zu fertigen."[50] Haunstein beklagte, dass „auch heute noch alle Firmen, die Hochvakuumpumpen und Bauelemente herstellen, ihre eigene Werksnorm [haben], und es ... bisher kaum möglich [war], die Bauelemente des einen Betriebes ohne ein besonderes Zwischenstück mit dem eines anderen Betriebes vakuumdicht zu verbinden."[51]

Über die Versorgung der eigenen Erzeugnisgruppen hinaus hat sich Zeiss in den 60er Jahren zum größten Produzenten vakuumtechnischer Geräte in der DDR entwickelt und diese auch exportiert. Allein bei Carl Zeiss Jena waren Anfang der 60er Jahre ständig über 150 Hochvakuumanlagen in Betrieb. „Es gibt keine optischen Bauelemente mehr in unseren optisch-physikalischen Geräten, deren Qualität und Leistungsgrad nicht durch einen technologischen Fertigungsprozess im Hochvakuum verbessert wurde."[52] Aufgrund der schnell wachsenden Zahl der Einsatzgebiete hat Haunstein bereits damals darauf hingewiesen, „daß die Ultrahochvakuumtechnik in allernächster Zeit einen entscheidenden Einfluß auf die Gerätentwicklung nehmen wird."[53]

Wechselwirkung von Forschung und Industrie ist Erfolgsfaktor – auch für die Vakuumtechnik

Otto von Guericke war auch deshalb erfolgreich, weil er seine Experimente theoretisch erklären konnte. Carl Zeiss und Ernst Abbe haben durch sehr enges Zusammenwirken von physikalischen Theorien und mechanischem Können den Weg vom „gepröbelten" Mikroskopbau zum reproduzierbaren Herstellungsprozess geebnet und damit die Voraussetzung für moderne Technologien geschaffen.

Aufbauend auf diesen bewährten Erfahrungen Ende des 19. Jahrhunderts hat sich in Jena die enge Zusammenarbeit zwischen Industrie, Forschungseinrichtungen und Universität fortgesetzt. An der Friedrich-Schiller-Universität, Sektion Physik, war die Vakuumtechnik eine unentbehrliche Voraussetzung für Forschung und Lehre. In dem Fachbereich Ionometrie brauchte man Vakuum für die Ionenimplantation, für die ein eigener Beschleuniger gebaut wurde, sowie für die Oberflächenanalyse (REM-Rasterelektronenmikroskopie, SIMS-Sekundärionen-Massenspektrometrie, AES-Augerelektronenspektroskopie). In der Detektorenphysik beschäftigte man sich mit Supraleitung, wozu unter Vakuumbedingungen sowohl beschichtet als auch strukturiert werden musste. Um die Sprungtemperaturen z. B. von Niob bei 9,4 K zu erreichen, war ein Sauerstoffpartialdruck von kleiner 10E-08 Torr erforderlich, was in den 60er und 70er Jahren noch eine enorme Herausforderung an die Vakuumtechnik stellte.

Ein besonders hervorzuhebendes Beispiel für eine sehr enge Kooperation zwischen der Universität und Zeiss war das Technikum, welches an der Sektion Physik 1977 gegründet wurde. Hier befand sich die einzige Elektronenstrahlbelichtungsanlage an einer DDR-Hochschule. Diese Anlage lief von 1977 bis 1989 im 2-Schicht-Betrieb und wurde je eine Schicht von Zeiss zur Erprobung neuer Entwicklungen genutzt und diente in der anderen Schicht der Lehre und Forschung an der Universität. Von Universitätsseite war der heute im Fraunhofer Institut tätige Ernst-Bernhard Kley federführend für das Betreiben der ZBA verantwortlich, der auch viele Anstöße zur vakuumtechnischen Weiterentwicklung gab.[54] Die Akademie der Wissenschaften der DDR betrieb das Physikalisch-Technische-Institut, welches sehr eng mit Zeiss und der Universität zusammenarbeitete. Auch in den Werkstätten der Akademie sind Vakuumkomponenten gefertigt worden, insbesondere die, die keinen Seriencharakter hatten und damit für die Fertigung bei Zeiss/HVD nicht in Frage kamen.[55] Während die physikalisch-technischen Bereiche sich gegenseitig mit den Anforderungen an die Vakuumtechnik vorantrieben, war das ZIMET (Zentralinstitut für Mikrobiologie und Experimentelle Therapie), ebenfalls Bestandteil der Akademie der Wissenschaften, reiner Nutzer von Vakuumtechnik und Vakuumtechnologien im Bereich der Labortechnik. In Jena erreichte die Entwicklung der Vakuumtechnik bei Zeiss ein Niveau, welches einmalig im Ostblock war. Da auf Produkte von Firmen wie Leybold, Heraeus und Balzers nicht zurückgegriffen werden konnte, wurden Embargo und Devisenknappheit zur Triebkraft und Entwicklungsmotor. In der DDR und dem gesamten Ostblock stieg die Nachfrage nach Vakuumanlagen und Vakuumtechnik aus dem Hause Zeiss zunehmend. Das führte zu der Entscheidung, ein separates Zentrum für Vakuumtechnik zu schaffen. Mit der Gründung der Vereinigung volkseigener Betriebe der Bauelemente- und Vakuumtechnik kam es 1969 zur Überleitung der Entwicklung und Produktion der Erzeugnisgruppe Vakuumtechnik von Carl Zeiss in den VEB Hochvakuumtechnik Dresden (HVD).[56] In Jena verblieben zunächst „nur" die Anwender der Vakuumtechnik.

Von Jena gingen viele Impulse für vakuumtechnische Entwicklungen aus. So wurden an HVD Anforderungen z. B. an Hochleistungstreibmittelpumpen bis Sauggeschwindigkeiten von 80.000 l/s gestellt.[57] Da HVD nicht alle Anforderungen der Jenaer Zeiss Werke an die Vakuumtechnik erfüllen konnte, wurden auch andere Unternehmen wie das zentrale Entwicklungs- und Konstruktionsbüro des VEB Kombinat Pumpen und Verdichter Halle mit der Weiterentwicklung von Rootspumpen und die zum Kombinat gehörende Zwickauer Maschinenfabrik mit der Herstellung zweistufiger Drehschieberpumpen beauftragt.

Großes Augenmerk lag auf der Weiterentwicklung der Treibmittel sowie der Verbesserung der Elastomerdichtungen bezüglich Permeation und Ausgasverminderung. Hier waren u.a. das Mineralölwerk Lützkendorf, der VEB Silikonchemie Radebeul oder das Gummikombinat Waltershausen wichtige Kooperationspartner.[58]

Trotz vieler erfolgreicher Kooperationen auf dem Gebiet der Vakuumkomponenten und technologischer Weiterentwicklungen blieben viele Anforderungen des Jenaer Zeiss-Werkes unerfüllt, sodass sich die Jenaer Zeissianer mit sehr speziellen Fragestellungen und Entwicklungen weiterhin selbst beschäftigten.

Die Vakuumtechnik – Grundlage für den Erfolgszug der optischen Industrie

Intelligente optische Beschichtung ist nur im Vakuum möglich

Das Kerngeschäft der Zeiss-Werke blieb die Optik, deren Erfolg auf der Minimierung der „Lichtverluste" auf dem optischen Weg bestand. 1948 war unter Leitung des Physikers Hubert Pohlack (1918–

2012) (Bild 26) wieder ein Schichtenlabor eingerichtet worden.[59] Die Fortschritte in der Optikentwicklung wurden zur Triebkraft der Vakuumtechnik. An die Bedampfungsanlagen für optische Schichten, sowohl für Metalle als auch für Dielektrika, in der Elektronenmikroskopie sowie in der Lasertechnik wurden sowohl qualitativ als auch quantitativ immer höhere Anforderungen gestellt: Der Vizedirektor und Leiter der Abteilung Optische Beschichtungen des Jenaer Fraunhofer Instituts für Angewandte Optik und Feinmechanik (IOF), Norbert Kaiser, hat die Bedeutung der optischen Beschichtung in folgender Weise zusammengefasst: „Ein optisches System ist ohne optische Beschichtungen unvorstellbar. In optischen Systemen wird die Formgebung der Flächen so gestaltet, dass Ort und Richtung der Umlenkung des Lichts bzw. der Strahlen optimiert wird. Neben diesen rein geometrischen Aspekten gibt es aber die ebenso wichtigen physikalischen Eigenschaften, die im Wesentlichen durch die Beschichtung bestimmt werden. Die immense Zunahme von optischen Anwendungen schafft immer neue Anforderungen an die Leistung der optischen Beschichtung. Neben komplizierten optischen Leistungsparametern muss die Beschichtung auch immer andere Eigenschaften wie Strahlungsfestigkeit und Umweltbeständigkeit aufweisen. Obwohl fortgeschrittene Techniken für das Schichtdesign und die Schichtherstellung zur Verfügung stehen, sind immer noch Geschick, Erfahrung und grundlegendes Verständnis eine Grundvoraussetzung für leistungsfähige Beschichtungen."[60]

Bild 26: Hubert Pohlack, 1960, ZEISS-Archiv BI 02787.

Der Einsatz von dünnen Schichten zur Ver- und Entspiegelung und die Entwicklung von Schmalbandfiltern forderten immer reineres Vakuum, was zur Weiterentwicklung, sowohl im Kammerbau als auch der Pumpentechnik, führte. In den 40er Jahren begann der Übergang von Glasrezipienten zu Metallrezipienten, die in dieser Zeit immer noch die Ausnahme bildeten.

1951 startete bei Zeiss die Entwicklung von Ganzmetall-Hochvakuumapparaturen zum Aufbringen dünner optischer Schichten, „insbesondere von reflexmindernden Schichten für Fernrohr-, Photo-, Reproduktions-, Mikro- und Sonderoptik, sowie zum Aufbringen von Spiegelbelägen und Schutzschichten zur Herstellung optischer Filter u.ä." Probleme bereitete die Pumpenbeschaffung, sodass diese „Vakuumapparatur für Universalzwecke (Verspiegelung, Entspiegelung, Schutzschichten)" erst 1953 getestet werden konnte (Bild 27).[61]

Das Schrägbedampfungsverfahren, eine Erfindung des genialen Zeissianers Heinz Müller[62], entwickelte sich in der Präparationstechnik für Elektronen- und Lichtmikroskopie zu einem unentbehrlichen Arbeitsmittel im Vordringen zu neuen Erkenntnissen und damit im wissenschaftlichen Gerätebau.[63] Dabei war der Bau der Anlagen aufs Engste mit der Entwicklung von Technologien und Arbeitsmethoden verbunden (Bild 28).

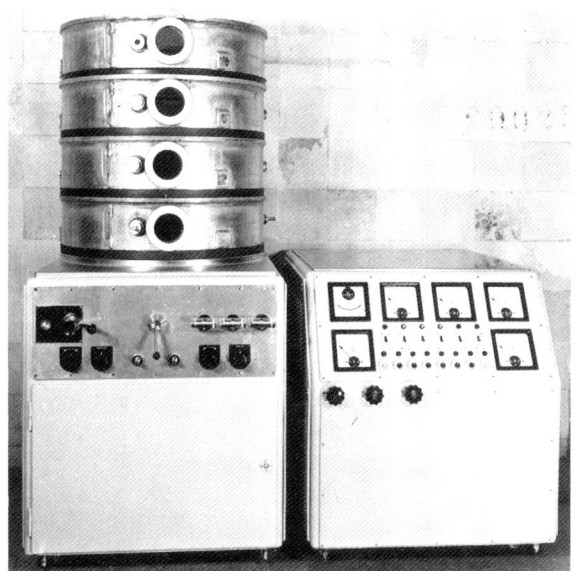

Aus der Theorie der Optik ergaben sich geniale Lösungen für hochreflektierende Oberflächenspiegel. Als Hubert Pohlack 1960 an einem Verfahren zur Herstellung hochreflektierender Oberflächenspiegel hoher Widerstandsfähigkeit arbeitete, betonte er die Bedeutung der Vakuumtechnik für den Erfolg der Optikentwicklung: „Das technologische Ergebnis bedeutet eine Überbietung der den Weltstand kennzeichnenden charakteristischen Merkmale von Oberflächenspiegeln. Die Einführung in die Produktion ist vorbereitet; die Serienproduktion ist z. Zt. noch behindert durch den Mangel an leistungsfähigen Hochvakuumbedampfungsanlagen."[64] Die Leistungsfähigkeit einer Vakuumanlage wird durch Evakuierungszeit und Enddruck gekennzeichnet, was wiederum Herausforderungen an die Pumpsysteme, die Messtechnik und die Qualität der eingesetzten Materialien sowohl im Kammer- und Komponentenbau als auch Vakuumtauglichkeit des Dichtungsmaterials darstellte. Dazu wurden bei Carl Zeiss verschiedenste Forschungsprojekte initiiert. Die bei Zeiss entwickelten Bedampfungsanlagen wurden in der Folge weiter optimiert und in der Produktion verschiedenster optische Erzeugnisse wie Gitterplatten, Kaltlichtspiegeln und Brillengläsern eingesetzt.

Bild 27: Hochvakuum-Verspiegelungsanlage mit Baukasten-Rezipient, Carl Zeiss Jena, 1953, ZEISS-Archiv BACZ 21799_2_E4.

Bild 28: Schrägbedampfungsanlage HBA 1, Carl Zeiss Jena, 1953, ZEISS-Archiv BACZ 21725_10_1.

Ute Bergner, Wilfriede Fiedler

Kristallzucht wurde erst im Vakuum erfolgreich

Optische Bauelemente mit einem weiten Bereich an Brechzahlen und unterschiedlichem Absorptionsverhalten eröffnen in der Optik viele Möglichkeiten.

Im Kristalllabor von Carl Zeiss in Jena wurde bereits in den 30er Jahren des 20. Jahrhunderts erfolgreich an der künstlichen Herstellung von Kristallen unter Vakuumbedingungen experimentiert. Ein erster bedeutsamer Erfolg war die Züchtung des Mischkristalls KRS-5, die dem im Kristalllabor von Alexander Smakula arbeitenden Rudolph Koops (1913–1958) 1941 gelang.[65]

Bild 29: Rudolph Koops, 1958, ZEISS-Archiv CZO B 211.

Nachdem bald nach Kriegsende die Arbeitsfähigkeit des Kristalllabors in bescheidenem Umfang wiederhergestellt war, wurde Ende der 40er Jahre ein umfangreiches Entwicklungsprogramm für Kristallzüchtungsverfahren auf den Weg gebracht: Dabei wurden „Züchtungsverfahren folgender für optische, piezoelektrische und elektronische Verwendungszwecke benötigter Einkristalle und Einkristallsysteme ermittelt: NaF, LiF, CaF_2, $(NH_4)_2$, NPO_4 (ADP) Äthylendiamintartrat (SDT), Dikaliumtartrat (DKT), Li_2So, Quarz, $BaTiO_3$; Kupferhalogenide, binäre Schwermetallhalogenidsysteme; Bleisulfid, Bleiselenid, Bleitellurid, Vervielfacherkristalle." Geplant war die „Kristallzucht aus der Schmelze" von: Steinsalz, Sylvin, Kaliumbromid, Lithiumfluorid, Natriumfluorid, Flussspat und KRS 5.[66] Parallel dazu war die Züchtung von Kristallen „aus der Lösung" vorgesehen.

1949 begann unter Leitung von Joachim Bittner und W. Lüdke im Südwerk der Aufbau einer Kristallzuchtanlage für Quarz und Flußspat.[67] Im Zuge der Entwicklung der Optik spielte die „Warengruppe Kristalle" eine immer bedeutsamere Rolle, wie im Jahresbericht 1964 zu Ausdruck kommt: „Die FE-Arbeiten auf dem Gebiet der Kristallzucht von CZ haben einen bestimmenden Einfluß auf die Produktion hochleistungsfähiger Präzisionsgeräte des feinmechanisch-optisch-elektronischen Gerätebaus. Die Kristallproduktion von ca. 6.000 kg/Jahr wird überwiegend zu 80 % in den Geräten des VEB Carl Zeiss eingesetzt. Der Produktionswert dieser kristallabhängigen Geräte beläuft sich pro Jahr auf 23 Mill. DM."[68] Verschiedenste Kristalle, die in der Natur selten vorkommen und auch nicht immer der geforderten Reinheit genügen, sollten auf künstlichem Weg hergestellt werden. Dabei spielten die Verfügbarkeit und Weiterentwicklung von Vakuumanlagen bis hin zu geeigneten Komponenten und Hilfsmitteln eine wesentliche Rolle, wie z. B. bei der Züchtung von Lithiumfluorid-

JENAER JAHRBUCH ZUR TECHNIK- UND INDUSTRIEGESCHICHTE

2017 Band 20

Der Verein für Technikgeschichte in Jena e.V. gibt seit 1999 eine Buchreihe zur Technik- und Industriegeschichte heraus. Neben technikwissenschaftlichen Beiträgen und Würdigungen von Persönlichkeiten berichten hier auch Wissenschaftler über aktuelle Themen aus akademischer und industrieller Forschung.

Das Inhaltsverzeichnis finden Sie auf der Rückseite dieser Karte. Ausführlichere Informationen über den Inhalt aller bisher erschienenen Bände finden Sie im Internet: **www.technikgeschichte-jena.de**

Bezugsquellen für alle Bände
sowie Einzelartikel als PDF (auch via Internet):
Dipl.-Phys. Erich Greger
Lindenstraße 3, 07747 Jena
Telefon/Fax 03641 334414
greger@technikgeschichte-jena.de
im Buchhandel und über unsere Website
www.technikgeschichte-jena.de

Technik-Geschichte in Jena e.V.

VERLAG VOPELIUS JENA

Eine Buchreihe des Vereins Technikgeschichte in Jena e.V.
Herausgeber: Peter Hahmann

Diese Publikation unterstützten:

Inhalt Band 20

Volker Guyenot (Jena)
Das Zeiss-Denkmal in Jena

Volker Guyenot (Jena)
Professor Dr.-Ing. Manfred Steinbach

Manfred Steinbach † (Jena)
Zuarbeit für das 39-m-Teleskopprojekt der ESO

Manfred Steinbach † (Jena)
Hexapode im Präzisionsgerätebau

Manfred Steinbach † (Jena)
Blechbaugruppen für Präzisionsgeräte

Renate Tobies (Jena)
Moritz von Rohr: Optik – Mathematik – Medizintechnik

Hartmut Heuermann (Braunscheig)
Englisch in Wissenschaft und Technik
als sprachwissenschaftliches Problem

Ute Bergner, Wilfriede Fiedler (Großlöbichau)
Jena und die Vakuumtechnik

Joachim Ludwig (Kahla)
Die Geschichte der Reinraumtechnik und
deren Weiterentwicklung in der Region Jena

Thomas Elbel (Bad Sachsa)
Thermische Strahlungsempfänger aus Jena:
Von den Vakuumthermosäulen VTH1 und VTH20
bis zu den Mikrosensoren auf „Tschuri" und Mars

Peter Bussemer, Joachim Müller (beide Gera)
Die Physikalisch-Technische Reichsanstalt
in Ostthüringen – Forscher und Forschungen

Friedmar Kerbe, Karl-Eduard Knaf (beide Hermsdorf)
40 kW-Großmesssender der HESCHO in Hermsdorf

Peter Hahmann (Jena)
Handferngläser von 1894 – 1919

**360 Seiten, 285 Abbildungen, 11 Tabellen, vollfarbig,
fester Einband, 34,00 €, ISBN 978-3-939718-35-2**
Verlag Vopelius Jena, verlagvopelius@email.de

Der Verein hat sich jahrelang für das Denkmal zur Ehrung
von Carl Zeiss engagiert. Am 16. September 2017 wurde es
eingeweiht. Der Umschlag zeigt Ansichten von zwei Seiten.

Kristallen: „Gute Ergebnisse konnten jedoch nur bei Züchtung bei einem Druck von 10E-04 Torr erzielt werden. ... Nur die nach der modifizierten Stöber-Methode im Hochvakuum gezüchteten Kristalle zeigten gute Ergebnisse, während die bei einem Vakuum von 10E-02 Torr und die unter Schutzgas gezüchteten Kristalle einen Abfall der Durchlässigkeit im UV und eine geringe Absorptionsbande bei 2,7 μm aufweisen. Da die gezüchteten Kristalle in der Größe für Prismen nicht ausreichen, wurde durch die Versuche festgestellt, wie der großtechnische Versuch durchgeführt werden muss. Es ist dazu eine Hochvakuumanlage erforderlich, die nach der Stockbarger-Methode arbeitet."[69]

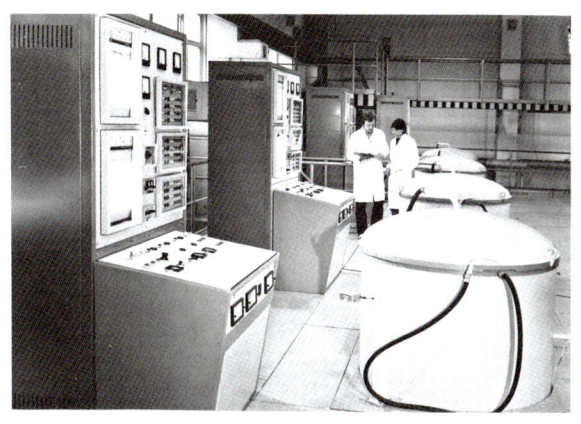

In den 60er und 70er Jahren stand die Züchtung von Barium- und Natriumfluorid-Einkristallen im Vordergrund.[70] In den von Zeiss entwickelten VaKrist-Anlagen (Bild 30 und Bild 31) sind, zunächst bei Zeiss in Jena und bis 1994 im Betriebsteil Eisenberg unter Vakuumbedingungen im großen Maßstab vor allem Kalziumfluorid-Kristalle für den Einsatz in der Optik gezüchtet worden. Bei Schott Lithotec in Jena wurden bis zur Übernahme der Produktion durch die Helma Optik GmbH 2010 Kristalle „mit Scheibendurchmessern bis zu 350 Millimetern in unvergleichlicher Reinheit hergestellt, die über 100 Kilogramm schwer waren."[71]

Bild 30: Kristallzuchtanlage im Carl Zeiss Betriebsteil Eisenberg, ZEISS-Archiv VEW 707 e.

Bild 31: Kristallzuchtanlage im Carl Zeiss Betriebsteil Eisenberg, ZEISS-Archiv VEW 464 b.

Lasertechnik – ein stabiles reines Gasgemisch ist erst durch technisches Know-how in der Vakuumtechnik möglich

Anfang der 60er Jahre begann die Entwicklung von Lasern und Jena wurde zu einem bedeutenden Zentrum der Laserentwicklung. Reinhart Neubert baute 1963 in Jena den ersten Gaslaser Deutschlands. Zuerst wurden He/Ne-, dann CO_2-, Ar- und

Rubin-Laser gebaut. Der erste He/Ne Laser bestand aus einem langen Quarzglasrohr (Bild 32 u. Bild 33) mit im Gas befindlichen Resonatorspiegeln. Aus der Resonatortheorie ergab sich die Notwendigkeit, dass die Spiegel zur Optimierung der Leistungsfähigkeit von außen justierbar sein mussten. Das stellte hohe Anforderungen an bewegliche Dichtstellen – eine der großen Herausforderungen an die Vakuumtechnik. Die Spiegel wurden mit Hilfe eines Kupferfaltenbalges, der an das Glas angeschmolzen war, justiert. Um die geforderte Reinheit des He/Ne-Gasgemisches sicherzustellen, musste das Glasrohr vor der Befüllung auf 1/100 Torr abgepumpt werden. Die Evakuierung erfolgte mit einer Quecksilber-Diffusionspumpe. Diese Pumpe wurde gleichzeitig eingesetzt, um das He/Ne-Gasgemisch zur Erneuerung umzupumpen. Beim Umpumpen wurde das Gasgemisch über eine Kühlfalle mit Aktivkohle geleitet, um die notwendige Sauberkeit zu gewährleisten. Die Lage und Justierbarkeit der Resonatorspiegel waren ein Erfolgsfaktor für die Laserentwicklung. Sie wurden im zweiten Schritt auf das Laserrohr aufgesprengt, bis sie sich dann außerhalb befanden. Trotz aller Verbesserungen kämpfte man bei den He/Ne-Lasern weiter gegen Rückkopplungen und Instabilitäten bei der Polarisation. Diese waren vor allem dadurch bedingt, dass das He/Ne-Gasgemisch immer noch zu viele Luftbestandteile enthielt, die über die Dichtverbindungen eindrangen. Durch den Einsatz ausgasreduzierter Materialien und hochwertiger Dichtungstechnologien sowie die Minimierung lösbarer Verbindungen, Grundelementen des vakuumtechnischen Know-hows, gelang der Durchbruch zur Weltmarktführung. Die Lebensdauer mancher He/Ne-Laser erreichte aufgrund hervorragender Dichtungen durchaus 30 Jahre.[72]

Bild 32 und Bild 33: Innenspiegel-Laser mit Faltenbälgen (Kupfer). Endflansche mit Cu-Dichtungen. Entladungsrohr aus Quarzglas. Anregung mit HF (ca. 27 MHz) über Außenelektroden.
Ebene Resonatorspiegel für die Wellenlänge 1,15 µm. (Mit freundlicher Genehmigung von Dr. Reinhart Neubert)

Reinhart Neubert, der „für seine bahnbrechenden Beiträge für die Entwicklung und Anwendung von Lasern" 2012 mit der Ehrendoktorwürde der Friedrich-Schiller-Universität Jena geehrt wurde[73] (Bild 36), hat die Funktionsweise und die zu lösenden Probleme wie folgt beschrieben: „Die Evakuierung [erfolgte] mittels einer Hg-Diffusionspumpe aus Glas. Eine weitere Hg-Diffusionspumpe diente zum Umpumpen des He-Ne-Gasgemischs, wobei das Gas über eine Kühlfalle mit Aktivkohle geleitet wurde. Diese Röhren fanden Verwendung für die ersten He-Ne-Laser der Firma Carl Zeiss Jena, die auf der Leipziger Frühjahrsmesse 1964 ausgestellt wurden. Ein Problem war die geringe Lebensdauer durch Verarmung des Ne-Anteils im Gemisch. Erwartet wurde eine Verarmung an Helium wegen der bekannten Diffusion durch Quarzglas. Aber genau das Gegenteil trat ein (vermutlich ein Getter-Effekt im Bereich der Außenelektroden)."[74]

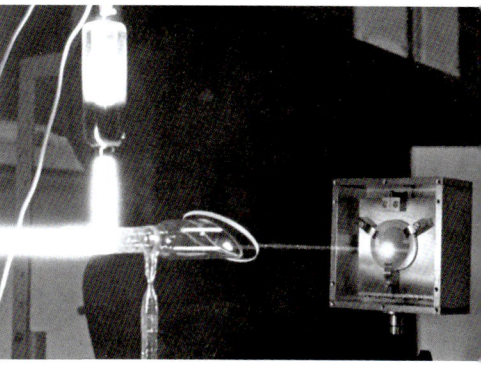

Bei CO_2-Lasern arbeitete man lange Zeit mit nicht abgeschmolzenen Verbindungen. Hier setzte sich das Anschmelzen nur bis zu Leistungen von 1 kW durch. Darüber hinaus brauchte man nach wie vor temperaturstabiles und leckarmes Dichtungsmaterial. Um die Desorption zu minimieren, wurden u. a. Dichtungsringe aus Perbunan mit Indiumfolie umhüllt.[75]

Bild 34: Detailansicht eines Innenspiegel-Lasers mit Gleichstrom-Anregung (geheizte Oxid-Kathode). Das Entladungsrohr befindet sich am Pumpstand, die Abschmelzstelle ist zu erkennen. (Mit freundlicher Genehmigung von Dr. Reinhart Neubert)

Bild 35: Außenspiegel-Laser mit abgeschmolzenem Entladungsrohr. Brewsterfenster aus optischem Glas (K13), aufgekittelt mit Glas-Keramik (Vitokeram-Zement C3). Der mittlere Teil der Röhren bestand aus Quarzglas. Die Anregung erfolgte mit Hochfrequenz. Konkave Resonatorspiegel für die Wellenlänge 0,63 µm. (Mit freundlicher Genehmigung von Dr. Reinhart Neubert)

Bild 36: Ehrung von Dr. Reinhart Neubert (M.) mit der Ehrendoktorwürde der FSU, Rechts: Prorektor Prof. Dr. Thorsten Heinzel, links: Dekan Prof. Dr. Bernd Brügmann, 3. Dezember 2012. (Foto: Jan-Peter Kasper/Universität Jena)

Elektronenoptik braucht sauberes Vakuum

Um immer größere Auflösungen zu bekommen, muss – u. a. nach dem Abbeschen Gesetz – die Wellenlänge weiter verkürzt werden, was folgerichtig zur Entwicklung von Elektronenmikroskopen und später zu Elektronenbelichtungsanlagen führte, wobei Carl Zeiss Jena mit den Erzeugnissen ZRM und ZBA im Markt erfolgreich war. Immerhin sollen über 120 Lithographie-Geräte verkauft worden sein.

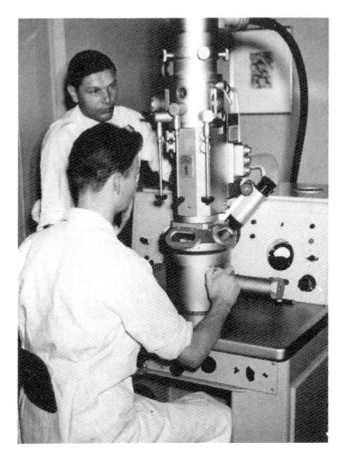

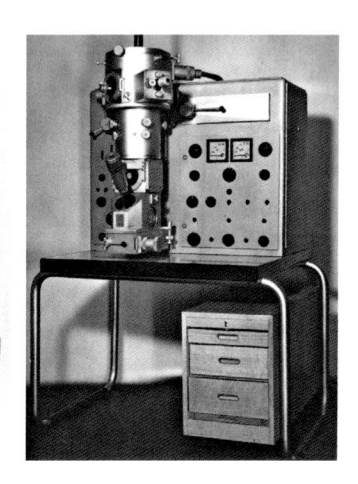

Bild 37: Elektronenmikroskop (ELMI) D 2, Carl Zeiss Jena, 1952, ZEISS-Archiv BI 15287.

Bild 38: Elektronenoptische Anlage EF4: Kombination von Elektronenmikroskop und Elektronenbeugungsanlage, 1959, ZEISS-Archiv BI 15951_1.

Bild 39: Elektronenoptische Anlage EF6 (der Elektronenstrahler und das Objektsystem werden gegen eine Emissionseinrichtung ausgewechselt), 1959, ZEISS-Archiv BI 15951_15

Das erste elektrostatische Elektronenstrahlmikroskop wurde bei Zeiss Jena 1951 als Vorseriengerät fertiggestellt, das 1952 als ELMI D2 auf den Markt kam (Bild 37). Mit dem EF 4 wurden ab 1959 auch elektromagnetisch-elektronenoptische Anlagen produziert (Bild 38, Bild 39).[76]

1968 begann die Entwicklung der Elektronenstrahl-Lithographiegeräte (Bild 40 und Bild 41), zu deren Gunsten später die Produktion von Elektronenmikroskopen eingestellt wurde. Das Vakuum in den Lithografiegeräten wurde bis in die 70er Jahre durch Diffusionspumpen mit einem Flüssigstickstoff-Baffle erzeugt. Aufgrund der Notwendigkeit mit einem kohlenwasserstoffarmen Vakuum zu arbeiten, kamen Ionengetterpumpen zum Einsatz. Hier kooperierte man mit dem VEB Hochvakuumtechnik Dresden (HVD), musste jedoch feststellen, dass nicht alle geforderten Parameter erfüllt werden konnten, so dass man sich im Hause Zeiss wieder selbst mit dem Bau von speziellen Ionengetterpumpen beschäftigte. Die Idee, dass die Getterpumpe den Elektronenstrahl umschließt (Bild 42), ließ man sich patentieren und baute diese selbst.[77]

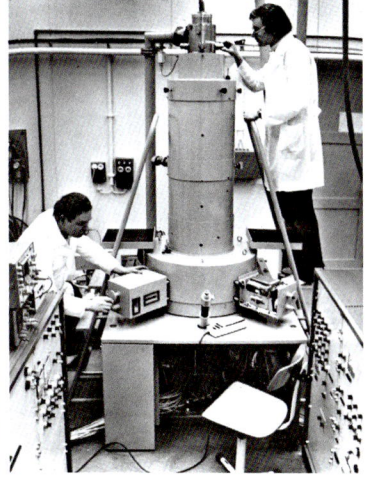

Bild 40: Labormuster Elektronenstrahl-Bearbeitungsanlage EBA 2, Carl Zeiss Jena, 1974, ZEISS-Archiv.

Bild 41: Elektronenstrahl-Bearbeitungsanlage ZBA 10, Carl Zeiss Jena, 1979, ZEISS-Archiv GB B 1154.

Die Leistungsfähigkeit der Lithographiegeräte wird wesentlich durch die Qualität des Vakuums bestimmt, in dem sich der Elektronenstrahl bewegt. Geeignete Pumpen, ausgasarme Materialien, minimale Anzahl lösbarer Verbindungsstellen und der Einsatz von Metalldichtungen sind der Erfolgsfaktor für die Elektronenstahllithographie.

Peter Hahmann[78] hat die Bedeutung Jenas für die Entwicklung und Anwendung der Elektronenstrahllithographie und die Leistungen der Entwickler auf dem Gebiet der Elektronenoptik kenntnisreich und detailliert dargestellt. Eine große Rolle spielten dabei die elektronenoptischen Rechnungen von Eberhard Hahn.[79]

Bild 42: Strahler mit Ionengetterpumpe. (Mit freundlicher Genehmigung der VISTEC Electron Beam GmbH Jena)

Entwicklung der Vakuumtechnik in Jena nach 1989

Mit dem Fall der Mauer, dem Ende des Kalten Krieges und der Wiedervereinigung der beiden deutschen Staaten wurde die Struktur der Wissenschafts- und Industrielandschaft in Jena völlig umgestaltet. Die Vakuumtechnik jedoch blieb ein wichtiges Instrument zum Erkenntnisgewinn und ist Voraussetzung für viele Hightech-Produkte des 21. Jahrhunderts. Das Kombinat Carl Zeiss am Standort Jena wurde aufgespalten: in einen Bereich, der mit Zeiss Oberkochen wiedervereinigt wurde, in das Unternehmen Jenoptik und viele kleine mittelständische Unternehmen.

Die Akademie der Wissenschaften der DDR wurde umstrukturiert, es entstanden das Fraunhofer-Institut für Angewandte Optik und Feinmechanik (IOF)[80] unter Leitung von Wolfgang Karthe und das Institut für Physikalische Hochtechnologie (IPHT). Das aus dem 1982 gegründeten Physikalisch-Technischen Institut (PTI) der Akademie der Wissenschaften der DDR 1992 hervorgegangene IPHT entwickelte sich 2007 zum Institut für Photonische Technologien und wurde 2014 in die Leibniz-Gemeinschaft aufgenommen.[81] Für beide Institute sind Vakuumtechnologien mit herausragenden Qualitäten, d. h. solchen, die an die Grenze des Machbaren stoßen, wichtige Voraussetzung für die Entwicklung neuer optischer Technologien. Ein Beispiel hierfür sind die Extrem Ultra Violett (EUV)-Spiegelbeschichtungen, die am IOF in der Abteilung Optische Schichten unter Leitung von Norbert Kaiser entwickelt wurden. Noch im Jahre 2008 war diese Arbeitsgruppe soweit bekannt als einzige in der Lage, Spiegel mit einem Durchmesser von 660 mm zu beschichten (Bild 43). Hier kommt wieder die schon oft genannte Lithographie ins Spiel. Integrierte Schaltkreise werden optisch, durch Projektion feinster Strukturen, mit sogenannten Wafersteppern hergestellt. Je kürzer die Wellenlänge, so Abbe, umso feiner die Strukturen, und unter EUV versteht man 13,5 nm Wellenlänge. Die Beschichtungen müssen atomar genau hergestellt werden; das gelingt nur in einem Vakuum mit minimalen Restgasgehalten, vor allem Kohlenwasserstoffen.[82]

Im Jenaer Umfeld der vakuumabhängigen Hochtechnologiewelt gründete die Jenaer Physikerin Ute Bergner 1992 zusammen mit dem Liechtensteiner, aus Weißenfels stammenden Physiker Gerhard Ritzschke die VACOM Vakuum Komponenten & Messtechnik GmbH. Aus dem Forschungsumfeld der optischen Schichten kommend, promovierte Ute Bergner 1988 zum Thema „Beiträge zur Untersuchung von Kreuzkorrelationseffekten zwischen Grenzflächen bei gesputterten Titanoxidschichten". Gepaart mit den Erfahrungen aus dem Vertrieb der Firma Balzers, gab sie den Startschuss dafür, dass die Entwicklung und Produktion von Vakuumkomponenten wieder nach Jena zurückkehrten. Angefangen als Vertriebsfirma für Vakuumkomponenten lernte die Physikerin die Marktbedürfnisse und Marktlücken des so wichtigen „Nischenmarktes" kennen. 1997 brachte VACOM das erste Kombinationsmessgerät Bayard-Alpert- mit Pirani-Sensor unter dem Markennamen ATMION® auf den Markt. Zur Fertigung der ATMIONs gründete Ute Bergner zusammen mit dem Physiker Ingo Stiebritz und dem Elektronikingenieur Peter Storch die VACOM Steuerungsbau und Service GmbH, die heute als JEVATEC firmiert. Um erkannte Marktlücken besser schließen zu können, ist es notwendig, dass die Ideen selbst umgesetzt werden können. Das

Bild 43: Kollektorspiegel für die EUV-Lithographie, erste erfolgreiche Beschichtung am 04.11.2008[83]. (Mit freundlicher Genehmigung des IOF Jena)

gilt sowohl für die Vakuummechanik als auch für die Vakuummesstechnik. So wurde im Jahr 2001 das erste englische Tochterunternehmen DJB, später VACOM UK Ldt., gegründet. Relativ schnell reifte die Erkenntnis, dass Präzision in der Vakuumtechnik ebenso wichtig wie gute deutsche Ingenieurkunst ist. Deshalb wurde die Fertigung von Vakuumkomponenten wieder nach Jena und Umgebung verlegt.

Bild 44: Erstes Unternehmensgebäude von VACOM in Jena-Ost.

Bild 45: VACOM Produktions- und Technologiezentrum in Großlöbichau bei Jena.

In der Vakuumtechnik wurde weltweit sehr viel probiert und nach bewährten „Kochrezepten" gearbeitet, ähnlich wie vor über 100 Jahren anfänglich beim Bau von Mikroskopen.

Vakuumtechnik als Grundlage für Erkenntnisgewinnung und Hochtechnologie braucht gemäß dem Vorbild von Abbe und Zeiss die Einheit von wissenschaftlichem Fundament und „handwerklicher" Kunst. Forschung und Entwicklung bei VACOM und die Umsetzung in nutzbringende Produkte machen die Vakuumtechnik in Jena wieder innovativ. Die Aufarbeitung physikalischer Grundlagen, ihre Anwendung auf die Vakuumphysik und -technik sowie ihre experimentelle Verifizierung ermöglichen es, in Kombination mit altbewährten Prinzipien, in neue Dimensionen des Vakuums vorzustoßen. Heute ist VACOM ein mittelständisches Unternehmen mit ca. 200 Beschäftigten in Jena, Großlöbichau und Belgien (Bild 44 und Bild 45), wobei Eigentum und Verantwortung in den Händen der Familie Bergner liegen.

In Würdigung ihrer „herausragenden Leistungen auf den von der Deutschen Vakuumgesellschaft (DVG) betreuten Wissenschafts- und Technologiebranchen", wie es in der Urkunde heißt, wurde Ute Bergner 2013 mit dem Rudolf-Jaeckel-Preis der Deutschen Vakuumgesellschaft (DVG) geehrt (Bild 46).[84] 2015 wurde ihr der vom Thüringer Wirtschaftsministerium im Verbund mit der Stiftung für Technologie, Innovation und Forschung Thürin-

Bild 46: Dr. Ute Bergner erhält den Rudolf-Jaeckel-Preis 2013 der Deutschen Vakuumgesellschaft (v.l.n.r. Prof. Dr. Michael Kopnarski / IFOS; Ton Van de Kerkhof / ASML; Dr. Ute Bergner / VACOM; Prof. Dr. Witold Gulbinski / TU Koszalin).

Bild 47: Die VACOM-Gründerin wird 2015 mit dem Ernst-Abbe-Preis für innovatives Unternehmertum geehrt. (Foto: Candy Welz / STIFT)

gens, dem TÜV Thüringen und der Ernst-Abbe-Stiftung ausgelobte Ernst-Abbe-Preis für innovatives Unternehmertum verliehen (Bild 47).[85]

Heute ist Jena und Umgebung ein Zentrum für
- Optikbeschichtung
- Kristallzucht
- Elektronenoptik und Lithographie
- Gaslaserproduktion

Technologien, die ohne Vakuum undenkbar sind. Neben der Physikalisch-Astronomischen Fakultät der Friedrich-Schiller-Universität, dem Fraunhofer-Institut IOF, dem Leibniz-Institut IPHT gibt es im Raum Jena eine ganz Reihe von Hightech-Unternehmen, die ohne Vakuumtechnik nicht produzieren könnten, z. B.:
- Carl Zeiss Jena GmbH, (SMT/SMS. Optikbeschichtung)
- JENOPTIK AG (Laser, Optik, Systeme, Dünnschichtzentrum)
- LAYERTEC GmbH
- Hellma Optik GmbH (Kristallzucht)
- PVA Vakuum Anlagenbau Jena GmbH (Vakuum-, Kristallzucht- und Plasma-Anlagen)
- LASOS Lasertechnik GmbH (Festkörperlaser)
- Vistec Electron Beam GmbH (Elektronenstrahl-Lithographie-Anlagen)
- Optics Balzers Jena GmbH (optische Beschichtung)
- optiX fab (EUV-Optik)

Dazu kommen kleinere auf Dienstleistungen rund um die Vakuumtechnik spezialisierte Firmen wie JEVATEC und 4H-JENA engineering.

In Jena wurde nach dem 2. Weltkrieg eine Tradition begründet, die sich der Entwicklung und Herstellung von Vakuumkomponenten und den ständig steigenden Anforderungen an ein „sauberes Vakuum", sei es öldampffrei, kohlenwasserstoff-, sauerstoff- oder schwermetallarm, widmet. Angefangen bei Carl Zeiss in der Nachkriegszeit bis heute durch VACOM mit der Leitmarke Precision und Purity werden in Jena und Umgebung Vakuumkomponenten der Weltspitzenklasse entwickelt und hergestellt.

Vakuumkomponenten aus Jena

Forschungsergebnisse sind umso besser, je ausgereifter die eingesetzten Werkzeuge sind, deren sich die Forscher bedienen können. Die Leistungsfähigkeit von Vakuumanlagen wird durch die Zeit, in der der gewünschte Enddruck mit einer entsprechenden Qualität (Gaszusammensetzung, die applikationsbedingt verschiedene Spezifikationen aufweist) erreicht wird, bestimmt. Diese Leistungsfähigkeit wird beeinflusst durch das verwendete Material, dessen Ausgasverhalten und Dichtfähigkeit sowie durch die Pump- und Messtechnik. Am Beispiel der Entwicklung der Pumpen- und Messtechnik sowie der Rezipienten soll die Komponentenentwicklung in Jena seit dem Ende des 2. Weltkrieges näher beleuchtet werden.

Pumpen zum Erzeugen von Hochvakuum

Nach dem 2. Weltkrieg war auf dem Territorium der DDR der einzige Pumpenhersteller die Firma Holland-Merten in Sangerhausen, deren Pumpen sich auf den Vorvakuumbereich beschränkten. Damit ergab sich die Notwendigkeit für die Firma Zeiss, Hochvakuumpumpen selbst zu bauen und weiterzuentwickeln.

„Durch die Erfindung der Diffusionspumpe von W. Gaede im Jahre 1914 konnte die Vakuumtechnik aus dem Stadium der Laborversuche heraus auf weite Gebiete der Technik und Industrie übergreifen. Die immer höher werdenden Anforderungen in Bezug auf erreichbares Endvakuum, Sauggeschwindigkeit, Betriebssicherheit und technische Ausführungsform, die mit wachsendem Bedarf an Vakuumerzeuger gestellt wurden, lösten eine Vielzahl von Entwicklungen zur Verbesserung der Gaedeschen Diffusionspumpe aus."[86]

Parallel dazu entwickelte Arthur Pfeiffer auf der Grundlage einer Lizenz für die sogenannte Geryk-Öl-Luftpumpe die Öldiffusionspumpe für den fertigungstechnischen Einsatz weiter, die dann auch in der 1890 von ihm gegründeten Firma gebaut wurde.

„Dabei spielt die Öldiffusionspumpe besonders wegen des Vorteils, daß bei dieser eine Kühlung mit flüssiger Luft nicht erforderlich ist, eine wichtige Rolle. Trotzdem haben aber die Quecksilberdiffusionspumpen ihre große Bedeutung behalten. Sie werden überall dort eingesetzt, wo es darauf ankommt, Hochvakuum zu erzielen, welches frei ist von Kohlenwasserstoffen, da Kräckprodukte der Ölmoleküle in vielen Fällen den Erfolg der Arbeit behindern oder evtl. sogar ausschließen."[87] Kohlenwasserstoffe und deren Kräckprodukte sind besonders schädlich in der Kristallzucht und in der optischen Beschichtung, da sie die (Licht)-Absorption optischer Schichten erhöhen. Quecksilber-Diffusionspumpen erreichen einen niedrigen Enddruck und haben den Vorteil, dass keine Zersetzungsprodukte des Treibmittels entstehen können und sind deshalb für die „Höchstvakuumtechnik" immer noch von großer Bedeutung.

Deshalb wurden auch im Hause Zeiss bis weit über die 60er Jahre immer noch Quecksilberdampfpumpen eingesetzt. Auf beiden Seiten des „Eisernen Vorhangs" wurde intensiv an der Qualifizierung der Öldiffusionspumpen für ein „sauberes" Endvakuum gearbeitet. Erich Pfeiffer führte die vom Vater gegründete Arthur Pfeiffer Vakuumtechnik Wetzlar GmbH weiter und somit auch die Untersuchungen, wie der Kohlenwasserstoffanteil im Restgas des durch eine Öldiffusionspumpe erzeugten Vakuums verringert werden kann. Hier setzte man zur Verhinderung der Ölrückströmung ein rotierendes Flügelrad ein.

Bild 48: Hochvakuum-Hg-Diffusionspumpe, 1961, CZ Archiv BACZ 21819.

Versuche des bei Arthur Pfeiffer als Laborleiter beschäftigten Willi Becker zeigten, dass die Ölrückströmung immer geringer wurde, je schneller sich das Flügelrad drehte und je mehr Flügelräder im Einsatz waren. Als Becker dann feststellte, dass die vielen schnell rotierenden Flügelräder selbst eine Pumpwirkung hatten, wurde er 1958 zum Erfinder der Turbomolekularpumpe, die dann für viele Anwendungen die Öldiffusionspumpe obsolet machte.[88]

In Jena im Hause Zeiss dagegen setzte man auf Kühlbaffle, die sowohl für Quecksilber- als auch Öldiffusionspumpen geeignet waren. Die seit 1956 in Serie gebaute Öldiffusionspumpe mit 120 l/s Sauggeschwindigkeit musste weiterentwickelt werden. Dazu gab es folgende Anforderungen: „Werkstoff Stahl, möglichst legiert, kleine Bauhöhe, dreistufig, fraktionierend, kaskadenförmiges Siedeteil".[89] So entstand eine wichtige Baureihe von Öldiffusionspumpen (Bild 49 und Bild 50) auf der Grundlage des Patents „Mehrstufige Hochleistungs-Diffusions-Vakuumpumpe".[90]

Zwischen 1955 und 1970 sind folgende Öldiffusionspumpen

mit geringer Rückdiffusion gebaut worden, die Enddrücke kleiner 10E-06 Torr ohne Ausfriervorrichtungen erreichten.

HVPO 30	NW 32,	30 l/sec
HVPO 120	NW 65,	120 l/sec
HVPO 150	NW 150,	500 l/sec
HVPO 500	NW 250,	2000 l/sec
HVPO 2000	NW 500,	5000 l/sec

Um ein Endvakuum von kleiner 5 x 10E-07 Torr zu erreichen, wurde 1961 die Weiterentwicklung der Quecksilberdiffusionspumpe angestoßen. Das Ergebnis war bezüglich seiner Sauggeschwindigkeit der Quecksilberdiffusionspumpe vom Typ Quick 100 der Firma Leybold aus Köln ebenbürtig.[91]

Alle Geräte und Anlagen bei Zeiss wurden mit diesen Hochvakuumpumpen ausgerüstet. Die Rückdiffusion wurde mit den Hochvakuumaggregaten HVA der Nennweiten 32, 65, 150, 250 mm reduziert, die wahlweise wassergekühlt oder auf –30 °C tiefgekühlt waren. Die Treibmittelrückströmung wurde bei der Typenreihe HVPO um das Zehntausendfache reduziert.[92]

Bild 49: Hochvakuum-Öldiffusionspumpen HVP-120, -300, -2000, Carl Zeiss Jena, 1960ff, ZEISS-Archiv BIII 14063.

Bild 50: Montage von Hochvakuum-Öldiffusionspumpen, Zeiss 1965, ZEISS-Archiv BIII 11983_1.

Analog zur Wirkung des Flügelrades stellten die Jenaer Vakuumtechniker fest, dass die Baffle mit sinkender Temperatur nicht nur die Ölrückströmung wirkungsvoller verhinderten, sondern auch eine eigene Pumpwirkung entwickelten.

In dem Zusammenhang wurde auch die Entwicklung von Kryopumpen thematisiert. 1966 gab Zeiss eine Studie über die Eigenschaften und Einsatzmöglichkeiten in Auftrag. Der beauftragte Ernst Müller, der damit an der TH Dresden promovierte, sah zwar Möglichkeiten für den Einsatz von Kryopumpen aufgrund der immer höheren Anforderungen nach besserem Vakuum, kam aber zu dem Schluss, dass: „Durch die Verbesserung der Pumpentreibmittel … heute bei der Verwendung von Diffusionspumpen in den üblichen Standardpumpständen weitgehend auf tiefe Temperaturen verzichtet werden [kann], da schon die Verwendung von wassergekühlten oder thermoelektrisch gekühlten Dampfsperren bzw. der Einsatz von Adsorptionsmitteln bei Zimmertemperatur das Erreichen genügend guter Vakua gewährleistet."[93]

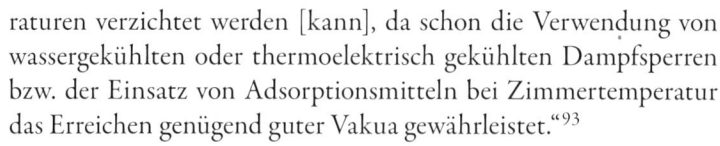

Mit den wachsenden Anforderungen an sehr gute und stabile Vakuumbedingungen kamen auch Ionengetterpumpen in den Fokus der Pumpenentwicklung bei Zeiss. Zur Herstellung von Bildverstärkern wurde 1965 in nur neun Monaten eine Getterionenpumpe (GIP 0,1) entwickelt und hergestellt, die zur Ultrahochvakuumerzeugung und Aufrechterhaltung an abgeschlossenen Vakuumsystemen benutzt werden konnte (Bild 51, Bild 52). Sie bestand aus einem Glasgehäuse mit einer Öffnung zum direkten Anschmelzen oder mit angeschmolzenem Vakuumflansch, in dem die Elektroden des Pumpsystems auf der gegenüberliegenden Seite des Systems eingeschmolzen sind.[94]

Bild 51: Angeschmolzene Ionengetterpumpe GIP 0,1, Carl Zeiss Jena, 1962, ZEISS-Archiv BACZ 2413_2.

Diese von der Einbaulage unabhängige Pumpe arbeitete auf der Basis der Zerstäubung eines reaktiven Metalls und der Ionisierung von Gasen und Dämpfen durch eine Glimmentladung. Die Glimmentladung konnte mit dem Penningsystem für Drücke kleiner 10E-09 Torr stabil gehalten werden. Die Pumpe erreichte im Druckbereich zwischen 10E-05 und 10E-08 Torr eine Sauggeschwindigkeit von 0,1 l/s, brachte ein Endvakuum von kleiner 10E-08 Torr und hatte eine Leckrate kleiner als 10E-12 Torr l/s. Nachdem 40 Bildverstärker mit dieser Pumpe ausgerüstet waren und die Bildverstärker stabil damit arbeiteten, war die erste Getterionenpumpe in der optischen Anwendung im Hause Zeiss etabliert. Die Pumpe wurde ebenfalls sehr erfolgreich zur Undichtigkeitsprüfung im Ultrahochvakuumbereich eingesetzt. Die Nachweisgrenze der Dichtheitsprüfung lag bei 10E-12 Torr l/s.

1962 analysierte Klaus Kaschlik in seiner Diplomarbeit Pumpverfahren zum Erreichen des UHV und schätzte die Kaltkatoden-Ionengetterpumpe als „Eine sehr elegante Methode zur Erzeugung von UHV" ein.[95] Die Ionengetterpumpe lässt sich hervorragend für die Anwendung an elektronenoptischen Systemen modifizieren, indem sie den Raum, in dem sich die Elektronen bewegen, gleichmäßig umschließt und damit die Sauggeschwindigkeit erhöht.[96]

Weltweit entwickelte sich die Ionengetterpumpe aufgrund ihrer Erschütterungsfreiheit zu einer wichtigen Komponente für die Elektronenmikroskopie oder in der Beschleunigertechnologie. Die Trioden- und Diodenpumpsysteme, konventionell und edelgasstabilisiert werden aufgrund des Nischenmarktes von nur wenigen

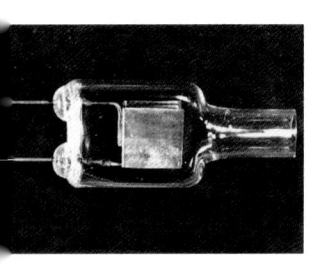

Bild 52: Ionengetterpumpe GIP 0,1, Carl Zeiss Jena,1962 ZEISS-Archiv BACZ 24713_1.

Firmen (heute Agilent, ehemals Varian, und Edwards, ehemals Gamma) hergestellt. Seit 2014 werden auch in Jena bei der Firma VACOM Vakuum Komponenten & Messtechnik GmbH Ionengetterpumpen unter der Marke REVION® produziert (Bild 53). Sie zeichnen sich dadurch aus, dass sie sehr kompakt sind, somit das beste Saugleistungs-Volumenverhältnis haben und über eine deutliche höhere Sauggeschwindigkeit im Ultrahochvakuumbereich verfügen als die am Markt etablierten Pumpen.[97]

Bild 53: Ionengetterpumpe REVION, VACOM 2014.

Vakuummesstechnik

Im Jahre 1953 setzte sich der Ingenieur Werner Haunstein im Rahmen des Forschungsthemas „Entwicklung eines Hochvakuummessgerätes auf der Basis des Ionisationsprozesses" mit dem Stand der Technik auseinander. Dabei ging er von dem Kaltkathoden-Ionisationsvakuummeter nach Penning (1937 in den Markt eingeführt), dem sogenannten Philips-Vakuummeter der Philips Gloeilampenfabrieken Eindhoven aus (Bild 54 und Bild 55).[98]

Das größte Problem resultierte daraus, dass die Filamente (Glühdraht) der Heißkathodensensoren aus Wolfram oder auch thoriertem Material durch die Öl- und Queecksilberabscheidungen der Pumpen zerstört wurden und oft nur über eine kurze Lebensdauer im Stundenbereich verfügten. „Für den größten Teil der technischen Prozesse im Vakuum genügen Drücke bis 10E-06 Torr. Nur für einen kleinen Teil benötigt man heute bereits Drücke kleiner 1 x 10E-06 Torr."[99]

1960/61 beschrieb Werner Haunstein das Ziel der Entwicklung: „Die technische Nutzung des Fein- und Hochvakuums auf dieser breiten Basis erfordert Vakuum-Meßgeräte, die industriellen Arbeitsbedingungen entsprechen. Diese Bedingungen sind besonders durch einfache Bedienbarkeit, betriebssichere Funktion, Unempfindlichkeit gegen äußere Umgebungseinwirkung (mechanische Zerstörung, Temperatur usw.) und verfahrensbedingte Einflüsse (Lufteinbrüche, Dämpfe usw.) gekennzeichnet."[100] Damit stand die Aufgabe der Entwicklung eines robusten industrietauglichen Weitbereichssensors von 10E-01 Torr bis 10E-06 Torr: „Das kombinierte Vakuum-Meßgerät sollte aus einem Ganzmetallmeßkopf mit sogenannter kalter Kathode für den Hochvakuum-Meßbereich und einem Heißleitervakuum-Meßgerät für den Feinvakuum-Meßbereich bestehen."[101] Im Ergebnis wurde mit dem rotationssymmetrischen Aufbau der aus der Literatur bekannten Magnetron-Ionisations-Messröhrenform[102], kombiniert

Bild 54: Kaltkathoden-Ionisations-Vakuummeter von Philips nach Penning. (Mit freundlicher Genehmigung von Eric Tauecchio)

Bild 55: Philips-Manometer an Beschichtungsanlage bei Carl Zeiss Jena, 1946, ZEISS-Archiv BI 26037.

mit dem Heißleiterwiderstand HLW-50/glasiert der Keramischen Werke Hermsdorf. Der Messbereich 1 Torr bis 10E-06 Torr wurde erfolgreich und stabil gemessen. Die elektronische Stabilisierung des Heißleiters auf eine Arbeitstemperatur, die zur Verbesserung des HVM-1 (Bild 56) vom VEB Carl Zeiss Jena erreicht wurde, war 1960/61 weltweit erstmalig und machte dieses Messgerät zur Weltneuheit, Weiterentwicklungen folgten (Bild 57).

Im Laufe der Jahre stiegen die Anforderungen an den Messbereich weiter an. Stand der Technik im Jahr 2010 ist, dass mit marktüblichen Kaltkathoden Drücke bis 10E-10 mbar gemessen werden können. (In den Anfängen der Physik des Vakuums nannte man die Einheit des Druckes Torr in Würdigung der Arbeiten Torricellis. Mit dem Übergang zu SI-Einheiten wurden für die Einheiten des Druckes Bar (bar) und Pascal (Pa) üblich. Angaben der Leistungsparameter von VACOM erfolgen in mbar, was auch im Folgenden beibehalten wird (1 Torr = 1,33 mbar)

Bild 56: Hochvakuum-Messgerät HVM-1 von Carl Zeiss Jena, 1957, ZEISS-Archiv BIII 14069.

Bild 57: Hochvakuum-Messgerät HVMK-6 von Carl Zeiss Jena, 1967, ZEISS-Archiv BACZ 24908.

Mit dem von VACOM entwickelten COLDION® smart[103] gelingt es erstmals, sechzehn Druckdekaden mit einem Kaltkathoden-Weitbereichsmanometer abzubilden. Bei der Entwicklung dieses Vakuummeters bildete, ähnlich wie bei Zeiss seinerzeit, der Ansatz von Penning das Grundgerüst für die Überlegungen und den Bau eines Labormusters. Die Vorteile dieses Aufbaus sind der äußerst robuste Aufbau und die Unempfindlichkeit gegenüber spontanen Druckerhöhungen. Im Laufe der Entwicklungen – sowohl damals als auch heute – wurde festgestellt, dass die Entladung nicht konstant über die Druckbereiche verläuft; sie wird von Entladungssprüngen begleitet. Bis zu diesem Punkt verlief die Entwicklung bei VACOM relativ ähnlich. Im weiteren Verlauf unterscheiden sich die eingeschlagenen Wege allerdings deutlich, denn um der Entladungssprünge Herr zu werden, entschied man sich bei Zeiss vom bewährten Penning-System zu dem Magnetron-Ionisations-

Messsystem zu wechseln. Diese Art der Kaltkathode oder auch das artverwandte invertierte Magnetron werden bis heute in fast allen Kaltkathodensystemen verwendet, denn sie zeigen eine stabile Entladung und sind aufgrund ihres einfachen Aufbaus kostengünstig. Diese Entscheidung ist auch aus heutiger Sicht richtig gewesen, denn der Druckbereich, der abgebildet werden sollte, umfasste insgesamt lediglich sieben Druckdekaden und die aufgrund des Embargos nicht verfügbaren Messgeräte wurden in der eigenen Optikfertigung dringend gebraucht.

VACOM dagegen ging nicht vom Design des (invertierten) Magnetrons aus, denn mit dem System sollten sechzehn Druckdekaden abgebildet werden. Dazu war es unumgänglich, sich mit der Ursache der Entladungssprünge auseinanderzusetzen. Außerdem sollten die Vorteile des Penningsystems, u. a. der robuste Aufbau, nicht aufgegeben werden, zumal die stabile Entladung des Magnetrons mit sehr hohen magnetischen Streufeldern verbunden ist. Magnetische Streufelder sind insbesondere in der täglichen Arbeit im Labor ein Störfaktor, da sie aufgrund der hohen Anziehungskraft die Arbeit mit Werkzeugen in unmittelbarer Nähe erschweren.

Eine bemerkenswerte Entwicklung wurde damals wie heute beim ergänzenden Wärmeleitungsmanometer erreicht, dass die Druckmessung bei hohem Druck sicherstellt. Seinerzeit haben die Wissenschaftler und Ingenieure von Zeiss eine neuartige elektronische Temperaturkompensation entwickelt, die der in den Konkurrenzgeräten überlegen war. Auch VACOM hat an dieser Stelle Neuland beschritten. Statt auf die altbewährte Analogtechnik zu setzen, haben sich die Entwickler auf eine im weitesten Sinne controllergesteuerte Lösung konzentriert, die eine schnelle, temperaturbeständige und robuste Datenerfassung erlaubt. Zusammenfassend lässt sich sagen, dass es Zeiss damals gelungen ist, bei dem Kaltkathodendesign den Anschluss an den Stand der Technik zu finden und mit dem Wärmeleitungsmanometer sogar darüber hinauszugehen. Auch beim Kaltkathoden-Weitbereichsmanometer von VACOM wurden die Kaltkathoden- und die Wärmeleitungseinheit über den Stand der Technik hinaus weiterentwickelt. Deshalb ist das von VACOM entwickelte Vakuummeter patentrechtlich geschützt worden.[104]

VACOM Messtechnik-Innovationen

War es für die meisten Vakuumprozesse bei Carl Zeiss ausreichend, den Druck im Bereich bis 10E-06 mbar – in der Forschung bis 10E-08 mbar – zu messen, werden heute nicht nur höhere Anforderung an die Messbereiche der Vakuummeter gestellt, die zum Beispiel beim Einsatz in Teilchenbeschleunigern im extremen Ultrahochvakuum bis in den Bereich von 10E-12 mbar zuverlässige Werte liefern müssen. Zugleich geht es immer mehr darum, Messdaten, digital, automatisiert und ortsunabhängig verfügbar zu machen.

Bild 58: COLDION® pro Kaltkathoden-Ionisationsvakuummeter für XHV 1 • 10E-12 bis 5 • 10E-04 mbar.

Bild 59: BARION® smart Innovatives in-situ ausheizbares Weitbereichsvakuummeter (Heißkathode und Pirani) 1 • 10E-11 bis 1000 mbar.

Bild 60: BARION® smartF Passives Weitbereichsvakuummeter (Heißkathode und Pirani) 1 • 10-11 bis 1000 mbar.

Mit dem Weitbereichs-Vakuummeter der BARION® (Heißkathode)- und COLDION® (Kaltkathode)-Reihe ist es VACOM gelungen (Bild 58, Bild 59, Bild 60), Drücke in einem Bereich von über 15 Größenordnungen (10E+03 bis 10E-12 mbar) mit einem einzigen Messgerät darstellen zu können. Dabei kommt zur Regelung des integrierten Pirani-Sensors ein neuartiges Prinzip zur Anwendung, eine 4-Leiter-Messung, die ein leistungsstarker Mikrocontroller steuert. Dadurch ist es möglich, die Messelektronik bei Bedarf vom Sensor zu trennen und den Sensor in situ auszuheizen. Neue Maßstäbe setzt auch das einem kleinen PC ähnelnde Bedien- und Anzeigegerät, mit dem bis zu 45 Sensoren zentral ausgelesen bzw. gesteuert werden können – über serielle Schnittstellen am PC oder auf mittels Bluetooth verbundenen mobilen Geräten wie Smartphone oder Tablet (Bild 61).[105]

Bild 61. Vakuumsensoren und Controller aus dem Totaldruck-Vakuummeterprogramm von VACOM.

Vakuumrezipienten

Die bis weit in die 50er Jahre fast ausschließlich eingesetzten Glasrezipienten waren aufgrund der mechanischen Stabilität in ihrer Größe beschränkt. Vakuumtechnisch gesehen ist Glas ein hervorragender Werkstoff, ausgasarm und mit geringer Gaspermeation (außer He.)

Die ersten Beschichtungsapparaturen verfügten über Glasrezipienten bis zu einer Nennweite von 500 mm, die von Glasbläsern hergestellt wurden (Bild 62). Das zu erreichende Vakuum wurde durch den Einsatz von Flüssigstickstoff-Kühlfallen verbessert. Diese Pumpstände wurden später auch als Baugruppen für die ersten Labormuster für elektronenoptische Geräte genutzt.

Der steigende industrielle Bedarf forderte Großrezipienten und damit den Wechsel zu einem anderen Basismaterial. Als Alternative wurden Stahl und Aluminium ausgewählt. Beide Materialien kamen jedoch nicht an das Ausgasverhalten von Glas heran. Um die Eigenschaften des Stahls zu verbessern, arbeitete man weltweit an der Höherlegierung von Stahl, um diesen „rostfrei" zu gestalten. In dieser Zeit entstanden die Legierungen, die heute als Edelstahl bekannt sind.

Neben der Konstruktion und dem Bau von Rezipienten aus Stahl wurden im Hause Zeiss in den 60er und 70er Jahren umfangreiche Forschungs- und Entwicklungsarbeiten für Vakuumkammern aus Aluminium geleistet und Versuchsanlagen gefertigt, die sich damals jedoch in der Produktion nicht durchsetzten (Bild 63, Bild 64).[106]

Bild 62: Vakuumanlage mit Glasrezipient HVAO 6/120/12, Carl Zeiss Jena, ZEISS-Archiv BI 15449.

Bild 63: Umstellung einer Hochvakuum-Bedampfungsanlage auf Leichtmetall (Aluminium) ZEISS-Archiv VACZ 21725_5_1.

Bild 64: Demonstration der leichten Handhabbarkeit, ZEISS-Archiv VACZ 21725_10_1.

Nachdem heute weiterentwickelte Aluminiumwerkstoffe und Technologien zur Verfügung stehen, bietet der Einsatz von Aluminium - insbesondere für Anwendungen im Ultrahochvakuum – signifikante Vorzüge, die einen hohen Effizienzgewinn ermöglichen.

Neben Edelstahl ist Aluminium einer der in Vakuumprozessen zunehmend eingesetzten Werkstoffe. Als sich Hubert Pohlack Ende der 50er Jahre im Vakuumlabor bei Carl Zeiss an der Umstellung von „Hochvakuum-Bedampfungs-Rezipienten auf Leichtmetalle" arbeitete, stand die Gewichtseinsparung im Vordergrund, denn die die kleineren Glasrezipienten ablösenden Bedampfungsanlagen aus Stahl ließen sich nur mit aufwendigen Hebevorrichtungen öffnen. Durchsetzen konnte sich Aluminium als Vakuumwerkstoff jedoch nicht. Hauptgründe waren die schwierige Schweißbarkeit und die geringe Festigkeit.

Aufgrund der gewachsenen Anforderungen zum Beispiel von Teilchenbeschleunigern oder der EUV-Technologie wird es immer aufwendiger, die Bedingungen für das Ultrahochvakuum (UHV < 10E-07 mbar) und extreme Ultrahochvakuum (XHV < 10E-11 mbar) zu erzeugen und aufrechtzuerhalten. Bei VACOM durchgeführte Entwicklungsarbeiten haben zu dem Ergebnis geführt, dass sich ausgewählte neue Aluminiumlegierungen durch eine so hohe Festigkeit auszeichnen, dass daraus nicht nur UHV- und XHV-taugliche Komponenten, sondern auch Flansche mit stabilen Schneidkanten gefertigt werden können. Aluminium bietet aufgrund seiner geringen Dichte nicht nur Vorteile bei der Bearbeitung und Handhabung, sondern lässt sich viel schneller und bei deutlich niedrigeren Temperaturen für UHV-Bedingungen ausheizen. Mit den von VACOM gefertigten AluVaC®-Komponenten (Bild 65) kann der Energie- und Kostenaufwand für die Aufrechterhaltung des Vakuums um mehr als 50 Prozent gesenkt werden.[107]

Bild 65: Zylinderkammer aus Aluminium.

Zusammenfassung

Otto von Guericke studierte 1621–1623 an der protestantischen, fortschrittlichen Universität Jena zunächst Jura und wurde dann über seine mathematisch-technischen Studien in Leiden mit der damals noch umstrittenen Theorie der Existenz des Vakuums konfrontiert. Mit seinem berühmten Magdeburger Halbkugelexperiment ebnete er den Weg zum Beweis der Existenz des Vakuums. Über Kaspar Posner und Erhard Weigel, die beide in Jena lehrten, und deren Schüler wie Johann Christoph Sturm und Georg Hamberger, etablierte sich, maßgeblich von Jena ausgehend, die Experimentalvorlesung an vielen deutschen Universitäten, in der Vakuumversuche eine unverzichtbare Rolle spielten. Ende des 19. Jahrhunderts kristallisierte sich mit der Erfindung der Glühbirne heraus, dass Lichterzeugung die Vakuumtechnik braucht.

Schon Ernst Abbe stieß mit der Qualität des Optikmaterials an Grenzen. Die Verfügbarkeit und Reinheit der in den Alpen auffindbaren Flussspatkristalle reichten nicht mehr aus, und die Glasherstellung konnte die wachsenden Anforderungen trotz der durch Schott vorangetriebenen Entwicklung nicht immer erfüllen. Der Durchbruch gelang erst mit der synthetischen Herstellung von Kristallen, die in der erforderlichen Qualität nur im Vakuum gelang. Mit der Entwicklung optischer Beschichtungen, darunter des in Jena entwickelten T-Belages zur Entspiegelung von Optiken, und der Elektronenmikroskopie wurde die Abhängigkeit der Optik vom Vakuum noch sichtbarer. Das führte dazu, dass bei Zeiss in Jena von den 30er Jahren des 20. Jahrhunderts an der Bedarf an Vakuumanlagen wuchs. Infolge der Embargopolitik nach dem 2. Weltkrieg und getrieben durch die immer höheren Anforderungen der Optik wurde in Jena nicht nur der Vakuumanlagenbau aus eigener Kraft weitergeführt, sondern auch die Entwicklung und Herstellung von Vakuumkomponenten in größerem Umfang erforderlich. Die enge Verzahnung von Wissenschaft und Industrie machte den Standort Jena – unabhängig von den gesellschaftlichen Verhältnissen – erfolgreich. Die über den eigenen Bedarf gewachsene Produktion von Vakuumkomponenten wurde Ende der 60er Jahre in den VEB Hochvakuumtechnik Dresden ausgelagert, der 1986 Teil des Kombinates Carl Zeiss Jena wurde.

Mit der Neugründung der Firma VACOM 1992 kehrten zunächst der Vertrieb und in der Folge die Entwicklung und Herstellung von Vakuumkomponenten nach Jena zurück.

Danksagung

Bei der Erarbeitung des Beitrages zur Geschichte der Vakuumtechnik in Jena wurde schnell deutlich, dass es kaum möglich ist, die vielfältigen Aspekte der wissenschaftlichen, technischen und ökonomischen Bedeutung umfassend zu betrachten.

Umso wertvoller waren die freundliche Unterstützung, die Beantwortung vieler Fragen und wertvolle Hinweise, für die wir insbesondere Dr. Peter Hahmann, Prof. Dr. Norbert Kaiser, Dr. Reinhart Neubert, Prof. Dr. Peter Pertsch, Dipl.-Ing. Thomas Pfeiffer, Dipl.-Ing. Klaus Stander, Prof. Dr. Bernd Wilhelmi und Dipl.-Ing. Hans Zapfe (†) danken möchten.

Unser Dank gilt auch dem Leiter des ZEISS-Archives Dr. Wolfgang Wimmer und Frau Marte Schwabe sowie der Leiterin des Archivs der SCHOTT AG Frau Judith Hanft für die freundliche Bereitstellung von Archivmaterial und Abbildungen.

Anmerkungen und Literatur

Nachfolgend abgekürzt: *JJB = Jenaer Jahrbuch zur Technik- und Industriegeschichte*

1   Erst mit der Erhebung in den Adelsstand durch Kaiser Leopold I. 1666 wurde in den ursprünglichen Namen Gericke ein u eingefügt.
2   Guericke, Otto von: *Experimenta Nova (ut vocantur) Magdeburgica de Vacuo Spatio*, Amsterdam, 1672 Faksimile, Stekovics, Halle a. d. Saale 2002
3   Fritz: *Otto von Guericke. Erträge der Forschung* 87. Darmstadt: Wiss. Buchgesellschaft, 1978
4   Schott, Caspar: *Mechanica hydraulico-pneumatica*. Frankfurt a. Main: Schönwetter, 1657
5   Schott, Caspar: *Technica Curiosa, sive mirabilia artis*, Nürnberg: Johann Endter u. Wolfgang junior haeredes, 1664
6   An der „Technica curiosa", in der neue Experimente mit der Luftpumpe bekannt gemacht wurden, hatte Guericke selbst mitgewirkt. In der Vorrede zu diesem Werk schrieb Schott: „Ich trage kein Bedenken, es aufrichtig und getrost zu gestehen, dass ich etwas Bewundernswerteres in dieser Art weder je gesehen noch gehört, noch gelesen, noch mir vorgestellt und gedacht habe, und ich glaube, dass unter der Sonne noch nie ähnliche – geschweige denn wundervollere Dinge vom Anfang der Welt an gesehen worden sind. Dies ist auch das Urteil der großen Fürsten und der gelehrtesten Männer, welche ich damit bekannt gemacht habe." Guerickes eigenes Werk „Experimenta Nova Magdeburgica de Vacuo Spatio" erschien erst 1672. Schotts Zeitgenossen schätzten seine Bücher sehr. So wurde

beispielsweise Robert Boyle aufgrund der 1664 erschienenen „Technica Curiosa" zu seinen Versuchen über die Elastizität von Luft angeregt, deren Ergebnisse Schott wiederum veröffentlichte. Den im Titel erstmals erscheinenden Begriff „Technik" hat wohl Schott, in Wortangleichung an „Physik", selbst erfunden.

Kern, Ralf: *Wissenschaftliche Instrumente in ihrer Zeit* **2**. Köln: König, 2010. S. 2686

Gottfried Wilhelm Leibniz an Otto von Guericke, Juni 1671. In: Berthold Heinecke, Ingrid Kästner (Hgg.), *Gottfried Wilhelm Leibniz (1646–1716) und die gelehrte Welt Europas um 1700 (= Europäische Wissenschaftsbeziehungen 6),* Aachen: Shaker, 2013, S. 217 LSB II, Band 1^2 (2006), S. 159, Brief Nr. 54

7 Gottfried Wilhelm Leibniz an Otto von Guericke, 17. August 1671: „Wenn M. h. H. nichts anders iemals erfunden oder entdecket hätte, als die Kugel von Wunderlicher würkung zu erleüchtung menschlicher wißenschafft, und die ausschöpfung der Lufft zu vermehrung menschlicher Kräffte, hätte derselbe sich das Menschliche geschlecht genugsam verbunden."

Zitiert nach: *Gottfried Wilhelm Leibniz sämtliche Schriften und Briefe*, hgg. Von der Berlin-Brandenburgischen Akademie der Wissenschaften und der Akademie der Wissenschaften zu Göttingen, 2. Reihe Philosophischer Briefwechsel , LSB II, Band 1^2 (2006), S. 238, Brief Nr. 75

8 Leibniz, Gottfried Wilhelm: *Drôle de Pensée (Gedankenscherz),* Paris 1675. Zitiert nach Bredekamp, Horst: Die Fenster der Monade. Gottfried Wilhelm Leibniz' Theater der Natur und Kunst, Berlin: Akademieverlag, 2004, S. 273

9 Dorschner, Johann: Erhard Weigel – ein Jenaer Universalgelehrter und früher Erfinder technischer Geräte, In: K.-W. Gommel et al. (Hrsg.) *JJB*: Jena, Glaux Verlag, 2004, S. 9-31

10 Kabitz, Willy: Die Bildungsgeschichte des jungen Leibniz. In: *Zeitschrift für Geschichte der Erziehung und des Unterrichts* 2 (1912), 186f.

11 Herbst, Klaus-Dieter (Hg.): *Erhard Weigel (1625–1699) und die Wissenschaften*, Frankfurt/M.: Lang, 2013

12 Gaab, Hans; Leich, Pierre; Löffladt, Günter (Hg.): *Johann Christoph Sturm: (1635–1703)*, Frankfurt: H. Deutsch, 2004 cop. 2004 (Acta historica astronomiae vol. 22)

13 Sturm, Johann Christoph: *Collegium Experimenta, sive Curiosum*. Norimbergae: W. M. Endteri & J. A. Endteri Haeredum, 1676

14 Hamberger, Georg Albrecht: *Hydraulicam,* Jena: Gollner, 1698

15 Girlich, Hans-Joachim: *Christian Wolff (1679–1754) und die ma-*

thematischen Wissenschaften, Leipzig: Univ. Leipzig, Fak. für Mathematik u. Informatik, 2009

16 Wolff, Christian: *Allerhand nützliche Versuche, dadurch zu genauer Erkäntniß der Natur und Kunst der Weg gebahnet wird,* 3 Bde., Halle: Zu finden in der Rengerischen Buchhandlung, 1721–1723

17 Wiesenfeld, Gerhard*: Leerer Raum in Minervas Haus. Experimentelle Naturlehre an der Universität Leiden, 1675–1715,* Diepholz: Verlag für Geschichte der Naturwissenschaften und der Technik, 2002, S. 285

18 wie Anm. 17, S. 314

18 Wittig, Joachim (Wiss. Bearb.): Sektion Physik. *Zur Physikentwicklung nach 1945 an der Friedrich-Schiller-Universität Jena* (= Jenaer Reden und Schriften). Friedrich-Schiller-Universität Jena, Jena 1982.

19 Schmidt, Johann Andreas: *Collegii experimentalis physico-mathematici demonstrationes singulis semestribus*, Helmstedt: Hamm, 1721

20 Teichmeyer, Hermann Friedrich: *Elementa philosophiae naturalis experimentalis,* Iena: Bielcke, 1717 http://reader.digitale-sammlungen.de/de/fs1/object/display/bsb11110793_00337.html, aufgerufen am 24. 7. 2017

21 Herbst, Klaus-Dieter: Erhard Weigels mechanische Werkstatt, in: K.-W. Gommel et al (Hrsg.) *JJB:* Jena, Glaux Verlag, 2004, S. 33-40

22 Herbst, Klaus-Dieter: Die Beziehung zwischen Erhard Weigel und Gottfried Kirch, in: Schielicke, Reinhard E. at al. (Hrsg.): *Erhard Weigel – 1625 bis 1699; barocker Erzvater der deutschen Frühaufklärung; Beiträge des Kolloquiums anläßlich seines 300. Todestages am 20. März 1999 in Jena*, Frankfurt a. M. 1999, S. 116

23 Hilz, Helmut: Jacob Leupolds „Theatrum Machinarum" – Die erste technische Enzyklopädie, in: *Librarium: Zeitschrift der Schweizerischen Bibliophilen-Gesellschaft, Band (Jahr) 54* (2011),Heft 2-3, S. Zürich 2011

24 Girlich, Hans-Joachim: *Christian Wolff (1679–1754) und die mathematischen Wissenschaften*, Leipzig: Univ. Leipzig, Fak. für Mathematik u. Informatik, 2009, S. 3

25 Herbst, Klaus-Dieter: Erhard Weigels mechanische Werkstatt, in: K.-W. Gommel et al (Hrsg.) *JJB:* Jena, Glaux Verlag, 2004, S. 36

26 Kötitz, Günther: Ernst Abbe. Wegbereiter der Materialwissenschaften und Pionier des Einsatzes kristalliner Medien in der Optik, in: L. Kramer (Hrsg.) *JJB* 1, Jena, Glaux Verlag 1999, S. 9-34

27 Ullmann, Peter: Die Görlichsche Schule der Fluorid-Kristalle und ihre Bedeutung für die heutige VUV-Lithographie, in: L. Kramer (Hrsg.) *JJB* 8, Jena, Glaux Verlag, 2006, S 137-150

Gänswein, Bernhard: Calciumfluorid als kristalliner Werkstoff für die

      Optik, in: M. Steinbach, *JJB* **11**, Jena, Glaux Verlag, 2008, S 419-423

Scheel, Hans J.: Historical aspects of crystal growth technology. In: *Journal of Crystal Growth. 211,* Nr. 1-4, 2000, S. 1–12, doi:10.1016/ S0022-0248(99)00780-0.]

28 Koops, Rudolph: Optische Baustoffe aus binären Mischkristallen, in: *Physikalische Blätter,* **3**, H. 11, 1947, S. 401 (Physiker Tagung in Heidenheim)

Maushake, Peter: Kristallklare Bilder. Hochauflösende HDTV-Kameras mit Calciumfluorid-Kristallen, in: *Laser+Photonik*, H. 5, München 2007 http://www.photonik.de/kristallklare-bilder/ 150/21012/275759

29 Physicist Oleksandr Smakula and his contributions to science, http://www.wumag.kiev.ua/index2.php?param=pgs20083/92 – aufgerufen: 04.07.2017

30 Smakula, Alexander: Über die Erhöhung der Lichtstärke optischer Geräte. In:*Zeitschrift für Instrumentenkunde* **60**. Jg. 1940, 2. H. Verlag Julius Springer Berlin W 9

Blahnik, Vladan; Voelker, Benjamin: Zur Reflexminderung von Fotoobjektiven. Wie Glas mit T*-Beschichtung unsichtbar wurde, Carl Zeiss AG, März 2016, S. 34-36

31 Geffcken, Walter*: Überzug aus mindestens drei Schichten von verschiedener Brechungszahl für einen nicht metallischen Gegenstand zur Verminderung von dessen Oberflächenreflexion*, Veröffentlichungsnr. DE758 767 (19. 07. 1940)

Berger, Edwin; Geffcken, Walter: *Verfahren zur Änderung des Reflexionsvermögens optischer Gläser,* Veröffentlichungsnr. DE736 411 (28. 05. 1939)

Bach, Hans u. Kraus, Dieter: The Pioneering Contributions of W. Geffcken to the Field of Optical Coatings from 1935 to 1945, in: *Thin Films on Glass (Schott series on glass and glass ceramics)*, Berlin/Heidelberg 2003, S. 225 ff.

32 Geffcken, Walter.: *Interferenzlichtfilter* . Veröffentlichungsnr. DE716,153 (8. 12. 1939)

Geffcken, Walter.: Neuartige Interferenzfilter, In: *Angew. Chem.* **A 60**, 1-4, (1948)

Hacker, Erich: Physik und Technologie Optischer Schichten. Wichtige industrielle Innovationen und Entwicklungen aus Jena. In: L. Kramer (Hrsg.) *JJB* **1**, Jena, Glaux Verlag 1999, S. 75-108

33 Technologische Grundlagen zum Aufbau eines Fabrikbetriebes zur Herstellung optischer Werkstücke, 1946, Bd. 4, CZ Archiv, BACZ 28112, S.

34 Hacker, Erich: Physik und Technologie Optischer Schichten.

Wichtige industrielle Innovationen und Entwicklungen aus Jena. In: L. Kramer (Hrsg.) *JJB* **1**, Jena, Glaux Verlag 1999, S. 75-108

35 Heinrich Küppenbender: *Notiz betr. Verpacken von Vorrichtungen und Werkzeugen am 20. Juni 1945 vom 16. April 1946.* CZ Archiv, BACZ Nr. 19159: Zitiert nach: Mühlfriedel, Wolfgang u. Rolf Walter (Hrsg.): Carl Zeiss. Die Geschichte eines Unternehmens, Bd. 3, Mühlfriedel, Wolfgang und Edith Hellmuth: Carl Zeiss in Jena 1945–1990, Köln/Weimar/Wien 2004, S. 15. – nachfolgend = Mühlfriedel/Hellmuth

36 Um die weitere Lieferung optischer Geräte zu ermöglichen, intervenierte der Chef der SMAD Sokolowski direkt bei Stalin und erreichte, dass 6 % der Gesamtkapazitäten von Zeiss und Schott nicht demontiert wurden. Mühlfriedel/Hellmuth, S. 38f.

37 wie Anm. 33
38 wie Anm. 33
40 wie Anm. 33

Penning, Frans Michel: *Rectifying Device* Veröffentlichungsnr. US2,182,736

Frans Michel Penning (1894–1953) hat das von ihm entwickelte Kaltkathoden-Vakuummeter 1936 zum Patent angemeldet (US Patent 2.182.736) und seine Erfindung unter dem Titel „Ein neues Manometer für niedrige Gasdrucke, insbesondere zwischen 10^{-3} und 10^{-5} mm" publiziert. Penning war seit 1924 im Forschungslabor der PHILIPS Gloeilampenfabrieken beschäftigt, die das Messgerät produziert und vermarktet hat. (Physica 4. 71–75. Febr. 1937. Eindhoven, Natuurk. Labor, d. N. V. Philips' Gloeilampenfabrieken.)

41 Der britische Chemiker Herbert McLeod (1841–1923) hat 1874 das nach ihm benannte Kompressions-Flüssigkeitsmanometer zur Messung kleiner Drücke erfunden, das mit Gaskompression und Volumenvergleich (Boyle-Mariotteschen Gesetz) arbeitet

42 Mütze, Klaus: *Die Macht der Optik. Industriegeschichte Jenas von 1846–1996. Bd. 2: Vom Rüstungskonzern zum Industriekombinat (1946–1996)*, Jena 2009, S. 198

43 Mühlfriedel, Wolfgang: Hugo Schrade und das Zeisswerk nach 1945. In: *JJB* **3**, Jena, Glaux Verlag 2001, S. 27-58

44 Mütze, Klaus: *Die Macht der Optik. Industriegeschichte Jenas von 1846–1996. Bd. 2: Vom Rüstungskonzern zum Industriekombinat (1946–1996)*, Jena 2009, S. 198

45 Kramer, Lother: Werner Haunstein zum Gedenken (1916–2007), in: M. Steinbach (Hrsg.) *JJB* **10**, Jena, Glaux Verlag 2007, S. 27-34

46 Mühlfriedel/Hellmuth, S. 141f.

Pohl, Hans-Joachim: Görlich. Editorische Tätigkeit, in: L. Kramer et al.

(Hrsg.) *JJB* **8**, Jena, Glaux Verlag 2006, S. 185-204
47 Haunstein, Werner: Die Bedeutung der Hoch- und Ultrahochvakuumtechnik für den wissenschaftlichen Gerätebau, In: *Feingerätetechnik*, **13** (1964), H. 2/1964, S. 60-68
48 wie Anm. 47
49 Zapfe, Hans: Manuskript, Jena 2015
50 Haunstein, Werner: Die Bedeutung der Hoch- und Ultrahochvakuumtechnik für den wissenschaftlichen Gerätebau, In: *Feingerätetechnik* **13** (1964)., H. 2/, S. 63
51 wie Anm. 50, S. 63
52 wie Anm. 50, S. 61
53 wie Anm. 50, S. 68
54 https://www.researchgate.net/profile/Ernst-Bernhard_Kley/publications (zuletzt aufgerufen: 12. 08. 2017)
55 Entwicklung von messtechnischen Verfahren. Erzeugnisplanung Vakuumtechnik. CZ Archiv, VA 00355
56 http://hvd-dresden.de/unternehmen/geschichte.html, aufgerufen 09. 07. 2017
Am 01. 01. 1960 wurde der VEB Hochvakuum Dresden (HVD) im Dresdener Industriegelände gegründet. Er entwickelte Pumpstände, Hochvakuuminduktions-, Schmelz- und- Gießanlagen, Gefriertrocknungsanlagen, Vakuumerzeuger, Vakuum- Mess- Prüf- und -Steuergeräte sowie Bedampfungsanlagen für die Mikroelektronik. Von 1978 bis 1986 gehörte er dem VEB Kombinat Mikroelektronik an. Ab 1986 war der Betrieb Bestandteil des Kombinates Carl Zeiss Jena. Der VEB Hochvakuum Dresden wandelte sich 1991 in Hochvakuum Dresden GmbH um. 1996 erfolgte die Umfirmierung in die Pharma- & Food HVD Ausrüstungen Dresden GmbH durch die neuen Eigentümer.
57 Perspektivprogramm Vakuumtechnik 1965–1970 Bd. B. CZ Archiv, VA 0035
58 Untersuchungen an Hochvakuumerzeugern zur Verbesserung ihrer spezifischen Eigenschaften W. Haunstein 30.06.1961 (Beginn 1959) CZ Archiv, BACZ 2180 0/0633
59 Pohlack Hubert: Synthese optischer Interferenzschichten mit vorgegebenen Spektraleigenschaften. In: *Jenaer Jahrbuch*, Jena, Gustav Fischer, 1952
Koch, Herbert: Die Lebensleistung Hubert Pohlacks, in: M. Steinbach (Hrsg.) *JJB,* **15** Jena, Vopelius Verlag, (2012), S. 35-71
Hacker, Erich: Physik und Technologie Optischer Schichten. Wichtige industrielle Innovationen und Entwicklungen aus Jena. In: L. Kramer (Hrsg.) *JJB* **1**, Jena, Glaux Verlag 1999, S. 75-108

60 Zitat Prof. Dr. Kaiser, Schreiben vom 08.06.2017
61 Entwicklung von Vakuumapparaturen zum Aufbringen dünner optischer Schichten 1953. Zeiss Archiv BACZ 19464
62 Müller, Heinz: *Präparation von technisch-physikalischen Objekten für die elektronenmikroskopische Untersuchung,* Leipzig: Akademische Verlagsgesellschaft Leipzig, 1962
63 Haunstein, Werner: Abschlussbericht zur Entwicklung einer Schrägbedampfungsanlage für Metallbeschattung, Zeiss Archiv, BACZ 21006, 1953
64 Pohlack, Hubert: Verfahren zur Herstellung hochreflektierender Oberflächenspiegel hoher Widerstandsfähigkeit. Zeiss Archiv BACZ 21799, 1960

Görlich, P., Karras, H. u. Lüdke, W.: Einige Gedanken über die Entwicklung und den Einsatz künstlicher Kristalle. In: *Kristall und Technik* 2, H. 2, 1967, S. 221-230,

65 Koops, R.: Optical structural subjects from binary mixed crystals. In: *Optik* 3 1948, S. 298-304.
66 Jahresabschlussberichte zur Kristallproduktion 1948–1955. Zeiss Archiv, FE 871
67 Aufbau der Quarzzuchtanlage im Südwerk 1949–1959. Dr. Bittner, Dr. Lüdke. Zeiss Archiv FE 915, 28.05.1953
68 Berichte zu Forschungsaufträgen der Kristallzucht 1956–1967. Zeiss Archiv FE 874
69 Züchtung von Lithiumfluorid-Einkristallen. Zeiss-Archiv, BACZ 23956, 1961
70 Ullmann, Peter: Die Görlichsche Schule der Fluorid-Kristalle und ihre Bedeutung für die heutige VUV-Lithographie, in: L. Kramer (Hrsg.) *JJB* 8, Jena, Glaux Verlag, 2006, S 137-150
71 http://www.schott.com/magazine/german/info101/si101_06_growth.html – aufgerufen 13.07.2017
72 Für die detaillierten Informationen danken wir und Dr. Reinhart Neubert und Prof. Dr. Bernd Wilhelmi
73 Dr. Reinhart Neubert wurde für seine Pionierleistung bei der Entwicklung der Lasertechnik am 3. Dezember 2012 die Ehrendoktorwürde der Jenaer Universität verliehen http://www.physik.uni-jena.de/Fakult%C3%A4t/Historisches/Ehrenpromotionen/Ehrenpromotionen+seit+1990/Reinhart+Neubert.html – aufgerufen 13.07.2017
74 Dr. Reinhart Neubert an Dr. Ute Bergner, 04.07.2015
75 wie Anm. 74
76 Ude, Joachim: Die frühe Entwicklung des Elektronenmikroskops – eine Innovation und ihre Grundlagen.In: K.-W. Gommel et al

(Hrsg.) *JBB* 2 Jena, Glaux Verlag (2000) S. 83-109

77 Döring, Hans-Joachim; Jacob, Jens; Salwender, Alfred; Schulz, Karl-Heinz; Zapfe, Hans: *Schutzvorrichtung einer Katode in Elektronenstrahlgeräten*. Veröffentlichungnr.: DD143187 (Anmeldung 28.05.1979)

Bildverstärker mit Multialkalikatode – Unterthema Getterionenpumpe GIP 0,1 für BW 150 R0. CZ Archiv, BACZ 24713

78 Hahmann, Peter: Jenaer Arbeiten zur Elektronenstrahllithographie, in: M. Steinbach (Hrsg.) *JJB* 14/15 Jena, Vopelius Verlag 2011/2012 21-83 / 73-171

79 Hahmann, Peter: Hahn, Eberhard: Entwickler auf dem Gebiet der Elektronenoptik, In: M. Steinbach (Hrsg.) *JJB* 17, Jena, Vopelius Verlag 2014

80 Karthe, Wolfgang, Guyenot, Volker, Bräuer, Andreas Kaiser, Norbert, Notni, Gunther: 10 Jahre Fraunhofer-Institut für Angewandte Optik und Feinmechanik, *JJB* 4, Jena, Glaux Verlag 2002, S. 212-241

Riehemann, S., Mauroner, O., Weber, B., Tünnermann, A.: 20 Jahre Fraunhofer-Institut für Angewandte Optik und Feinmechanik. In: M. Steinbach (Hrsg.) *JJB*15, Jena, Vopelius Verlag 2012 S. 349-372

81 https://www.leibniz-ipht.de/

82 Kaiser, Norbert: Vakuumbeschichtungen – Urknall der optischen Technologien. In: *Vakuum in Forschung und Praxis* 28 Nr. 2, S. 8

http://www.iof.fraunhofer.de/de/geschaeftsfelder/funktionale-oberflaechen-und-schichten/euv-roentgen-optiken/kollektorspiegel-euv-lithographie.html

83 Torsten Feigl (unten links in der Abb.) hat 2012, als eine Ausgründung aus dem IOF, die Firma optiX fab gegründet, die jetzt ultrapräzise optische Komponenten für extrem kurze Wellenlängen produziert.

84 http://www.vakuumgesellschaft.de/

85 Stiftung für Technologie, Innovation und Forschung Thüringen (STIFT) (Hg.): Dokumentation XVIII. Innovationspreis Thüringen 2015, Erfurt 2015, S. 17

86 Haunstein, Werner: Hochvakuum-Quecksilber-Diffusionspumpe, 20.07.1961. CZ Archiv, BACZ 21819

W. Gaede, Ann. d. Physik 46 (1915), s. 37, in: *Zeitschr. f. techn. Physik,* 4. Jg. Nr. 10 (1923), S. 337

87 wie Anm. 86

88 Jousten, Karl; Wutz, Max: *Wutz Handbuch Vakuumtechnik*. Wiesbaden, Springer Verlag S. 11, ISBN: 9783834821928

89 Haunstein, Werner: Allgemeine Vakuum-Einheiten für Vakuuman-

lagen 1961–1966. Zeiss Archiv BACZ 24878
90 Osterland, Günter; Haunstein, Werner; *Hochleistungs-Diffusions-Pumpe*. Veröffentlichungsnr.: DD16656 (Anmeldedatum: 15. 6. 1954)
Osterland, Günter; Haunstein, Werner; *Mehrstufige Hochleistungs-Diffusionsvakuumpumpe*. Veröffentlichungsnr.: DD 1033368 (Anmeldedatum: 23. 12. 1955)
91 Haunstein, Werner: Hochvakuum-Quecksilber-Diffusionspumpe, 20.07.1961. CZ Archiv BACZ 21819
92 Haunstein, Werner: Vakuumtechnische Untersuchungen, Jan. 1959 bis Dez. 1960. CZ Archiv 21841
93 Müller, Ernst: *Untersuchungen über Kryopumpen,* Dresden, Technische Universität, Dissertation 1967.
94 Kaschlik, Klaus: *Erzeugung und Messung von Ultrahochvakuum im Bereich von $10^{-8} – 10^{-10}$ Torr sowie Bestimmung der Restgase in Elektronenröhren mit Photo-Kathode und einem Volumen von maximal 8 Litern,* Jena, FSU,Diplomarbeit Sept. 1962.
95 wie Anm. 94, S. 6
96 anonym: LaB6-Strahler mit integrierter Pumpe – SIP, In: Jenaer Rundschau **2** (1979), 98
97 https://www.vacom.de/produkte/91-ionengetterpumpen-und-titansublimationspumpenREVION®. Ionengetterpumpen made bei VACOM®. Datenblatt Januar 2015
98 wie Anm. 40
99 Haunstein, Werner: Kombiniertes Vakuummessgerät. Zeiss Archiv BACZ 21980, Jan. 1960 – Dez. 1961, S. 1
100 wie Anm. 99
101 wie Anm. 99
102 Beck, H.; Brisbane, D.: A Cylindrical Magnetron Ionisation Gauge, In: *Vacuum* **2** (1952) 137-146, https://doi.org/10.1016/0042-207X(52)90458-2
103 https://www.vacom.de/produkte/totaldruckmesstechnik/ionisationsvakuummeter/kaltkathoden-ionisationsvakuummeter
104 Iwicki, Jaroslaw; Gottschalk, Patrick; Pongrac, Ivan: *Kaltkathoden-Druckmessvorrichtung vom Penning-Typ*. Veröffentlichungsnr.: EP000002444785A1. Angemeldet am 20. 10. 2011
105 https://www.vacom.de/produkte/totaldruckmesstechnik
106 Pohlack, Hubert: Umstellung Hochvakuum-Bedampfungs-Rezipienten auf Leichtmetalle. Zeiss-Archiv Jena BACZ 21725, 1958 bis Dez. 1959
107 Bauer, René; Wolfgramm, Stephan; Gottschall, Sophie; Flämmich, Michael; Bergner, Ute: Mit Aluminiumkomponenten schnell und

energieeffizient ins Ultrahochvakuum, In: *Pumpen und Kompressoren für den Weltmarkt 2016 mit Druckluft- und Vakuumtechnik*, VDMA Frankfurt, 2016

Dr. Ute Bergner

Ute Bergner hat an der Friedrich-Schiller-Universität Jena Physik studiert und 1987 über die Qualität optischer Schichten promoviert. Während ihrer wissenschaftlichen Arbeit an der Universität Jena und späteren Tätigkeit für die Firma Balzers hat sie bereits vor der Gründung der VACOM Vakuum Komponenten & Messtechnik GmbH 1992 umfangreiches Wissen und Erfahrung auf dem Gebiet der Vakuumtechnik erworben. Das mittelständische Familienunternehmen beschäftigt heute rund 200 Mitarbeiter. Kernkompetenzen sind Vakuumkomponenten bis zu komplexen Vakuumkammern, Messtechnik, Vakuumoptik sowie innovative Reinigungs- und Sauberkeitsmessverfahren. VACOM ist Partner von Unternehmen aus Hightech-Branchen wie der Analytik, Optik, Halbleiter- und Beschleunigertechnik und arbeitet mit namhaften Forschungsinstituten weltweit zusammen.

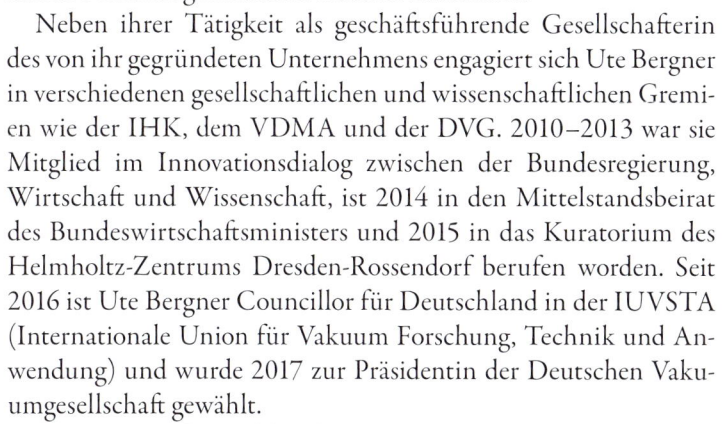

Neben ihrer Tätigkeit als geschäftsführende Gesellschafterin des von ihr gegründeten Unternehmens engagiert sich Ute Bergner in verschiedenen gesellschaftlichen und wissenschaftlichen Gremien wie der IHK, dem VDMA und der DVG. 2010–2013 war sie Mitglied im Innovationsdialog zwischen der Bundesregierung, Wirtschaft und Wissenschaft, ist 2014 in den Mittelstandsbeirat des Bundeswirtschaftsministers und 2015 in das Kuratorium des Helmholtz-Zentrums Dresden-Rossendorf berufen worden. Seit 2016 ist Ute Bergner Councillor für Deutschland in der IUVSTA (Internationale Union für Vakuum Forschung, Technik und Anwendung) und wurde 2017 zur Präsidentin der Deutschen Vakuumgesellschaft gewählt.

Ute Bergner hat zahlreiche Fachbeiträge zur Vakuumtechnik verfasst und ist Mitautorin des Handbuchs für Vakuumtechnik.

Für die erfolgreiche Unternehmensentwicklung und ihr vielfältiges Engagement ist Ute Bergner mit dem „Großen Preis des Mittelstandes", dem Rudolf-Jaeckel Preis der Deutschen Vakuumgesellschaft und mit dem Ernst-Abbe-Preis für innovatives Unternehmertum geehrt worden.

Dr. Wilfriede Fiedler

Die Koautorin des Beitrags ist seit 2004 Mitarbeiterin der VACOM Vakuum Komponenten & Messtechnik GmbH, bis 2013 als Marketingleiterin und heute als Referentin für Öffentlichkeitsarbeit.

Wilfriede Fiedler hat an der Martin-Luther-Universität Halle Kunstwissenschaften und Geschichte studiert, war als wissenschaftliche Mitarbeiterin im Kulturbereich und an der Friedrich-Schiller-Universität Jena tätig und hat 1990 an der Universität Halle zur Thüringer Kulturgeschichte promoviert.

Nach einem Marketingstudium an der Webster University London hat sie von 1994–2003 bei der Tridelta GmbH in Hermsdorf den Bereich Marketing verantwortet, bevor sie zur VACOM GmbH wechselte.

Dipl.-Ing. Joachim Ludwig, Kahla

Die Geschichte der Reinraumtechnik und deren Weiterentwicklung in der Region Jena

Kurze Einleitung und ein paar Worte zu meiner Person

Ich möchte mich an dieser Stelle bei den Verantwortlichen des Vereins für Technikgeschichte e.V. in Jena für die Anregung zu diesem Artikel bedanken. Die Beschäftigung mit der Geschichte der Reinraumtechnik kam zwar zusätzlich zu meinen Aufgaben als Geschäftsführer der COLANDIS GmbH auf meinen Schreibtisch, hat mir aber sehr viel Freude bereitet, Erinnerungen hervorgerufen sowie einen guten Überblick verschafft, wo wir in dieser Technologie heute angekommen sind.

Ich als waschechter Jenenser (in Jena geboren und dort lebend) hatte das Glück, hier in Jena an der Sektion Technologie der Friedrich-Schiller-Universität studieren zu dürfen. Wie damals fast alle Absolventen startete ich im März 1988 meine Berufstätigkeit beim damaligen VEB Carl Zeiss Jena. Mir standen verschiedene Spezialisierungsrichtungen im Entwicklungsbereich für Halbleiterfertigungsgeräte offen. Man bot mir folgende Betätigungsfelder bzw. Produktgruppen zur Auswahl an: Überdeckungssysteme – war mir zu viel Optik, Handlingsysteme – schon besser und Reinraumtechnik – ich wusste nicht, was das war, habe mich aber dafür entschieden. So kommt man dazu, fast 30 Jahre später, über die Entwicklung einer Technologie zu schreiben, deren Geschichte man zumindest in kleinen Teilen mitgeschrieben hat.

Die Wurzeln der Reinraumtechnik

In dieser Publikation möchte ich mich auf technische Lösungen und nicht auf Anwendungen aus Pharmazie, Biotechnologie, Lebensmittel und Krankenhäuser beziehen. Jena, als Technologieregion der Optik und Feinmechanik, hat vor allem Reinheitslösungen in technisch orientierten Branchen vorangetrieben.

Man mag sich streiten, ob diese Entwicklung der Reinraumtechnik mit den Hospitälern in der Schweiz, die aufbereitete

Luft in ihren Operationssälen begann oder mit der Erfindung Whitfields[Whitefield 1964].

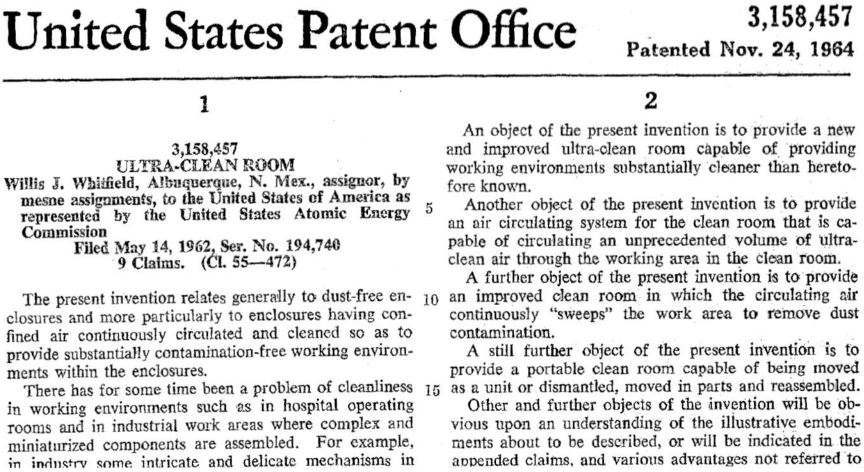

United States Patent Office 3,158,457
Patented Nov. 24, 1964

1

3,158,457
ULTRA-CLEAN ROOM
Willis J. Whitfield, Albuquerque, N. Mex., assignor, by mesne assignments, to the United States of America as represented by the United States Atomic Energy Commission
Filed May 14, 1962, Ser. No. 194,740
9 Claims. (Cl. 55—472)

The present invention relates generally to dust-free enclosures and more particularly to enclosures having confined air continuously circulated and cleaned so as to provide substantially contamination-free working environments within the enclosures.
There has for some time been a problem of cleanliness in working environments such as in hospital operating rooms and in industrial work areas where complex and miniaturized components are assembled. For example, in industry some intricate and delicate mechanisms in

2

An object of the present invention is to provide a new and improved ultra-clean room capable of providing working environments substantially cleaner than heretofore known.
Another object of the present invention is to provide an air circulating system for the clean room that is capable of circulating an unprecedented volume of ultra-clean air through the working area in the clean room.
A further object of the present invention is to provide an improved clean room in which the circulating air continuously "sweeps" the work area to remove dust contamination.
A still further object of the present invention is to provide a portable clean room capable of being moved as a unit or dismantled, moved in parts and reassembled.
Other and further objects of the invention will be obvious upon an understanding of the illustrative embodiments about to be described, or will be indicated in the appended claims, and various advantages not referred to

Bild 1: Das von Willis J. Whitfield auf einen Reinraum angemeldete Patent.

Bis zu dem Zeitpunkt, an dem Willis Whitfield die Aufgabe bekam, bessere Bedingungen im Labor zu schaffen, was Kontaminationen betraf, gab es nur Reinräume mit einer turbulenten Mischlüftung. Dabei wurde gefilterte Luft über einen Filter in den Raum gebracht, die mittels eines Drallauslasses mit der Raumluft vermischt wird. Durch diesen Verdünnungsprozess können keine so hohen Reinheiten erzeugt werden, wie sie z. B. in der Halbleiterindustrie benötigt werden.

Der von Whitfield entwickelte Reinraum greift erstmalig auf das Prinzip der turbulenzarmen Verdrängungsströmung zurück, so dass Partikel oder auch andere Kontaminationen auf dem schnellsten Weg aus dem Reinraum hinaustransportiert werden können.

Der erste Testreinraum wurde bereits 1961 gebaut und Versuche mit Rauch zur Sichtbarmachung der Luftströmung gemacht. 1964 wurde das Patent angemeldet[Whitfield 1964]. In einem Artikel zu 50 Jahre Reinraumentwicklung wird dies als Geburtsstunde dieser Technologie angesehen [Schuster 2015].

Doch zurück nach Jena und zu dem damaligen Kombinat Carl Zeiss. In der DDR und damit natürlich auch beim Kombinat Carl Zeiss war man, um zumindest in einigen wenigen Technologieregionen international mithalten zu können, auf Lösungen der Reinraumtechnik zwingend angewiesen. Spätestens mit dem Staatsauftrag „Mikroelektronik", innerhalb dessen das von den

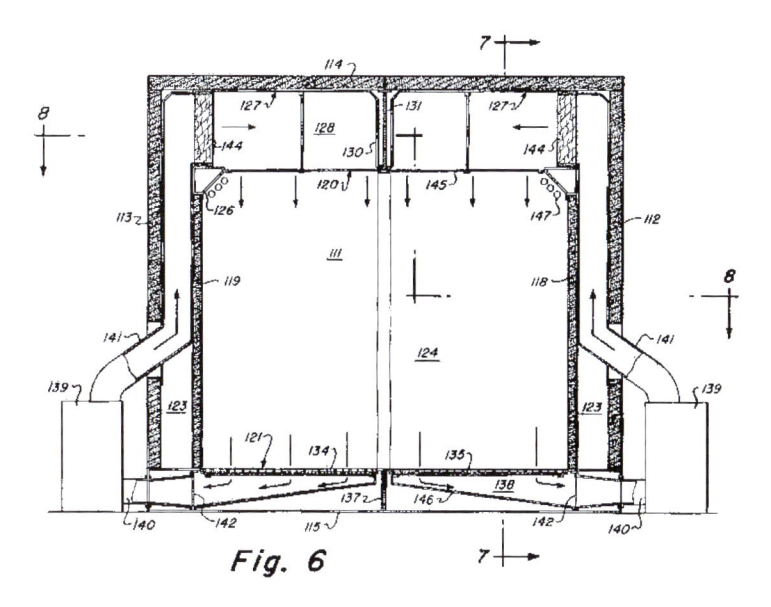

Bild 2: Schema des Reinraums mit turbulenzarmer Verdrängungsströmung und Rückluft über einen perforierten Fußboden gemäß Whitfield-Patent [Whitfield 1964].

technologisch führenden Ländern verhängte Embargo durch eigene Entwicklungen weitestgehend kompensiert werden sollte, war man gezwungen, sich dieser Thematik intensiver zu widmen. Um diesen Prozess näher zu beleuchten, ist es notwendig, verschiedene Technologiefelder und deren Zusammenführung zu beleuchten.

VEB Luftfiltertechnik Wurzen

Der VEB Luftfiltertechnik Wurzen als Hersteller von Luftfiltern ist zwar für seine Produkte bekannt. Das verdankt es unter Anderem seinem langjährigen Mitarbeiter und Entwicklungsleiter, Herrn Dr. Ingo Nietzold. Er beschäftigte sich in seiner Promotion und seiner Tätigkeit in Wurzen vordergründig mit der Effizienz und dem energetischen Verhalten von Luftfiltersystemen. Mit seinem auch in Westdeutschland veröffentlichten Buch „Luftfiltration" [Nietzold 1979], schuf er ein Standardwerk, das auch heute nichts von seiner Aktualität verloren hat und immer noch als Basiswissen der energetischen Betrachtung von Luftfiltern angesehen wird.

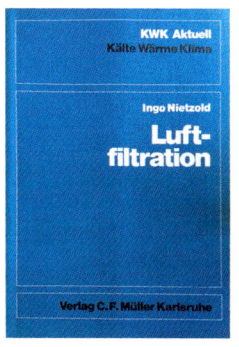

Bild 3: Dr. Ingo Nietzold und Joachim Ludwig im Dez. 2015.

Bild 4: Das Buch von Dr. Ingo Nietzold – auch im Westen Deutschlands erschienen [Nietzold 1979].

Nietzold kam zu der grundlegenden Erkenntnis, dass das Streben nach dem Wirkungsgrad 1 bei der Filtration den Energiebedarf dafür ins Unendliche treiben würde. Dazu schreibt er in einem Artikel anlässlich der 6. Fachtagung Lüftungs- und Klimatechnik in Dresden 1977:

„Speziell im Ultrafilterbereich, etwa jenseits eines Abscheidegrades von 0,99 wirken sich unüberlegte Reinheitsforderungen besonders ungünstig auf den Energieaufwand aus."

Mit dieser Aussage tritt er den leider noch heute weitestgehend geäußerten Aussagen und Wünschen entgegen, dass ein Schwebstofffilter den in Bild 6 aufgeführten Parametern entsprechen soll:

Damit kam er zu Erkenntnissen, die noch immer die grundlegende Lösung der Gestaltung von reinen Bereichen (z. B. Reinräumen) darstellen. So schrieb er:

„Das zwingt offensichtlich zur Beschränkung des Reinluft-Staubpegels auf das technologisch erforderliche Minimum und zur Mehrfachnutzung der gereinigten Luft."

Damit wurden grundlegende Entwicklungen, wie die Entwicklung der Minienvironment-Technologie angeschoben. Die Bestätigung seiner wissenschaftlichen Erkenntnisse erhielt Nietzold u. a. von Professor Shao Lee Soo (1922–1998) von der University of Illinois USA, dem er seine Publikationen geschickt hat und von dem er 1978 eine Empfangsbestätigung erhielt. Schon das war in jener Zeit nicht ganz unproblematisch.

Professor Shao Lee Soo unterstützt Nietzolds Überzeugung, dass die „Overkill Power Consumtion" für alle Faserfilter gilt. Diese Erkenntnis ist grundlegend für die Auslegung von Reinheitssystemen. Diese sollten demnach nur so gut wie nötig, nicht so gut wie möglich aufgebaut sein.

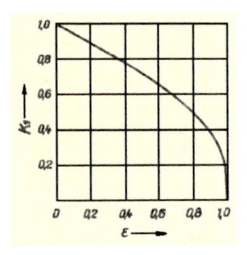

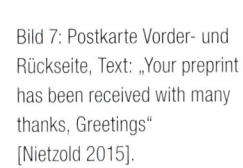

Bild 5: Diagramm zum Energiebedarf als Funktion der Filtereffektivität. K1 bedeutet Wirkungsgrad, ε ist Abscheidegrad. Beim Abscheidegrad von 1 wird der Wirkungsgrad Null.

Bild 6: Kommentare von Dr. Nietzold [Nietzold 2015].

Bild 7: Postkarte Vorder- und Rückseite, Text: „Your preprint has been received with many thanks, Greetings" [Nietzold 2015].

Fachtagung Reinraumtechnik

In der DDR hatte sich in den 80er Jahren, organisiert vom Fachverband Bauwesen der Kammer der Technik, die Fachtagung Reinraumtechnik etabliert. Neben Fragen zur baulichen Gestaltung widmete man sich bereits den Themen des Personals im Reinraum und der Platzierung von Fertigungsgeräten im Reinen Luftstrom.

Im April 1989 bekam ich die Möglichkeit, gemeinsam mit meinem damaligen Kollegen Herbert Martin, die 4. Fachtagung REINRAUMTECHNIK zu besuchen. Die großen Erwartungen, mit denen ich nach Dresden gereist bin, wurden leider nicht erfüllt. Für meine damalige Arbeit bei Carl Zeiss Jena ergaben sich sehr wenig neue hilfreiche Aspekte. Hier sei nur eine kurze Einschätzung meines Kollegen Herbert Martin erwähnt, mit welchen Rahmenbedingungen sich diese Tagungen auseinandersetzen mussten:

Bericht über die 4. Fachtagung Reinraumtechnik am 11. April 1989 in Dresden:

„Ursprünglich sollte diese, wie die vorige, eine internationale Tagung sein und 2 Tage dauern. Wegen fehlender Bettenkapazität wurde es eine nur einen Tag während nationale Tagung. Von 19 vorgesehenen Vorträgen wurden 13 gehalten. Wie bei der 3. Internationalen Fachtagung kann festgestellt werden, dass das Niveau sowohl der Vorträge als auch der Organisation und Durchführung zu wünschen übrig ließ. Kaum ein Thema kann in 15 Minuten ausreichend und für alle verständlich dargeboten werden. Diese Zeitbegrenzung war den meisten Referenten nicht bekannt. So wurde von manchen Vorträgen nur ein Teil geboten. Die eingesetzte Projektionstechnik war äußerst mangelhaft, in einer solchen Veranstaltung und in der Stadt der Foto- und Kinoindustrie dürfte man mehr erwarten. Die Zahl der Teilnehmer überstieg das Fassungsvermögen des Saales. Es gab keine Gelegenheit, ein warmes Mittagessen einzunehmen."

Bereits in seinem Bericht zur 3. Internationalen Fachtagung schrieb Martin:

„Bedingt durch den Veranstalter befassten sich die Vorträge vorwiegend mit den baulichen Problemen bei der Einrichtung von Reinräumen. Es handelt sich bei der Tagung aber um die einzige zugängliche Veranstaltung, die sich mit Reinraumtechnik befasst."

Regelwerke des Kombinates VEB Carl Zeiss Jena

Unabhängig von den Aktivitäten der Kammer der Technik hatte sich im Zeiss-Kombinat eine Reihe von Arbeitsgruppen etabliert, die sich mit speziellen Fragen der Halbleiterindustrie beschäftigten. Ausgehend vom Forschungszentrum für Mikroelektronik Dresden, einem Kombinatsbetrieb des VEB Carl Zeiss Jena, arbeiteten eine Vielzahl von kombinatsinternen Abteilungen auf den verschiedensten Gebieten zusammen. Für die Belange der Reinraumtechnik entstanden die Arbeitsgruppen „Reinraumgerechte Gestaltung und Konstruktion" sowie „Reinraumgerechte Fertigung". In beiden Arbeitsgruppen durfte ich aktiv mitarbeiten und lernte dadurch eine Reihe dieser Kombinatsbetriebe, wie z. B. VEB Hochvakuum Dresden und VEB Elektromat Dresden, kennen. Mit diesen Arbeitsgruppen wurde die Basis geschaffen, dass neue Erkenntnisse auf dem Gebiet der Reinraumtechnik allen potentiellen Nutzern aus diesem Kreis zur Verfügung standen.

Im Rahmen der Arbeit dieser Arbeitsgruppen entstand eine Reihe von Richtlinien, die den Anwendern es ermöglichten, effiziente Lösungen auf Basis eines breiten Erfahrungsschatzes auch in ihren Bereichen einzusetzen. Einige dieser Richtlinien seien hier kurz erwähnt.

Reinraumgerechte Elektronikmaschinen für die Technologieniveaus TN 4 – 6, Konstruktions- und Gestaltungsrichtlinien

In dieser Richtlinie wurden die Forderungen formuliert, die von den Entwicklern und Konstrukteuren der Elektronikmaschinen (heute: Halbleiterfertigungsmaschinen) einzuhalten waren, damit neue mikroelektronische Bauelemente in entsprechenden Technologieniveaus produziert werden können (in Analogie zu dem im Westen zwischen Halbleiterfirmen abgestimmten SEMI-Standard). Sie enthielten auch Forderungen und Parameter hinsichtlich Reinraumbedingungen. Die Technologieniveaus TN 4 – 6 bezogen sich auf die Fertigung von Speicherschaltkreisen 1 – 4 Mbit. Ein Ausblick auf die Technologieniveaus TN 7 – 8 wurde in Ansätzen gegeben.

Ausgehend von den in den einzelnen Technologieniveaus geforderten Parametern, wie Luftreinheitsklasse, Temperatur, relative Luftfeuchte, Luftgeschwindigkeiten, mechanische und magnetische Unruhen, HF-Störstrahlung, Arbeitskräfte im Reinraumbereich und Druckdifferenzen, wurde im Besonderen auf die allgemeinen technischen Forderungen an die Maschinen eingegangen, die im Reinraumbereich aufgestellt werden sollten. Dabei wurde bereits zu dieser Zeit ein Hauptaugenmerk auf die Partikelabgabe der Maschinen an den umgebenden Reinraum und vor allem in den Prozessbereich hinein gelegt. Es wurde erkannt, dass ein nicht unerheblicher Teil der Kontaminationen von den Prozessmaschinen selbst in den Reinraum sowie in den Prozess eingebracht werden. Damit waren die Grundlagen für die heute so wichtige Aussage zur Reinraum- und Reinheitstauglichkeit solcher Maschinen gelegt.

2. Partikelgrenzwerte für EM in TN 5		
EM-Komplex	Partikeldichte (P/cm²)	
	für P ≥ 0,3 µm	für P ≥ 0,5 µm
Temperofen	0,09	0,03
Beschichter	0,09	0,03
Belichtungsanlage	0,09	0,03
Stabilisierung	0,09	0,03
Entwickler	0,09	0,03
Sichtkontrollplatz	0,09	0,03
CVD-EM	0,27	0,09
Plasmaätzer	0,27	0,09
Metallisierung	0,27	0,09
Oxidation/Temp./Dotierung	0,03	0,01
Reaktive Ionenätzer	0,45	0,15
Implanter	0,45	0,15
Feinreinigung	0	0
PLE	0,45	0,15

Tabelle 1: Partikelgrenzwerte für Elektronikmaschine (Halbleiterausrüstungen) im TN 5.

Konstruktive Hinweise ergänzten diese Richtlinie und halfen den Konstrukteuren, keine grundlegenden Fehler bei der Konstruktion dieser Maschinen zu machen. Generell muss auch hier gesagt werden, dass diese Richtlinie nicht die Entwicklungsarbeit bzgl. der Kontaminationskontrolle ersetzen konnte. Leider hat es seitdem noch nie wieder eine solche Richtlinie gegeben. Unabhängig davon, ob man die Beschäftigung mit diesen vor 30 Jahren anstehenden Problemen belächelt, könnten diese alten Erkenntnisse, auf das heutige Niveau der technologischen Entwicklung gebracht, sehr vielen Anwendern ein hilfreiches Werkzeug darstellen.

Joachim Ludwig

Richtlinie des Generaldirektors – Reinräume zur Montage von Elektronikmaschinen

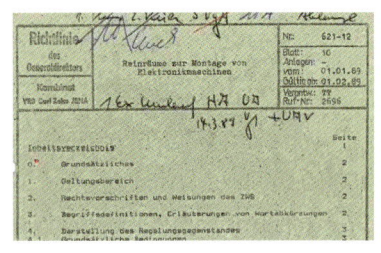

Bild 9: Titelseite der Richtlinie zur Montage von Reinräumen.

Diese Richtlinie enthielt grundlegende Orientierungen zur Vorbereitung, Realisierung und Nutzung von kostenoptimierten Reinraumlösungen für die Montage von Elektronikmaschinen und galt für alle Kombinatsbetriebe mit Produktion unter Reinraumbedingungen von Elektronikmaschinen. Die Existenz dieser Richtlinie war umso wichtiger, da ich es selbst noch miterlebt habe, dass man am Ende des Arbeitstages im Reinraum, in dem gerade eine neue Maschine montiert wurde, die „Kontaminationen" mit einem Besen zusammengekehrt hat. Und es war auch notwendig, als ersten Reinigungsschritt den Besen zu nehmen. Meist folgte kein weiterer Reinigungsschritt.

Grundsätzlich kann hier auch gesagt werden, dass diese Richtlinie, ergänzt durch die die heutigen Erkenntnisse, ein wichtiges Werkzeug für Hersteller von Maschinen, die unter Reinraumbedingungen arbeiten müssen, sein kann. An Aktualität wurde bislang nichts eingebüßt.

Besonders wichtig zu erwähnen ist hier, dass bereits Ende der 80er Jahre Aufgabenstellungen formuliert wurden, deren Realisierung man heute sehr selten findet. Darunter fallen z.B.:

- Fragen zur Reinigung von Einzelteilen, Baugruppen und gesamten Maschinen
- Das reinheitserhaltene Fügen von Bauteilen
- Reinheitsgerechtes Transportieren und Verpacken
- Reinheitsgerechte Materialauswahl und Auswahl von Materialpaarungen
- Reinheitsgerechte Fertigungshilfsmittel
- Einhaltung von technologischer Disziplin und Ordnung durch die eingesetzten Arbeitskräfte

Dabei geht man nicht nur auf die Gestaltung der Arbeitsumgebung ein, sondern betrachtet diese immer im Zusammenhang mit dem dort tätigen Personal, den Produktionshilfsmitteln sowie den notwendigen Hilfsstoffen. Angaben zur Produktionsvorbereitung und dem Reinraumregime ergänzen diese Richtlinie.

Einer der für mich wichtigsten Punkte ist die Beschäftigung mit dem Thema „Reinigung". Dabei geht es nicht nur um die Reinigung der Reinräume an sich, sondern auch im Besonderen um die Reinigung der Montagematerialien und Arbeitsmittel. Nichts darf in diesen Produktionsbereichen ungereinigt eingesetzt werden. Ein Zustand, den ich heutzutage auch selten finde.

Reinigung

Das Thema der Reinigung von Einzelteilen, Baugruppen und Maschinen wurde in Reinigungsvorschriften behandelt. Es entstanden Vorschriften für die Reinigung der Einzelteile und Baugruppen für die Fertigung von fotolithografischen Großgeräten sowie für Elektronenstrahlgeräte. Es wurden eine sehr feine Gliederung und Unterscheidung der Bauteile nach Einsatzgebiet und Material unternommen. So wurde gewährleistet, dass jedes Bauteil optimal gereinigt werden konnte.

```
Zuordnung der ET und BG zu den einzelnen RV in Abhaengigkeit von
Werkstoff, Oberflaeche und Groesze
-------------------------------------------------------------------
*******************************************************************
* Typ der ET bzw. BG                                       I RV   *
*******************************************************************
* korrosionsgefaehrdete ET       < 200x120x60              I RV2  *
*  - Baustaehle         (St 38)                            I      *
*  - Einsatz- und Verguetungsstaehle  (C 15, C 45)         I      *
*  - Automatenstaehle                 (9 SMnB 28K)         I      *
*  - Tiefzieh- bzw. Feinblech         (StTzu)              I      *
*  - Werkzeug- bzw. Waelzlagerstahl   (100 Cr6)            I      *
*  sowohl im blanken Zustand als auch mit galvanischen     I      *
*  bzw. chemischen Metallueberzuegen und chem. Umwandlungs-I      *
*  schichten, z.B. chem Ni, galv Ni, galv Cr, galv Zn,     I      *
*                    phos, bruen                           I      *
*******************************************************************
* wenig oder nichtkorrosionsgef. ET < 200x120x60           I RV1  *
*  - Rost- und Saeurebestaendige Staehle                   I      *
*    (X 40 Cr13 gehaertet und geschliffen, X 22 CrNi17,    I      *
*     X 8 CrNi18.10)                                       I      *
*  - Kupferlegierungen  (CuSn, CuZn)                       I      *
*  - Aluminiumlegierungen   (AlMg3, AlMg5)                 I      *
*  - Titan    (EMO Ti 110)                                 I      *
*  sowohl blank als auch mit chem. Metallueberzuegen und   I      *
*  chem. Umwandlungsschichten, z.B. chem Ni, anox, blbz    I      *
*******************************************************************
* Plastteile                      < 200x120x60             I RV3  *
*  - PVC, PMMA, PTFE, PE, PP                               I      *
```

Bild 10: Ausschnitt aus einer Reinigungsvorschrift.

Die Wende 1989 und die neuen Möglichkeiten

Mit diesem Zeitpunkt entwickelten sich völlig neue Möglichkeiten um an Informationen zur Reinraumtechnik zu gelangen. Dabei stellten die Hauptakteure im Bereich Fotolithografie, Dr. Heinz Schneider, Ing. Herbert Martin sowie meine Person sehr schnell fest, dass der so viel diskutierte „Nachholbedarf" aus technologischer und wissenschaftlicher Sicht auf dem Gebiet der Reinraumtechnik uns fast gar nicht tangierte. Auf Grund eines Fachartikels in der Zeitschrift „Reinraumtechnik" vom Vieweg Verlag über Reinraumtauglichkeitsuntersuchungen fühlten wir uns angesprochen, unsere Ergebnisse zu publizieren, die in keiner Weise den Erkenntnissen renommierter Institute, wie dem Fraunhofer Institut IPA (Institut für Produktionstechnik und Automatisierung) in Stuttgart, nachstanden.

Lt. IPA wurde bedauert, dass es keinerlei Kataloge o. ä. gab, in denen man Angaben zur Partikelemission von Baugruppen und Materialpaarungen nachschlagen konnte. In einem Artikel stellten wir den schon längere Zeit bei uns in der Arbeitsgruppe existierenden Katalog vor[Schneider]. Weitere Fachartikel folgten.

Etwa zeitgleich zu diesen Aktivitäten wurde eine Studie erarbeitet, in die Konzeption eines zentralen Partikelmesslabors vorgestellt wurde. Dieses Partikelmesslabor sollte die bis dahin dezentralen Stellen, die sich mit den Fragen der Kontaminationskontrolle beschäftigten, bündeln und an einem Standort zusammenführen. Im Nachhinein kann man feststellen, dass dieses geplante Partikelmesslabor weitestgehend dem Bereich Reinst- und Mikroproduktion am IPA in Stuttgart entsprach, jedoch mit ei-

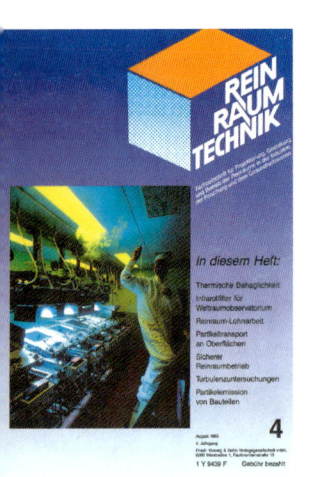

Bild 11: Titelseite der Zeitschrift REINRAUMTECHNIK.

Bild 12: Ausschnitt aus dem Artikel [Schneider].

nem weitaus breiter gefassten Aufgabenspektrum. Ein Großteil der in der Studie beschriebenen Aufgaben wurde bis heute entweder noch gar nicht oder erst in den letzten Jahren vom IPA in Stuttgart in Angriff genommen.

Bei einem Besuch von IPA-Mitarbeitern bei uns in Jena im Bereich Photolith wurde uns bestätigt, dass wir mit dem integrierten Minienvironment-Konzept, welches in unserem Automatischen Scheiben-Repeater ASR 22 realisiert wurde, um mindestens zwei Generationen Vorsprung zu den damals existierenden Minienvironment-Entwicklungen hatten. Und ich muss sagen, dass man heutzutage vergleichbare Lösungen sehr selten findet.

Sehr bald wurde erkannt, dass man mit dem Thema „Waferstepper" in den neuen Märkten nur wenige Chancen haben wird und die bisherigen Märkte nicht mehr existierten. Deshalb war es notwendig, sich nach neuen Geschäftsfeldern umzuschauen. Dies geschah mit dem Schritt zur Jenoptik-Infab. Die Automatisierung in den Reinräumen der Halbleiterindustrie bot ein weites Feld, auch die Erfahrungen der Reinraumtechnik (SMIF[1], FOUP[2]) in den neuen Produkten zu etablieren. Die aufgezeigten Möglichkeiten waren aber viel weitfassender als dass man sich nur auf die Halbleiterindustrie hätte konzentrieren müssen. Daraus erwuchs meine Entscheidung, das Unternehmen Jenoptik 1995 zu verlassen und eigene Wege einzuschlagen.

Ein Unternehmen der Reinraumtechnik entsteht in der Region Jena

Die Reinraumtechnik in Jena und Umgebung war bis dahin ausschließlich bei wenigen Unternehmen der Klimatechnik sowie Planungsbüros etabliert. Dabei ging es jedoch ausschließlich um den Bau von Reinräumen. Es ist auch noch immer so, dass der überwiegende Großteil der Nutzer und Anwender von Reinraumtechnik dies ausschließlich mit Reinräumen in Verbindung bringt. Birgt doch das Wort Reinraumtechnik in sich selbst das kleine Wort „Raum", was sehr bzw. zu oft dazu anregt, nur in Breite x Länge x Höhe zu denken und man landet zwangsläufig beim Reinraum. Doch letztendlich ist es sinnvoll, immer vom Produkt und Prozess auszugehen und sich dann soweit vorzuarbeiten, bis man die Lösung für sein Kontaminationsproblem gefunden hat.

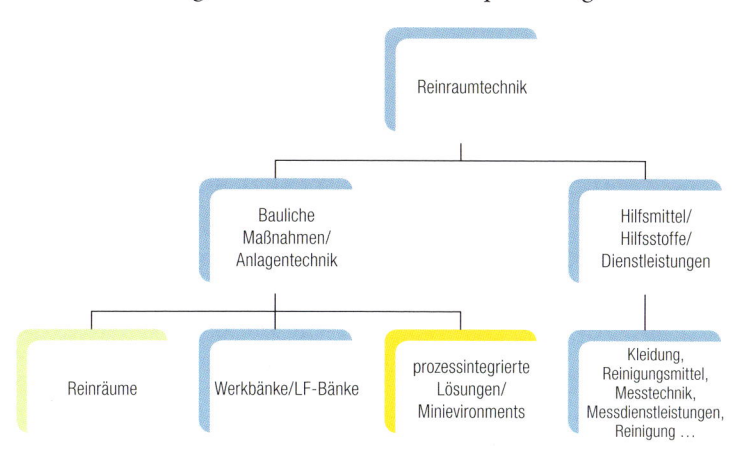

Bild 13: Entscheidungsschema für Reinraumanwendungen.

Die Lösung kann, muss aber kein Reinraum sein. Oftmals werden Fertigungsmaschinen im Reinraum aufgestellt, die eine geschlossene Prozesskammer besitzen und damit das Produkt und den Prozess vor der sauberen Reinraumumgebung schützen. Der Sinn eines Reinraums ist damit ad absurdum gestellt.

Sicherlich sollte man das Thema der Anbieter von Reinraumtechnik dahingehend differenzieren, wie auch die einzelnen Technologien, die unter reinen Bedingungen ablaufen müssen, differenziert betrachtet werden müssen.

In Jena hat sich eine Reihe von Unternehmen etabliert, die sich auf dem Gebiet der Reinraumtechnik bewegen. Eines dieser Unternehmen ist die HAu.S GmbH. Im Dezember 1990 aus der Jenoptik Carl Zeiss Jena GmbH ausgegründet entwickelte sich aus dem ehemaligen Rationalisierungsbau des Kombinates VEB Carl Zeiss Jena zum Komplettanbieter für die Gebäudebewirtschaftung. Der Name HAu.S stand damals für Haustechnik, Anlagenbau und Sondermaschinen. Seit der Zuordnung zur Jenoptik-Tochter m+w (später m+w Zander) beschäftigte man sich mehr und mehr mit dem Bau und der Wartung von Reinräumen. Über verschiedene Zwischenschritte ist die HAu.S GmbH heute Teil der Elevion Gruppe und arbeitet als eigenständige GmbH auf den Gebieten, mit denen das Unternehmen in den letzten 25 Jahren gewachsen ist. Ein kleiner Teil des Geschäftsfeldes wird sich weiterhin mit Reinräumen beschäftigen. Dass die HAu.S GmbH in dieser Konstellation weiterhin erfolgreich weiterarbeitet, ist vor allem dem Geschäftsführer Jürgen Dittmar zu verdanken.

Cleanroom Technology Jena

Bevor es zur Gründung der Cleanroom Technology Jena kam, musste noch ein Dreivierteljahr vergehen. In dieser Zeit arbeitete das Eineinhalbmann-Unternehmen als Ingenieurbüro Ludwig aus dem Wohnzimmer einer 4-Raum-Wohnung in Jena-Winzerla heraus. Die Unterstützung durch die „halbe" Person fand sich in dem ehemaligen Kollegen Herbert Martin, der am Zeichenbrett wie auch mit dem Werkzeug in der Hand der perfekte Umsetzer neuer Ideen war. Das erste Projekt führte uns Mitte 1995 nach Erlangen zu Siemens Medizinische Technik. Kurz vor dem Umzug der Röntgenröhrenfertigung von Erlangen in das alte Werk nach Rudolstadt war es notwendig, die Zertifizierung für diese Fertigung von der FDA (U.S. Food and Drug Administration) zu bekommen. Die dafür noch notwendigen Arbeiten durften wir durchführen. Die Personen- und Materialschleuse wurde umgebaut, und es entstanden unsere ersten Transportwagen für kontaminationsgefährdete Produkte. Dieser Transportwagen beinhaltete eine Stickstoffspülung und Heizung im Umluftbetrieb. Damit wurden mehrere Prozessschritte zusammengefasst und optimiert. (Einer dieser Wagen ist, umgebaut als Lagerschrank, nach über 20 Jahren in Rudolstadt immer noch in Betrieb.) Mit diesem Projekt wurde der erste Schritt in andere Branchen als die Halbleiterindustrie getan.

```
04 Stück        Transportwagen:     - stickstoffgespült
                                    - beheizbar
                                    - luftgefüllte Laufrollen
                                    - Signalleuchte
                                    - 3 Fächer mit jeweils separater Tür
                                    - jedes Fach einzeln heizbar mit Temperaturanzeige
                                      und Regelung
                                    - Stickstoffspülung über das Aluminium-
                                      Rahmenprofil
                                    - Gerätesteckdose mit Schalter und Sicherung
                                    - Führungsschienen für festen Halt der
                                      Transportpaletten
                                    - Abmaße H x B x T ca. 1350 x 650 x 500 mm³
01 Stück        Dokumentation Transportwagen

Warenwert:              DM 33.134,-
MwSt. -15%-             DM 4.970,10
Rechnungsendbetrag:     DM 38.104,10
Ingenieurbüro Ludwig, Otto-Schwarz-Str. 61, 07745 Jena
```

Bild 14: Teilrechnung dieses ersten Auftrages (links) und das Produkt, der Transportwagen (rechts).

Dieses Projekt zeigte auch die Grenzen eines Kleinstunternehmens auf. Während der gesamten Projektlaufzeit gab es keine Möglichkeiten, neue Aufträge zu akquirieren und man fiel nach jedem Projekt in ein Auftragsloch. Um dies effizienter angehen zu können, mussten die personellen Kapazitäten aufgebaut werden. Da zu dieser Zeit kein Kapital vorhanden war, blieb nur die Möglichkeit, einen Mitstreiter zu finden, der das Risiko und auch die Erfolge mittragen würde. Am 01. Mai 1996 wurde dann die Cleanroom Technology Jena gegründet und ein Büroraum von 40 m² sowie die darunter liegende Garage in derselben Größe in Kahla Im

Bild 15: Büro (links) und Werkstatt (rechts).

Bild 16: Schnittdarstellung Jen-FFM.

Bild 17: Allererster Internetauftritt.

Bild 18: Erster wirklicher Internetauftritt: dann doch schon sehr professionell.

Camisch 8 angemietet. Jetzt waren wir Zweieinhalb Mitarbeiter und hatten uns für den Rest des Jahres ein Umsatzziel von DM 100.000 gesetzt, was wir auch mit der letzten gestellten Rechnung erreichten. Nun konnten wir uns der Akquise neuer Projekte sowie der Produktneuentwicklung widmen.

Die Büroausstattung war zu dem Zeitpunkt sehr spartanisch.

Auf Grund der im Vorfeld entstandenen Kontakte wurde gemeinsam mit der Mannesmann Reinraumtechnik ein neues Lüfter-Filter-Modul, unser Jen-FFM, entwickelt. Die Konstellation dieser Gemeinschaftsentwicklung wurde pragmatisch ausgehandelt, die Cleanroom Technology Jena stellt die Entwicklungsleistungen bereit und Mannesmann bezahlt das dafür notwendige Stranggusswerkzeug und das Patent.

Dieses Modul wurde erstmalig auf der ersten MTT-Messe (Mikrotechnik Thüringen) als Weltneuheit ausgestellt. Nicht das Prinzip des Lüfter-Filter-Moduls, sondern die Ausführung war neu. Unser Filterlieferant hätte uns beinahe um den Erfolg auf dieser Messe gebracht, doch der dafür benötigte Hochleistungsschwebstofffilter kam im letzten Moment per Taxi (ca. 400 km) bei uns auf dem Messestand an.

Nun ging es Schlag auf Schlag. Erste Messen wurden besucht, die Fühler wurden nach fernen Ländern ausgestreckt, und sehr anspruchsvolle Projekte wurden bearbeitet. Ein ganz wichtiger Punkt für die Entwicklung des Unternehmens war, dass wir seit 1997, in einer sehr frühen Phase des Internets, dort bereits vertreten waren.

Seit 1997 besuchen wir regelmäßig als Aussteller die productronica in München. Dieser Ort entwickelte sich mit den Jahren zu einer der wichtigsten Messen für unser Unternehmen. Oftmals wurde die Frage gestellt, inwieweit sich die eine oder andere Messe denn gelohnt habe. Für das Jahr 2009 können wir dies genau beantworten. Im Ergebnis dieser Messe realisierten wir unser erstes Projekt in Russland.

Doch zurück nach Kahla. Wie man sich denken kann, wurden die Räume dort sehr schnell zu klein und vor allem für die Fertigung gab es keine Alternative sich auszudehnen. Ein tragischer Zufall gab uns die Möglichkeit, in Jena, Winzergasse in Alt-Winzerla Werkstattflächen mit Büroräumen auszubauen und 1998 zu beziehen.

Als Cleanroom Technology Jena sind wir angetreten, unsere Erfahrungen in neue Produkte und Dienstleistungen umzusetzen. Wir sind nicht angetreten, um Reinräume zu bauen. Doch mit unserem Konzept, mit einem flexibel einsetzbaren Aluminiumprofilsystem auch Räume bauen zu können, konnten wir die Firma Konica in Lüneburg überzeugen, den ersten Reinraum aus item-Profilen (viele sagen auch Bosch-Profile dazu) zu bauen.

Als wir Ende der 90er Jahre anfingen, auch größere „Kabinen" auf diese Art und Weise zu bauen, wurden wir von vielen Mitbewerbern, vor allem großen Unternehmen, belächelt. Heute werden mehr als die Hälfte der Reinräume für technische Anwendungen auf diese Art und Weise gebaut. An einen Gebrauchsmusterschutz haben wir damals nicht gedacht.

Eine der damals größten Herausforderungen stellte sich mit dem Auftrag von Brooks Automation, in Jena einen 300 m² großen Reinraum zu errichten. Das einzige Problem bestand darin, dass wir von der Auftragserteilung bis zur erwarteten Übergabe nur 6 Wochen Zeit hatten. Am letzten Tag übergaben wir den Reinraum betriebsbereit an den damaligen Geschäftsführer Harald Hanne.

Dennoch entwickelten wir unser Know-how auf dem Gebiet der Minienvironments (Kleinstreinraum) kontinuierlich weiter. Gestandene Unternehmen, Hersteller von Halbleiterequipment, wurden mehr und mehr auf uns aufmerksam. So entwickelten sich langjährige Kooperationen zu Firmen wie Carl Zeiss, Peter Wolters, Leica, Panalytical, innolas, Bruker AXS. Es ergab sich unweigerlich, dass wir auch Lieferant und Partner von Wettbewerbern unserer Kunden wurden. Dies verschaffte uns den komfortablen Vorteil, dass wir nicht zwingend vom Ergebnis des Wettbewerbs unserer Kunden abhängig waren.

Unser großes Ziel war, die Minienvironment-Technologie von der Halbleiterindustrie in andere Branchen zu transferieren. Dies ist uns an vielen Stellen gut gelungen. Beispiele aus anderen Branchen sind:
- Ein Minienvironment zur Reinhaltung des Prozesses beim Kunststoffspritzen der Kugelschreibergehäuse bei Montblanc in Hamburg

Bild 19: Bild vom Umbau.

Bild 20: Erster Reinraum aus Aluminiumprofilen.

Bild 21: Minienvironment auf einem Transportgestell.

- Ein Minienvironment zur Erzeugung höchster Reinheit für eine Maschine zum Schneiden von Displaygläsern für Schott-Spezialglas in Mainz
- Ein Minienvironment für eine Folienbeschichtungsanlage am Fraunhofer-Institut IVV (Institut für Verfahrenstechnik und Verpackung) in Freising
- Ein Minienvironment für eine Mikromontagemaschine am Forschungszentrum Karlsruhe
- Minienvironments für Spritzgussmaschinen für Anwendungen in der Halbleiterindustrie, Automobilindustrie, Medizintechnik u. a.

Ein Minienvironment soll hier besonders erwähnt werden. Für eine Messmaschine, die Oberflächenanalysen mittels Röntgenstrahlen durchführt, wurde ein strahlensicheres Minienvironment entwickelt. Dafür haben wir neben Aluminium und Edelstahl auch viel Blei (Strahlenschutz!) verbaut.

Bild 22: Messe in Delhi (Indien) – kurzes Gespräch mit der damaligen Gesundheitsministerin.

Kontaminationsempfindliche Produkte mussten natürlich auch zwischen Reinräumen oder Minienvironments hin und her transportiert werden. Auf Grund der Erfahrung mit dem Transportwagen für Siemens entwickelten wir unseren ersten Reinraum-Transportwagen mit integriertem Minienvironment und einer aktiven Spülung mit Reinstluft. So entstand eine Reihe von Transportwagen mit unterschiedlichsten Anforderungen seitens unserer Kunden. Neben den Transportwagen für GlobalFoundries, von denen 40 Stück über zwei Jahre lang im Einsatz waren, um die Wafer in den FOUPs zwischen den einzelnen Reinraummodulen zu transportieren wurden Spezialwagen für AEG gebaut. Für die x-fab wurde das FOUP-Prinzip auf den Wagen übertragen und somit ein völlig geschlossener Transport zwischen Reinräumen realisiert.

Neben der Produktentwicklung und dem Vertrieb dieser sowie der Realisierung von kundenspezifischen Lösungen lernten wir mit Unterstützung der Thüringer Außenhandels Fördergesellschaft sowie der IHK den internationalen Markt kennen. Neben England in Europa wurden Korea, Malaysia, China, Singapore, Vietnam und Indien besucht.

Thüringen hat in Korea einen Namen

Intensive Kontakte verbinden Thüringen und Südkorea. Seit fünf Jahren finden regelmäßig Produktpräsentationen und Kooperationsbörsen statt, die halfen Kontakte zwischen koreanischen und thüringischen Firmen zu knüpfen. Die diesjährige Präsentation „High Tech Made in Thüringen" in Seoul war der Höhepunkt dieser Aktivitäten.

Unterzeichneten einen Kooperationsvertrag: Joachim Ludwig und Young Seob Han

Bild 23: Quelle: Ostthüringer Wirtschaft 7/8/2000 IHK Ostthüringen zu Gera.

COLANDIS GmbH

Nunmehr hatte sich das Unternehmen in der Jenaer Winzergasse soweit und so gut entwickelt, dass die Platzverhältnisse bei weitem nicht mehr ausreichen und unser Domizil für unsere nunmehr hochkarätigen Kunden aus unserer Sicht nicht mehr repräsentativ gewesen ist. Der Gedanke an ein neues eigenes Firmendomizil nahm nunmehr Konturen an. Ein Grundstück in Jena-Maua war dann auch schnell ausfindig gemacht und für uns reserviert worden.

Die Unterstützung, die wir uns in dieser Phase von der Stadt Jena erwarteten, war dann mehr Ablehnung als Hilfe. Wir erhielten sie dann aber von der Stadt Kahla. Was in Jena in 9 Monaten zu keinem Ergebnis führte, endete in Kahla nach 2 Wochen mit der Unterschrift unter dem Kaufvertrag für das benötigte Grundstück.

Bild 24: Eingangsbereich des neuen Firmengebäudes.

Bild 25: Reinraum mit 9 m Höhe: Tests im eigenen Haus (links) und Montage vor Ort (rechts).

Nun konnte das große Projekt beginnen. Mit der Entscheidung zu diesem Bauvorhaben wurde die COLANDIS GmbH gegründet. Unsere Idee, das Unternehmen ganz einfach Cleanroom Technology Jena GmbH zu nennen wurde durch ein vorangegangenes Urteil am Gericht in Jena zunichte gemacht, da sich Unternehmen keine Ortsangaben im Firmennamen geben dürfen, wenn sie nicht dort ansässig sind. Abhilfe schuf in diesem Fall ein Wörterbuch Deutsch – Latein. Es wurde herausgefunden, dass Filterelement bzw. Filterinstrument „colandi instrumentum" heißt. Daraus wurde COLANDIS. Diese Umfirmierung und der Wechsel des Namens hatten keinerlei negative Auswirkungen in den Beziehungen zu unseren Kunden.

Am 01. April 2003 zogen wir in unser neues Domizil ein. Insgesamt wurden 2,6 Millionen Euro investiert. Jetzt arbeiten wir auf fast 1.500 m² Büro- und Fertigungsfläche. Das Gebäude ist voll klimatisiert und durch die sehr gute Filterung der klimatisierten Luft im Fertigungsbereich erreichen wir eine Luftreinheitsklasse ISO 8[3]. Zusätzlich arbeiten wir in einem Reinraum der Klassifizierung ISO 5 für sensible Fertigungs- und Reinigungsaufgaben und in einem Reinraum der Klassifizierung ISO 1, in dem wir Reinheitstauglichkeitsuntersuchungen an unseren eigenen Produkten sowie an Kundengeräten durchführen.

Seitdem agieren wir von Kahla aus und haben uns immer weiteren Herausforderungen gestellt. Eine davon war ein Reinraum von fast 9 m Höhe. Dies scheint auf dem ersten Blick kein so großes Problem zu sein. Doch der Grund, weshalb alle anderen Mitbewerber der Meinung waren, dass dies nicht möglich wär, war die Tatsache, dass das Seil eines Kranes in diesen Reinraum hineinfahren muss und der Kran sich bereits unter der Decke der Halle befand. Gelöst wurde das Problem mit einem Traversensystem, welches alle Kräfte aufnehmen konnte und so die Stabilität gewährleistete.

Das Thema „Sauberräume" spielt, ausgehend von der Automobilindustrie, eine immer größer werdende Rolle. Die Herausforderung liegt vor allem darin, dass sich die „moderateren" Reinheitsanforderungen auch in dem angebotenen Preis widerspiegeln – zumindest aus Sicht des Kunden. Als Ergebnis haben wir eine „superleichte" Foliendecke entwickelt, die es auch dem Betreiber des Sauberraums ermöglicht, auf ein zweites Brandschutzsystem in der Aufstellhalle zu verzichten. Zusätzlich wurde die Reinheit mit Sauberraummodulen gewährleistet, die mit einer integrierten Klimatisierung innerhalb von Rückströmsäulen realisiert wurde.

Bei einer Häufung von Anfragen zu einem Thema wird in dem jährlich stattfindenden Innovationsmeeting festgelegt, ob es eine Produktneuentwicklung geben wird und wie die Marktchancen dafür sind. Oftmals kommt es vor, dass ein Kunde nur temporär, also über einen überschaubaren Zeitraum, einen Reinraum benötigt. Das war der Anfang der Erfolgsstory unseres Mietreinraums, der unter dem Slogan „clean air to go" vermarktet wird.

Bild 26: Rückströmsäule und Foliendecke.

Dieser Reinraum wird mit einer Luftreinheitsklasse ISO 5 angeboten. Damit konnte schon vielen Unternehmen aus problematischen Situationen heraus geholfen werden. Der Aufbau ist einfach. Zwei Personen benötigen dazu nicht mehr als eine halbe Stunde, und alles ohne Werkzeug.

Neben der Produktpalette wird der Dienstleistungsbereich stetig weiterentwickelt. Neben der Vermietung von Reinräumen werden Qualifizierungsmessungen in Reinraumbereichen angeboten. Speziell auf dem Gebiet der Reinraum- und Reinheitstauglichkeit hat sich COLANDIS einen sehr guten Ruf am Markt erarbeitet. Nach unseren Kenntnissen ist unser Unternehmen neben dem Fraunhofer-Institut IPA in Stuttgart die einzige Institution, welche diese Art von Messungen an Materialien, Komponenten und Maschinen

Bild 27: Sauberraummodul SRM.

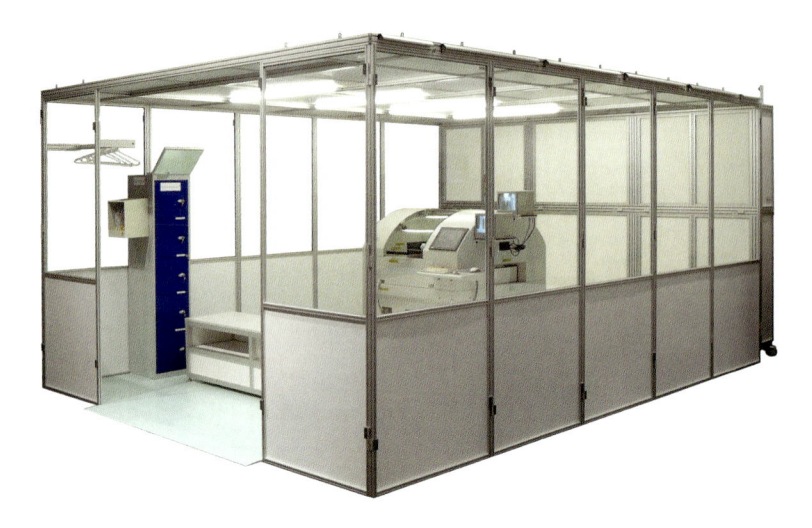

Bild 28: Mietreinraum

Bild 29: Prüfsiegel auf Reinheitstauglichkeit

Bild 30: Unser Ziel ist es, eines Tages auch Preisträger zu sein.

in dem von uns erreichten Niveau anbietet. Auf diesem Gebiet sind wir auch der Kooperationspartner des TÜV-Süd.

Seit mehreren Jahren beteiligt sich COLANDIS auch an Wettbewerben. Das Unternehmen war mit diesem Mietreinraum für den Innovationspreis in Thüringen nominiert. Leider hat es nur für den zweiten Platz gereicht.

Zum großen Preis des Mittelstandes werden wir seit mehreren Jahren jedes Jahr wieder durch verschiedene Organisationen, Bürgermeister und Preisgewinner nominiert. Im Jahr 2014 sind wir dann Finalist geworden.

Jetzt sind wir in unserem zwanzigsten Jahr seit Gründung der Cleanroom Technology Jena angekommen, haben über 20 Mitarbeiter beschäftigt und erwirtschaften einen jährlichen Umsatz von ca. 2,5 bis 3 Millionen Euro.

Am 21. Mai 2016 feierten wir die 20 Jahre COLANDIS bei uns in Kahla mit einem großen Frühschoppen und einem Tag der offenen Tür. Jeder war dazu eingeladen.

Danksagung

Ich danke Günter Rehm für die Anregung zu diesem Artikel, Dr. Heinz-Joachim Schneider, Ing. Herbert Martin und Dr. Ingo Nietzold für alle die Dinge und Fertigkeiten, die ich ohne sie nie erworben hätte, Jürgen Schlemm (†) für seine Unterstützung bei unserem frühzeitigen Internetauftritt und die langjährige Freundschaft. Vor allem danke ich allen meinen Mitarbeitern, die das Unternehmen durch Höhen und Tiefen begleitet haben. Mein besonderer Dank gilt meiner Familie, ohne deren Verständnis und Unterstützung das alles nie möglich geworden wäre.

Anmerkungen

1. SMIF (Standard Mechanical Interface) wurde in 1980'er Jahren bei Hewlett-Packard (Palo Alto-USA) entwickelt und wurde in der Produktion von Halbleiterbauelementen benutzt. Es wurde als SEMI-Standard eingeführt. Es stellt eine Form von Kleinst-Reinraum dar, vorzugsweise für 6"-Wafer.
2. FOUP (Front Opening Unified Pod) wurde in den 1990'er Jahren entwickelt. Es löste SMIF ab für 300 mm Wafer.
3. Reinsträume werden nach der gemessenen Zahl von Partikeln klassifiziert nach der Norm ISO 14644-1. Die Kurzbezeichnung geht von ISO 9 zu ISO 1 mit sinkender Partikelzahl und -größe.

Nietzold, Ingo: 1979. *Luftfiltration*. Karlsruhe: Müller. Kälte, Wärme, Klima

Nietzold, Ingo: In: *Luft- und Kältetechnik* (1981)/1 (Gedächnisprotokoll)

Nietzold, Ingo, priv. Mitteilung

Schneider, Heinz; Ludwig, Joachim; Martin, Herbert: Partikelmessung als Unterstützung bei der Entwicklung von Halbleiterfertigungsgeräten. In: *Reinraumtechnik* 4 (1990) S.26-30

Schuster, Reinhold: *50 Jahre Reinraumtechnik: Willis Whitfield- Vater des Reinraums*. URL http://www.mwgroup.net/wp-content/uploads/2014/11/reinraum_printline_02_2015_Whitfield_110416.pdf. – Aktualisierungsdatum: 2017-08-04

Whitfield, Willis J.: 1964, Ultra-clean-room. Anmeldedatum: 14.05.1962, US 03158457

Joachim Ludwig

Joachim Ludwig besuchte die Spezialschule Carl Zeiss und legte dort das Abitur 1980 ab. Sein Studium an der Sektion Technologie der Friedrich-Schiller-Universität im Bereich Fertigungsprozessgestaltung beendete er 1988 mit dem Diplom. Das Thema seiner Arbeit lautete „Automatische Montage von DIN-Manometern". Erste Erfahrungen auf dem Gebiet der Reinraumtechnik erwarb er bei Carl Zeiss Jena. Anfang der 1990er Jahre erkannte er den Bedarf an Lösungen für Reinsträume und gründete seine erste Firma, die er in Schritten zur heutigen international anerkannten, erfolgreichen Colandis GmbH führte.

Thomas Elbel, Bad Sachsa

Thermische Strahlungsempfänger aus Jena: Von den Vakuumthermosäulen VTH1 und VTH20 bis zu den Mikrosensoren auf „Tschuri" und Mars[1]

Entdeckung des infraroten Spektralgebietes und Entwicklung erster Strahlungsthermosäulen

Der Astronom Herschel zerlegte 1800 das Sonnenlicht mit einem Prisma, weil er zum Schutz seiner Augen bei Sonnenbeobachtungen wissen wollte, in welchem Farbbereich die Intensität der Strahlung am geringsten ist. Dazu bewegte er ein geschwärztes Quecksilberthermometer durch das sichtbare Spektrum vom blauen zum roten Bereich. Als er das Thermometer weiter in das dunkle Gebiet außerhalb des roten Bereiches bewegte, zeigte das Thermometer zu seiner Überraschung eine weitere Temperaturerhöhung an: Er hatte die Infrarotstrahlung entdeckt [Riedl 2002]. In der Folge dieser Entdeckung begann eine intensive Forschungstätigkeit zur Untersuchung dieser rätselhaften Strahlung. Schon 1829 wurde das geschwärzte Thermometer als gewissermaßen „erstes Infrarotstrahlungsmessgerät" durch das erste Strahlungsthermoelement von Nobili und 1832 durch die erste Strahlungsthermosäule von Melloni ersetzt [Riedl 2002]. Nobili und Melloni konnten dabei auf die Untersuchungen von Seebeck zurückgreifen, der zwischen 1821 und 1822 den thermoelektrischen Effekt entdeckte. Seebeck untersuchte dabei neben zahlreichen anderen Materialkombinationen auch schon Wismut (Bi) und Antimon (Sb) und stellte fest, dass bei diesen Materialien sein Messgerät, eine Magnetnadel, am heftigsten ausschlug [Seebeck 1826]. Einleitend wird kurz die Funktion von thermoelektrischen Strahlungssensoren erläutert und die Empfindlichkeit von Strahlungsthermosäulen in vereinfachter Form angegeben.

Prinzipieller Aufbau und Wirkungsweise von Strahlungsthermosäulen

Bild 1 zeigt schematisch den prinzipiellen Aufbau einer Strahlungsthermosäule [Elbel 1996]. Im Unterschied zu den bekannten Berührungsthermoelementen ist bei einem Strahlungsthermoelement die warme Kontaktstelle der beiden thermoelektrischen Materialien A und B nicht punktförmig sondern als Empfängerfläche ausgebildet. Die Empfängerfläche ist geschwärzt, absorbiert die einfallende Wärmestrahlung Φ und erwärmt sich dadurch auf die Temperatur T_W. Die kalte Kontaktstelle befindet sich auf einer Wärmesenke mit der Temperatur T_K. Die Signalspannung ist die thermoelektrische Spannung U_{th}.

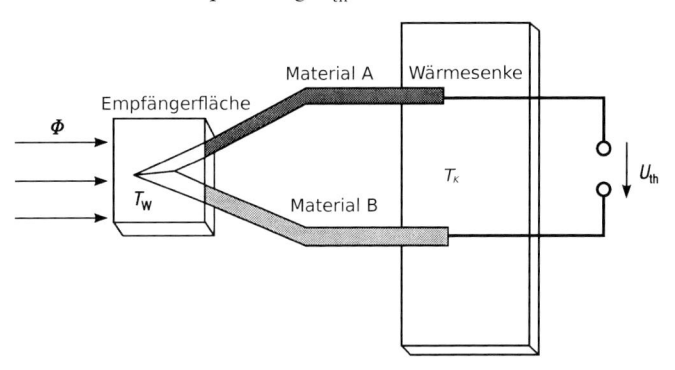

Bild 1: Wirkungsprinzip einer Strahlungsthermosäule.

Empfindlichkeit S einer Strahlungsthermosäule

Eine Strahlungsthermosäule besteht aus einer Reihenschaltung von z Thermoelementen. Mit der Thermokraft α_A und α_B der thermoelektrischen Materialien ist die thermoelektrische Spannung

$$U_{th} = z(\alpha_A - \alpha_B)(T_W - T_K)$$

Die Temperaturdifferenz ΔT ist: $\Delta T = T_W - T_K$

und mit dem „thermischen Ohmschen Gesetz" $\Delta T = R_{th}\Phi$

Folgt für die Empfindlichkeit S als Verhältnis von Signalspannung zu Strahlungsleistung Φ

$$S = \frac{U_{th}}{\Phi} = \frac{z(\alpha_A - \alpha_B)R_{th}\Phi}{\Phi} \quad \text{und mit } R_{th} = \frac{1}{G_{th}} \quad S = \frac{z(\alpha_A - \alpha_B)}{G_{th}}$$

Eine Strahlungsthermosäule sollte daher aus einer möglichst großen Anzahl thermoelektrischer Materialpaarungen mit hoher Thermokraft und einem geringen thermischen Leitwert G_{th} zwischen den warmen und kalten Kontakten bestehen. Vor allem die Forderung nach einem geringen thermischen Leitwert zur Erreichung einer möglichst hohen Empfindlichkeit stellt sowohl an den theoretischen Entwurf als auch an die Technologie bei der Entwicklung von Strahlungsthermosäulen sehr hohe Anforderungen.

Die Vakuumthermosäule VTH1 zum Einsatz in der Infrarotspektroskopie

Carl Zeiss Jena stellte bereits in den 20er und 30er Jahren des vorigen Jahrhunderts für Spektralphotometrie geeignete Vakuumthermoelemente her [Sewig 1935]. Es handelte sich dabei um das Vakuumthermoelement nach Hase [Hase 1923, Carl Zeiss Archiv 1941]. Die Empfindlichkeit betrug 3,6 V/W und die Zeitkonstante einige Sekunden. Den Unterlagen des Carl Zeiss Archivs kann nichts über den Aufbau entnommen werden, aufgrund der großen Zeitkonstante muss es sich dabei vermutlich um Drahtstrahlungsthermoelemente gehandelt haben.

Ab etwa 1950 wollte man im VEB Carl Zeiss Jena den Vorsprung in der Geräteentwicklung auf dem Gebiet der Ultrarotspektralphotometrie aus den USA und England einholen und begann mit der Eigenentwicklung von Infrarotspektrometern [Bolz 1956]. Zur Begrifflichkeit muss erläutert werden, dass für die heute übliche Bezeichnung „infrarot" damals „ultrarot" verwendet wurde.

Das Zeiss-Ultrarotspektralphotometer UR10

Das UR 10 arbeitet nach dem Zweistrahl-Wechsellichtverfahren. Das Wechsellichtverfahren erfordert eine geringe Zeitkonstante des Strahlungsempfängers, damit eine für die weitere Signalverarbeitung ausreichend große Ausgangsspannung auch bei modulierter Strahlung entsteht. Insofern konnte bei der Entwicklung des UR10

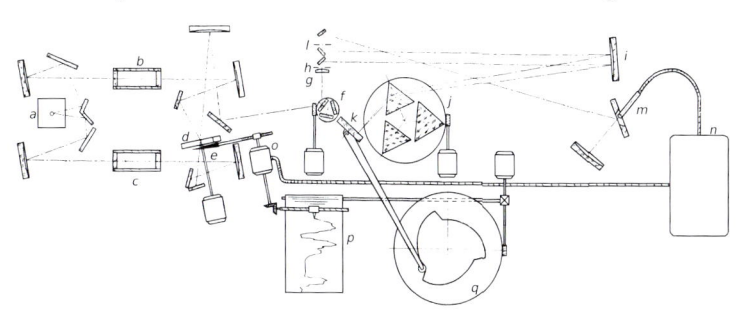

Bild 2: Strahlengang und wesentliche Funktionselemente des UR10 [Bolz 1956].

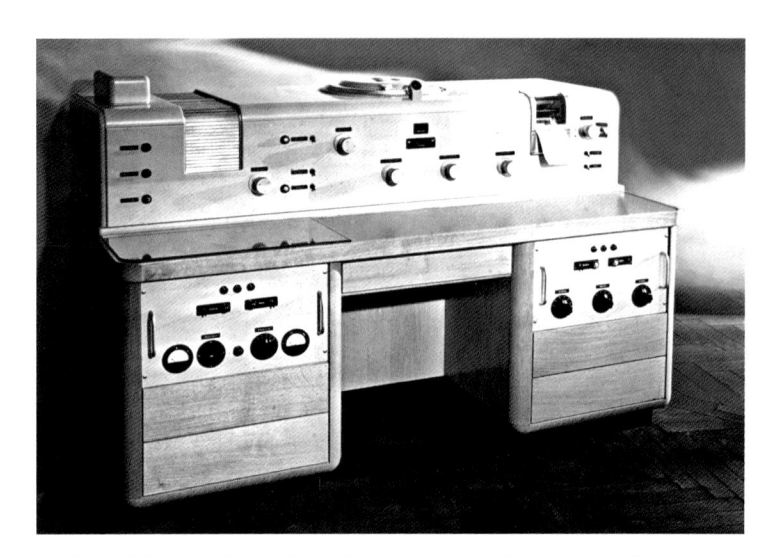

Bild 3: Ultrarotspektralphotometer UR10 [Bolz 1956].

nicht auf die bis dahin bewährten Thermoelemente nach Hase zurückgegriffen werden. Bild 2 zeigt ein vereinfachtes Prinzipschema des UR10 [Bolz 1956]. Die Infrarotstrahlung wird von einem elektrisch geheizten Silitstab a erzeugt, durchsetzt die Messküvette b und die Vergleichsküvette c und wird durch den rotierenden Sektorspiegel d, der zwei reflektierende und zwei durchlässige Sektoren besitzt, zeitlich abwechselnd über weitere optische Komponenten auf den Eintrittsspalt h des Monochromators geworfen. Das Spektrum entsteht in der Ebene des Austrittsspaltes l des Monochromators. Die so spektralzerlegte Strahlung fällt auf den Strahlungsempfänger m und wird im elektronischen Verstärker n verstärkt. Bild 3 zeigt eine Ansicht des UR10 [Bolz 1956]. Die Leistungsfähigkeit dieses komplexen, automatisch registrierenden kostspieligen Gerätes hing entscheidend vom Strahlungsempfänger m ab.

Das Vakuumthermolement VTH1 nach Kortum

Speziell für das UR10 wurde unter Leitung von Herbert Kortum ab 1953 das Vakuum-Thermoelement VTH1 im VEB Carl Zeiss Jena entwickelt und zunächst auch dort gefertigt. Die Vakuumthermoelemente nach Kortum [Carl Zeiss Archiv 1957, Kortum 1960] unterschieden sich in ihrer Technologie stark von den Drahtthermoelementen nach Hase [Hase 1923, Carl Zeiss Archiv 1941] oder von Johannsen [Johannsen 1910], der erste Dimensionierungsvorschriften für Strahlungsthermoelemente angegeben hatte. Dazu wird eine Lösung von 1,5 bis 3 % T-Cellit in einer Mischung von Methanol und Mesytilchlorid hergestellt. Ein definierter Tropfen dieser

Lösung wird auf eine Schale mit destilliertem Wasser gebracht und nach dem Erstarren mit einem Schöpflöffel mit mehreren Löchern abgehoben. Die in den Löchern hängenden T-Cellit-Häutchen (Dicke 40 bis 50 nm) werden auf die Glasträger übertragen und bilden so ein freitragendes Substrat, auf das die Strahlungsthermoelementmaterialien aufgebracht werden können. Die beiden thermoelektrischen Materialien Antimon (Sb) und Wismut-Antimon (Bi-Sb) mit 3 bis 5 % Sb (Schichtdicken 150 und 300 nm) werden durch Aufdampfen unter Verwendung von Haftmasken auf die Glasträger mit den freitragenden T-Cellit-Häutchen abgeschieden. Das Empfängerelement des VTH1 (Bild 4 [Kortum 1960]) besteht aus drei in Reihe geschalteten Thermopaaren. Die rechteckförmige Empfängerfläche von 1 mm² ist in ihrer Größe und Form dem Austrittsspalt des Monochromators angepasst. Die Empfängerfläche enthält eine thermische Ausgleichsschicht aus Silber. Die Schwärzung der Empfängerfläche zur optimalen Absorption der einfallenden Infrarotstrahlung erfolgt durch Aufdampfen von Antimon bei einem solchen Vakuumdruck, der zu einer rußartigen Abscheidung einer Schwarzschicht führt. Der Glasträger mit dem Schichtsystem und seinen elektrischen Kontakten wird in einen Glaskolben, vergleichbar mit einer Rundfunkröhre, eingebaut und evakuiert.

Die Kennwerte des VTH1 sind:
Empfindlichkeit S = 10 V/W, Widerstand R = 40 Ω, Zeitkonstante τ = 35 ms

Zur Herstellung der VTH1 waren mehr als 50 verschiedene Fertigungs-, Kontroll- und Messvorgänge erforderlich. Der VEB Carl Zeiss Jena bot die Vakuumthermoelemente VTH1 auch zum Verkauf zu einem Preis von 1.417,88 MDN an [Carl Zeiss Archiv 1964]. Kortum übernahm 1961 die Leitung der Forschungsstelle für Messtechnik und Automatisierung (FMA), die ihren Sitz in Jena in der Humboldtstraße 24 (Bild5) hatte.

    Hier wurden die VTH1 weiter verbessert und im angegliederten Musterbau, der sich in einer Baracke hinter der Villa befand, gefertigt, so dass die VTH1 für das UR10 und die Weiterentwicklung UR20 von der FMA an Zeiss geliefert wurden. Die Qualität der VTH1 von der FMA und insbesondere die geringen Exemplarstreuungen der Leistungskennwerte waren so gut, dass die VTH1 ohne hochpräzise Nachjustierungen in die Ultrarotspektrometer UR20 bei Zeiss in der Abteilung MessM1 eingesetzt werden konnten und genaue und zuverlässige Messresultate lieferten [Güttich 2016]. Ende der 60er Jahre wurden pro Monat etwa 15 Stück UR20

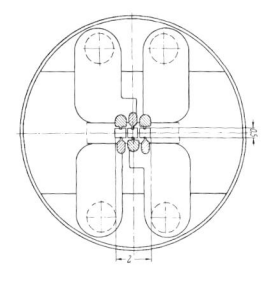

Bild 4: Empfängerelement des Vakuumthermoelementes VTH1 [Kortum 1960].

Bild 5: Ehemalige Forschungsstelle für Messtechnik und Automatisierung (FMA) in der Humboldtstraße 24 in Jena (aufgenommen im Jahre 2015).

in MessM1 montiert und überwiegend in die Sowjetunion exportiert [Maurer 2017]. Aus der Forschungsstelle für Messtechnik und Automatisierung wurde später die Abteilung Strahlungsempfänger Jena des Zentralinstituts für Optik und Spektroskopie (ZOS) Berlin der Akademie der Wissenschaften der DDR. Diese Abteilung gehörte ab 1981 zum neugegründeten Physikalisch-Technischen Institut (PTI) der AdW der DDR in Jena. Das ZOS und ab 1981 das PTI lieferten die VTH1 auch für die Folgeentwicklungen der Infrarotspektrometer Specord 75 IR, Specord M80/M85 an Zeiss aus. Die VTH1 für das Specord M80/M85 hatten eine Zeitkonstante von 20 ms und einen Widerstand von 15 Ω [Carl Zeiss Archiv 1986]. Bis 1990 wurden jährlich etwa 400 VTH1 für Zeiss gefertigt [Ratz 2016].

Die Vakuumthermosäule VTH20 zum Einsatz in der Pyrometrie

Unter Pyrometrie ist die berührungslose Temperaturmessung unter Anwendung von Strahlungsempfängern zu verstehen. Beim Einsatz von Strahlungsthermoelementen zur Temperaturmessung befindet sich die Empfängerfläche im Fokus eines optischen Systems und muss daher kreisrund sein. Die Vakuumthermosäule VTH20 ist technologisch ähnlich wie das VTH1 aufgebaut: Auf einem Sinterglasträger mit einer kreisrunden Öffnung in der Mitte befindet sich das T-Cellit-Häutchen und darauf die in Bedampfungstechnik durch Masken hergestellte Dünnschicht-Thermosäulenstruktur. Bild 6 zeigt eine Rasterelektronenmikroskopaufnahme der Thermosäule VTH20 [Gloede 1983] ohne Silberausgleichsschicht und ohne Schwarzschicht. Die Thermosäule besteht aus 10 thermoelektrischen Paarungen der beiden Materialien $Bi_{0,9}$ $Sb_{0,1}$ und Sb. Die Breite der Thermoschenkel beträgt 0,2 mm. Die kreisrunden thermoelektrischen Kontakte bestehen aus einer Silberdünnschicht. Die warmen Kontakte befinden sich auf dem Celluloseazetat (T-Cellit)-Häutchen und die kalten Kontakte auf dem Sinterglasträger, der als Wärmesenke wirkt. Die Bedampfungsmaske zur Herstellung der Silberkontakte ist in Bild 7 gezeigt. Ebenso wie beim VTH1 wird der Sinterglasträger mit dem thermoelektrischen Dünnschichtsystem und den Kontakten in einen Glaskolben montiert, evakuiert und abgeschmolzen. Hinzugefügtes Gettermaterial sorgt dafür, dass das Vakuum lange Zeit im Glaskolben aufrechterhalten bleibt.

Die Kennwerte des VTH20 sind:
- Empfindlichkeit S = 8 V/W, Zeitkonstante τ = 200 ms,
- Widerstand R = 100 Ω,
- Empfängerflächendurchmesser 3,1 mm
- Die Abmessungen des VTH20 sind:
- Durchmesser = 18 mm und Länge = 75 mm.

Bis 1990 wurden jährlich etwa 1000 VTH20 im Musterbau des PTI gefertigt [Ratz 2016] und vorwiegend an das Institut für Wärmetechnik und Automatisierung der Silikathüttenindustrie (WTI) in Jena-Burgau und an das Messgerätewerk „Erich Weinert" Magdeburg zum Einsatz in das Gesamtstrahlungs-Pyrometer GSP-1871 [Engel 2017] geliefert. Das Messgerätewerk produzierte bis 1990 über 10.000 Pyrometer GSP-1871 mit den VTH20 [Engel

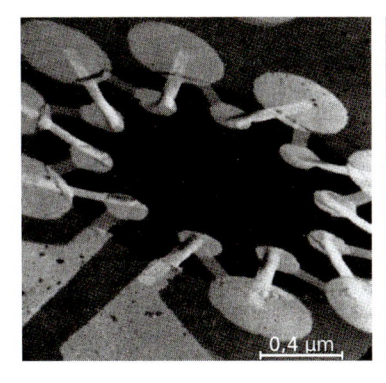

Bild 6: Thermokette der VTH20 ohne Silberausgleichsschicht und Schwarzschicht (Rasterelektronenmikroskopaufnahme) [Gloede 1983].

Bild 7: Bedampfungsmaske für die warmen und kalten Kontaktstellen sowie für die elektrischen Anschlusskontakte der VTH20.

2017]. Bild 8 zeigt das Blockschaltbild eines Wechsellichtpyrometers [Rast 1986, Walther 1981].

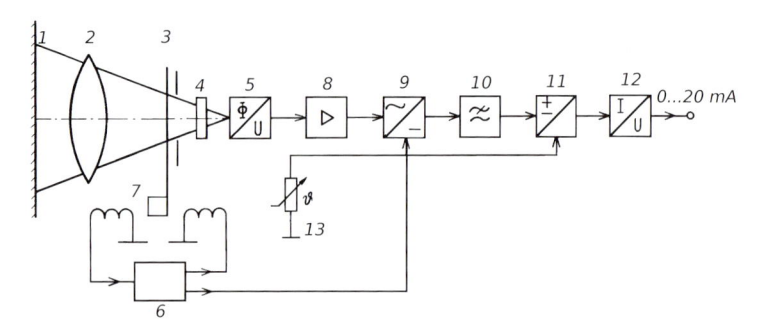

Bild 8: Blockschaltbild eines Pyrometers nach dem Wechsellichtprinzip.

Die vom Messobjekt 1 ausgesendete infrarote Wärmestrahlung Φ wird von der Infrarotoptik 2 gebündelt, mit dem Modulator 7 in eine Wechsellichtstrahlung gewandelt und durch die Blende 3 und den Infrarotfilter 4 auf den Strahlungsempfänger 5 fokussiert. Die Spannung U als Ausgangssignal des Strahlungsempfängers wird in den nachfolgenden elektronischen Baugruppen verstärkt, gleichgerichtet und in eine temperaturproportionale Größe (Strom oder Spannung) gewandelt. Weil sich der Strahlungsempfänger hinter dem optischen System befindet, ist seine Größe in einem Wechsellichtpyrometer nur von untergeordneter Bedeutung.

Die Entwicklung miniaturisierter Strahlungsthermosäulen im Physikalisch-Technischen Institut (PTI) Jena der Akademie der Wissenschaften

Anfang der 80er Jahre erhielt das PTI vom Messgerätewerk Magdeburg den Auftrag, miniaturisierte Strahlungsthermosäulen zu entwickeln. International hatten sich zu dieser Zeit schon Gleichlichtpyrometer gegenüber Wechsellichtpyrometern durchgesetzt. Gleichlichtpyrometer zeichnen sich durch einen einfachen optischen Aufbau (Bild 9 [Walther 1981]) aus:

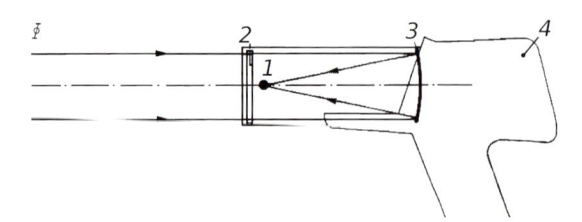

Bild 9: Strahlengang im Gleichlichtpyrometer.

Die vom Messobjekt ausgesendete Infrarotstrahlung Φ fällt hinter der Blende 2 auf einen Hohlspiegel 3, der im einfachsten Fall aus Plastikmaterial gepresst ist, und durch den Hohlspiegel fokussiert auf die Empfängerfläche des Strahlungsempfängers 1. Das Signal des Strahlungsempfängers wird in der Auswerteelektronik 4 zur Temperaturanzeige verarbeitet. Bei diesem Aufbau soll der Strahlungsempfänger die einfallende Strahlung möglichst wenig abschatten und muss daher geringe Abmessungen haben. Mit der Entwicklung miniaturisierter Strahlungsthermosäulen sollte „das Messgerätewerk Erich Weinert Magdeburg im Kombinat Elektroapparatewerk Treptow (KEAW) in die Lage versetzt werden, sensorseitig weltmarktfähige Gleichlichtpyrometer gemeinsam mit einem SU-Partner zu entwickeln und zu produzieren" [anonym 1982]. Der zu entwickelnde „Thermische Miniatursensor" sollte die Vakuumthermosäule VTH20 ablösen und dabei nicht nur wesentlich kleiner sein sondern auch eine höhere Empfindlichkeit von wenigstens 50 V/W aufweisen. Anfang 1982 wurde mir die Leitung des Staatsplanthemas „Thermischer Miniatursensor" übertragen. Aufgrund meiner vorangegangenen Industrietätigkeit bei Zeiss und in den Keramischen Werken Hermsdorf hatte ich Kenntnisse in der Elektronenstrahllithografie und in der Fotolithografie und von Anfang an die Vorstellung, dass die Aufgabe nur unter Anwendung lithografischer Techniken und Übernahme von Technologien aus der Mikroelektronik zu lösen war. Ich wurde bei den Entwicklungsarbeiten von einem Team hochmotivierter Wissenschaftler und Techniker unterstützt. Allerdings waren neben den zu lösenden wissenschaftlichen und technischen Problemen auch Vorbehalte gegenüber einer solchen völlig neuen „Minidetektor-Entwicklung" zu überwinden. So wurde zum Beispiel versucht, das Problem der Miniaturisierung unter Beibehaltung der Herstellungstechniken für die Vakuumthermoelemente VTH1 und VTH20 mit extrem verfeinerten Haftmasken zu lösen, was natürlich nicht zum Erfolg führen konnte.

Fotolithografische Strukturierung der Schichtsysteme miniaturisierter Strahlungsthermosäulen

Die Arbeiten begannen mit der Suche nach einem geeigneten freitragenden Substrat, auf dem die thermoelektrischen Materialien fotolithografisch strukturiert werden können, denn erste Versuche zur Fotolithografie auf den nur 40 bis 100 nm dicken T-Cellit-Häutchen schlugen fehl: Es gelang lediglich, Fotolack aufzuschleudern und zu strukturieren. Bei der Strukturierung thermoelektrischer Materialien wurden die Häutchen zerstört. Die möglichst dünnen elektrisch isolierenden Substrate müssen daher neben einer kleinen Wärmeleitfähigkeit auch eine mechanische, chemische und thermische Stabilität aufweisen. Erste fotolithografisch hergestellte Thermosäulen wurden mit einer Polyphenylchinoxalin (PCO)-Folie realisiert. Dabei musste die PCO-Folie auf einen Träger mit Öffnung aufgeklebt werden. In weiteren Untersuchungen stellte es sich heraus, dass freitragende Siliziumoxidschichten auf Siliziumwafern als Substrate besser geeignet sind. Allerdings wölbten sich die Siliziumscheiben beim Präparieren freitragender SiO_2-Bereiche aufgrund der Spannungen in der Schicht. Die Optimierung der Substratschicht bezüglich der Zug- und Druckspannungen führte zu dem in Bild 10 gezeigten Schichtsystem. Als Ausgangsmaterial werden CVD-SiO_2/Si_3N_4 beschichtete (100)-Si-Scheiben verwendet, in die von der Scheibenrückseite her durch anisotropes Tiefenätzen Fensterbereiche geätzt werden. Das nur 1 μm dicke SiO_2/Si_3N_4-Sandwich-System hat eine spezifische Wärmeleitfähigkeit von 2 W/(m·K) [Völklein 1990/1] und bietet damit gegenüber dem massiven Silizium mit einem Wert von 140 W/(m·K) eine ähnlich gute thermische Isolation wie die T-Cellit-Häutchen. Reinraumtechnik und Fotolithografieausrüstungen waren im chemaligen Institutsteil für magnetische Werkstoffe des PTI vorhanden, weil lithografische Techniken dort schon seit längerem für die Entwicklung magnetoresistiver Sensoren [Linke et al. 1986] angewendet wurden.

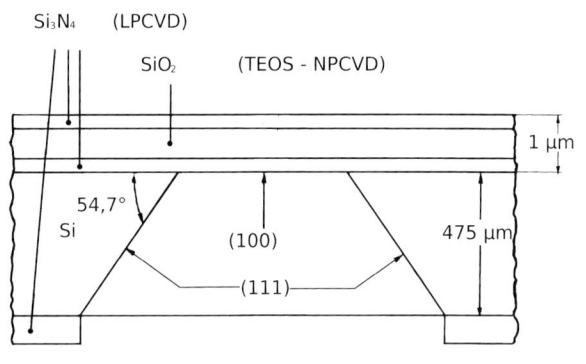

Bild 10: 4-Zoll Siliziumscheibe mit freitragender Siliziumoxid-Siliziumnitrid-Schicht.

In Zusammenarbeit mit diesem Institutsteil wurden erste Thermosäulen auf diesen Substraten mit fotolithografischer Strukturierung der thermoelektrischen Materialien Bi und Sb in Lift-off-Technik realisiert, weil noch keine Ätzbäder für Wismut und Antimon verfügbar waren. Köhler, Lerm und Wiegand entwickelten ein selektives Ätzverfahren [Lerm et al. 1983] für die thermoelektrischen Materialien $Bi_{0,9}Sb_{0,1}$ und Sb, mit dem diese Materialien nasschemisch ohne Beeinflussung ihrer Thermokraft strukturiert werden können. Damit waren die technologischen Voraussetzungen zur Herstellung miniaturisierter Strahlungsthermosäulen gegeben.

Modellierungsrechnungen für ein optimales Sensordesign

Zum Entwurf eines optimalen Sensordesigns müssen alle Einflussfaktoren auf die Empfindlichkeit möglichst genau erfasst werden. Zur exakten Ermittlung der Empfindlichkeit muss die stationäre Wärmeleitfähigkeitsgleichung für den Temperaturverlauf von den warmen Kontakten auf der Empfängerfläche zu den kalten Kontakten auf der Wärmesenke gelöst werden. Der schematische Querschnitt einer runden Thermosäulenstruktur mit dem in Bild 10 gezeigten Siliziumsubstrat ist in Bild 11 dargestellt. Ri ist der Radius der Empfängerfläche, bei Ra beginnt die Wärmesenke, r ist die Zylinderkoordinate und d_1 der Abstand von der Empfängerfläche nach unten zum Sockel.

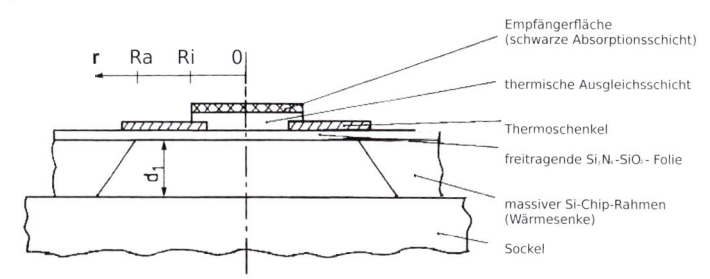

Bild 11: Schematischer Querschnitt einer runden Thermosäule.

Die stationäre Verteilung der Temperatur T ist in Zylinderkoordinaten mit nur einer Koordinatenrichtung r durch eine Differentialgleichung vom Poisson-Typ gegeben:

$$\frac{d^2(T-T_u)}{dr^2} + \frac{1}{r}\frac{d(T-T_u)}{dr} - GR_{th}(T - T_u) = 0,$$

wobei T_u die von der Wärmesenke angenommene Umgebungstemperatur ist. R_{th} ist der thermische Widerstand des Schichtsystems aus Substrat und thermoelektrischen Schichten mit

$$R_{th} = \left(\sum_s \lambda_s D_s\right)^{-1}$$

λ_s ist die Wärmeleitfähigkeit der Schicht mit dem Index s und D_s ihre Dicke. G ist der thermische Leitwert bezogen auf die Flächeneinheit. Er setzt sich aus dem Anteil für die Strahlung G_{St} und dem Anteil durch die umgebende Gasatmosphäre G_G zusammen:

$$G = G_{St} + G_G$$

$$\text{mit} \quad G_{St} = 8\varepsilon\sigma_s T_u^3,$$

ε ist der Emissionsfaktor und σ_s die Stefan-Boltzmann-Konstante.

Der gasgefüllte Raum unterhalb der Empfängerfläche und nach oben bis zum Infraroteintrittsfenster des Gehäuses kann als thermische Parallelschaltung aufgefasst werden. Mit dem Abstand d_2 zwischen Empfängerfläche und oberer Gehäusebegrenzung (in Bild 11 nicht mit dargestellt) folgt für den Anteil des thermischen Leitwertes durch das Gas mit der Wärmeleitfähigkeit λ_G:

$$G_G = \lambda_G \left(\frac{1}{d_1} + \frac{1}{d_2} \right)$$

Die Lösung der stationären Wärmeleitfähigkeitsgleichung ist:

$$T(r) - T_u = C_1 I_0(kr) + C_2 K_0(kr)$$

mit $k^2 = GR_{th}$, I_0 und K_0 sind Besselfunktionen, die Konstanten C_1 und C_2 müssen durch die Randbedingungen

$$(T - T_u)]_{r=R_a} = 0$$

und

$(T - T_u)]_{r=R_i} = (T_ü - T_u)$, ($T_ü$ ist die Temperaturüberhöhung)

ermittelt werden.

Zur Bestimmung der Temperaturüberhöhung muss schließlich noch die Wärmegleichgewichtsbedingung einbezogen werden:

$$-2\pi R_i \left(\sum_s \lambda_s D_s \right) \frac{dT}{dr} \bigg]_{r=R_i} = [\Phi - G_A(T_ü - T_u)]\pi R_i^2$$

Φ ist die Einstrahlung und G_A der thermische Leitwert durch Strahlung und durch das Gas über der Empfängerfläche. Die Einbeziehung der Randbedingungen und der Wärmegleichgewichtsbedingung führt zur Temperaturüberhöhung $T_ü - T_u$ und mit der thermoelektrischen Spannung U_{th}

$$U_{th} = z\,\alpha(T_ü - T_u),$$

α ist die Thermokraft eines Thermoelementes, z ist die Anzahl der Thermoelemente in der Strahlungsthermosäule, und der Empfindlichkeit $S = \frac{U_{th}}{\Phi}$ folgt für die Empfindlichkeit [Elbel 1991/1, Elbel 1991/2]

$$S = \frac{z\alpha}{G_A \pi R_i^2 + 2\pi R_i k (\sum_S \lambda_S D_S) \frac{I_0(kR_a)K_1(kR_i) + K_0(kR_a)I_1(kR_i)}{I_0(kR_a)K_0(kR_i) - K_0(kR_a)I_0(kR_i)}}$$

I_0, I_1, K_0 und K_1 sind modifizierte Besselfunktionen und die Abkürzung k in den Argumenten der Besselfunktionen steht für $k = \sqrt{GR_{th}}$

Die Empfindlichkeit wird durch die folgenden Größen bestimmt:
- Materialparameter: Thermokraft eines Thermoelementes, Wärmeleitfähigkeiten der thermoelektrischen Dünnschichten, der Substratfolie sowie des Füllgases, Emissionsfaktoren der thermoelektrischen Dünnschichten, der Substratfolie sowie der Empfängerfläche
- Geometrische Größen: Empfängerfläche, Anzahl der Thermoelemente, Länge, Dicke und Breite der Thermoschenkel, Dicke der Substratfolie, Abstand zwischen Empfängerfläche und Sockel, Abstand zwischen Empfängerfläche und oberer Gehäusebegrenzung

Zur numerischen Auswertung der Gleichung für die Empfindlichkeit müssen die Materialparameter bekannt sein. Völklein und Wächter [Völklein 1978, Wächter 1977] und in Weiterführung dieser Untersuchungen Völklein und Kessler [Völklein 1990/1, Völklein 1984, Völklein 1987, Völklein 1990/2] haben die thermischen Transporteigenschaften der thermoelektrischen Dünnschichten und des Substrates bestimmt, und es konnte auf ihre experimentellen Daten zurückgegriffen werden. Personalcomputer standen Mitte der 80er Jahre im PTI noch nicht zur Verfügung, und so wurde die Gleichung für die Empfindlichkeit auf einem aus privaten Mitteln beschafften Heimcomputer Atari 800 XL in BASIC programmiert, wobei die modifizierten Besselfunktionen in Reihen entwickelt wurden. Als ein Beispiel für die Modellierungsrechnungen sind auf Bild 14 die Empfindlichkeit S und die Detektivität D* als Funktion der Länge l = R_a – R_i der Thermoschenkel für eine Thermosäule aus 50 $Bi_{0,9}Sb_{0,1}$/Sb-Thermoelementen dargestellt. Die Empfängerfläche beträgt 1 mm² und als Wärmeleitfähigkeit λ_G des Gases wurde der Wert für Krypton verwendet. Man erkennt, dass mit zunehmender Schenkellänge die Empfindlichkeit steigt; die Detektivität ab einer bestimmten Schenkellänge aber wieder abnimmt, weil durch den steigenden elektrischen Widerstand das Rauschen zunimmt. Es ist daher möglich, bei festgelegten Materialparametern, die durch die ausgewählte Technologie bestimmt sind, eine optimale Sensorgeometrie [Elbel 1985/1, Elbel 1987] anzugeben. Die Detektivität D* ist beim messtechnischen Nachweis geringer Strahlungsleistungen von größerer Bedeutung als die Empfindlichkeit S. Für Raumtemperatur und eine Rauschbandbreite von 1 Hz gilt für die Detektivität die zugeschnittene Größengleichung

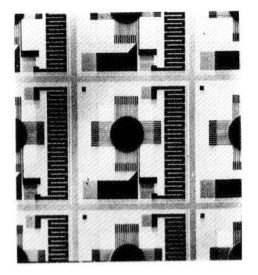

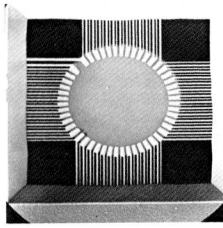

$$D^* = 7{,}8 \cdot 10^9 \cdot S \cdot \sqrt{A/R}$$

(A Sensorfläche in cm² und R Ohmscher Widerstand in Ω)

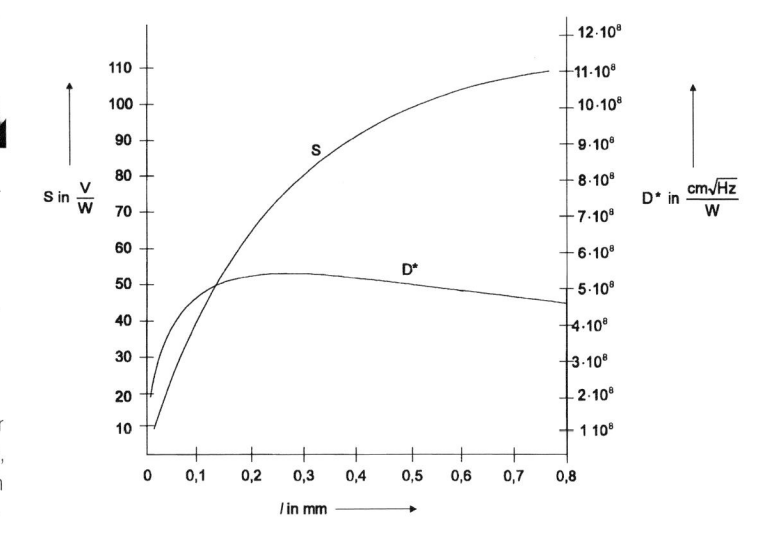

Bild 12: Detail eines 4″ Si-Wafers mit Thermosäulen-Chips mit 50 Bi/Sb Thermopaarungen, die warmen Kontakte sind durch eine schwarze Absorptionsschicht bedeckt.

Bild 13: Warme Kontaktstellen und Thermoschenkel einer 50-elementigen Thermosäule, von der Chip-Unterseite durch die Si₃N₄/SiO₂-Membran hindurch aufgenommen; die kalten Kontakte sind durch die massiven Bereiche des Siliziumchips verdeckt

Bild 14: Empfindlichkeit S und spezifische Detektivität D* für eine 50-elementige Thermosäule mit der Empfängerfläche 1 mm² als Funktion der Schenkellänge l.

Die Bilder 12 und 13 zeigen rasterelektronenmikroskopische Aufnahmen von Thermosäulenstrukturen mit einer mittleren Thermoschenkellänge l = 0,2 mm und der Geometrie, wie sie für die Berechnungen verwendet wurde, deren Ergebnisse auf Bild 14 dargestellt sind.

Verkappung miniaturisierter Strahlungsthermosäulen

Die in Bild 12 gezeigten Thermosäulenchips müssen aus dem Siliziumwafer vereinzelt werden. Das in der Mikroelektronik verwendete Trennschleifen zum Vereinzeln von Si-Chips ist nicht möglich, weil dabei die Schwarzschichten zerstört würden. Die Wafer werden daher entlang der Trennlinien zwischen den Chips geritzt und über einer Rolle gebrochen. Die Chips werden auf Transistor-TO-5-Sockel geklebt und durch Ultraschallbonden elektrisch kontaktiert. Zunächst stand im Musterbau für die Thermosäulenfertigung kein Ultraschallbonder zur Verfügung. Die Bondungen wurden dankenswerterweise zuerst im Entwicklungslabor für magnetoresistive Sensoren [Linke et al. 1986] von Uwe Loreit ausgeführt. Bild 15 zeigt einen kontaktierten Thermosäulenchip auf einem Transistor-TO-5-Sockel. Die Empfindlichkeit S der Thermosäule hängt sehr wesentlich von der Wärmeleitfähigkeit λ_G der umgebenden Gasatmosphäre ab. Auf Bild 16 ist die Empfindlichkeit als Funktion der Wärmeleitfähigkeit dargestellt. Die durchgezogene Linie gibt die berechneten Werte an. Man erkennt auf Bild 16, dass die höchste Empfindlichkeit für $\lambda_G = 0$, was Vakuum entsprechen würde, erreicht wird. Weil es nach dem damaligen Stand der Technik nicht möglich war, in einem kleinen Transistorgehäuse ein langzeitstabiles Vakuum aufrecht zu erhalten, musste versucht werden, die Chips in einem TO-5-Gehäuse unter Xenon- oder Kryptonatmosphäre zu verkappen.

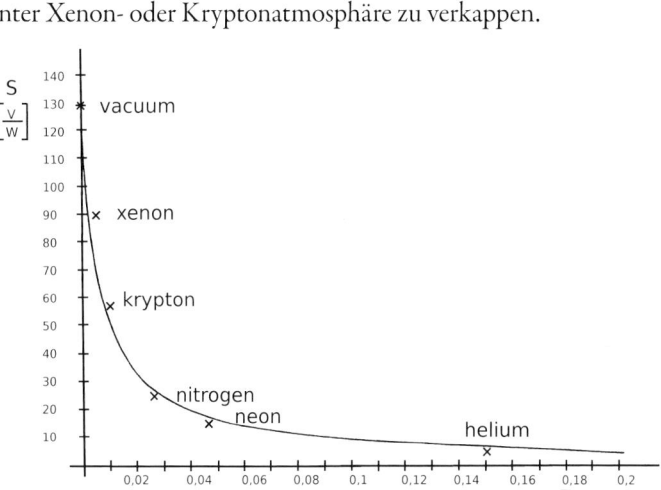

Bild 15: Thermosäulen-Chip auf Transistor-TO-5-Sockel. Die schwarze Silberruß-Absorptionsschicht wird im Rasterelektronenmikroskopiebild hell dargestellt. Der Mäander auf der rechten Seite ist ein zusätzlicher berührender Temperatursensor.

Bild 16: Empfindlichkeit als Funktion der Wärmeleitfähigkeit des Gases im Gehäuse der Thermosäule.

In den Keramischen Werken Hermsdorf, die mit dem PTI als Industriepartner zusammenarbeiteten, wurden Hybridschaltkreise unter Stickstoff-Schutzgasatmosphäre verschweißt. Die Verschweißmaschine mit einem sehr großen Volumen war komplett mit Stickstoff gefüllt, und der Bediener griff über Manipulatorhandschuhe ein. Wir erhielten die Möglichkeit, nach der Spätschicht an dieser Maschine Thermosäulen zu verkappen. Über die Manipulatoren wurde mit einem kleinen Schlauch das Krypton, dessen spezifisches Gewicht größer als für Luft ist, wie eine Flüssigkeit in eine Transistorkappe mit Infrarotstrahleintrittsfenster „gegossen" und mit dem auf Bild 15 gezeigten Sockel verschweißt.

Eine komplette Füllung der Maschine zur Verkappung der Sensoren mit Krypton oder etwa Xenon war aufgrund der teuren Edel-

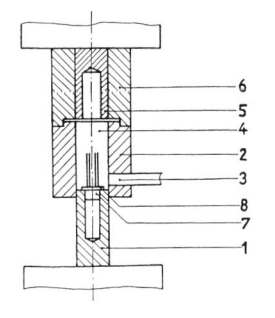

Bild 17: Schnittdarstellung der Impulsschweißmaschine mit Gasfülleinrichtung für minimalen Gasverbrauch.

gase nicht möglich. Die Füllung der Kappe mit Krypton unter Stickstoffatmosphäre führte mit dieser Methode zwar zu funktionsfähigen Sensormustern, war aber nicht zuverlässig genug. Daher wurde eine spezielle Packaging-Technologie [Elbel 1986] entwickelt: Eine Impulsschweißmaschine wurde so mit einer kleinen Hülse versehen, dass eine sichere hermetische Verkappung mit einem geringen Edelgasverbrauch möglich war. Bild 17 zeigt eine Schnittdarstellung der Verkappungsmaschine: 1 ist die untere Schweißelektrode und 5 die obere Schweißelektrode. In die Hülse 2 wird über die Öffnung 3 das Gas in die Kammer 4 eingelassen. Beim Absenken der oberen Elektrode wird das Gas in die Kappe 7 gepresst und die Kappe wird mit dem Sockel 8 verschweißt. Mit dieser Vorrichtung ist eine preiswerte Verkappung mit Krypton oder Xenon möglich, und die Gasart kann schnell und einfach gewechselt werden.

Bild 18: Siegfried Poser und Thomas Elbel im Jahr 1985 vor der Impulsschweißmaschine mit Gasfülleinrichtung.

Die in Bild 18 gezeigte Impulsschweißmaschine konnte nach ihrer Fertigstellung längere Zeit nicht in Betrieb genommen werden, weil das zum elektrischen Anschluss benötigte mehradrige Kupferkabel nicht von dem für Elektroinstallationen zuständigen Handwerksbetrieb, der PGH Heinrich Hertz, geliefert wurde. Erst nach einer Eingabe an die ABI (Arbeiter- und Bauerninspektion) mit dem Vermerk, dass hier eine für den „geplanten NSW-Export" wichtige Maschine seit längerem nicht in Betrieb genommen werden kann, wurde das Kupferkabel geliefert, und die miniaturisierten Strahlungsthermosäulen konnten mit verschiedenen Gasen hermetisch dicht verkappt werden. Die Kreuze in Bild 16 geben die experimentell bestimmten Empfindlichkeiten der Thermosäulen für die verschiedenen Gasarten an. Zur Ermittlung der Empfindlichkeit im Vakuum wurde ein Sockel mit Thermosäulenchip in einen VTH20-Glaskolben eingebaut und evakuiert und in diesem Vakuumgehäuse vermessen.

Die miniaturisierte Strahlungsthermosäule TS-50

Auf Grundlage der beschriebenen konzeptionellen und technologischen Entwicklungsarbeiten wurde der Sensortyp TS-50.1 [Elbel 1985/2, Elbel 1988] (TS für Thermosäule, 50 für die Anzahl der thermoelektrischen Paarungen in der Thermosäule, 1 für die Empfängerfläche von 1 mm^2) als optimale Sensorvariante ausgewählt und in der Laborfertigung des PTI in Kleinserien hergestellt. Bild 19 zeigt den Aufbau der Thermosäule.

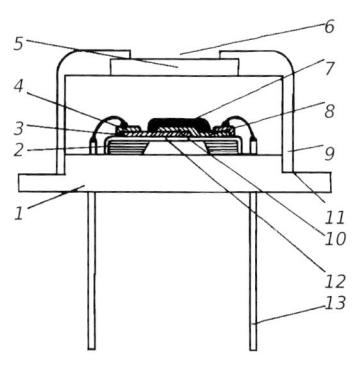

Bild 19: Schematische Darstellung des Aufbaus der miniaturisierten Thermosäule mit 1 TO-5-Sockel, 2 Si-Chip, 3 Bi-Schicht, 4 kalte Kontaktstelle, 5 Infrarotfenster, 6 Apertur, 7 Absorptionsschicht, 8 Sb-Schicht, 9 Gehäusekappe, 10 warme Kontaktstelle, 11 Schweißnaht, 12 Si$_3$N$_4$/SiO$_2$-Substratfolie, 13 elektrische Kontakte.

Die Kennwerte der Thermosäule TS-50.1 mit Kryptonfüllung und KRS-5-Infrarotfenster sind:
Empfindlichkeit $S = 57$ V/W, Zeitkonstante $\tau = 60$ ms, Widerstand $R = 20$ kΩ, Empfängerflächendurchmesser 1,13 mm, äußere Abmessungen: Kappendurchmesser 8 mm, Sockeldurchmesser 9 mm, Höhe: 5 mm

Die TS-50.1 bestimmte Mitte der 80er Jahre den Weltstand, wie von der Technischen Hochschule Delft, einem der führenden europäischen Sensorzentren, festgestellt wurde [Van Heerwarden 1986]. Ihre Kennwerte lagen um den Faktor 2 bis 3 über denen aller anderen auf dem Weltmarkt verfügbaren Strahlungsthermosäulen [Van Heerwarden 1986]. Die TS-50.1 wurde aufgrund ihrer hohen Empfindlichkeit und ihres kleinen Aufbaus in zahlreichen wissenschaftlichen Einrichtungen und Industriebetrieben eingesetzt. Als ein Beispiel sei der serienmäßige Einsatz in der Ultrazentrifuge UP 65 m des Zentrifugenbaus Engelsdorf genannt.

Bild 20: Gleichlichtpyrometer der Firma Ultrakust in Ruhmansfelden/Bayern.

Bild 21: Gleichlichtpyrometer bei abgeschraubtem Infrarotfenster mit Blick auf den Sockel der TS-50.1.

Mit der TS-50.1 wurde die Temperatur des Rotors in der Vakuumzentrifuge gemessen. Zum eigentlich bestimmten Einsatz in einem Gleichlichtpyrometer des Messgerätewerkes Magdeburg kam es dagegen nicht. Aus heutiger Sicht kann nur vermutet werden, dass die für eine Signalverarbeitung von Gleichsignalen erforderlichen mikroelektrischen analogen und digitalen Schaltkreise, insbesondere Mikrocontroller, damals nicht zur Verfügung standen und das Messgerätewerk aus diesem Grund keine Gleichlichtpyrometer entwickelt hat. Das „Entwicklungsergebnis TS-50.1" wurde allerdings im Rahmen des IMEX (Abkürzung für Immaterieller Export) an die Firma Ultrakust in Ruhmansfelden in Bayern geliefert und in deren Gleichlichtpyrometern (Bild 20) eingesetzt. Auf Bild 21 ist das Pyrometer bei geöffneter Eingangsblende mit Blick auf den Sockel der TS-50.1 abgebildet.

Eine modifizierte Variante der TS-50.1 wurde zunächst ebenfalls im Rahmen des IMEX an die Firma Braun in Kronsberg im Taunus zum Einsatz in ihrem Infrarot-Sensortoaster geliefert. Nach 1990 gründeten sich Harry Hedler und Albrecht Lerm mit der Mikrosensorik GmbH aus dem PTI bzw. dem Nachfolgeinstitut IPHT (Institut für Physikalische Hochtechnologie) aus und lieferten komplette Si-Scheiben mit modifizierten TS-50.1-Chips an Braun, die von Braun vereinzelt und zu Sensoren für die Toaster verkappt wurden [Lerm 2017]. Bild 22 zeigt eine schematische Schnittdarstellung des Sensortoasters [Möthrat 1987].

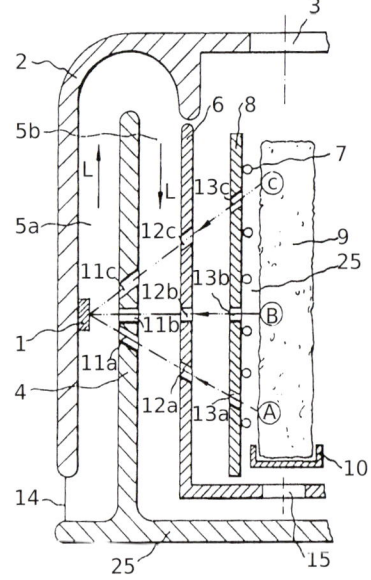

Bild 22: Schematische Schnittdarstellung des Sensortoasters der Firma Braun in Kronsberg [Möthrat 1987].

Die Heizspirale 7 erwärmt den Toast 9. Die vom gerösteten Toast ausgehende Infrarotstrahlung fällt durch die Blenden A, B, C, 12a, 12b, 12c und 11a, 11b, 11c auf die Strahlungsthermosäule 1. Mit der Signalverarbeitung des Sensorsignals der Strahlungsthermosäule wird bewirkt, dass der Toast, selbst wenn er tiefgefroren eingelegt wird, immer zum optimalen Zeitpunkt ausgeworfen wird. Bild 23 zeigt die Elektronikplatine des Toasters. Durch die schlitzförmige Blende über der Thermosäule fällt nur die Strahlung des Toasts auf den Sensor.

Miniaturisierte thermoelektrische Strahlungssensoren in Mehrebenentechnologie

Eine weitere Verbesserung der Empfindlichkeit im Vergleich zur TS-50.1 konnte von Völklein und Wiegand [Völklein 1990/3] dadurch erreicht werden, dass die Thermoschenkel nicht mehr nebeneinander sondern voneinander isoliert übereinander angeordnet sind. Bild 24 zeigt das schematische Schnittbild eines Thermosäulensensors in Mehrebenentechnologie [Müller 1991]. In dieser Technologie wird der Fotoresist nicht nur zur lithografischen Strukturierung der thermoelektrischen Schichten 3 und 5 verwendet sondern dient auch durch unterschiedliche Temperaturbehandlung als Isolationsschicht 4 zwischen den thermoelektrischen Schichten. Für die Mehrebenenthermosäule wird bezüglich des Substrates die gleiche Technologie wie für die TS-50.1 verwendet: 1 ist der tiefengeätzte massive Si-

Bild 23: Elektronikplatine des Sensortoasters von Braun, die Strahlungsthermosäule ist durch die Schlitzblende verdeckt, die elektronischen Bauelemente sind auf der Rückseite der Platine.

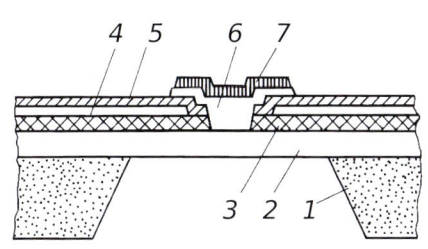

Bild 24: Schnittbild eines Thermosäulenchips in Mehrebenentechnologie [Müller 1991].

Chip und 2 die freitragende Si_3N_4/SiO_2-Substratfolie. 6 ist die thermische Ausgleichsschicht und 7 die schwarze Absorptionsschicht. Die Vorteile der Mehrebenentechnologie bestehen darin, dass mehr Einzelthermoelemente auf derselben Fläche angeordnet werden können, was zu höheren Empfindlichkeiten führt und dass die Strukturabmessungen breiter sein können und damit die Thermosäule niederohmiger wird, wodurch das thermische Rauschen reduziert wird. Die Kennwerte der Thermosäule TS-100 mit 100 thermoelektrischen Paarungen auf einer Empfängerfläche von ebenfalls nur 1 mm² sind: Empfindlichkeit bei Kryptonfüllung und mit KRS-5-Infrarotfenster $S = 110\,V/W$, Zeitkonstante $\tau = 85\,ms$, Widerstand $R = 40\,k\Omega$. Bild 25 zeigt die miniaturisierte Strahlungsthermosäule TS-100 ohne die Kappe mit dem Infraroteintrittsfenster [anonym 2014/1].

Bild 25: Miniaturisierte Strahlungsthermosäule TS-100 ohne Kappe [anonym 2014/1].

Thomas Elbel

Einsatz von miniaturisierten Strahlungsthermosäulen TS-100 im Landegerät Philae der Rosetta-Mission

Das Deutsche Zentrum für Luft- und Raumfahrt (DLR) hatte gegen Ende der 90er Jahre beim IPHT Jena TS-100-Sensoren bestellt, mit denen die Oberflächentemperatur von Kometen berührungslos über einen vollständigen Tag/Nacht-Zyklus gemessen werden kann [Müller 2001]. Das dazu für die TS-100 entwickelte Spezialgehäuse verfügt über ein kleines Loch, so dass die Sensoren im Vakuum des Weltalls ihre höchste Empfindlichkeit erreichen [anonym 2014/1] (vergleiche Bild 16). Die Anordnung der Sensoren, die zum Messsystem MUPUS (Multi-Purpose Sensor for Surface and Subsurface Science) des Landegerätes Philae gehören, das von der Raumsonde Rosetta abgesetzt werden soll, sind in Bild 26 gezeigt [Spohn 2015]. Neben MUPUS befinden sich noch acht weitere wissenschaftliche Instrumente auf dem Philae-Lander (auf Bild 26 nicht mit dargestellt).

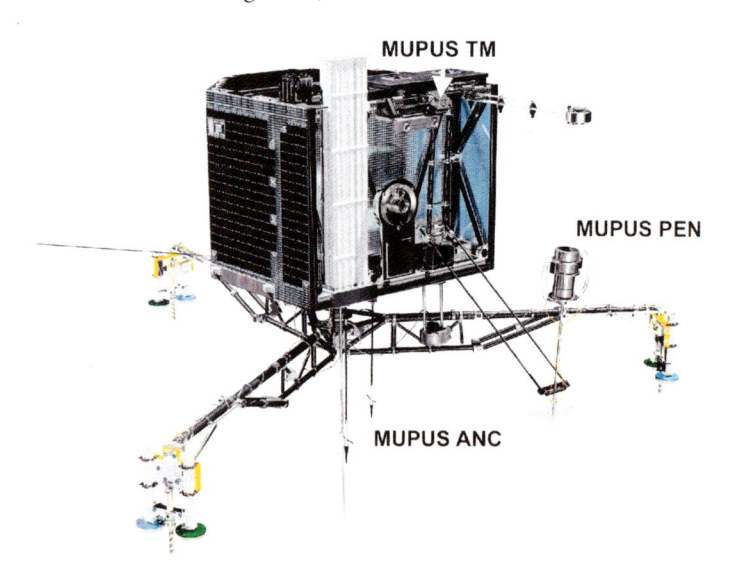

Bild 26: Prinzipieller Aufbau des Landegerätes Philae der Rosetta Mission.

TM ist der „Thermal Mapper", mit dessen Messkopf aus vier TS-100 die thermische Emission eines Gebietes von etwa 1 m Durchmesser auf der Kometenoberfläche in vier Wellenlängenkanälen im infraroten Bereich zwischen 5 µm und 25 µm gemessen wird. ANC ist ein Beschleunigungsmesser, der bei der Landung von Philae auf dem Kometen mit einem Anker in die Kometenoberfläche geschossen werden soll. PEN ist eine 37 cm lange Prüfspitze (Feder) mit einem zusätzlichen berührenden Temperaturfühler, der beim Eindringen der Feder in den Boden die Temperatur unter der Kometenoberfläche misst.

Bild 27 zeigt den Messkopf mit Blick auf die Infraroteintrittsfenster der vier TS-100-Sensoren [anonym 2003]. Das Landegerät Philae mit diesen vier TS-100-Sensoren im Thermal Mapper wurde 2001 erfolgreich getestet, und 2003 sollte die Rosetta-Mission zum Kometen 46 P/Wirtanen starten [Müller 2001]. Durch Probleme mit der Trägerrakete „Ariane" musste die Mission verschoben werden [Kessler 2003]. Ein späterer Flug zum Wirtanen war allerdings nicht mehr möglich. Die Forschung an und über Kometen ist deshalb so interessant, weil sich auf ihnen die ursprüngliche Materie aus der Zeit der Entstehung unseres Sonnensystems vor ca. 4,6 Milliarden Jahren nahezu unverändert erhalten hat. Messtechnische Forschungen über die Entstehung unseres Sonnensystems könnten auch Beiträge zur Lösung solcher Grundsatzprobleme liefern, wie die Bausteine unseres Lebens, Wasser und organische Moleküle, auf die Erde kamen. Es musste daher nach einem anderen Kometen gesucht werden: Der Komet 67 P / Tschurjumow-Gerassimenko, der lange weit weg von der Sonne entfernt war und sich daher „tiefgefroren" im ursprünglichen Zustand erhalten hat, näherte sich im vergangenen Jahrhundert dem Planeten Jupi-

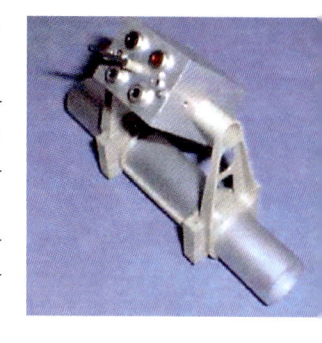

Bild 27: Messkopf des Thermal Mappers mit 4 TS100.

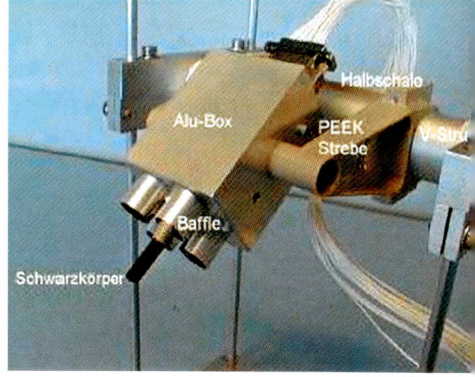

ter. Durch die Schwerkraft des Jupiters wurde seine Umlaufbahn um die Sonne so verändert, dass er sich jetzt in der Reichweite von Weltraummissionen befindet. Daher konnte im März 2004 die Rosetta-Mission zum Kometen „Tschuri" gestartet werden. Nach 10 Jahren Anflug durch das Weltall begleitete die Raumsonde Rosetta seit August 2014 den Kometen „Tschuri" und setzte im November 2014 ihren Lander Philae auf die Kometenoberfläche ab (Bild 28 [anonym 2014/2]). Während des Anfluges auf den Kometen wurden die Strahlungsthermosäulen mit Hilfe eines Schwarzstrahlers,

Bild 28: Landung von Philae auf dem Kometen „Tschuri" am 12. November 2014, aufgenommen von der Rosetta-Sonde [anonym 2014/2].

Bild 29: Schwarzstrahler zur inflight-Kalibrierung der TS-100-Strahlungsthermosäulen [Knollenberg 2015].

der sich fest im Gesichtsfeld der Sensoren befindet, kalibriert. Der Schwarzstrahler besteht aus einem zylindrischen Keramik-Pt100-Fühler, der elektrisch beheizt wird und so die Kalibrierstrahlung liefert. Bild 29 zeigt die Kalbrierstrahlereinheit [Knollenberg 2015]. Das Kalibrierergebnis ist auf Bild 30 dargestellt.

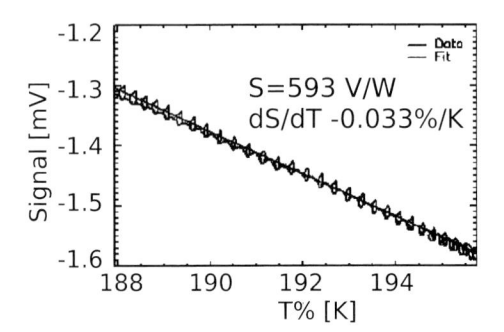

Bild 30: Ergebnis der Inflight-Kalibrierung der TS-100-Strahlungsthermosäule [Knollenberg 2015].

Die sehr hohe Empfindlichkeit von 593 V/W ist sowohl auf die Vakuumumgebung als auch auf die bei tiefen Temperaturen höhere Thermokraft α der Wismut-Antimon-Thermoelemente zurückzuführen. Im Vergleich zu der vor dem Start auf der Erde durchgeführten Kalibrierung hat sich die Empfindlichkeit um etwa 10 % verringert [Knollenberg 2015]. Eine mögliche Ursache könnte in der Beeinträchtigung der Schwarzschichten durch die lange Lagerzeit zwischen dem geplanten Start zum Wirtanen bis zum Start zum „Tschuri" unter der hohen Luftfeuchtigkeit am Weltraumstartplatz der ESA in Kourou in Französich-Guayana bestehen.

Bild 31 zeigt den Temperaturverlauf beim Landevorgang auf dem Kometen [Knollenberg 2015]. Beim Absinken wird eine Oberflächentemperatur von etwa 100 K, das entspricht etwa – 170 °C, gemessen. Die nach dem Aufsetzen auf dem Kometen gemessenen Temperatursprünge von über 100 Grad können nur so interpretiert werden, dass die Verankerung von Philae auf dem

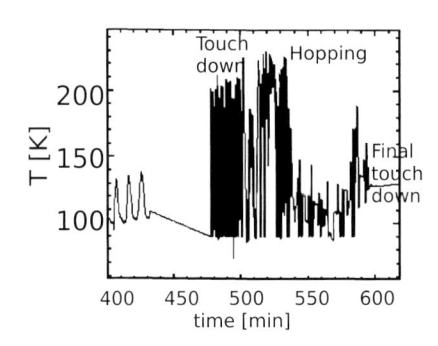

Bild 31: Temperaturverlauf beim Landevorgang von Philae auf dem Kometen 67 P/Tschurjumow-Gerassimenko [Knollenberg 2015].

Kometen nicht gelang und Philae unter dem Einfluss der Mikrogravitation etwa 2 Stunden hüpfte und das Gesichtsfeld der Sensoren abwechselnd zur Sonne und zur Kometenoberfläche gerichtet war. Nach dem endgültigen Aufsetzen (leider in einer schattigen Spalte, wie später festgestellt wurde) betrug die Oberflächentemperatur 130 K, also − 143 °C.

Der Temperaturverlauf auf der endgültigen Landestelle über einen vollständigen Tag-Nacht-Zyklus, der für den Kometen 12,7 Stunden beträgt, auf ist auf Bild 32 dargestellt.

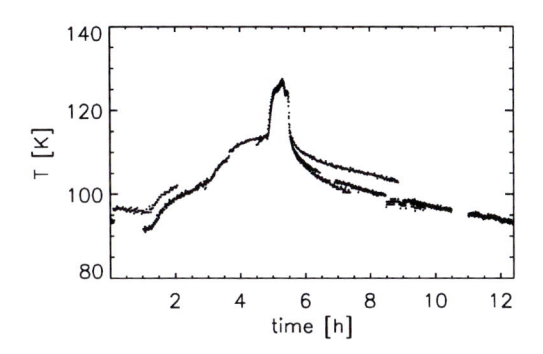

Bild 32: Oberflächentemperatur des Kometen 67 P / Tschurjumow-Gerassimenko als Funktion der Zeit für einen Tag-Nacht-Zyklus.

Die Temperatur schwankt zwischen minus 180 °C und minus 140 °C. Aufgrund der Abschattung am endgültigen Landeplatz in einer dunklen Spalte bekamen die Sonnensegel von Philae nicht genügend Energie ab, so dass Philae nach etwa 60 Stunden wissenschaftlicher Arbeit in einen siebenmonatigen Kälteschlaf fiel. Im Juli 2015 konnte noch einmal Kontakt zu Philae hergestellt werden. Im Juli 2016 stellte die Rosetta-Sonde dann ihre Versuche ein, den Kontakt wiederherzustellen und stürzte am 30. September 2016 auf den Kometen ab und zerschellte dabei [Lagg 2017].

Einsatz von miniaturisierten Strahlungsthermosäulen TS100 im Rover Curiosity der NASA Mars-Mission „Mars Science Laboratory"

Die zum EADS-Konzern gehörende Firma Astrium Crisa aus Spanien stellte bei ihrer Suche nach einem Sensor für den Rover Curiosity der geplanten Mars-Mission fest, dass die TS-100 Sensoren des IPHT Jena den Ansprüchen an höchste Detektivität und Robustheit für einen Weltraumeinsatz weltweit am besten entsprechen [anonym 2014/1]. Die TS-100 für diese NASA-Mission wurden im Gegensatz zur Rosetta-Mission unter Krypton-Füllung hermetisch

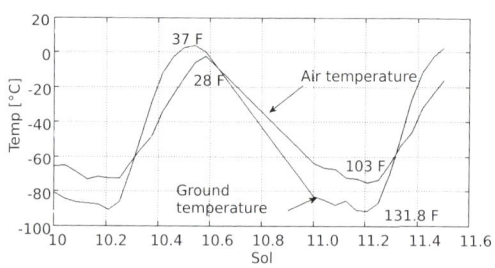

Bild 33: NASA-Sonde Curiosity bei einer Erkundungsfahrt auf dem Mars.

Bild 34: Temperatur von Marsoberfläche (+3 °C bis −91 °C) und Marsatmosphäre (−2 °C bis −75 °C) über einen Tag-Nacht-Zyklus (1 Sol: 24 Stunden und 40 Minuten).

verkappt (eine Verkappung unter Xenon würde zwar eine höhere Empfindlichkeit ergeben, Xenon kondensiert aber bei −108 °C und ist daher für einen Weltraumeinsatz nicht geeignet). Zur Gewährleistung einer absoluten Zuverlässigkeit beim Weltraumeinsatz wurden die Sensoren in der Arbeitsgruppe unter Leitung von Ernst Kessler[2] mit umfangreichen Mess- und Prüfprozessen getestet, dabei wurden sie vom spanischen Entwicklungspartner auch 2000 mal einem Temperaturwechselzyklus von minus 150 °C bis plus 50 °C ausgesetzt.

Nach einem Anflug durch das Weltall von 254 Tagen landete die NASA-Sonde Curiosity im August 2012 auf dem Mars. Bild 33 zeigt die NASA-Sonde Curiosity bei ihrer Erkundungsfahrt auf dem Mars [anonym 2017]. Bild 34 zeigt die mit den TS-100 gemessenen Temperaturen der Marsoberfläche und der Marsatmosphäre über einen vollständigen Tag-Nachtzyklus [anonym 2015].

Zusammenfassung

Nach einer einleitenden Bemerkung zur Geschichte der Infrarottechnik werden Aufbau und Wirkungsweise von Strahlungsthermosäulen kurz beschrieben. Ab etwa 1920 stellte Carl Zeiß Jena für Spektralphotometrie geeignete Vakuumthermoelemente her. Ab 1955 wurde bei Zeiß das automatisch registrierende Ultrarotspektralphotometer UR 10 produziert. Die Leistungsfähigkeit hängt entscheidend vom Strahlungsempfänger ab. Herbert Kortum entwickelte dafür das Vakuumthermoelement VTH1, das in Maskenaufdampftechnologie und einer besonderen „Häutchentechnik" für das Trägersubstrat bei Zeiß hergestellt wurde. Für die Pyrometrie wurde der „Thermische Strahlungsempfänger nach Kortum" VTH20 hergestellt und im Gesamtstrahlungs-Pyrometer GSP nach dem Wechsellichtprinzip des Messgerätewerks Magdeburg eingesetzt. Für Gleichlichtpyrometer wurden ab ca. 1985 kleinere Strahlungsthermosäulen benötigt. Eine Arbeitsgruppe am Physikalisch-Technischen Institut der AdW in Jena unter Leitung von Thomas Elbel entwickelte dafür die miniaturisierte Strahlungsthermosäule TS50. Modellierung, technische Realisierung (Fotolithografie, Si-Mikromechanik, Packaging) und Einsatzbeispiele der TS50 werden beschrieben. Friedemann Völklein und Antje Wiegand verbesserten die TS50 durch Anwendung einer Mehrebenentechnik zur TS100. Dieser Detektortyp wurde von Ernst Kessler und seiner Arbeitsgruppe am Institut für Photonische Technologien Jena (IPHT) für die Weltraum-Missionen Rosetta und „Mars Science Laboratory" auf Weltraum-Anwendungen zugeschnitten. Die Ergebnisse der Messungen auf „Tschuri" und Mars werden angegeben.

Danksagung

Die Universitätsbibliotheken Jena und Hannover unterstützten mich bereitwillig bei den Literaturrecherchen zu diesem Artikel. Dem Carl-Zeiss-Archiv und seinem Leiter, Herrn Dr. Wimmer, bin ich für die freundliche Hilfe bei der Quellensuche und für das zur Verfügung gestellte Schrift- und Bildmaterial sehr dankbar. Zahlreiche Kollegen und Freunde haben mit ihren Erinnerungen zum Inhalt dieses Berichtes beigetragen (in alphabetischer Reihenfolge): Dr. Ulrich Dillner, Dr. Franz Engel, Christa Gloede, Rudolph Güttich, Dr. Albrecht Lerm, Dieter Maurer, Siegfried Poser und Peter Ratz. Darüber hinaus haben mir Jürgen Müller und Dr. Ernst Kessler als damalige Arbeitsgruppenleiter für die Entwicklung der Sensoren für den Weltraumeinsatz in vielen fachlichen Diskussionen wertvolle Hinweise gegeben. Dr. Andreas Lagg hat freundlicherweise die Kapitel zu Rosetta und Curiosity kritisch durchgesehen und mich mit ergänzenden Anmerkungen und Originalliteraturstellen unterstützt. Ihnen allen danke ich sehr herzlich für ihre Beiträge zu diesem Artikel!

Dem Verein für Technik-Geschichte in Jena e.V., namentlich seinem stellvertretenden Vorsitzenden Dr. Peter Hahmann, danke ich für die Einladung und die Organisation meines Vortrages in Jena und für die sich daraus ergebene sehr angenehme und kooperative Zusammenarbeit bei der Vorbereitung der Drucklegung des Beitrages für das Jahrbuch.

Literatur

anonym 1982: Zitat aus Aufgabenstellung Staatsplanthema „Thermischer Miniatursensor", Physikalisch-Technisches Institut Jena, 1982

anonym 2003: http://solarsystem.dlr.de/PP/rosetta/mupus.htm, Abruf 18.11.2003

anonym 2014/1: Reflexion. Jahresbericht 2014 Leibniz-Institut für Photonische Technologien (IPHT) Jena

anonym 2014/2: ESA/Rosetta/Philae/CIVA 2014

anonym 2015: http://www.nasa.gov/mission_pages/msl/multimedia/pia16081.html, Abruf 13.10.2015

anonym2017:https://www.google.de/search?q=curiosity+mars&safe=off&source=lnms&tbm=isch&sa=X&ved=0ahUKEwj36jM8OLTAhXOaFAKHeHUCY4Q_AUICigB&biw=1306&bih=737#q=curiosity+mars&safe=off&tbm=isch&tbs=isz:lt,islt:2mp, Abruf 10.05.2017

Bolz 1956: Bolz, H.M.: Das Zeiss-Ultrarotspektralphotometer UR 10. In: *Die Technik,* **11**, Heft 7, Juli 1956, S. 537-540, unter: Carl Zeiss Archiv Jena, Sig. 32641

Carl Zeiss Archiv Jena 1941: Sig. 43030/15: Beschreibung und Gebrauchsanweisung -Vakuumthermoelement nach Hase, 1941

Carl Zeiss Archiv Jena 1957: Sig. 52441: Vakuum-Thermoelemente nach Kortum, 1957

Carl Zeiss Archiv Jena 1964: Sig. 84367: Vakuum-Thermoelemente-Preisliste, gültig ab 1.1.65, 1964

Carl Zeiss Archiv Jena 1986: Sig. 6104: Specord M80/M85, IR Spektralphotometer – Gebrauchsanweisung, 1986

Elbel 1985/1: Elbel, Thomas; Müller, Jürgen; Völklein, Friedemann: *Thermoelektrischer Detektor.* 24.04.85 Veröffentlichungsnr. DD 221 604 A1,

Elbel 1985/2: Elbel, Thomas; Müller, Jürgen; Völklein, Friedemann: Miniaturisierte thermische Strahlungssensoren: Die neue Thermosäule TS-50.1. In: *Feingerätetechnik*, Berlin 34 (1985), 3, S. 113-115

Elbel 1986: Elbel, Thomas; Poser, Siegfried, Berg, Volkmar, Heinecke, Frank: *Vorrichtung zum hermetischen Verschluss von Bauelementen unter definierter Schutzgasatmosphäre.* Veröffentlichungsnr. DD 254 669 A1, 10.12.86

Elbel 1987: Elbel, Thomas; Müller, Jürgen; Völklein, Friedemann: *Thermoelectric Sensor.* Veröffentlichungsnr.: US 4,665,276; May12, 1987

Elbel 1988: Elbel, Thomas; Müller, Jürgen: Thermoelektrische Sensoren zur berührungslosen Temperaturmessung. In: Messen, Steuern Regeln, Berlin **31** (1988), 8, S. 369-372

Elbel 1991/1: Elbel, Thomas: Miniaturized Thermoelectric Radiation Sensors Covering a Wide Range with Respect to Sensitivity or Time Constant. In: *Sensors an Actuators A,* 25-27 (1991), S. 653-656

Elbel 1991/2: Elbel, Thomas: Miniaturized Thermoelectric Radiation Sensors. In: *Sensors and Materials*, 3, 2(1991) 097-109, MYU, Tokyo

Elbel 1996: Elbel, Thomas: *Mikrosensorik*, Friedr. Vieweg & Sohn Verlagsgesellschaft mbH, Braunschweig/Wiesbaden, 1996, ISBN 3-528-03377-0

Engel 2017: Engel, Franz: Persönliche Mitteilung, 2017

Gloede 1983: Gloede, Christa: Thermischer Strahlungsdetektor mit geringer Alterungszeit. In: *Feingerätetechnik*, Berlin 32 (1983), 4, S. 162-164

Güttich 2016: Güttich, Rudolf: Persönliche Mitteilung, 2016

Hase 1923: Hase, Rudolf: Thermoelement für Strahlungsmessungen. In: *Zeitschrift für Physik*, Dezember 1923, Volume 15, Issue 1, pp 52-53

Johannsen 1910: Johannsen, E. S.: Über die Vakuumthermosäule als Strahlungsmesser. In: *Annalen der Physik* **33** (1910), 13, S. 517-536

Kessler 2003: Kessler, Ernst: Persönliche Mitteilung, 2003

Knollenberg 2015: Knollenberg, J., DLR-PF: Projekte der Planetenforschung am DLR: Aktueller Stand und Zukunftsperspektiven. Vortrag im IPHT Jena, Juni 2015

Kortum, Herbert: Bemerkungen zu den Thermoelementen des VEB Carl Zeiss Jena. In: *Feingerätetechnik*, **9**, Heft 6, 1960, S. 247-249

Lagg 2017: Lagg, Andreas: Persönliche Mitteilung 2017

Lerm 1983: Lerm, Albrecht; Wiegand, Antje; Köhler, Michael: *Ätzbad für Wismut und/oder Antimon.* 3. 10. 1983. Veröffentlichungsnr.:DD 300602. IPC C23F 1/00

Lerm 2017: Lerm, Albrecht: Persönliche Mitteilung, 2017

Linke 1986: Linke, S.; Loreit, U.; Pertsch, P.: Magnetoresistive Sensoren – Eigenschaften und Anwendung. In: *Wiss. Beiträge der Friedrich-Schiller-Universität Jena 1986: Wissenschaftlicher Gerätebau und Hochtechnologie*, S. 126-137

Maurer 2017: Maurer, Dieter: Persönliche Mitteilung 2017

Möthrat 1987: Möthrat, G.; Schamberg, S.: *Temperaturmessvorrichtung.* 24. 3. 87. Veröffentlichungsnr.: DE 37 09 571

Müller 1991: Müller, Jürgen; Elbel, Thomas; Poser; Siegfried, Völklein, Friedemann: Thermoelektrische Strahlungssensoren mit neuartiger Sensor-Architektur. In:*Feingerätetechnik*, Berlin **40** (1991), 1, 8-9

Müller 2001: Müller, Jürgen: Persönliche Mitteilung, 2001

Rast 1986: Rast, E.; Kranemann, R.: Temperaturmessung mit Strahlungspyrometern als Diagnoseverfahren für landtechnische Arbeitsmittel. In: *Agrartechnik,* Berlin **36** (1986), 1, S. 36-37

Ratz 2016: Ratz, Peter: Persönliche Mitteilung, 2016

Riedl 2002: Riedl. Max J.: *Optische Grundlagen für Infrarotsysteme*. Bellingham; SPIE Press 2002

Seebeck 1826: Seebeck, T. J.: Ueber die magnetische Polarisation der Metalle und Erze durch Temperaturdifferenz. In: *Annalen der Physik,* **82**, 3, S. 253-286, 1826

Sewig 1935: Sewig, Rudolf: *Objektive Photometrie.* Verlag von Julius Springer, Berlin, 1935

Spohn 2015: Spohn, Tilman, et.al.: Thermal and mechanical properties of the near-surface layers of comet 67P/Churyumov-Gerasimenko. In: *SCIENCE* 31 July 2015, Vol 349 ISSUE 6247 URL http://science.sciencemag.org/content/349/6247/aab0464/F2

Van Heerwarden 1986: Van Heerwarden, A.W.; Sarro, P.M.: Thermal sensors based on the Seebeck effect. In: *Sensors and Actuators* **10** (1986), S. 321-345

Völklein 1978: Völklein, Friedemann; Wächter, Friedmar: *Verfahren zur Wärmeleitfähigkeits- und Temperaturleitfähigkeitsmessung dünner Schichten.* Veröffentlichungsnr.: DD 133109, Auslegedatum 06. 12. 1978

Völklein 1984: Völklein, Friedemann; Kessler, Ernst: A Method for the Measurement of Thermal Conductivity, Thermal Diffusivity, and Other Transport Coefficients of Thin Films. In: *Phys. Stat. Sol. (a)* **81** (1984) S. 585-596

Völklein 1987: Völklein, Friedemann; Kessler, Ernst: Thermal conductivity and thermoelectric figure of merit of $Bi_{1-x}Sb$ films with $0<x\leq0,3$. In: *Phys. Status Solidi (b),* **143** (1987) S. 121-130

Völklein 1990/1: Völklein, Friedemann: Thermal conductivity and diffusitivity of a thin film SiO_2-Si_3N_4-sandwich-system. Thin Solid Films 188 (1990) S. 27-33

Völklein 1990/2: Völklein, Friedemann, Kessler, Ernst: Thermal conductivity and thermoelectric figure of merit of thin antimony films. In: *Phys. Status Solidi (b),* **158** (1990) S. 521-529

Völklein 1990/3: Völklein, Friedemann, Wiegand, Antje: High sensitivity and detectivity radiation thermopiles by multilayer technology. In: *Sensors and Actuators,* **24** (1990), 1 – 4

Wächter 1977: Wächter, Friedmar; Völklein, Friedemann: Eine Methode zur Bestimmung von Wärmeleitfähigkeit und Temperaturleitfähigkeit an dünnen metallischen Schichten. In: *Experimentelle Technik der Physik* **25** (1977), 5, S. 425-431

Walther 1981: Walther, Ludwig; Gerber, Dietrich: *Infrarotmeßtechnik,* VEB Verlag Technik Berlin, 1981

Anmerkungen

1 nach einem Vortrag für den Verein für Technik-Geschichte in Jena e.V. am 19. April 2016
2 Aufgrund der hohen Wertschätzung für den Beitrag der thermischen Strahlungsempfänger aus Jena zu der NASA-Mars-Mission wurde Ernst Kessler in ein internationales Expertenteam als Co-Investigator bei der NASA berufen.

Thomas Elbel

studierte nach einer Feinmechanikerlehre bei Carl Zeiss Jena an der Technischen Hochschule Ilmenau Elektrotechnik. Nach dem Diplom mit einer Arbeit über supraleitende Speicher 1969 kehrte er zu Zeiss zurück und leitete bis 1973 eine Arbeitsgruppe zur Entwicklung von Elektronenstrahllithografiegeräten. Von 1973 bis 1991 arbeitete Thomas Elbel auf dem Gebiet der thermischen Strahlungsempfänger im Zentralinstitut für Optik und Spektroskopie der Akademie der Wissenschaften der früheren DDR, Bereich Strahlungsempfänger Jena; ab 1981 gehörte dieser Bereich zum Physikalisch-Technischen Institut der AdW in Jena. Hier entwickelte er als Themenverantwortlicher völlig neuartige miniaturisierte Strahlungsthermosäulen. 1985 promovierte er als außerplanmäßiger Aspirant an der TU Ilmenau zum Dr.-Ing. auf dem Gebiet der Festkörperelektronik. Seit 1991 ist Thomas Elbel Professor an der Hochschule Hannover. 1992 wurde er als Gastprofessor an die ETH Zürich für die Vorlesung „Thermische Sensoren" berufen. Von 2004 bis 2013 leitete er das Institut für Innovationstransfer der N-Transfer GmbH an der Hochschule Hannover. Thomas Elbel ist Autor zahlreicher Veröffentlichungen und Anmelder von Patenten auf dem Gebiet der Sensorik.

Peter Bussemer, Jürgen Müller, beide Gera

Die Physikalisch-Technische Reichsanstalt in Ostthüringen – Forscher und Forschungen

Die PTR als metrologisches Institut im Deutschen Reich

Nach mehrmaligen Anläufen zur Schaffung eines außeruniversitären Prüf- und Forschungsinstitutes und mit Unterstützung des Reichskanzlers Otto von Bismarck wurde 1887 durch kaiserlichen Erlass die Physikalisch-Technische Reichsanstalt (PTR) in Berlin gegründet – eine staatliche Einrichtung zur Förderung der exakten Naturwissenschaften und der Präzisionstechnik. Für die Institute in Charlottenburg stellte Werner von Siemens ein Grundstück von ca. 20.000 m² im Wert von 570.000 Mark zur Verfügung – ein frühes Beispiel für Wissenschaftssponsoring durch die Industrie.

Die PTR gliederte sich in zwei Abteilungen: die erste zur Forschung mit der Konzentration auf das physikalisch-technische Messwesen, der Metrologie, und die zweite zur Prüfung von Normalsubstanzen und dem Eichwesen.

1888 übernahm der weltberühmte Naturwissenschaftler Hermann von Helmholtz als „Reichskanzler der Physik" die erste Präsidentschaft bis zu seinem Tode 1894. Als kongenialer Partner von Siemens entwickelte er die Einrichtung zu einem innovativen Prototyp für spätere Formen staatlicher Forschung, der auch zum Vorbild für andere Länder wurde: Russland 1893, UK 1900, USA 1901 Japan 1917. In erstklassig ausgestatteten Laboratorien gelang eine einzigartige Verflechtung von wissenschaftlicher Grundlagenforschung mit technischen Entwicklungsarbeiten und metrologischen Dienstleistungen.

Ursachen des Umzugs nach Thüringen und Gründe für den Standort Weida als PTR-Hauptsitz

Aufgrund der Kriegsgeschehnisse des Zweiten Weltkriegs war spätestens ab 1943 an der PTR in Berlin kein vernünftiges Arbeiten mehr möglich. Der Luftkrieg weitete sich aus und beschädigte vor allem im September und Dezember 1943 weite Teile des PTR-Geländes in Berlin-Charlottenburg.

Es bestand die Gefahr der Totalzerstörung der Reichsanstalt. Nicht nur wegen des Risikos für die Mitarbeiter, sondern auch wegen der teuren und wertvollen Forschungsapparate musste man handeln. Das Reichsministerium des Inneren leitete gemeinsam mit der PTR-Führung Evakuierungsmaßnahmen ein. Dieser Beschluss sah eine Auslagerung in eine sichere Region vor, um das reibungslose Arbeiten des Instituts aufrechtzuerhalten. „Für den Gau Berlin existierte eine Evakuierungsverfügung, nach der die Reichsanstalt in den Warthegau (Gebiet um Posen und dem Fluss Warthe) ausgelagert werden sollte" [Pelzer 1995, S. 47].

Allerdings entschied sich der damalige Präsident der PTR Abraham Esau gegen diese Lösung. Esau war thüringischer Staatsrat und pflegte gute freundschaftliche Beziehungen zum Gauleiter von Thüringen Fritz Sauckel. Außerdem hatte er auch persönliche Gründe nach Thüringen umzuziehen: An der Universität von Jena begann Esaus politische und technische Karriere, und er war mit Wissenschaftlern aus Thüringen bekannt. Gauleiter Sauckel sicherte ihm dann die Unterbringung der PTR in Thüringen zu.

Bild 1: Thüringenkarte mit eingezeichneten Verlagerungsstandorten der PTR. Quelle: [Silbermann, 2013]

Die leerstehende Lederfabrik der Firma Dix mit großen Fabrikhallen im ostthüringischen Weida bot sich als neuer Standort an. Man musste lediglich die Hallen für Laborzwecke räumen und in Einzelräume aufteilen (vgl. [Kind 2002, S. 10]). Für etliche Versuche z. B. in der Polarimetrie war es notwendig, in erschütterungsfreien Laboratorien zu arbeiten. Die Osterburg auf ihrem Felsmassiv verfügte über solche Räumlichkeiten. Außerdem sollte die PTR in ein Gebiet mit der geringen Luftkriegsgefahrenklasse III-IV ausgelagert werden. Da Weida in dem vor Bombenangriffen relativ sicheren Streifen zwischen Hannover und Innsbruck lag, erfüllte es auch diese Bedingung und wurde somit zum neuen Hauptsitz der Physikalisch-Technischen Reichsanstalt ab 1943. Es existierten vor allem in Ostthüringen noch weitere Zweigstellen, da die Kapazitäten in Weida für alle Forschungslaboratorien nicht ausreichten. Genannt seien: Ronneburg, Zeulenroda, Ilmenau, Gehren.

Der Prozess der Verlagerung

Der Präsident der Physikalisch-Technischen Reichsanstalt Staatsrat Prof. Dr. A. Esau schloss mit der Firma Otto & Albrecht Dix AG, Lederwerke Weida einen Mietvertrag über die Nutzung der zur Firma gehörenden Räumlichkeiten. Die Dix AG stellte damit der PTR eine Fläche von 12952,68 m² für einen Jahrespreis von 86.642,16 Reichsmark ab dem 1. August 1943 zur Verfügung [Häßner, 2012, S.34].

Bild 2: Der neue Arbeitsplatz für viele PTR-Mitarbeiter: die Lederwerke Weida. Quelle: PTB-Archiv

Der erste Übersiedlungsschub begann am 17. August und dauerte bis zum 15. September 1943. In dieser Zeit erreichten 44 Waggons mit Maschinen und Geräten aus Berlin den Weidaer Bahnhof [Häßner, 2012, S.34]. Transporte fanden ebenfalls mit LKWs statt (vgl. [Kind, 2002, S. 10]). Jeder Transportweg brachte allerdings Schwierigkeiten mit sich. Durch die alliierten Bombenangriffe war das Eisenbahnnetz teilweise zerstört worden, und man kam nur langsam mit der Reparatur voran. Bei den Lastkraftwagen war der Mangel an Treibstoff das Problem, da dieser vor allem an der Front benötigt wurde.

Schließlich mussten 351 PTR-Mitarbeiterinnen und -Mitarbeiter vom stellvertretenden Präsidenten, über Wissenschaftler bis zu den Handwerkern mit ihren Familien untergebracht werden, was wegen der problematischen Wohnsituation auch eine Herausforderung für die Kleinstadt Weida darstellte.

Der Umzug der Laboratorien in die Weidaer Lederfabrik verlief sehr schnell. Der Firma Dix wurde am 29. September mitgeteilt, dass in Kürze die wissenschaftliche Arbeit aufgenommen wird. Da der Platz für die noch in Berlin verbliebenen Laboratorien in

Bild 3: Die Züge aus Berlin mit den Laborgeräten erreichten Weida über den Oschütztal-Viadukt. Der Gitterträger ist zum Teil auf Pendelstützen gelagert, welche den durch Temperaturschwankungen hervorgerufenen Längenänderungen der Träger folgen können. Quelle: Silbermann

Weida nicht ausreichte, wurden noch weitere Fabrikhallen und Schulen in anderen Städten Thüringens angemietet. Die Laboratorien für Atomphysik und Physikalische Chemie der Abteilung V wurden nach Ronneburg verlegt. In Ilmenau im Thüringischen Staatsprüfamt befanden sich Labore für die Bereiche Maß und Gewicht sowie Elektrizität und Magnetismus. Außerdem wurde die Hochfrequenzgruppe in die Geburtsstadt ihres Leiters Adolf Scheibe nach Zeulenroda verlagert.

Die PTR als Wehrmachtsbetrieb

Mit Beginn des 2. Weltkrieges 1939 wurde die PTR, wie alle wissenschaftlichen und wirtschaftlichen Einrichtungen, verstärkt für Kriegszwecke eingesetzt. Ein großer Teil der Laboratorien übernahm kriegsrelevante Dienstleistungsfunktionen für die Rüstungs- und Wirtschaftsmaschinerie des Dritten Reiches. Archivalien im Bundesarchiv verzeichnen die PTR als W-Betrieb Wehrmacht Nr. 251/325 [Bundesarchiv Berlin, Bl. 17]

Die Begriffe „Wehrmachtsbetrieb" oder „Rüstungsbetrieb" führen leicht zu falschen Interpretationen, da sie im „Dritten Reich" einem steten Wandel unterworfen waren. Ständig wurden neue Firmen in eine zentral gesteuerte Rüstungsorganisation eingebunden. „Aufbau und Arbeitsweise der Rüstungsfabriken spiegelten die sich drastisch ändernde Struktur der Rüstungsindustrie als Reaktion auf die Forderung nach höherer Produktion wider." [Fear, 1987 S. 139].

Da exakte Maße für die Herstellung von Kriegsgerät aller Art eine Grundvoraussetzung sind, wuchs der PTR während des Krieges eine Schlüsselrolle in der Rüstungsproduktion und Wehrtechnik zu. Das begründete wahrscheinlich ihre Deklaration als Rüstungsbetrieb, denn nur eine solche organisatorische Einbindung in die Kriegswirtschaft verschonte das Personal vor dem Fronteinsatz und sorgte für die nötigen materiellen Ressourcen.

Auch die Verlagerung eines Großteils der Laboratorien ab Sommer 1943 aus der Reichshauptstadt spricht dafür, dass die Reichsanstalt für die rüstungstechnische Absicherung der Kriegsführung keine untergeordnete Rolle spielte. Ihre Arbeitsfähigkeit musste auch unter den Bedingungen des sich verschärfenden Bombenkrieges aufrechterhalten werden.

Die Aktenlage zu den „Rüstungsaktivitäten" der PTR ist allerdings dürftig. Einige wenige Dokumente zur Torpedoforschung finden sich im Bundesarchiv [Bundesarchiv Berlin, R1519-817a]; es existieren im Archiv der PTB in Braunschweig nach dem Krieg verfasste Berichte mit Andeutungen zu kriegswichtigen Aktivitäten. Nachkommen der PTR-Angehörigen können aus Erzählungen ihrer Eltern meist fragmentarisch zur Rüstungsforschung an der PTR berichten. Unterlagen sind zum einen kurz vor Kriegsende vernichtet worden; auch haben die Alliierten nach dem Krieg Dokumente beschlagnahmt. Trotz der dürftigen Quellenlage soll in diesem Beitrag am Beispiel einiger Forscher und Labore die Rüstungsforschung der PTR aufgezeigt werden.

August Wetthauer und das Zentrallabor des Reichsluftfahrtministeriums

August Wetthauer

Das Leben von August Wetthauer (1887–1964), der über dreißig Jahre seines Lebens, von 1912 bis 1945, mit Unterbrechungen Wissenschaftler in der damaligen Physikalisch-Technischen Reichsanstalt war, dokumentiert exemplarisch die wechselvolle Geschichte der PTR im zwanzigsten Jahrhundert. Die Politik mischte sich in das akademische Leben ein, der Krieg bestimmte Forschungsaufgaben; auch nach dem Krieg war eine Rückkehr zum normalen Forschungsalltag nur unter schwierigen Umständen möglich.

Wetthauer beschäftigte sich als Optik-Spezialist auch praktisch mit Fotografie und Kinematografie. Seine heute im Bundesarchiv liegenden Farbfilme und sein Nachlass sind interessante Zeitdokumente.

Wetthauer entwickelte schon in den 1910er Jahren einen Fotoapparat für Farbaufnahmen, der sich noch im Besitz von Familie Göwert befindet. Mit dieser Kamera nahm er Bilder durch drei in den Grundfarben getönte Filterscheiben auf Schwarzweißfilm auf.

Deutschen Filmamateuren standen seit 1936 die farbigen Umkehrfilme von Agfa und Kodak zunächst im 16-mm-Format zur Verfügung. Als einer der ersten Deutschen filmte Wetthauer in Farbe. Etliche noch erhaltene Filme aus den Jahren zwischen 1936 und 1958 von ihm befinden sich im Bundesarchiv in Koblenz in digitalisierter Form [Bundesarchiv Koblenz].

Wurde Wetthauers „Laboratorium für angewandte Optik" an der PTR schon vor der Machtergreifung von Hitler hin und wieder vom Militär in Anspruch genommen, so häuften sich ab 1933 die

Bild 4: August Wetthauer (rechts im Bild) – ein Spezialist für das Prüfen von Objektiven. Quelle: Göwert, Privatbesitz

Bild 5: Wetthauer als Filmpionier für Farbaufnahmen im Dritten Reich.
Quelle: Göwert, Privatbesitz

Bild 6: Fotoapparat für Farbaufnahmen, von Wetthauer in den 1910er Jahren entwickelt.
Quelle: Göwert, Privatbesitz

Wehrmachtsaufträge. PTR-Präsident Stark beauftragte Wetthauer, diesem Laboratorium ein Zentrallabor des Reichsluftfahrtministeriums (RLM) anzugliedern und ernannte ihn zum Dienststellenleiter dieser Einrichtung.

Das Zentrallabor des Reichsluftfahrtministeriums

Ab 1933 häuften sich die Wehrmachtsaufträge, dem von August Wetthauer geführten Laboratorium für Bildoptik wird ein Zentrallabor des Reichsluftfahrtministeriums (RLM) angegliedert. Dieses Zentrallabor entwickelte sich in den 1930er Jahren zu einem der größten PTR-Labore überhaupt. Beschäftigt waren 20 Mitarbeiter, die Laborfläche betrug 1.100 m² (Stand 1939, [Bundesarchiv Koblenz, Nachlass N/1618]).

„Die Luftwaffe wollte ein eigenes Laboratorium haben, damit die Erledigung der Arbeiten in diesem Laboratorium unbedingt den Bedürfnissen der Luftwaffe entsprechend zur Ausführung kam und nicht durch den verhältnismäßig schwerfälligen Verwaltungsapparat der Reichsanstalt in Mitleidenschaft gezogen wurde. Es kam der Luftwaffe oftmals nur darauf an, schnellstens orientierende Messergebnisse über die mehr oder weniger gute Brauchbarkeit von Geräten zu haben oder mit den besonderen Erfahrungen des Laboratoriums Fertigungsfirmen zu beraten oder durch Zusammenarbeit mit dem Laboratorium zu helfen. Die Prüfungen brauchten nicht immer mit der in der Reichsanstalt üblichen Genauigkeit ausgeführt zu werden, sie mussten nur hinreichend genau sein." (Wetthauer in einem Bericht vom 4. Januar 1947 [Bundesarchiv Koblenz, Nachlass Wetthauer N/1618].

Schaubild über die Entwicklung der Prüftätigkeit auf dem Gebiete der angewandten Optik für wehrtechnisches Gerät in der PTR. (Labor. Wetthauer)

Bild 7: Im von August Wetthauer geführten Laboratorium für Bildoptik häufen sich die Wehrmachtsaufträge zunehmend; die Luftwaffe bekommt an der PTR ein eigenes Laboratorium. Quelle: Bundesarchiv Berlin

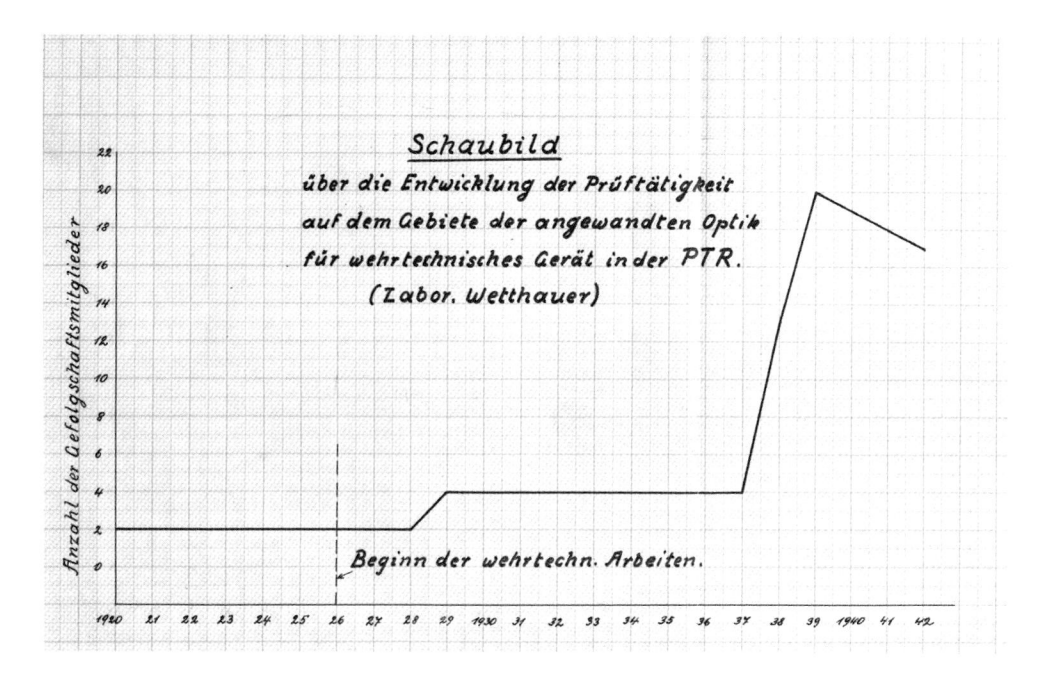

Dem Labor gingen von verschiedenen Stellen der Deutschen Luftwaffe Prüfungsanträge zu. So wandten sich Referenten aus dem RLM sowie Bauaufsichten direkt an das Labor, überwiegend wurde aber für die sog. E-Stellen der Luftwaffe in Travemünde und vor allem in Rechlin gearbeitet [Bundesarchiv Koblenz, Nachlass N/1618].

Diese E-Stelle, heute Luftfahrttechnisches Museum Rechlin, wurde seit 1935 offiziell als „Kommando der Erprobungsstelle der Luftwaffe" bezeichnet und war eine Außenstelle des Technischen Amtes des Reichsluftfahrtministeriums. Die Aufgaben der Erprobungsgruppen beinhalteten u.a. die Prüfung von Flugzeugbordgeräten, Funk- und Navigationsgeräten, Bordschusswaffen, Motoren und Triebwerken und dienten der Hochfrequenzforschung sowie luftfahrtmedizinischen Erprobungen. Hier arbeiteten im Jahre 1940 ca. 4000 Militär- und Zivilangehörige [Meyer, A., S. 10])

In Wetthauers Labor wurden Glasscheiben für die Verglasung der Pilotenzelle untersucht, um deren Einfluss auf Navigation und das Bildwesen festzustellen; als Ergebnis wurde ein handliches Prüfgerät zur Kontrolle der Glasscheiben entwickelt.

Selbstverständlich wurden eingesandte Objektive mit dem Wetthauer-Gerät überprüft, man untersuchte Bombenzielgeräte und Fliegerbrillen.

Auch die für Vermessungsaufgaben der Bauaufsicht notwendigen Sextanten wurden geprüft, mit dem Ergebnis, dass die Mess-

Bild 8: Wetthauer-Bank zum Prüfen von Objektiven. Zur Erläuterung der Wetthauerschen Prüfmethode siehe [Kösters, 1927], S. 120} Eine ausführliche Beschreibung des Gerätes befindet sich im Nachlass von Wetthauer (Bundesarchiv Koblenz, N/1618/6).
Quelle: Göwert, Privatbesitz

genauigkeit weit außerhalb der Grenzen lag und auch konstruktive Mängel bei den Sextanten festgestellt wurden.

Nicht immer war es sinnvoll, Geräte direkt im Labor zu prüfen. Die Rüstungsindustrie benötigte einfach zu handhabende Methoden für das Prüfen von Geräten; auch solche Methoden wurden entwickelt und der Wirtschaft zur Verfügung gestellt. So mussten die für die Luftabwehr so wichtigen Flakscheinwerfer geprüft werden. Im Zentrallabor entwickelte man eine Methode zur Ermittlung der Brennpunktabweichung der Spiegel. Die Flakscheinwerfer schwankten stark in der Helligkeit; die Fotometrierung der Scheinwerferkohlen basierte zunächst auf subjektiven Methoden. Das Labor von Wetthauer entwickelte daher ein Gerät, das eine objektive Messung erlaubte.

Weitere Arbeiten betrafen die Untersuchungen von Bombenzielgeräten, Mehrfarben-Kartenprojektionen, Fliegerbrillen und Tripelspiegeln für den Einsatz in Rückstrahlern [Bundesarchiv Koblenz, Nachlass N/1618].

Zusammenfassend wird am Beispiel des Zentrallabors der Luftwaffe deutlich, dass die reiche Labor- und Industrieerfahrung der PTR-Laboratorien offensichtlich bereits bei der Entwicklung von Rüstungsgütern eingesetzt wurde und nicht erst zur Überprüfung von sich bereits in Serienproduktion befindlichen Geräten.

In Wetthauers Zeit des fruchtbaren Forschens vor dem Weltkrieg fallen auch internationale Kontakte. So war Dr. Irvine Clifton

Bild 9: Flakscheinwerfer um 1940. Quelle: Bundesarchiv Bildarchiv Nr. 146-1977-091-13A

Gardner (1889 – 1972) vom Bureau of Standards in Washington seit den Olympischen Spielen von 1936 immer wieder ein gern gesehener Gast. Gardner verfolgte mit seiner parallelen Objektivprüfgerät-Erfindung ähnliche Ansätze wie Wetthauer; Nach Gardner ist ein Einschlagkrater auf der nordöstlichen Mondvorderseite benannt, damit ehrte man ihn für seine Beiträge zur Astrofotografie.

Schon 1928 betreut Wetthauer an der PTR eine junge russische Wissenschaftlerin aus Leningrad, Frau Prof. Maria Fjodorowna Romanowa. Während seiner Tätigkeit für die Optik-Firma C. P. Goerz in Berlin hatte er Russisch gelernt und war damit ein geeigneter Betreuer. Beide Kontakte werden für August Wetthauer nach Kriegsende noch eine Rolle spielen.

Bild 10: Irvine Clifton Gardner (1889–1972). Gardner entwickelte u. a. eine Kamera zum Fotografieren der Sonnenkorona. Gardner war Präsident der „Optical Society of America". Quelle: Wikipedia

Maria F. Romanowa

In der Person und der wissenschaftlichen Laufbahn von Maria Fjodorowna Romanowa (1892 – 1959) widerspiegeln sich die politischen und sozialen Konflikte in der ersten Hälfte des 20. Jahrhunderts. Als eine wissenschaftlich begabte Frau konnte sie allen Widerständen zum Trotz im zaristischen Russland studieren und nach den Wirren von Oktoberrevolution und Bürgerkrieg am Leningrader Optischen Institut an der Neudefinition des Längenstandards mittels optischer Interferenzen arbeiten, wozu sie auch in Berlin an der PTR arbeitete. Diese deutsch-russische Zusammenarbeit wurde sogar nach dem Kriegsende 1945 unter den geänderten Rahmenbedingungen der sowjetischen Besatzungsmacht fortgesetzt [Bussemer, 2014].

Die Entwicklung der optischen Industrie in Russland

Der schnelle ökonomische Aufschwung in Russland nach 1900 förderte auch die Entwicklung einer eigenständigen optischen Industrie. Dennoch blieb eine starke Abhängigkeit vom Import optischen Glases meist aus Deutschland. Carl Zeiss Jena betrieb bis 1914 zwei Filialen in Russland: Die erste wurde am 23. April 1903 in St. Petersburg eröffnet, die zweite befand sich in Riga [Seeger, 2010]. Nach Kriegsbeginn im August 1914 wurden beide sequestriert, ebenso die beiden Filialen der Optischen Anstalt C. P. Goerz in Berlin, die sich ebenfalls in St. Petersburg (seit 1905) und Riga (seit 1909) befanden. Das plötzliche Ausbleiben optischen Glases von hoher Qualität nach Kriegsausbruch zwang Russland zur

Bild 11: Dmitri Sergejewitsch Roshdestwenski (1876–1940).

Eigenproduktion von Glas an der Kaiserlichen Porzellan- und Glasfabrik in St. Petersburg. Der Chefingenieur Nikolai Katschalow stellte einige junge und talentierte Wissenschaftler wie den Chemiker Ilja Grebenschtschikow als Leiter der Glasfabrik sowie den Physiker Roshdestwenski ein.

Wie viele talentierte Wissenschaftler reiste Roshdestwenski zur Fortführung seiner Studien zweimal nach Deutschland, zuerst 1901 an die Leipziger Universität in das Labor von Otto Wiener, bekannt durch den experimentellen Nachweis stehender Lichtwellen. Das zweite Mal war er 1903 in Gießen im Labor von Paul Drude, einem der Begründer der klassischen Elektronentheorie. Drude (1863-1906) lehrte theoretische Physik an der Leipziger Universität von 1894-1900. Seine umfangreichen Untersuchungen auf dem Gebiete der Optik, sowohl experimentell als auch theoretisch, fasste er in zahlreichen Abhandlungen und Büchern zusammen. Sein „Lehrbuch der Optik" von 1900 war lange Zeit ein Klassiker; die dritte Auflage [Drude, 1912] von 1912 wurde noch 1935 ins Russische übersetzt [Drude, 1935].

1915 wurde Roshdestwenski Direktor des Physikalischen Instituts der Petersburger Universität und überwachte als Berater die Produktion von optischem Glas in der Kaiserlichen Porzellanfabrik, die im Frühjahr 1916 die erste größere Menge davon herstellte, die jedoch für den Bedarf des Militärs völlig unzureichend war. Nach dem Totalausfall der deutschen optischen Gläser wandte sich Russland verzweifelt an die Kriegsverbündeten England und Frankreich um Ersatzlieferungen, die jedoch nur in geringem Maße möglich waren, da letztere sich kaum selber versorgen konnten. Schmerzlich wurde den russischen Glasspezialisten der große Vorsprung der deutschen Optik mit der Triade Zeiss-Abbe-Schott bewusst, die wesentliche Voraussetzungen für den weiteren Fortschritt von Wissenschaft und Technik schufen [Roshdestwenski, 1949].

Das Chaos nach Februar- und Oktoberrevolution stoppte Ende 1917 die Glasproduktion in der Porzellanfabrik, doch konnte Roshdestwenski deren Forschungsabteilung bei der „Kommission für das Studium natürlicher Produktivkräfte" unterbringen. Diese war während des Krieges 1915 von dem Geologen und Geochemiker Wladimir I. Wernadski zur Erkundung aller Arten von natürlichen Ressourcen im Lande gegründet worden. Auf Veranlassung von Wernadski gab die Kaiserliche Akademie der Wissenschaften ihre lange Tradition auf, sich nur mit „reiner Wissenschaft" zu befassen, und öffnete sich der angewandten Forschung. Nikolai P. Gorbunow, Lenins Sekretär bei der Sowjetregierung, sorgte 1919 dafür, dass die Verbindung zwischen Forschung und industrieller Produktion in das neue Parteiprogramm der KPdSU aufgenommen wurde, um ein ganzes Netzwerk von angewandten Instituten, Laboratorien , Experimentiereinrichtungen und Testfabriken zu schaffen, gleichsam als Vorwegnahme des sowjetischen Systems der staatlichen Planung von Forschung und Entwicklung [Kojevnikoy, 2004].

Roshdestwenski und das Staatliche Optische Institut

Eines der ersten von den Bolschewiki nach der Oktoberrevolution 1917 gegründeten neuen Institute war das Staatliche Optische Institut (Gosudarstweni Optitscheski Institut, GOI), dessen Direktor und wissenschaftlicher Leiter Roshdestwenski im Dezember 1918 wurde. Nach dem Vorbild von Helmholtz' PTR wurde das GOI in zwei Abteilungen geteilt, eine für wissenschaftliche Forschung und die andere als Konstruktionsbüro für mehr angewandte Forschung. In der Auswahl der wissenschaftlichen Themen bestand wie bei der PTR ziemliche Freiheit; so konnte der Direktor 1919 eine Atomkommission gründen zu Untersuchungen des Bohrschen Atommodells. Für das mehrbändige Lehrbuch von Chwolson, das sogar während des 1. Weltkrieges im Feindesland in Deutsch erschien [Bussemer und Rshewski], schrieb Roshdestwenski den Beitrag über Magneto- und Elektrooptik [Roshdestwenski, 1925].

Zur Ausstattung des neuen Institutes stellte die Regierung die stattliche Summe von 80.000 Dollar bereit, trotz Bürgerkrieg und Hungersnot. Wissenschaftliche Instrumente, Materialien und Bücher konnten so in beträchtlicher Menge aus dem Westen, besonders aus dem inflationsgeplagten Deutschland, beschafft werden – es kamen mehrere Eisenbahnwaggons zusammen. Die durch den Krieg unterbrochenen Wissenschaftsbeziehungen zwischen den beiden Verliererstaaten Deutschland und Russland wurden ab 1920 wieder aufgenommen. Anfang 1921 reiste eine repräsentative sowjetische Delegation nach Deutschland, der auch Roshdestwenski angehörte. Die Gäste machten auf ihre deutschen Kollegen offenbar einen guten Eindruck. Der „Vater der sowjetischen Physik"

Abram Fjodorowisch Ioffe (1880–1960), ein Schüler von W. C. Röntgen und Gründer des Leningrader Physikalischen Instituts (LFTI), erinnert sich daran, dass man im Berliner Physikalischen Institut Arbeiten sowjetischer Physiker vorstellte: „Ehrenfest trug eine Arbeit von Rozdestvenskij vor und machte für mich und ihn Reklame. Alle hiesigen Physiker verhielten sich uns gegenüber gut."

Friedrich Paschen (1865–1947), führend auf dem Gebiete der Atomspektroskopie und später von 1924–1933 Präsident der PTR, schreibt am 29. Mai 1921 an Roshdestwenski: „Lieber Professor Rozdestvenskij! Ich denke gern an die Stunden Ihres freundlichen Besuches. Die Freude, die Ihr Besuch bei uns auslöste, läßt mich feststellen, daß bisher noch kein Besuch auf mich einen solch tiefen Eindruck hinterlassen hat, wie der Ihrige. Wenn es die Umstände erlauben, so will ich Sie ... besuchen und ... Ihr herrliches Institut in Petrograd besichtigen." [Frenkel und Hoffmann, 1987]

Außer dem optischen Glas gab es noch ein zweites Gebiet, wo Roshdestwenski auf Jenaer Pfaden wandelte: Ernst Abbe und die Theorie des Mikroskops. Die Abbeschen Vorlesungen waren von Otto Lummer sorgfältig mitgeschrieben worden (Abbe las ohne fertiges Manuskript), als er auf Anregung seines Lehrers Helmholtz im Winter 1887 diese in Jena hörte [Torge, 2000]. Der frühe Tod von Abbe im Jahre 1905 verhinderte zunächst eine Herausgabe dieser Vorlesungen, so dass sich Lummer entschloss, diese 1910 zu veröffentlichen [Lummer und Reiche, 1910]. Im Vorwort schreibt er, dass er „als Beamter der Phys.-Techn. Reichsanstalt nach Jena zu Prof. Ernst Abbe gesandt ... [wurde], um seine Vorlesungen über theoretische Optik zu hören und die Rechnungsmethoden der praktischen Optik kennen zu lernen. ... Jahrzehnte sind seitdem verflossen, und stets hofften wir, die Abbeschen Vorlesungen von seiner Hand formuliert ... lesen zu können. ... Wir warteten vergeblich."

Abbe hatte zwar bereits 1873 die Grundzüge seiner Theorie formuliert, doch rein „prosaisch" ohne den Gebrauch auch nur einer einzigen Formel [Abbe, 1989]. Die zugehörige mathematisch-physikalische „Poesie" findet sich erst im Buch von 1910, wo Otto Lummer auch eigene wichtige Ergänzungen zu Abbes Theorie anfügt [Lederer, 2010].

Für Roshdestwenski war die Firma Carl Zeiss sowohl in wissenschaftlicher als auch sozialer Hinsicht ein nachahmenswertes Vorbild, das er versuchte auch in der Sowjetunion zu etablieren, allerdings unter den Bedingungen einer sozialistischen Ökonomie. Den Vorsprung der Zeiss-Geräte gegenüber der Konkurrenz schätzte er wie folgt ein: „Abbe hat durch die optische Versorgung der Armee fast den Weltkrieg von 1914–1918 gewonnen." [Roshdestwenski, 1977] Weiter schreibt er zu den sozialen Errungenschaften der Zeissianer, dass Abbe versuchte, „damals in Deutschland, vor 40 Jahren, ein fast sozialistisches Statut für die Arbeiter des Zeiss-Werkes zu schaffen. Die Arbeiter waren Mitbesitzer des Werkes, hatten einen Anteil am Gewinn." Der Vorteil der Sowjetunion gegenüber Deutschland bestehe jedoch darin, dass nur in ersterer die Einheit von Wissenschaft und Industrie verwirklicht werden kann.

Als Aufgabe für die sowjetischen Mikroskopbauer nennt er das Ziel, das Auflösungsvermögen von der Abbeschen Grenze bei etwa einem Viertel µm durch Immersionsmethoden auf ein Zehntel µm zu drücken. Eine weitere Steigerung der Auflösung sollte mit dem Elektronenmikroskop möglich werden – am Jenaer Physikalischen Institut wurden die Grundlagen der Elektronenoptik durch die Versuche von Hans Busch bereits 1922 gelegt [Scheler, 2013].

Die Frau von Roshdestwenski, Olga Antonowna Dobiasch-Roshdestwenskaja (1874–1939) war in Russland die erste Frau, die 1915 eine Magister-Dissertation verteidigte und 1916 Professor für Geschichte an einer Hochschule wurde. Bereits 1929 wurde sie wegen „antisowjetischer Propaganda" verklagt. An dem Tod seiner Frau 1939 hatte Roshdestwenski schwer zu tragen. Er konnte ihren Verlust nicht verkraften und schied 1940 freiwillig aus dem Leben – zuletzt hatte er noch einen Artikel über sein Lieblingsgebiet, die Bildentstehung im Mikroskop, fertiggestellt [Journal St. Petersburger Universität].

Maria Romanowa und die optische Definition der Längeneinheit

Der wissenschaftliche Entwicklungsweg von Maria Fjodorowna Romanowa (1892–1959) ist eng mit dem Optischen Institut und Roshdestwenski verbunden. Geboren im sibirischen Tomsk als Tochter eines Medizinprofessors an der örtlichen Universität, widerspiegelt ihre schulische Bildung die widersprüchlichen Traditionen beim Zugang von Frauen zu höherer Bildung im zaristischen Russland, mit kurzen Abschnitten relativ freien Zugangs und langen Perioden der Stagnation und Unterdrückung.

Romanowa, die noch zwei Schwestern und einen Bruder hatte, teilte mit ihren Schwestern das Interesse des Vaters an den Naturwissenschaften: Tatjana wurde Biologin, Olga Ärztin und Maria, die älteste, Physikerin. 1906, nach dem Umzug der Familie nach Belgorod, absolvierte Maria die Sekundarschule für Mädchen. 1910 begann sie ihr Studium an den Bestushew-Kursen in St. Petersburg, wechselte jedoch nach einem Jahr an das Pädagogische Institut für Frauen, wo Alexander Gerschun einer ihrer Lehrer war. Nach Beendigung des Studiums 1915 an der Physikalisch-Mathematischen Fakultät mit Auszeichnung blieb sie als Assistentin an diesem Institut und wählte als Forschungsgebiet die Optik, speziell die Methode der Lichtinterferenzen, die sie ihr ganzes wissenschaftliches Leben begleiten wird. In den 1920er Jahren unterrichtete sie Physik an unterschiedlichen Lehranstalten in Petrograd, so am Technologischen Institut, dem Institut für Elektrotechnik und der Universität.

Bild 12: Maria Fjodorowna Romanowa. Quelle: privat

Wilhelm Kösters (1876–1950) begann seine metrologische Tätigkeit 1899 mit dem Eintritt in die Kaiserliche Normaleichungs-Kommission (KNEK) in Berlin-Charlottenburg, der obersten technisch-wissenschaftlichen Behörde für das Maß- und Gewichtswesen in Deutschland, die 1917 in die „Reichsanstalt für Maß und Gewicht" umbenannt und 1923 an die PTR als Abteilung 1 angegliedert wurde. 1917 übernahm er das Längenmesslaboratorium der Reichsanstalt und begann mit der Umsetzung seines lange gehegten Plans einer Wellenlängendefinition des Urmeters. Im Jahre 1921 wurde er Mitglied des Internationalen Komitees für Maß und Gewicht (CIPM) in Paris und vertrat Deutschland bei der Generalkonferenz für Maß und Gewicht (CGPM). Seit den 1930er Jahren bemühte er sich um die Gründung einer internationalen Organisation des gesetzlichen Messwesens (OIML), was jedoch erst 1955 nach seinem Tod geschah. Das Ziel seiner Arbeiten formuliert er wie folgt: „Es sollte nicht mehr heißen: Das Meter ist der Abstand der Striche des internationalen Meterprototyps bei der Temperatur des schmelzenden Eises, sondern das Meter ist gleich 1.769.557,94 Wellenlängen der gelbgrünen Linie des Kryptonisotops 84 mit der Wellenlänge 0,565 112 89 µ im luftleeren Raum." Er zählt dann die dazu notwendigen Schritte auf, wie etwa:

- geeignete scharfe und einfache Spektrallinien, Untersuchung dieser Linien auf Feinstruktur und Messung der Wellenlängen.
- Messmethoden, Apparate und Instrumente zu erfinden, um Endmaße und Strichmaße in Wellenlängen auswerten zu können (Interferenzkomparator, Optischer Streckenkomparator, Meteranschlussapparat).
- Konstruktion von geeigneten, störungsfreien Spektrallampen.

- Konstruktion und Ausmessung eines Endstrichmaßes, das als moderne Urmaßverkörperung dienen soll, unter steter Kontrolle durch die Wellenlänge [Kösters, 1945].

Vom Internationalen Komitee für Maß und Gewicht wurde bereits 1927 die rote Spektrallinie des Cadmiums als Standard vorgeschlagen, doch Kösters bevorzugte die o.g. gelbgrüne des Kryptons 84, die eine größere Kohärenzlänge besitzt. Nach Trennung der Krypton-Isotope setzte sich schließlich die orangerote Linie des Kryptons 86 durch. Das 1942 von Clusius und Dickel entwickelte Trennrohrverfahren ermöglichte es, die Nuklide Kr 84 und Kr 86 in größeren Mengen rein darzustellen, so dass ab 1943 an der PTR deren Spektrallinien genutzt werden konnten. Die 11. Generalkonferenz für Maß und Gewicht beschloss 1960: „Das Meter ist das 1.650.763, 73-fache der Wellenlänge der von Atomen des Nuklids Krypton 86 ... ausgesandten ... Strahlung."

Im Jahre 1913 entwickelte Kösters bei der KNEK einen großen Komparator noch auf mechanischer Basis für 1 m-Vergleiche [Kösters, 1913]. Die Grundprinzipien solcher Vergleiche einer zu messenden Strecke mit einem Maßstab, etwa dem Urmeter, wurden 1890 von Ernst Abbe entwickelt, als er in Bremen drei „Messapparate für Physiker" vorstellte, die von Carl Pulfrich ausgeführt wurden [Steinbach, 2005]. 1926 konstruierte Kösters einen Interferenzkomparator [Kösters, 1926], der die Arbeiten von Michelson 1892 und Fabry und Perot 1907 zur technischen Reife führte [Kösters, 1927, S. 478-498]. Für Endmaßmessungen hatte er bereits 1918

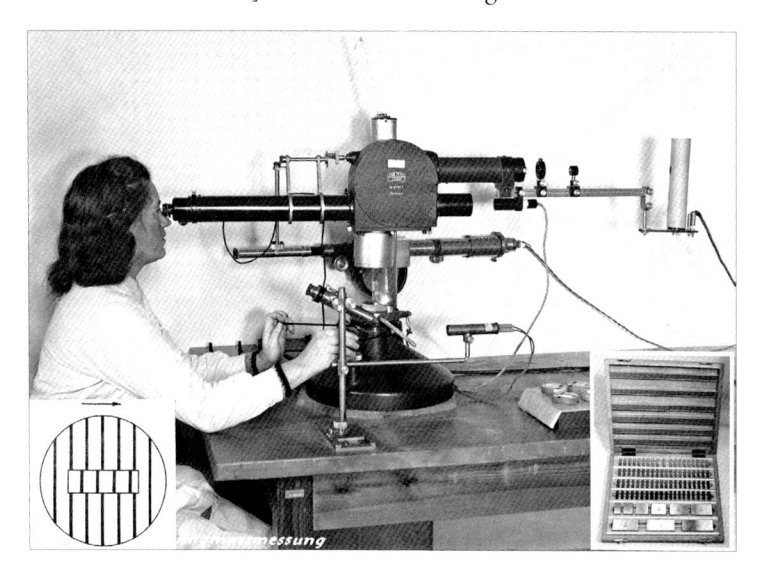

Bild 13: Interferenzkomparator nach Kösters. Quelle: Bundesarchiv, RF1519-397

einen Vorgänger entworfen, der von Carl Zeiss hergestellt wurde [Kösters, 1927, S. 484-485].

Am Physikalischen Institut von Otto Lummer in Breslau wurde von E. Waetzmann eine andere Interferenzmethode zur Prüfung optischer Systeme entwickelt, welche den von Otto Lummer abgeänderten Jaminschen Interferentialrefraktor benutzt [Kösters, 1927, S. 495].

Bevor Romanowa 1928 nach Berlin kam, hatte sie sich am GOI in Leningrad mit Prüfmethoden für die Güte von Parabolspiegeln befasst. Hierbei wendet sie ein von I. Hartmann 1904 für die Prüfung von Fotoobjektiven entwickeltes photographisches Verfahren auch auf große Objekte an, wozu in der Institutswerkstatt eine entsprechende Messeinrichtung gebaut wurde [Romanowa, 1927].

Einen direkten Hinweis auf Romanowas Aufenthalt 1928 in Berlin gibt es im Universitätsarchiv Jena. Dort schreibt Wetthauer [Personalakte von August Wetthauer, Blatt 25]: „Im Jahre 1928 arbeitete Romanowa von dem optischen Institut in Leningrad einige Wochen in meinem Laboratorium in Berlin zu dem Zweck, die von mir erfundenen Methoden zur Untersuchung von Objektiven insbesondere photographischen Objektiven kennen zu lernen." Unterstützung für diesen Besuch kam von höherer Stelle: „Auf ausdrücklichen Wunsch des deutschen Auswärtigen Amtes sollte Frl. Prof. Romanowa besonders wohlwollende Aufnahme in der Reichsanstalt finden. Diesem Wunsche kam ich schon deshalb gern nach, weil ich damals zum ersten Mal Gelegenheit hatte, meine in den Jahren 1919 bis 1921 bei der Firma C. P. Goerz, Berlin, erworbenen russischen Sprachkenntnisse praktisch anzuwenden. Außerdem hatte sich Frl. Prof. Romanowa durch ihre freundliche Art schnell beliebt gemacht und alle Herren meines Laboratoriums waren bemüht, Frl. Romanowa bei ihren Arbeiten zu unterstützen".

Eine solche Deutschland-Reise war damals nichts Ungewöhnliches. Beide Seiten, Deutschland und die Sowjetunion, waren nach dem Ende des 1.Weltkrieges als „Verliererstaaten" daran interessiert, den Boykott der Siegermächte England und Frankreich schnell zu durchbrechen und die vor dem Krieg bestehenden wissenschaftlichen Beziehungen wieder aufzunehmen. Viele bedeutende russische Naturwissenschaftler hatten an deutschen Universitäten studiert oder promoviert, etwa Lebedew, Mendelejew, Joffe, Mandelstam u.a. [Frenkel und Hoffmann, 1987, S. 417-421]. So galt Heidelberg bis zum Kriegsausbruch 1914 als das Mekka der russischen Wissenschaft [Birkenmayer 1995]. Als erster Physiker reiste Wilhelm Westphal, bekannt als Autor des in vielen Auflagen erschienenen „Physik. Ein Lehrbuch", im Oktober 1922 als Vertreter des preußischen Kulturministeriums nach Moskau und Petrograd. Im September 1925 nahm Max Planck als Sekretär der Preußischen Akademie der Wissenschaften an den Feiern zum 200. Geburtstag der Russischen Akademie der Wissenschaften in Leningrad teil [Komkow, 1981, S. 31]. Einer der Väter von Telefunken, Graf Georg von Arco, von pazifistischer Orientierung, gründete zusammen mit Albert Einstein, Thomas und Heinrich Mann u.a. am 1. Juni 1923 die „Gesellschaft der Freunde des Neuen Russlands". Hans Rukop, der bei Telefunken auf dem Gebiet der Elektronenröhren forschte, hielt im Rahmen einer mit dem „Verein Deutscher Ingenieure" vereinbarten Zusammenarbeit im Oktober 1929 Vorträge in mehreren Städten der Sowjetunion. In den politischen Ansichten der bei Osram und Telefunken tätigen Industrie-Mathematikerin Iris Runge spiegelt sich die „Solidarität mit dem einfachen Volke, der Ruf nach Veränderung des Wirtschaftssystems im sozialistischen Sinne" angesichts der Weltwirtschaftskrise 1929 wider [Tobies, 2010, S. 296].

Nach ihrer Rückkehr nach Leningrad arbeitete Romanowa weiter im GOI an der Umstellung der Meter-Definition auf den Wellenlängen-Standard. Über die Anwendung der Interferometrie für Längen-, Oberflächen- und Winkelmessungen verfasste sie 1937 eine Monographie [Romanowa, 1937]. Der sowjetische Physiker Grigori Landsberg (1890–1957), der 1928 mit Leonid Mandelstam die Kombinations- ‚später Raman-Streuung genannt, entdeckte, verweist in seiner in vielen Auflagen erschienenen „Optik" – die 6. Auflage ist von 2006 – auf die Verdienste von Romanowa bei der interferometrischen Kontrolle der Güte von Oberflächen [Landsberg, 1976, S. 147].

Ihr Leben in den 1930er Jahren verlief jedoch nicht ohne Komplikationen. Im Jahre 1937, dem Höhepunkt der Stalinschen Repressionen, wurde ihr Bruder, ein Offizier der Roten Armee, in Moskau inhaftiert und angeklagt, so dass sie sich um ihren jungen Neffen kümmern musste. Im September 1937 wurde sie ohne Angabe von Gründen aus dem GOI gedrängt, konnte jedoch nach einem Jahr ihre Arbeit am Metrologischen Mendelejew-Institut (VNIIM) in Leningrad fortsetzen, wo sie auch promovierte. Nach Kriegsbeginn 1941 wurde ihr Institut zuerst nach Kasan, dann nach Swerdlowsk, dem früheren und heutigen Jekaterinburg, evakuiert. Dorthin wurden auch die beiden Kösters-Interferometer gebracht, so dass sie ihre Arbeit fortsetzen konnte- es waren die einzigen Etalons im Lande. 1944 kehrte sie nach Leningrad zurück und verteidigte ihre Doktor-Dissertation über die interferometrische Kontrolle von Eichblöcken.

Im Frühjahr 1946 kam Maria Romanowa noch einmal nach Deutschland. Nach dem Kriegsende 1945 wurden zahlreiche sowjetische Spezialisten als Wissenschaftsoffiziere in die Sowjetische Besatzungszone (SBZ) beordert, um deutsches Knowhow und deutsche Fachleute aufzuspüren und beides als Kriegsreparationen in die UdSSR zu verbringen [Musial, 2010]. Ein Beispiel dafür ist der Physiker Jewgeni Lifschitz, der Koautor der als „Landau-Lifschitz" bekannten Lehrbücher der theoretischen Physik. Besonders begehrt waren die Mitarbeiter am deutschen Atomprojekt [Bussemer, 2014].

Romanowa leitete die Teildemontage der PTR in Weida, wobei das optische Prüflabor von August Wetthauer vollständig demontiert wurde – es war eines der größten und modernsten der PTR mit 20 Leuten und Geräten im Wert von 800.000 RM. Sie schlug Wetthauer vor, zum Wiederaufbau seines Labors mit in die UdSSR zu gehen, was dieser jedoch mit Rücksicht auf seine Familie ablehnte. Daraufhin vermittelte sie für ihn eine Tätigkeit an der Universität Jena: „Frl. Prof. Romanowa riet mir, eine Zusammenstellung meiner bisherigen wissenschaftlichen Arbeiten und Veröffentlichungen mit einem Plan für die beabsichtigte Tätigkeit an der Universität Jena, an den damaligen Kommandanten der Reichsanstalt, Herrn Major Agaletzki, einzureichen. ... Nach etwa 14 Tagen bis 3 Wochen traf der Befehl von Gardemajor Kolesnitschenko (vom 16.6.46) beim Major Agaletzki ein und ich wurde darüber von Frl. Prof. Romanowa mündlich benachrichtigt, ehe der Befehl schriftlich von Major Agaletzki an die Reichsanstalt weiter gegeben wurde. ..." [Personalakte August Wetthauer, Blatt 46]

Sie arbeitete weiterhin an der Umstellung des Urmeters auf den Wellenlängenstandard, wobei sie sich für die Verwendung der orangefarbenen Spektrallinie von Krypton 86 einsetzte. Die offizielle Entscheidung der 11. Generalkonferenz über Maß und Gewicht zur Umstellung auf die optische Meter-Definition konnte sie jedoch nicht mehr erleben – sie verstarb am 1. März 1959.

Im Mendelejew-Institut befinden sich noch einige Instrumente, die dorthin als Kriegsreparationen von der Weidaer PTR gebracht wurden [Möbius, 2013, S. 96-98]. Sie knüpfen – allerdings erzwungen durch die Kriegsereignisse – an die deutsch-russischen Traditionen einer Zusammenarbeit auf dem Gebiete der Metrologie an. Der Entdecker des Periodischen Systems der Elemente, der

Chemiker Mendelejew, hatte das VNIIM 1893 nach dem Vorbild der Helmholtzschen PTR in Berlin gegründet, wo er auch mehrmals zu Besuch war [Ginak, 2012].

Ernst Gehrcke und das Optik-Labor

Ernst Gehrcke (1878–1960), von 1943 bis 1946 als Direktor der Abteilung IV für Optik in Weida tätig, dürfte von allen dorthin aus Berlin evakuierten Wissenschaftlern der bedeutendste und zugleich umstrittenste sein, verbunden mit seinem hartnäckigen Kampf gegen die Einsteinsche Relativitätstheorie. Geboren 1878 in Berlin, verbrachte er dort seine Jugend- und Studienzeit sowie fast sein ganzes weiteres Leben. Das Physikstudium an der Berliner Universität schloss er 1901 mit der Promotion bei Emil Warburg ab, um im gleichen Jahr als wissenschaftlicher Hilfsarbeiter in das von Otto Lummer geleitete Laboratorium für Optik der Physikalischen Abteilung der PTR einzutreten. Bis zu ihrer Auflösung 1946 gehörte er der PTR an, seit 1926 als Direktor der Optischen Abteilung – damit war er der jüngste aller Abteilungsdirektoren.

Bereits zu Anfang der Tätigkeit in der PTR erreichte er seine ersten wissenschaftlichen Erfolge:
- Zusammen mit Lummer entwickelte er 1902 ein Interferenzspektroskop, das sich den bisherigen Geräten deutlich überlegen erwies, die Lummer-Gehrcke-Platte [Lummer, 1926, S. 746].
- 1904 entwickelte er den Glimmlicht-Oszillographen, der Bedeutung bei der Entwicklung des Tonfilms erlangte.
- 1910 fand er mit Reichenheim die Anodenstrahlen [Gehrcke et al., 1910, S. 414-419], eine wichtige Vorleistung für den 1919 vom englischen Physiker Aston erfundenen Massenspektrographen, für den letzterer 1922 den Nobelpreis für Chemie erhielt.
- 1912 erkannte er mit Rudolf Seeliger die Abhängigkeit des spektralen Leuchtens in Gasentladungen [Gehrcke et al., 1912, S. 335-343], einem Vorläufer des für die Entwicklung der Quantentheorie wichtigen Franck-Hertz-Versuches von 1914 (Nobelpreis für Physik 1925). Diese Arbeiten wurden von Emil Warburg angeregt, der sowohl Doktorvater von Ernst Gehrcke als auch von James Franck war [Mehra et al., 1982]. Rudolf Seeliger (1886–1965) entwickelte an der Universität Greifswald, wo er seit 1918 arbeitete, von 1946–1948 auch als Rektor, sein Physikalisches Institut zu einem Zentrum für Gasentladungs- und Plasmaphysik. Es bildete die Keimzelle für das heutige Leibniz-Institut für Plasmafor-

schung und Technologie als größte außeruniversitäre Forschungseinrichtung für Niedertemperaturplasmen in Europa.

In Anwendung der Bohrschen Ideen schlug er 1919 Modelle für die Atomkerne von verschiedenen Elementen vor, um Besonderheiten der spektralen und radioaktiven Erscheinungen zu erklären, die sich jedoch als verfrüht erwiesen [Chwolson, 1927, S. 140]. Mit seinem Mitarbeiter Ernst Lau untersuchte er die Feinstruktur der Spektrallinien des Wasserstoffs, nachdem Arnold Sommerfeld in einer berühmten Arbeit von 1915 dieselben auf relativistische Effekte bei der Kepler-Bewegung des Elektrons zurückgeführt hatte [Sommerfeld, 1924, S. 408-480]. Mit Hilfe der Lummer-Gehrcke-Platte vermaßen sie die Dublett-Aufspaltung und stellten Abweichungen von der Sommerfeld-Theorie fest, über welche sie auch im September 1921 in Jena auf der Tagung der Deutschen Physikalischen Gesellschaft berichteten [Gehrcke et al., 1921, S. 556-557]. Sommerfeld konnte diesen Widerspruch jedoch auf Störeffekte wie die Doppler-Verbreiterung der Linien durch die Wärmebewegung der Atome zurückführen [Sommerfeld, 1924, S. 428]. Er widersprach in Jena Gehrcke energisch und verteidigte seinen Standpunkt: „Die Beobachtung der Feinstrukturen enthüllt uns also den ganzen Mechanismus der inner-atomaren Bewegungen bis hin zu der Perihelbewegung der Ellipsenbahnen. Was für die allgemeine Relativitätstheorie die Perihelbewegung des Merkur bedeutet, das bedeutet für die spezielle Relativitätstheorie und für die Atomstruktur der Tatsachenkomplex der Feinstrukturen." [Sommerfeld, 1924, S. 419]

Bereits Roshdestwenski hatte sich im Dezember 1919 in einem Vortrag am Petrograder Optischen Institut mit der Dublett- und Triplettaufspaltung im Magnetfeld (Zeeman-Effekt) bei Lithium-Atomen befasst und diese auf das Magnetfeld der inneren Elektronen zurückgeführt [Roshdestwenski, 1922]. Ernst Lau überprüfte noch einmal 1924 alle vorliegenden Messungen zur Feinstruktur des Wasserstoffs, um die relativistische Theorie Sommerfelds zu widerlegen [Lau, 1924, S. 60-68]. Er konnte nicht wissen, dass kurze Zeit später der Spin des Elektrons als neue Quanteneigenschaft entdeckt wurde und sofort eine Erklärung des mysteriösen anomalen Zeeman-Effektes ermöglichte. Eine endgültige Klarheit brachte die relativistische Formulierung der Schrödinger-Gleichung von Dirac 1928, die automatisch den Spin berücksichtigt.

Für Gehrcke bedeutete diese Zurückweisung seiner Messergebnisse jedoch eine weitere Bestätigung seiner Vorbehalte gegen die

Relativitätstheorie von Albert Einstein. Seine anfangs kritische, später jedoch zunehmend feindselige Einstellung gegenüber dieser neuen Theorie und ihrem Schöpfer widerspiegelt den Gegensatz zwischen der traditionellen, experimentell orientierten Physik und einer modernen, teils für spekulativ gehaltenen Theoretischen Physik, die zunehmend auch die Richtung der Forschung bestimmte. Gehrcke war im Sinne seines akademischen Lehrers Emil Warburg erzogen, der von 1905 bis 1918 Präsident der PTR war, der die Laborarbeit hoch schätzte: In der Laborarbeit „wird der junge Mann daran gewöhnt, die Behauptungen, welche er aufstellen darf, genau abzuwägen, es wird das Gefühl der wissenschaftlichen Verantwortlichkeit geweckt und gestärkt, und es dürfte sich kaum ein besseres Mittel zur Heranbildung eines ernsten, männlichen Charakters finden lassen, als diese Übungen." [Warburg, 1881, S. 91-96] Sein eigenes Credo beschreibt er im Nachruf auf Emil Warburg von 1922: „ ... ein spezielles Problem wird in Schärfe gefasst, mit aller Sorgfalt und zugleich in objektiv anerkennender Feststellung des schon von andern Forschern Geleisteten erwogen; es wird dann der Hebel an einer Seite angesetzt, wo eine Lücke erkennbar ist. ... Auf diese Weise ist im Laufe der Zeit die große Zahl sorgfältiger Einzeluntersuchungen auf vielen Zweiggebieten der Physik entstanden, jede ein wissenschaftlicher Fortschritt, manchmal groß, manchmal kleiner, und alle zu versehen mit dem Stempel: richtig! Für unklare physikalische Dichtungen ist kein Platz in diesen exakten Untersuchungen." [Gehrcke, 1920]

1924 wurde Gehrcke intern als Nachfolger von Walter Nernst als PTR-Präsident gehandelt, doch blieb man beim Prinzip der Fremdberufung und wählte den Spektroskopiker Friedrich Paschen. 1926 wurde Gehrcke Mitglied des Kuratoriums der PTR. 1904 hatte er sich an der Berliner Universität habilitiert, 1921 wurde er zum a. o. Professor ernannt. Seine Vorlesungen waren bei den Studenten sehr beliebt. In den 1920-er Jahren wurde er mehrfach für den Nobelpreis vorgeschlagen. [Hoffmann, 2002, S. 72-80]

Wir wollen die unglückliche, fast pathologische Polemik von Gehrcke gegen Einstein (Gehrcke sprach von einer „Massensuggestion der Relativitätstheorie" [Gehrcke, 1920]), hier nicht weiter verfolgen angesichts der langen Literaturliste dazu, siehe z.B. die Bücher von Wazeck [Wazeck, 2009] und Heesen [Heesen, 2006]. Es muss jedoch zur Ehrenrettung von Gehrcke betont werden, dass er im Unterschied zu „arischen" Physikern wie Philipp Lenard, der eine mehrbändige „Deutsche Physik" verfasste [Lenard, 1936], und Johannes Stark, dem PTR-Präsidenten von 1933 – 1939, sich

Bild 14: Ernst Gehrcke. Quelle: Müller

weder antisemitisch noch rassistisch äußerte und auch im Dritten Reich keine Vorteile als Einstein-Gegner erlangen wollte.

Mit der Verlagerung der PTR 1943 nach Weida kamen auch Gehrcke und Lau mit dem optischen Labor in diese ostthüringische Kleinstadt. Nach der Besetzung durch die Sowjets ab 1. Juli 1945 und einer trügerischen Ruhe bis Ende 1945 wurde durch den Sequesterbefehl Nr. 124 der SMAD (sowjetische Militäradministration in Deutschland) „Über die Beschlagnahme in zeitweilige Verwaltung verschiedener Kategorien von Besitztümern in Deutschland" vom 30. Oktober 1945 Sequesterlisten für die Demontage der PTR aufgestellt. Eine solche für Weida haben wir im Archiv der PTB in Braunschweig gefunden (in Russisch). Diese Liste, unterschrieben vom SMAD-Bevollmächtigten für die Sequestrierung, Major Agaletzki, trat am 19. April 1946 in Kraft, als er den Befehl zur Demontage bekanntgab. Auch die Abteilung IV ist darin enthalten, einschließlich der geschätzten Werte der Ausrüstungen in Reichsmark:

Labor für Strahlungsmessungen: 99.070 RM
Photometrisches Labor: 77.401 RM
Labor für geometrische Optik, Objektprüfung u. a.: 224.800 RM
Labor für Kolorimetrie und Saccharimetrie: 40.485 RM
Labor für physiologische Optik: 7.556 RM

Der Gesamtwert der PTR-Geräte wird mit ca. 3,4 Millionen RM angegeben.

Nach dem Verlust seines Weidaer Labors erhielt Gehrcke die Unterstützung der SMAD, welche per Befehl festlegte, dass Personal und Einrichtung als Institut für Physiologische Optik an die Universität Jena einzugliedern sind. Trotz dieser Rückendeckung durch die Besatzungsmacht scheiterte er jedoch mit seinen Bemühungen, in den Lehrkörper der Mathematisch-Physikalischen oder der Medizinischen Fakultät aufgenommen zu werden. Als Ablehnungsgrund gab die Mathematisch-Physikalische Fakultät an, Gehrcke habe „der deutschen Physik Schaden zugefügt dadurch, dass er die Gegnerschaft des Nationalsozialismus gegen die Quantentheorie von Planck und die Relativitätstheorie von Einstein unterstützte." [Personalakte Ernst Gehrcke, Blatt 26] Zumindest die erste Beschuldigung war falsch, wie Gehrckes bereits angegebene Forschungen zur Quantenphysik zeigen. Auch sonst war die Haltung einiger Jenaer Professoren zumindest scheinheilig, da einige von ihnen nicht lange zuvor noch auf der Linie des NS-Regimes waren. Ein Beispiel dafür ist Wilhelm Schütz, für den man den Lehrstuhl für Experimentalphysik freihalten wollte. Dieser wurde jedoch Ende 1945 von seiner eigenen NS-Vergangenheit an der Universität Königsberg eingeholt [Hoßfeld, 2007, S. 1403].

Gegenüber der SMAD legte Gehrcke in einem Schreiben vom 7.9.1945 seine Arbeitsziele dar, wobei als erster Schwerpunkt das „Farbensehen im monochromatischen Licht" erscheint: [Personalakte Ernst Gehrcke, Blatt 19] „In den ersten Kriegsjahren habe ich gefunden, dass man Farben wahrnimmt, wenn man monochromatisches Licht in Hell-Dunkelreize von bestimmten Frequenzen zerteilt. Die Farbe hängt im Einzelnen von der Art dieser Reizfolgen ab. So kann man die Hauptfarben Rot, Blau, Grün, Gelb durch Beleuchtung allein mit gelbem (Natrium-) D-Licht hervorrufen, wenn man diesem Licht Helligkeitsschwankungen aufdrückt. Diese Erscheinungen habe ich des Öfteren vorgeführt, so auf der Tagung der Deutschen Physikalischen Gesellschaft vom Jahre 1942 vor rund 1000 Zuhörern im großen physikalischen Hörsaal der Technischen Hochschule Charlottenburg ... Mittlerweile habe ich die Untersuchungen weiter ausgebaut und die Ansicht gewonnen, daß sich jede beliebige Farbe auf diesem Wege, allein durch monochromatisches Licht, erzeugen läßt."

Ernst Gehrcke hat dieses Arbeitsprogramm 1946/1947 in seinem Jenaer Institut realisiert und in den „Annalen der Physik" von 1948 dokumentiert [Gehrcke, 1948]. In einfarbigem Licht ließ er weiße Kreisscheiben mit schwarzen, z. B. delphinähnlichen Figuren rotieren und erzeugte so verschiedene Farbeindrücke, die auch für ein ungeübtes Auge deutlich zu sehen waren. Diese Experimente hat er nach seinem Weggang nach Berlin 1950 (er wurde dort 1953 Abteilungsleiter am Deutschen Amt für Maß und Gewicht) offenbar nicht fortgesetzt. Sie sind deshalb weitgehend in Vergessenheit geraten und erst im Zusammenhang mit einer Neubewertung der Goetheschen Farbenlehre wieder entdeckt worden [Bussemer, 2016].

Obwohl Gehrcke bei seiner antirelativistischen Polemik fast nie den Rahmen eines rein wissenschaftlichen Disputes verließ, haftete ihm dieser Makel bis zum Ende seines Lebens an. So scheiterte daran in den 1950er Jahren eine Ehrung mit dem Nationalpreis der DDR, obwohl andere Fachkollegen mit eindeutigen politischen Belastungen während der NS-Zeit offenbar nachsichtiger behandelt wurden, wie bei den Auszeichnungen für Friedrich Möglich und Peter Adolf Thiessen [Hoffmann, 2002, S. 79].

Gehrckes Mitarbeiter Ernst Lau (1893 – 1978) leitete das Strahlungslabor der PTR von 1929 bis zur Auflösung 1945 in Weida. Während dieser Zeit entstanden gemeinsame Arbeiten mit O. Reichenheim über die Gasentladung im Wasserstoff, die zur Entwicklung der Wasserstofflampe führte, mit der intensive kontinuierliche UV-Strahlung erzeugt wird. Nach dem Kriege richtete er in seinem Wohnhaus in Berlin-Karow ein Optisches Laboratorium ein, das die Keimzelle des 1948 gegründeten Instituts für Optik und Feinmechanik bildete, welches 1970 zum Zentralinstitut für Optik und Spektroskopie (ZOS) erweitert wurde [Bauer, 1978].

Abraham Esau und die Hochfrequenzforschung

Das Wirken von Abraham Esau (1884–1955) ist eng mit Thüringen, speziell mit der Jenaer Universität und der PTR in Ostthüringen verbunden und umfasst den Zeitraum von 1925 bis 1945. Im Urteil der Nachwelt treffen für ihn die Worte von Friedrich Schiller im Prolog zu „Wallenstein" zu: „Von der Parteien Gunst und Haß verwirrt, schwankt sein Charakterbild in der Geschichte", einmal als „unpolitischer" Fachwissenschaftler, zum anderen als überzeugter Anhänger und Funktionsträger des NS-Regimes. In einer Publikation wird er treffend als „Grenzgänger der Wissenschaft" bezeichnet, schwankend zwischen Anpassung an das Regime und dem Bestreben, dieses für die Umsetzung der eigenen Forschungsziele optimal auszunutzen [Hoffmann und Stutz, 2003].

Frühe Jahre

Esau, geboren 1884 im westpreußischen Tiegenhagen bei Danzig, entstammt einem alten Bauerngeschlecht, das in der Tradition der Gemeinschaft der Mennoniten oft Vor- und Familiennamen aus dem Alten Testament benutzte. Einige seiner Vorfahren waren Ende des 18. Jahrhunderts als Neusiedler nach Russland ausgewandert. Seine hohe Begabung und Zielstrebigkeit und der allgemeine Glaube an Wissenschaft und technischen Fortschritt um 1900 sowie der Besuch eines Realgymnasiums in Danzig, – anstelle eines höher geschätzten humanistischen – führten ihn jedoch zum Physikstudium an der Berliner Universität. Er hörte u. a. Vorlesungen bei Max Planck, bevorzugte aber diejenigen von Adolf Slaby, einem der Pioniere der drahtlosen Telegraphie in Deutschland [Schmucker, 1992]. Slaby hatte an den Versuchen von Marconi 1897 teilgenommen und baute mit seinem Assistenten Georg Graf von Arco Verbindungen für Funkversuche in Berlin auf. 1905 wechselte Esau an die Technische Hochschule in

Danzig, wo er in Max Wien (1866 – 1938) seinen akademischen Lehrer und langjährigen Mentor fand.

Abraham Esau war ab 1906 Assistent am Physikalischen Institut der TH Danzig bei Max Wien. Im Jahre 1908 promovierte er an der Berliner Universität bei Max Wien zu „Widerstand und Selbstinduktion von Solenoiden für Wechselstrom". Erstberichter war Max Planck.

Die deutsche Heeresleitung hatte die Bedeutung der Funktechnik zur schnellen Nachrichtenübertragung erkannt und richtete eigene Funkerkompanien zur Ausbildung an den neuen Geräten ein. Einer solchen gehörte Esau als Einjährig-Freiwilliger beim Telegraphen-Bataillon I in Berlin von 1909 – 1910 an, wo er erste praktische Erfahrungen mit Funkgeräten sammelte. An der Universität Halle setzte er von 1910 – 1912 bei Karl E. F. Schmidt die Untersuchungen zur drahtlosen Telegraphie fort. 1912 wurde er Mitarbeiter bei der TELEFUNKEN Gesellschaft für drahtlose Telegraphie mbH. in Berlin. Die rivalisierenden Gruppen um Ferdinand Braun und Adolf Slaby hatten sich 1903 zu Telefunken vereinigt, um den Monopolbestrebungen von Marconi und dessen „Marconi Wireless Co. Ltd." entgegen zu wirken. Die ersten Funkstationen nach dem Prinzip der Wienschen „tönenden Löschfunken" waren 1908 fertig gestellt. 1911 brachte der Löschfunkensender der Versuchsstation Nauen bereits eine Antennenleistung von 100 kW. Damit konnte man über eine Entfernung von 5200 km bis zur Station Kamina in der deutschen Afrikakolonie Togo senden, wo ein Jahr zuvor eine große Empfangsantenne errichtet worden war (Bild 15).

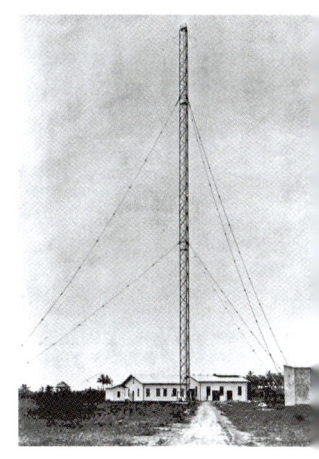

Bild 15: Großfunkstation Kamina in Togo um 1914. Quelle: Koloniales Bildarchiv, Frankfurt am Main

Industrietätigkeit A. Esaus vom 1. Weltkrieg bis 1925

1913 wurde Esau in die deutsche Kolonie Togo beordert, um in Kamina eine Großfunkstation aufzubauen – das Deutsche Reich wollte seine Kolonien drahtlos mit dem Mutterland verbinden und das englische Monopol der Seekabel-Verbindungen brechen. Der Ausbruch des 1. Weltkrieges 1914 zerstörte jedoch diese Pläne – Esau geriet in französische Gefangenschaft. Nach seiner Rückkehr nach Deutschland übernahm er 1919 die Leitung sämtlicher Telefunken-Laboratorien. Er erkannte die Bedeutung der Kurzwellen – sie wurden bis dahin den Funkamateuren überlassen – und begann mit der systematischen Erforschung ihrer Erzeugungs- und Einsatzmöglichkeiten.

Bild 16: Die Überreste der Großfunkstation Kamina 2010. Quelle: Fraunhofer-Gymnasium, Cham.

Peter Bussemer, Jürgen Müller

Universität Jena

Abraham Esaus Doktorvater Max Wien kam 1911 von der TH Danzig an die Universität Jena als Ordinarius und Direktor des Physikalischen Instituts und des 1901 gegründeten Instituts für technische Physik. Zu Beginn des 1. Weltkrieges wurde er als „Rittmeister d. L." (der Luftwaffe) zum Leiter der „Technischen Abteilung der Funkerinspektion" (Tafunk) in Berlin, der für die Funktechnik des Heeres zuständigen wissenschaftlichen Stelle, berufen. In Jena unterstand ihm Walter Gerlach als „Leiter der technischen Abteilung der Funkertruppen am Physikalisch-Technischen Institut der Universität Jena". Dort arbeitete auch der spätere Nobelpreisträger Gustav Hertz [Maier, 2007, S. 123-124]. Die von ihnen entwickelten Funkgeräte wurden bei Fronteinsätzen in der Champagne und in Flandern erprobt. Mit Graf Zeppelin hat Wien die Fernlenkung unbemannter Luftschiffe betrieben, die jedoch wegen der Störanfälligkeit auf Wasserfahrzeuge beschränkt wurden. Über seinen Schüler Rudolf Straubel, seit 1897 a. o. Professor und 1906 Direktor der Jenaer Hauptstation für Erdbebenforschung (in dieser Funktion plante er den Bau der Saaletalsperren) und ab 1903 Mitglied der Geschäftsleitung der Carl-Zeiss-Stiftung, stand Wien in enger Verbindung zu den Zeiss-Werken, die mit der Produktion optischer Militärgeräte stark expandierten [Tradition-Brüche-Wandlungen, 2009].

1925 holte Max Wien seinen früheren Doktoranden Esau als Direktor an das Technisch-Physikalische Institut. Die Philosophische Fakultät der Universität Jena bemühte sich schon seit 1920 um eine Wiederbesetzung der Professur für technische Physik, die durch den Weggang von Walter Rogowski (1881–1947), vorher von 1908 bis 1919 an der PTR, vakant war. Der Bewerber sollte „in der drahtlosen Telegraphie bewandert sein, da das Technisch-physikalische Institut größtenteils darauf eingestellt ist, und die Weiterentwicklung in dieser Richtung wünschenswert und aussichtsreich erscheint." [Personalakte Abraham Esau] Esau ist einer von drei Bewerbern: „Esau ist unter den vielen jungen Technikern und Physikern, die sich der drahtlosen Telegraphie gewidmet haben, einer der tüchtigsten und begabtesten." Doch erst Ende 1924 erfolgte seine Berufung zum a. o. Professor und Leiter des Institutes für Technische Physik. Auf der Bewerberliste stand an dritter Stelle [Personalakte Abraham Esau, Blatt 101] Hans Busch (1884–1973), der von 1921–1927 a. o. Professor in Jena war. 1926 entdeckte er die abbildende Eigenschaft einer Elektronenlinse, ein erster Schritt zur Elektronenmikroskopie [Scheler, 2013, S. 293-310].

1927 wurde der Lehrstuhl für technische Physik zu einem etatmäßigen Ordinariat mit Mitteln der Zeiss-Stiftung aufgestockt. Die Mathematisch-Naturwissenschaftliche Fakultät wendete jedoch ein: "Wir können aber nicht unterlassen, darauf aufmerksam zu machen, dass die technische Physik an der Universität für diese kein lebenswichtiges Fach, sondern eine Ergänzung der allgemeinen Physik darstellt, und dass die Stelle von Anbeginn als ein Durchgangsposten gedacht war." [Personalakte Abraham Esau, Blatt 214] In seiner Antrittsrede am 11. 2. 1928 sprach Esau über das heute wieder sehr aktuelle Thema „Die Energievorräte der Erde und ihre technische Ausnutzung". Die Forschungsarbeiten an seinem Institut für „Technische Physik" konzentrierten sich auf drei Schwerpunktthemen:
- Erschließung des Ultrakurzwellenbereiches (UKW) und Vorstoß zu noch kürzeren Wellen.
- Anwendungsmöglichkeiten außerhalb der Nachrichtentechnik.
- Untersuchungen zu mechanischen Schwingungsbelastungen bei Werkstoffen und deren Eigenschaften.

Zur Erschließung des UKW-Bereiches wurden etwa 60 Dissertationen bei Esau angefertigt. Aus der Reihe der Promovenden gingen namhafte Persönlichkeiten der Funktechnik in Industrie, Universitäten und Rundfunk hervor. Als Beispiele seien aufgeführt:

Lothar Rohde (1906-1985) und Hermann Schwarz (1908 – 1995)
Die Gründer der weltbekannten Firma Rohde&Schwarz promovierten 1931 bei Abraham Esau mit Themen zur HF-Technik, ersterer mit „Gasentladungen bei sehr hohen Frequenzen" und letzterer mit „Strommessungen bei sehr hohen Frequenzen". Damals gab es in Europa noch keine industrielle HF-Messtechnik; nur einige „Brückenheilige" beherrschten den schwierigen Abgleich von Brücken unter Ausschluss von Fehlern. Ein zufälliges Treffen mit dem Oberingenieur Handreck von der Hescho Hermsdorf (Hermsdorf-Schomburg-Isolatoren-Gesellschaft) und die sich daraus entwickelnde Kooperation mit diesem Unternehmen führte 1933 in München zur Gründung des „Physikalisch-Technischen Entwicklungslabors Dr. Rohde & Dr. Schwarz" (PTE). Das PTE führte für die Hescho Messungen im Frequenzbereich von 1-100 MHz durch und baute 1934 einen 1-kW-Kurzwellensender. Es lieferte auch die Ausrüstung für den 1941 in Betrieb gegangenen 40-kW-Großmesssender, der bis 1990 genutzt wurde und heute als Vorführobjekt dient [Kerbe, 2002, S. 151-175]. 1938 bauten Rohde&Schwarz die

erste tragbare Quarzuhr der Welt, 1948 den ersten europäischen UKW-Rundfunksender. Im September 1944 wurden Rohde und seine Frau wegen ihrer Kontakte zum britischen Geheimdienst in das KZ Dachau gebracht, wo ihnen kurz vor Kriegsende die Flucht gelang [Schwarz und Rohde, 2003].

Nach der Wiedervereinigung hat die Firma Rohde&Schwarz an der Physikalisch-Astronomischen Fakultät der Jenaer Universität Fakultätspreise für die jährlich besten Diplom-bzw. Promotionsarbeiten gestiftet. Anlässlich seiner Ehrenpromotion 1991 in Jena sagte er in einem Interview: „Seit Jena hab' ich mein Leben lang nur noch Messtechnik gemacht"(siehe auch den Beitrag zum 40-kW-Großmesssender in diesem Band).

Werner Schlegelmilch (1910 – 2005)

Werner Schlegelmilch promovierte 1933 bei Esau mit dem Thema „Die elektrische Festigkeit flüssiger Isolierstoffe bei hohen Frequenzen" [Promotionsakte Werner Schlegelmilch, 1933], d. h. die Vermessung der dielektrischen Funktion bei Elektreten. Zweitgutachter war der theoretische Physiker Georg Joos, der 1930 das Michelson-Morley-Experiment zur Widerlegung der Ätherhypothese mit der damals besten optischen Messtechnik in den Zeiss-Werken wiederholt hatte; auch bekannt durch sein in vielen Auflagen erschienenes „Lehrbuch der Theoretischen Physik". Von 1935 bis Kriegsende war er als Meteorologe für die Luftwaffe tätig. Nach 1945 wohnte er in Göttingen zur Untermiete im selben Haus, in welchem der in Berlin ausgebombte Max Planck bis zum Tode 1947 ziemlich vereinsamt seinen Lebensabend verbrachte. Ihn hatte die Hinrichtung seines Sohnes Erwin als Gegner des NS-Regimes am 23. Januar 1945 in Plötzensee (zusammen mit Graf Moltke) innerlich gebrochen [Pufendorf, 2006].

Aus Vorträgen, die Werner Schlegelmilch vor deutschen Kriegsgefangenen in Frankreich gehalten hatte, entstand 1954 sein Buch über mathematische Physik [Schlegelmilch, 1954]. Im Jahre 1955 an die neu gegründete Hochschule für Elektrotechnik, der heutigen TU Ilmenau, berufen, baute er dort die theoretische Physik mit dem Studiengang „Technische Physik" auf und arbeitete auf einem Gebiet der Elektrochemie, dem elektrolytischen Kristallwachstum [Schnittler und Braunsburger, 2010].

Rudolf Brömel (1910 – 1946)

Rudolf Brömel verteidigte im November 1935 seine bei Esau angefertigte Dissertation zu „Die Strahlungseigenschaften kleiner Parabolspiegel bei verschiedener Erregung" [Promotionsakte Rudolf Brömel, 1935], die auch veröffentlicht wurde [Brömel, 1936]. Er untersuchte dort die Bündelung von Kurzwellen mit einer Wellenlänge von 13,7 cm bei zylindrisch-parabolischen und rotationsparabolischen Vollmetallspiegeln (Verstärkungszahlen und räumliche Strahlungsdiagramme).

Nach der Promotion arbeitete er bis Kriegsende bei der „Gesellschaft für elektroakustische und mechanische Apparate" (GEMA). Diese Firma, 1934 von den Ingenieuren Paul-Günther Erbslöh (1905–2002) und Hans-Karl von Willisen (1906–1966) gegründet (die Anregung ging vom Pionier der deutschen Funkmessgeräte, Rudolf Kühnhold, aus), entwickelte und produzierte militärische Elektroniksysteme für die deutsche Marine. Das erste einsatzfähige Radargerät wurde mit 50-cm-Wellen betrieben, später folgten die Freya-Geräte [Kroge, 2000].

Von Liegnitz aus verschlug es Brömel nach der Evakuierung der GEMA 1945 nach Ronneburg, wo er im Januar 1946 in der dortigen Zweigstelle der PTR eine Anstellung erhielt. In einem Schreiben vom 7.3.1946 unterbreite er Vorschläge für seine weitere Tätigkeit in Ronneburg, die auf seinen früheren Erfahrungen auf den Gebieten kurzer HF-Impulse und der Anwendung der Impulstechnik beim drahtlosen Telefonwählverkehr nach dem Prinzip der Impuls-Relaisübertragung mit Teilnehmerwahl durch Richtungs- und Entfernungsausblendung aufbauten. Bereits am 31. Mai 1946 erhielt er jedoch die Kündigung zum 30. September 1946 mit der Begründung „infolge Betriebseinschränkung der von der Sowjetrussischen Militäradministration befohlenen teilweisen Demontage der PTR". Im August 1946 verstarb er plötzlich in Ronneburg, so dass diese Kündigung nicht mehr wirksam wurde [Dokumente und Information von seinem Sohn, 2012].

Esaus mit der Firma Lorenz durchgeführte Reichweitenversuche mittels Flugzeugen erbrachten wichtige Erkenntnisse für den späteren UKW-Rundfunk und die Eignung des UKW-Bandes für die Rundfunkversorgung. 1931 wurden solche mit dem „Mitteldeutschen Rundfunk" durchgeführt. Die Entwicklung führte zu immer kleineren Wellenlängen, von Dezimetern mit Frequenzen bei ca. 1 GHz über Zentimeter bis hin zu Millimetern, was insbesondere für die Funkmesstechnik, der deutschen Bezeichnung für Radar, wichtig war. Die für den cm-Bereich benötigte Strahlungsquelle, das Magnetron, wurde in einer Vorläuferversion für 8 cm in Jena entwickelt: 1924 berechnete und baute Erich Habann (1892–1968) im Rahmen seiner Promotion bei Max

Bild 17: Abraham Esau.

Wien ein solches Gerät [Habann, 1924]. Habann hatte bereits 1917 versucht, im Rang eines Unteroffiziers, das Militär von der Nutzung hochfrequenter Ströme zur Nachrichtenübertragung zu überzeugen, worauf er sofort zu weiteren Versuchen mit Heinrich Fassbender (1884–1970) an die TH Berlin abkommandiert wurde [Nagel, 2012, S. 337] [Hahmann 2013].

Das Technisch-Physikalische Institut in Jena entwickelte sich auch nach dem Weggang von Abraham Esau 1939 nach Berlin unter der Leitung seines Nachfolgers Georg Goubeau (1906–1981) zu einem Zentrum der Funk- und Radarforschung für die Luftwaffe, es gehörte deshalb zu den am besten ausgerüsteten deutschen Physik-Instituten. Goubeaus Arbeiten wurden erst nach dem Kriege in den Bänden 15 und 16 der „Fiat Reviews" [Goubeau 1948] publiziert. Auch Georg Hettner (1892–1968), der Nachfolger von Georg Joos, arbeitete von 1935–1945 als Ordinarius für theoretische Physik an kriegswichtigen Projekten auf dem Gebiet ultraroter Strahlen. Selbst Eberhard Buchwald (1886–1975), im Januar 1945 aus Danzig geflohen, erhielt noch einen „Kriegsauftrag in letzter Minute" zu Infrarot-Detektoren [Nagel, 2012, 292-293], um dann an der Jenaer Universität die für ihn geschaffene Ernst-Abbe-Professur anzutreten [Bussemer, 2016).

Heinrich Siedentopf (1906–1963), der Leiter der Sternwarte und der Meteorologischen Anstalt der Jenaer Universität, verstand es, für seine Arbeiten zur solar-terrestrischen Physik die Unterstützung des Heereswaffenamtes (HWA), des Reichsforschungsrates (RFR) und der Carl-Zeiss-Stiftung zu erhalten. Noch 1944/1945 unternahm er Forschungsflüge entlang der Reichsautobahnen, um Bildwandler und Restlichtverstärker für Nachtflüge zu testen. Dies geschah im Rahmen des Programms „Ultrarot" der Fachsparte Physik des RFR, bei der Gerhard Hettner eine Arbeitsstelle in Jena leitete. Bei Carl Zeiss wurden Bolometer (Strahlungssensoren) für Wärmesuchgeräte im Auftrag der Kriegsmarine entwickelt [Traditionen 2009, 566-567].

Hans Erich Hollmann (1899–1960) gelangen mehrere entscheidende Entwicklungen in der Radartechnik [Hollmann, 1936]. Sowohl bei der GEMA als auch bei Telefunken arbeitete er an der Funkmesstechnik für die Kriegsmarine (Radargeräte „Freya" und „Darmstadt"). 1947 erhielt er einen Ruf nach Jena als Professor für HF-Technik und Elektromedizin, um wenig später ein Angebot des US-Navy nach Kalifornien anzunehmen.

In den 1930er Jahren war Esau zweimal Rektor der Jenaer Universität: von 1932–1935 und 1937–1939. Die Mehrheit der Professoren sah in ihm einen vertrauenswürdigen „Makler" für ihre Interessen gegenüber Staat und Partei. Seine Politischen Reden in dieser Zeit dokumentieren die Überzeugung von der engen Verknüpfung der Macht mit Wissenschaft und Technik.

Als Beispiel einer solchen „Schaukelpolitik" zwischen dem Machtanspruch der NS-Funktionäre und den Interessen der Industrie sei die Kontroverse 1934 um die Besetzung des Stiftungskommissars der Carl-Zeiss-Stiftung erwähnt, bei der sich Esau auf Drängen von Zeiss gegen einen strammen Parteigenossen durchsetzte und die weitgehende Unabhängigkeit der Stiftung fast bis zum Kriegsende 1945 gewährleisten konnte [Kapler und Steiner, 2009].

1937 wurde Esau Fachspartenleiter für Physik und Maschinenbau im RFR. Es war ein Sprungbrett für seine Ernennung 1939 zum Präsidenten der PTR als Nachfolger von Johannes Stark. Nachdem die Kernspaltung entdeckt worden war, wurde ihm auch die Fachsparte Kernphysik übertragen, doch nicht für lange Zeit, da er vom Heereswaffenamt und der Gruppe um Werner Heisenberg in der Kaiser-Wilhelm-Gesellschaft (KWG) praktisch entmachtet wurde. Ende 1943 trat er vom Amt eines „Bevollmächtigten des Reichsmarschalls (Hermann Göring) für Kernphysik" zurück, sein Nachfolger wurde Walter Gerlach. Als Bevollmächtigter für die deutsche HF-Forschung konnte er ab Ende 1943 wegen der früheren Versäumnisse bei der Radar-Entwicklung den Vorsprung der Alliierten jedoch nicht mehr aufholen.

Durch seine zahlreichen Ämter war Esau immer seltener in der Reichsanstalt anzutreffen. Er verblieb bis 1945 in Berlin und überließ seinem Vizepräsidenten Kurt G. Möller die Leitung der nach Weida verlagerten PTR. Bei seinen Aufenthalten in Weida kümmerte er sich um die nach Zeulenroda ausgelagerten Quarzuhren von Scheibe und Adelsberger mit ihrer aufwendigen HF-Technik.

Nach Kriegsende 1945 wurde er von den Amerikanern interniert und von den Niederlanden wegen „wirtschaftlicher Kriegsverbrechen" angeklagt, jedoch 1948 freigesprochen. Sein Versuch, wieder an die PTR zurückzukehren, scheiterte insbesondere am Widerstand Max von Laues. An der Rheinisch-Westfälischen TH Aachen führte er die früheren Forschungen zur UKW-Technik fort. Bis zu seinem Tode leitete er das Institut für HF-Technik in Mülheim/Ruhr und trug maßgeblich dazu bei, dass die junge Bundesrepublik auf diesem Gebiet wissenschaftlich und technisch wieder den Anschluss an die internationale Entwicklung finden konnte [Brandt, 2008]

HF- und Magnetronarbeiten an der PTR

Die Grundlage für die präzisen Zeit-, Frequenz- und Wellenlängenmessungen in der PTR bildeten die von Adolf Scheibe (1895–1958), dem Vorsteher des HF-Labors, und Udo Adelsberger (1904–1992) seit 1931 gebauten Quarzuhren. Die PTR besaß neun davon, mit I bis IX bezeichnet. Ursprünglich in einem besonderen Quarzuhrenkeller in Berlin gelagert, wurden bei der Evakuierung der PTR die Nr. V, VI und VIII nach Thüringen ausgelagert, während die restlichen in Berlin verblieben. Adolf Scheibe wählte als Standort diejenige Schule in seiner Heimatstadt Zeulenroda, die er früher besucht hatte, das heutige Friedrich-Schiller-Gymnasium. Eine Gedenktafel erinnert dort an die ehemalige Außenstelle der PTR.

Für Messzwecke bestand zwischen den beiden Uhrengruppen eine permanente Verbindung über Telefonkabel. Die Normalfrequenz von 1 kHz wurde täglich vormittags über den Deutschlandsender ausgestrahlt und stand Firmen und Instituten zur Verfügung. Für Eich- und Prüfzwecke im dm-, cm- und mm-Gebiet wurden oberwellenreiche Messsender und Magnetronröhren entwickelt, speziell für den cm- und dm-Bereich Magnetron-Zweischlitzröhren zum wahlweisen Impuls- und Dauerstrich-Betrieb. Zum Wellennachweis dienten Detektoren mit Wolfram-Spitze und Silizium-Kristall, für das mm-Gebiet wurde ein spezieller „Luftdetektor" aus Glas und Keramik aufgebaut [Scheibe 1948].

Abraham Esau inspirierte in seiner Funktion als Beauftragter für Radarforschung häufig das HF-Labor in Zeulenroda. Ernst-Wilhelm Helmholtz untersuchte dort das von den Alliierten erbeutete „Rotterdam-Gerät" und verglich es mit den deutschen Entwicklungen. Die Quarzuhren standen auf der Prioritätenliste der Amerikaner ganz oben, die am 24. Juni 1945 das HF-Labor mit Scheibe, Adelsberger und dem KW-Spezialisten Wolf-Dietrich Schaffeld nach Heidelberg abtransportierten, um die Uhren später nach England bzw. in die USA zu bringen [Müller 2013].

Die Abteilung V (Atomphysik und Physikalische Chemie) in Ronneburg

Bei der Verlagerung der PTR 1943 nach Thüringen war der Platz in Weida zu knapp, so dass die Abteilung V für Atomphysik und

Physikalische Chemie in der Spinnereifirma Clad in der Bahnhofstraße des kleinen Ronneburg, ca. 10 km östlich von Gera gelegen, untergebracht wurde. Leiter dieser Abteilung war der Physiker Carl-Friedrich Weiss (1901 – 1981), der bei Walter Bothe an der Universität Gießen Zugang zur Radioaktivität erlangte, seinem wissenschaftlichen Hauptgebiet. 1931 wechselte er zur PTR in Berlin. Er beschäftigte sich insbesondere mit Radium und seinen radioaktiven Zerfallsprodukten, speziell mit dem aus Rückständen bei der Bleiproduktion gewonnenen Polonium-210. Sein Sohn , der Chemiker Cornelius Weiss, von 1991 – 1997 Rektor der Universität Leipzig, berichtet in seinen Lebenserinnerungen [Weiss, 2012] von einem Besuch 1944 im Labor des Vaters: „Das Herz der Anlage und wohl

Bild 18: Mit der Abteilung V kam auch die gesamte Reserve des Deutschen Reiches an Radium, 21,8 Gramm mit einem Wert von ca. 3 Millionen Reichsmark nach Ronneburg und wurde in einem Bergbaustollen im Brunnenholz eingelagert. Quelle: Müller

auch sein Sorgen- und Lieblingskind war die sogenannte Polonium-Halle. Die Po-Halle war die ehemals reich mit Gipsdekor ausgestattete und nunmehr zum Großlabor umgerüstete Kurhalle von Ronneburg, und sie hieß so, weil dort das für die Herstellung von Leuchtfarben zunehmend gebrauchte Element Polonium gewonnen wurde. Meinem Vater war es erstmalig gelungen, das Polonium in größeren Mengen von dem Mineral Pechblende, das im Erzgebirge zu finden war, oder von den Rückständen der Uran- und Bleigewinnung chemisch abzutrennen. Der mehrstufige technologische Prozess fing in emaillierten Badewannen an, wo es heftig blubberte und nach Salzsäure roch, und hörte in kleinen Tiegeln aus Platin auf, in denen schließlich eine konzentrierte Poloniumsalzlösung mit Hilfe umgebauter mechanischer Weckuhren umgerührt wurde."

Zu Kriegsende begann eine spektakuläre „Jagd" nach der Radiumreserve, die sich auch in Ronneburg befunden hatte und über die es lange Zeit in der Literatur widersprüchliche Versionen gab. Auf einem Symposium zur "Atomforschung im Dritten Reich-Die PTR in Ronneburg" am 10.Oktober 2012 gab Rainer Karlsch (Berlin) erstmalig eine ziemlich vollständige Rekonstruktion des An- und Abtransportes der Radium-Beryllium-Präparate nach und von Ronneburg in den letzten Kriegswochen 1945 und ihrer Erbeutung durch die Amerikaner. Er berücksichtigte neue Aktenfunde aus amerikanischen und sowjetischen Quellen zum deutschen Atomprojekt und speziell zur PTR in Ronneburg (Auswertung von Befragungsprotokollen deutscher Wissenschaftler) [Karlsch, 2013].

1944/1945 lebte und arbeitete ein weiterer bekannter Physiker, Friedrich Houtermans (1903–1966), an der PTR in Ronneburg. Er war als deutscher Kommunist nach 1933 in die Sowjetunion geflüchtet und arbeitete von 1935 bis 1937 in Charkow am Ukrainischen Physikalisch-Technischen Institut (UFTI), unter dessen Direktor Alexander Leipunski [Bussemer, 2014, S. 159-178], einem der weltweit führenden Zentren auf dem neuen Gebiet der Kernphysik. Im Jahre 1937 verhaftete und inhaftierte ihn der sowjetische Geheimdienst als „deutschen Spion". Nach Abschluss des Hitler-Stalin-Paktes 1939 überstellte man ihn an Deutschland. Er kam zu Arbeiten am deutschen Atomprojekt [Hoffmann und Bussemer, 2014, S. 116].

Im Sommer 1945 besuchte Alexander Leipunski im Rahmen einer Inspektion der deutschen Kernphysik als sowjetischer Wissenschaftsoffizier die Abteilung V der PTR in Ronneburg. Er soll jedoch die deutschen Spezialisten nicht für einen Aufenthalt in der Sowjetunion angeworben haben, sondern das wissenschaftliche

Gespräch gesucht haben. Eine systematische Anwerbung von PTR-Mitarbeitern für die UdSSR begann erst Anfang 1946, kurz vor der Demontage der PTR. Nachdem alle in Ronneburg Befragten zunächst abgelehnt hatten, entschlossen sich dann angesichts der Schließung der PTR acht Mitarbeiter für eine „Forschungstätigkeit" in der Fremde [Peltzer, 1995, S. 85]. Auch Carl-Friedrich Weiss ging mit seiner Familie 1946 dorthin, aus den geplanten zwei Jahren wurden schließlich zehn [Weiss, 2015]. In den Akten findet sich folgender Vermerk [Aktenvermerk, Anruf Dr. Weiss]: „Dr. Weiß teilt mit, dass General Krawtschenko, Leipzig, einen ganzen Tag mit ihm verhandelt habe. In der Besprechung wurde ihm eröffnet, dass die Russen im Falle seiner Weigerung nach Russland zu gehen, ihm jede Forschungstätigkeit unterbinden würden und außerdem dafür Sorge tragen würden, dass er keine Anstellung an der Reichsanstalt oder an einer Hochschule fände. Ihm bleibe nur die Möglichkeit, Volksschullehrer zu sein. ... Dr. Weiß teilte mit, dass er sich unter diesen Umständen zu einer engeren Mitarbeit mit den Russen entschlossen habe."

Nach seiner Rückkehr aus der Sowjetunion 1955 baute Weiss in Leipzig das Institut für angewandte Radioaktivität der AdW auf.

Kurz nach der Auflösung der PTR begann in Ronneburg die Phase der Sowjetisch-Deutschen Aktiengesellschaft (SDAG) Wismut [Boch und Karlsch, 2011], die bis zum Ende der DDR 1990 einen extensiven Uranabbau für das sowjetische Atombombenprogramm betrieb, verbunden mit gravierenden Umweltschäden, die durch ein kostenaufwendiges Sanierungsprogramm der Bundesregierung inzwischen größtenteils beseitigt sind (sog. Neue Landschaft um Ronneburg) [Laschkow, S. 72-105].

Bild 19: Prof. Cornelius Weiss berichtete auf einem Symposium zur Atomforschung im Dritten Reich am 10. Oktober 2012 in Ronneburg von der Tätigkeit seines Vaters im Atomprojekt der Sowjetunion. Quelle: Müller

Weida – Weggabelung der ost- und westdeutschen Metrologie

Das ostthüringische Städtchen Weida, das sich selbst als die „Wiege des Vogtlandes" sieht, wurde durch die Kriegs- und Nachkriegsereignisse auch zur Wiege von zwei Nachfolgeinstitutionen der Physikalisch-Technischen Reichsanstalt (PTR), die sich nach der deutschen Teilung in Ost und West herausbildeten (vgl. [Bortfeld]):
- in der Sowjetischen Besatzungszone (SBZ) das Deutsche Amt für Maß und Gewicht (DAMG), das spätere Amt für Standardisierung, Messwesen und Warenprüfung (ASMW),
- in den westlichen Besatzungszonen die (spätere) Physikalisch-Technische Bundesanstalt (PTB).

Die Entwicklung der PTR nach dem Kriegsende Anfang Mai 1945 wurde durch die unterschiedlichen Interessen der vier Besatzungsmächte bestimmt [Naimark]. Nach anfänglicher Kooperation begann ab 1946 der „Kalte Krieg", der in der Berlin-Blockade 1948/49 seinen Höhepunkt fand. Die drei westlichen Besatzungszonen schlossen sich bald zu einem gemeinsamen Wirtschaftsgebiet zusammen, welches auch Westberlin einschloss.

Die PTR verfügte nach 1945 praktisch über drei Standorte: Weida in der SBZ mit der Leitung der Reichsanstalt, Berlin-Charlottenburg mit den meist zerstörten historischen Gebäuden und einem noch offenen Standort im Westen, zuerst Heidelberg, später Braunschweig. Alle drei nannten sich weiterhin im Sinne der

Bild 20: Mitarbeiterinnen und Mitarbeiter des DAMG, der Nachfolgeeinrichtung der PTR in der sowjetischen Besatzungszone, vor der Schützenwache in Weida
Quelle: Häßner

langjährigen Tradition „Physikalisch-Technische Reichsanstalt": Weida bis 1945, Braunschweig bis 1947, Berlin bis 1953.

Nach dem Abzug der Amerikaner Ende Juni 1945 rückten die sowjetischen Truppen nach. Am 6. Juli 1945 zog der sowjetische Kommandant Wiharew in Weida ein. Wie vorher die Amerikaner waren auch sie auf die Schätze der PTR aus. Sowjetische Wissenschaftsoffiziere versuchten, die durch die amerikanischen „Entnahmen" entstandenen Verluste einzuschätzen und forderten von der PTR entsprechende Listen an. Sie hoben das von den Amerikanern verhängte Arbeitsverbot über die PTR wieder auf.

Zunächst erhielten die PTR-Mitarbeiter wieder Arbeitsaufträge und zusätzliche Verpflegung. Wie in anderen Institutionen auch wurden Entnazifizierungsaktionen durchgeführt und belastete Wissenschaftler entlassen. Im Herbst 1945 schien die Existenz der PTR gesichert.

Nach dem Sequesterbefehl Nr. 124 der SMAD „Über die Beschlagnahme ... von Besitztümern in Deutschland" vom 30.Oktober 1945 wurden jedoch Sequesterlisten aufgestellt, um die eigentliche Demontage der Reichsanstalt vorzubereiten. Anfang 1946 begannen sowjetische Wissenschaftsoffiziere, PTR-Mitarbeiter für einen Aufenthalt in der Sowjetunion anzuwerben, teils mit verlockenden Angeboten, teils mit Druck.

Metrologie Ost – von Weida nach Berlin

Am 19. April 1946 gab Major Agaletzki den Befehl des Oberkommandos der SMAD zur Demontage bekannt. Der ursprüngliche Plan einer Teildemontage wurde in eine Gesamtdemontage umgewandelt. Dieser wurde jedoch nicht ausgeführt, insbesondere wurde die Abteilung I für Maß und Gewicht verschont – aus ihr ging das Deutsche Amt für Maß und Gewicht (DAMG) hervor. Unterstellt wurde das DAMG zunächst dem Thüringischen Ministerium für Volksbildung und später der Abteilung Volksbildung in Berlin (vgl. Brief des Vizepräsidenten des DAMG an Prof. Möglich vom 22. Januar 1951, PTB Archiv Braunschweig). Aus der PTR in Weida erwuchs über verschiedene Zwischenstationen das „Amt für Standardisierung, Messwesen und Warenprüfung" (ASMW) der DDR, wo Normung, Messwesen und Warenprüfung in einem Institut vereint waren.

Als Standort des DAMG war wieder Berlin vorgesehen, aber natürlich der Ostteil. Die Verlagerung der PTR nach Weida war im 1943/1944 in sieben Monaten erfolgt, die Rückverlagerung nach Berlin dauerte bedeutend länger. Und auch nicht alle Mitarbeiter nahmen den Umzug nach Berlin mit Begeisterung auf. So schreibt Walter Meidinger im September 1946: „Über die Lebensbedingungen hier dürften wir kaum zu klagen haben, relativ gemeint natürlich. Ich lobe jedenfalls jeden Tag, den ich noch hier in W.[eida] sein darf, denn nach Berlin, wohin man uns zurückverlegen möchte, zieht mich nichts. Für mich habe ich mit dem völlig unzerstörten Weida mit seiner idyllischen Umgebung das große Los gezogen. Den kommenden Winter hoffe ich jedenfalls noch hier verbringen zu können." [PTB-Archiv].

Von Weida nach Jena?

Bereits im Mai 1945 wurde versucht, die PTR von Weida nach Jena umzusiedeln. Archivalien des Bundesarchivs [Bundesarchiv, DF5-190] belegen ein Gespräch von PTR-Mitarbeitern mit Prof. Joos (Firma Carl Zeiss, vor dem Krieg Ordinarius für Physik an der Universität Göttingen), in dem verschiedene Umsiedlungs-Alternativen diskutiert wurden. So hielt man die Flakkasernen im Jenaer Forst für geeignet, ebenso die Parteibauten oder die Gustloffwerke in Weimar.

Der stellvertretende Oberbürgermeister von Jena und Landrat von Stadtroda, Dr. Löhnis, brachten in einem Gespräch am 23. Mai 1945 darüber hinaus die Artilleriekasernen von Jena-Löbstedt und die Schützenkasernen in Zwätzen ins Gespräch. Am 26. Mai wurde der PTR das Einverständnis der Stadt Jena mit der Übersiedlung mitgeteilt.

Mitarbeiter der PTR untersuchten alle in Rede stehenden Objekte. Die Standorte Löbstedt und Zwätzen wurden in einem Bericht als geeignet befunden [Bundesarchiv, DF5-190].

Die Umsiedlung nach Jena fand allerdings aus den schon angeführten Gründen nicht statt.

Vom Ur-Meter zur Atomuhr – Weida setzte Maßstäbe

Das 125-jährige Jubiläum der PTR im Jahre 2012 bot den großen Rahmen, um auf der Weidaer Osterburg als dem Hauptsitz der PTR in der „Emigration" durch eine Jahresausstellung unter dem Titel „Vom Ur Meter zur Atomuhr. Weida setzte Maßstäbe" vom 23. März bis 4. November 2012 an diese wenig bekannte Episode der Kriegs- und Nachkriegsgeschichte zu erinnern. Die beiden

Kuratoren der Ausstellung, Jürgen Müller und Peter Bussemer von der damaligen Berufsakademie Gera (jetzt Duale Hochschule Gera-Eisenach), standen bei der Konzipierung der Ausstellung vor unterschiedlichen Aufgaben. Zum einen sollte es um die Dokumentation des breiten Forschungsprofils der Reichsanstalt und seine Einbindung in die Kriegsführung des Dritten Reiches in den 1940er Jahren gehen. Zum anderen sollten auch die politischen Rahmenbedingungen der Verlagerung dargestellt werden, widergespiegelt in den Arbeits- und Lebensbedingungen der „Berliner in Weida", die mit ihren Familien das soziale Gefüge in dieser Kleinstadt wesentlich veränderten. Schülerinnen und Schüler des städtischen Gymnasiums [Silbermann, Bunk, Eckstein] fertigten mit Unterstützung der Ortschronisten [Häßner, K; Häßner, G.] eine Seminarfacharbeit an, die neue Aktenfunde aus unterschiedlichen Archiven und Befragungen von Nachfahren früherer PTR-Mitarbeiter enthält. Sie wurden in einer Ausgabe der PTB-Mitteilungen veröffentlicht. [Silbermann 2013]

Im wissenschaftlich-technischen Teil der Ausstellung wurden Originalgeräte aus den Beständen der PTB bzw. aus Privatbesitz präsentiert, wobei insbesondere eine Kopie des Urmeters zu erwähnen ist, deren spektakulärer Diebstahl im Mai 2012 der Ausstellung eine ungeahnte Popularität bescherte.

Im Begleitprogramm der Ausstellung wurden sowohl populär- als auch fachwissenschaftliche Vorträge zu unterschiedlichen Schwerpunkten gehalten. Zur Eröffnungsveranstaltung am 23. März 2012 waren zahlreiche Nachfahren früherer PTR-Mitarbeiter gekommen, deren Erinnerungen und private Archivmaterialien bisher unbekannte Einblicke in das Geschehen rund um die Reichsanstalt in Weida bieten. Das Symposium zur „Atomforschung im Dritten Reich – die PTR in Ronneburg" am 10. Oktober 2012 im Verlagerungsort Ronneburg erbrachte neue Erkenntnisse zur Rolle der PTR und zu Schicksalen von Mitarbeitern, die von dort in die Sowjetunion „abgeworben" wurden. Die Website www.ptr-thueringen.de dokumentiert die Ausstellung.

Die Atomuhr der DDR

Den Blickfang in der Remise der Osterburg bildete die im ASMW in Berlin-Friedrichshagen in den 1980er Jahren gebaute Cäsium-Atomuhr der DDR, die Anfang 2012 von ihrem Auslagerungsort im slowakischen Bratislava nach Weida überführt wurde. Die Kuratoren der Ausstellung brachten die Uhr im Februar 2012 aus

Bratislava ins thüringische Weida, wo sie auch nach dem Ausstellungsende weiter zu sehen ist und eine Hauptattraktion im sog. Science Castle Osterburg sein wird.

Bei einem Symposium „Die geteilte Sekunde" am 20. Mai 2012 zur Zeitmessung wurde die Entstehungsgeschichte der Atomuhr der DDR im ASMW aufgezeigt, siehe auch [Bussemer, Müller, 2016].

Bild 21: Die Atomuhr der DDR im Science Castle Osterburg. Quelle: Müller

Mit der Atomuhr wurde eine technisch-wissenschaftliche Spitzenleistung der untergegangenen DDR vor der Vernichtung bewahrt. Die Entstehungsgeschichte ist ein anschauliches Beispiel für ein unter den Bedingungen der Abschottung und des Kalten Krieges mühevoll und mit viel Improvisationskunst geschaffenes High-Tech-Produkt, das wie auch andere solcher Spitzenleistungen etwa in der Computerherstellung zu spät kam, um den technologischen Rückstand der sozialistischen Wirtschaft gegenüber dem Westen einzuholen, geschweige denn diesen zu überholen.

Science Castle Osterburg

Die Stadt Weida wird auch künftig an die wissenschaftlichen Traditionen ihrer Region erinnern und Teile des repräsentativen Neuen Schlosses der Osterburg für eine Dauerausstellung zur Geschichte der PTR/PTB sowie der Metrologie zur Verfügung stellen. Darüber hinaus ermöglichen die zur Verfügung stehenden Räume, Schülerlabore und Experimentierstationen zu naturwissenschaftlichen und technischen Themen einzurichten.

Die Zeit und ihre Messung sind Beispiele für die breite Palette von Naturphänomenen und technischen Systemen, die später einmal im Neuen Schloss der Osterburg im Wortsinn „begreifbar" werden sollen. Schülerlabore, Experimentierstationen und Ausstellungsflächen zu naturwissenschaftlichen und technischen Themen – all das verbirgt sich hinter dem Namen Science Castle Osterburg – das Wissens-Schloss. Im Wissens-Schloss soll die natürliche Neugier von Schülerinnen und Schülern aufgegriffen und geholfen werden, dieses Interesse und damit auch die Offenheit für eine spätere berufliche Orientierung im naturwissenschaftlich-technischen Bereich zu bewahren. Auf der Website www.wissens-schloss.de stehen Informationen zum aktuellen Ausstellungsangebot und zum Science Castle zur Verfügung.

Dabei wird auch an außerschulische Weiterbildungsmöglichkeiten gedacht. Diese Maßnahmen und die geplante Mitmach-Ausstellung könnten ein überregional attraktives Ziel werden und die Wirtschaft der Region bei der Fachkräftegewinnung unterstützen.

Literatur

Abbe, Ernst: Beiträge zur Theorie des Mikroskops und der mikroskopischen Wahrnehmung. In: *Ernst Abbe: Gesammelte Abhandlungen. Bd. I : Abhandlungen über die Theorie des Mikroskops*. Hildesheim: Georg Olms Verlag 1989, S. 45-100.

Auerbach, Felix: *Die Physik im Kriege. Eine Darstellung der Grundlagen moderner Kriegstechnik*. 3. Aufl., Jena: Gustav Fischer 1916.

Bauer, Georg: Zum Andenken von Ernst Lau. In: *Physikalische Blätter* **31** (1978), S. 277-278.

Birkenmayer, Willy: *Das russische Heidelberg*. Heidelberg: Verlag Wunderhorn 1995.

Boch, Rudolf und Karlsch, Rainer (Hrsg.): *Uranbergbau im Kalten Krieg. Die Wismut im sowjetischen Atomkomplex*. Bd.1 und Bd.2. Berlin: Chr. Links Verlag 2011.

Bortfeld, J. u. a. (Hrsg.): *Forschen-Messen-Prüfen. 100 Jahre PTR/PTB 1887–1987*. Weinheim 1987.

Brömel, Rudolf: Die Strahlungseigenschaften kleiner Parabolspiegel bei verschiedener Erregung. In: *Hochfrequenztechnik und Elektroakustik* **48** (1936), S. 81-86 und 120-126.

Bundesarchiv Koblenz: (http://www.bundesarchiv.de/benutzungsmedien/filme/, Stichwort Wetthauer).

Bundesarchiv Berlin: Bundesarchiv Berlin, DF5-116, Blatt 17

Bussemer, Peter: Rund um das Uran. Deutsch-sowjetische Wissenschaftsbeziehungen. In: *Laschkow, Boris a. a. O.*, S. 72-105, in Russisch.

Bussemer, Peter: Dora J. Leipunskaya and the Contributions of Women to the Nuclear Industry. In: Tobies, Renate (Ed.): *Women in Industrial Research*. Stuttgart: Franz Steiner Verlag 2014, S. 173.

Bussemer, Peter: Maria F. Romanova and her research on applied optics in Russia and Germany. In: *Women in Industrial Research*. Ed.: Tobies, Renate and Vogt, Annette. Stuttgart: Franz Steiner Verlag, 2014, S. 201-212.

Bussemer, Peter: Dora I. Leipunskaya and the contributions of women to the nuclear industry. In: *Women In Industrial Research*. Ed. Tobies, Renate. Stuttgart: Steiner-V. 2014, S. 159-178.

Bussemer, Peter und Rshewski, Wladimir: *Chwolson und sein Lehrbuch im Kontext der russisch-deutschen Wissenschaftsbeziehungen*. Priroda Nr. 10 (2016), S. 69-76,in Russisch

Bussemer, Peter: Jena und die Ambivalenz der Farben. In: Farre. *Farbstandards in den frühen Wissenschaften*. Hrsg.: A. Kaliczek, A. Schwarz, Jena 2016, S. 215-281.

Bussemer, P. und Müller, J.: *The Atomic Clock of the German Democratic Republik – High Tech without Happy End. 2nd Int. Conf. History Physics*, Pöllau, Austria, Sept. 2016, p. 44.

Chwolson, O. D.: *Die Physik 1914–1926*. Braunschweig: Vieweg-Verlag 1927, S. 140.

Drude, Paul: *Lehrbuch der Optik*. 3.Auflage, Leipzig 1912. Verlag S. Hirzel.

Drude, Paul: *Optika*. Leningrad 1935, in Russisch

Esau, Abraham. Am Jenaer Technisch-Physikalischen Institut gelang es Esau bereits Ende 1925, zwischen Kahla und Jena eine UKW-Übertragung mit 3 cm-Wellen und einer großen Sendeleistung von 100 kW zu realisieren.

Fear, Jeffrey: Die Rüstungsindustrie im Gau Schwaben. In: *Vierteljahreshefte für Zeitgeschichte*, Heft 2 1987 (35. Jg.). München: Oldenbourg-Verlag, 1987.

Frenkel, Viktor und Hoffmann, Dieter: *Traditionen wissenschaftlicher Zusammenarbeit. Deutsch-sowjetische Wissenschaftsbeziehungen in der Physik. Physik in der Schule* **25** (1987), S. 417-421.

Gehrcke, Ernst: Eines seiner letzten wissenschaftlichen Interessen galt medizinischen Fragestellungen. So wies er nach, dass bestimmte Staubarten, insbesondere Eisenhydroxid, großen Einfluss auf Atmung und Kreislauf haben (Wüstenstaub). Einen Nachbau des Beatmungsgerätes fertigte 2012 sein früherer Mitarbeiter aus der PTR in Weida, Heinz Schröder, an, bestehend aus einer Trommel, gefüllt mit Wüstenstaub, die durch Drehungen den Staub zum Einatmen freigab. Es sollte bei der Behandlung von Bettnässern und Asthmatikern helfen. Von seinem Jenaer Institut überbrachte Gehrcke wöchentlich Unterlagen an Major Agaletzki in Weida. Die SMAD schätzte diese Forschungen offenbar hoch ein und stellte ihm 1947 einen Schutzbrief für seine Wohnung in Jena aus.

Gehrcke, E. und Reichenheim, O.: Das magnetische Spektrum und das Dopplerspektrum der Kanalstrahlen. In: *Verh. Deutsche Phys. Ges.* (2) **12** (1910), S. 414-419.

Gehrcke, E. und Seeliger, R.: Über das Leuchten der Gase unter dem Einfluß von Kathodenstrahlen. In: *Verh. Deutsche Phys. Ges.* (2) **14** (1912), S. 335-343.

Gehrcke, Ernst: *Die Relativitätstheorie. Eine wissenschaftliche Massensuggestion*. Berlin: Arbeitsgemeinschaft deutscher Naturforscher zur Erhaltung reiner Wissenschaft, 1920.

Gehrcke, E. und Lau, E.: Die veränderliche Feinstruktur der Balmerserie. In: *Phys. Zs.* **22** (1921), S. 556-557.

Gehrcke, Ernst: Warburg als Physiker. In: *Zeitschrift für technische Physik* **6** (1922), S. 186-192.

Gehrcke, E.: Neue Versuche über Farbensehen. In: *Annalen der Physik* **2** (1948), S. 345-354.

Gerber, S.; John, J.; Kaiser, T.; Mestrup, U.; Ploenus, M.; Stutz, R.:Tradition-Brüche-Wandlungen. Die Universität Jena 1850–1995. Köln: Böhlau Verlag 2009, S. 244 ff.

Ginak, Elena: Russian-German Scientific Cooperation in Metrology. In: *Mir Izmerenii* **2** (2012), S. 54-61.

Göwert, Ingrid; Göwert, Edgar: Freiburg, private Sammlung

Goubeau, G. u. a.: *Naturforschung und Medizin in Deutschland 1939–1946*, Bd. 15 und 16. (Fiat Reviews). Dieterich, Wiesbaden 1948.

Habann, Erich: Eine neue Generatorröhre. In: *Zeitschrift für Hochfrequenztechnik* **24** (1924), S. 115-120.

Häßner, K. und G.: *125 Jahre PTR. Wissenswertes zur Physikalisch-Technischen Reichsanstalt (PTR), zur Physikalisch-Technischen Bundesanstalt (PTB) und zum Deutschen Amt für Maß und Gewicht (DAMG)*. Weida: Emil Wüst & Söhne, 2012. Herausgeber: Stadtverwaltung Weida, Bestellung möglich über E-Mail: gunkel@weida.de oder Telefon 036603 54110.

Hahmann, Peter: Ernst Guyenot zum 100. Geburtstag. In: Manfred Steinbach (Hrsg.): *Jenaer Jahrbuch zur Technikgeschichte* **16** (2013) S. 321-348

Heesen, Ankete: *Der Zeitungsausschnitt*. Frankfurt: Fischer 2006.

Helmholtz, Hermann: *Die Lehre von den Tonempfindungen*. Heidelberg

1870, Reprint Saarbrücken 2007.

Hoffmann, Dieter: Ein Experimentalphysiker als antitheoretischer Sammler. In: *Cut and Paste um 1900. Der Zeitungsausschnitt in den Wissenschaften.* Kaleidoskopien Heft 4 (2002). Berlin: Vice Versa, S. 72-80.

Hoffmann, Dieter und Stutz, Rüdiger: Grenzgänger der Wissenschaft: Abraham Esau als Industriephysiker, Universitätsrektor und Forschungsmanager. In: *„Kämpferische Wissenschaft". Studien zur Universität Jena im Nationalsozialismus.* Hrsg.: Hoßfeld, Uwe. Köln 2003.

Hoffmann, Dieter und Bussemer, Peter: In: *Women In Industrial Research.* Ed. Tobies, Renate. Stuttgart: Steiner-V. 2014, S. 116.

Hollmann, H. E.: *Physik und Technik der ultrakurzen Wellen*, Bd. 1 und Bd. 2, Springer, Berlin 1936.

Hoßfeld, U. u. a.: *Hochschule im Sozialismus.* Köln 2007, Bd. 2, S. 1403.

Kappler, Dieter und Steiner, Jürgen: *Dramatische Rettung der Stiftung.* In: Schott 1884–2009. Vom Glaslabor zum Technologiekonzern. Mainz. Schott AG 2009, S. 86-87.

Karlsch, Rainer: Die Abteilung Atomphysik und das deutsche Atomprojekt. In: *PTB-Mitteilungen* **123** (2013), Nr.1, S. 73-81.

Kerbe, Friedmar: Die Entwicklung des Keramikstandortes Hermsdorf und seine Beziehungen zur Region Jena. Teil I: 1890-1945. In: K.-W. Gommel *Jenaer Jahrbuch Technikgeschichte* 4 (2002), S. 152-175.

Kind, Dieter: *Herausforderung Metrologie. Die Physikalisch-Technische Bundesanstalt und die Entwicklung seit 1945.* Bremerhaven: Wirtschaftsverlag NW, 2002.

Kojevnikov, Alexei: *Stalin's Great Science.* London, Imperial College Press, 2004.

Komkow, G. D. u. a.: *Geschichte der Akademie der Wissenschaften der UdSSR.* Berlin: Akademie-Verlag 1981, S. 31.

Kösters, W.: Brief 19. Okt. 1945 an Bezirksbürgermeister Berlin-Steglitz (zur Begründung seines Anspruches auf eine Lebensmittelkarte der Stufe I).

Kösters, Wilhelm: Der große Komparator der Kaiserlichen Normal-Eichungskommission. In: *Z. Instrumentenkunde* **33** (1913), S. 233-247.

Kösters, Wilhelm: Ein neuer Interferenzkomparator für unmittelbaren Wellenlängenanschluß. In: *Z. Feinmechanik und Präzision* **34** (1926), S. 55-59.

Kösters, Wilhelm: Anwendung der Interferenzen zu Meßzwecken. In: Gehrcke, Ernst (Hrsg.): *Handbuch der Physikalischen Optik.* Leipzig. Johann Ambrosius Barth-Verlag 1927. Bd. I, S. 478-498.

Kroge, Harry von: GEMA. *Birthplace of German Radar and Sonar.*

Bristol 2000.

Dokumente und Information von seinem Sohn, Herrn Dipl.-Ing. Klaus-Rudolf Brömel, Ronneburg.

Landsberg, G. S.: *Optika*. 5. Auflage, Moskau: Verlag Nauka 1976, S. 147, in Russisch.

Lau, Ernst: Über die Fragen der Feinstruktur ausgewählter Spektrallinien. In: *Phys. Zs.* **25** (1924), S. 60-68.

Lederer, Falk: Ernst Abbe und Otto Lummer- die Grenzen des optischen Auflösungsvermögens. Vortrag Otto-Lummer-Kolloquium, 17. 11. 2010, Gera.

Lenard, Philipp: *Deutsche Physik in vier Bänden*. München: Lehmanns-Verlag 1936.

Lummer, Otto und Reiche, Fritz: *Die Lehre von der Bildentstehung im Mikroskop von Ernst Abbe*. Braunschweig: Vieweg-Verlag 1910.

Lummer, Otto: *Lehre von der strahlenden Energie. Müller-Pouillets Lehrbuch der Physik*. 11. Aufl., 2.Band, 1.Hälfte. Braunschweig: Vieweg-Verlag 1926, S. 746.

Maier, Helmut: *Forschung als Waffe*. 1. Band. Wallstein-Verlag 2007, S. 123-124.

Mehra, Jagdish und Rechenberg, Helmut: *The Historical Development of Quantum Theory*. Vol.1, Part 1. New York: Springer-Verlag 1982, S. 197.

Meyer, Angelika: Rechlin: „Erprobungsstelle der Luftwaffe" und KZ Retzow, In: *Gedenkstättenrundbrief* **88** S. 10-16. Hrsg.: Stiftung Topographie des Terrors, Gedenkstättenrefcrat. http://www.gedenkstaettenforum.de

Mittermaier, Bernhard: Leo Brandt (1908–1971). Ingenieur-Wissenschaftsförderer-Visionär. In: Schriften *Forschungszentrum Jülich* Bd. 6 (2008), S. 22-23.

Möbius, Klaus: PTR-Jubiläen in Ost und West. In: *PTB-Mitteilungen* **123** (2013), S. 96-98.

Musial, Bogdan: Stalins Beutezug. Berlin: Ullstein-Verlag 2010.

Nagel, Günter: *Wissenschaft für den Krieg. Die geheimen Arbeiten der Abteilung Forschung des Heereswaffenamtes*. Stuttgart: Franz Steiner Verlag 2012, S. 337.

Naimark, N. M.: *Die Russen in Deutschland*. Berlin 1997.

Peltzer, Lilli: *Die Demontage deutscher naturwissenschaftlicher Intelligenz nach dem 2. Weltkrieg*. Berlin: ERS-Verlag 1995, S. 85 ff.

Peltzer, Lilli: *Die Demontage deutscher naturwissenschaftlicher Intelligenz nach dem Zweiten Weltkrieg – Die Physikalisch-Technische-Reichsanstalt*, 1945–1948. Berlin: ERS-Verlag, 1995.

Promotionsakte Rudolf Brömel. Universitätsarchiv Jena, Bestand N,

Nr. 20 (1935).

Personalakte Abraham Esau. Universitätsarchiv Jena, Bestand BA, Nr. 628, Bl .210 (8. Juli 1920).

Personalakte Esau, Bestand BA, Nr. 972, Bl. 214 (25. Juni 1927).

Personalakte Ernst Gehrcke. Universitätsarchiv Jena, Bestand D, Nr. 841, Bl. 26 vom 5. Nov. 1946.

Personalakte Ernst Gehrcke, Bl. 19r.

Personalakte August Wetthauer, a. a. O., Bl. 46v.

Personalakte August Wetthauer. Universitätsarchiv Jena Bestand D, Nr. 2678.

Promotionsakte Werner Schlegelmilch. Universitätsarchiv Jena, Bestand N, Nr. 15 (1933).

Pufendorf, Astrid von: *Die Plancks. Eine Familie zwischen Patriotismus und Widerstand*. Berlin: Propyläen 2006, S. 470.

Romanowa, Maria: Begann 1922 ihre Tätigkeit am Staatlichen Optischen Institut (GOI) in der Abteilung von A.A. Lebedew, die sich mit der Neudefinition der Längeneinheit, des Urmeters, mittels optisch-spektroskopischer Methoden (Interferenzen) befassten. Ähnliche Experimente liefen seit 1917 an der PTR in Berlin, speziell im Längenmesslaboratorium von Wilhelm Kösters, in welches Romanowa 1928 vom GOI delegiert wurde.

Romanowa, Maria: Untersuchungen von Parabolspiegeln mit der Methode von Hartmann. In: *Verhandlungen des Optischen Instituts in Leningrad* IV, Nr. 35 (1927), S. 1 (russ.).

Romanowa, M. F.: *Die Interferenz des Lichtes und ihre Anwendungen*. Leningrad: Verlag technisch-theoretischer Literatur 1937, in Russisch.

Roshdestwenski, D. S.: Begründer der optischen Industrie in Russland bzw. der Sowjetunion, war der Sohn eines Geschichtslehrers, der später zum Direktor der Lehrerbildungseinrichtungen im Petersburger Gouvernement aufstieg. Nach glänzendem Abitur 1894 studierte er Physik und Mathematik an der Universität in St. Petersburg. Im Labor des Experimentalphysikers N. G. Egorow, Professor an der Medizinischen Militärakademie, lernte er die Spektralanalyse kennen, die ihn sein ganzes späteres Leben begleitete.

Roshdestwenski, D.: Das innere Magnetfeld des Atoms erzeugt die Dublette und Triplette der Spektrallinien. In: *Transactions of the Optical Institute in Petrograd* 1 (1922), 1-20. Berlin: Kniga-Verlag 1922.

Roshdestwenski, D.: Magnetooptik und Elektrooptik. In: *Chwolson, Orest: Lehrbuch der Physik*. Bd. IV, 2.Hälfte, 2.Abteilung. Braunschweig: Vieweg-Verlag 1925, S. 661-718.

Roshdestwenski, D. S.: Notizen über optisches Glas. In: *Gesammelte Werke*. Moskau 1949, S. 579-606, in Russisch

Roshdestwenski, D. S.: Was vermochte das Mikroskop zu leisten, und was muß es noch vollbringen? In: *Die Schöpfer der physikalischen Optik*. Hrsg.: W. I. Roditschew und U. I. Frankfurt. Berlin: Akademie-Verlag 1977, S. 416-444.

Scheibe, A.: Frequenzmessung. In: Goubeau, *G. Naturforschung und Medizin in Deutschland 1939–1946*. (Fiat Reviews). Dicterich, Wiesbaden 1948, Bd. 16, S. 216-226.

Scheler, Gerhard: Max Wien und das Jenaer Physikalische Institut. In: M. Steinbach (Hrsg.) *Jenaer Jahrbuch Technikgeschichte* **15** (2012), S. 319-348.

Scheler, Gerhard: Bestimmung der spezifischen Ladung des Elektrons nach Hans Busch. In: *Jenaer Jahrbuch Technikgeschichte* **16** (2013), S. 293-310.

Schlegelmilch, Werner: *Die Differentialoperatoren der Vektoranalysis und ihre Anwendungen in Physik und Technik*. Berlin: VEB Verlag Technik, 1954.

Schmucker, Georg: *Abraham Esau. Eine wissenschaftspolitische Biographie*. Magisterarbeit Universität Stuttgart, 1992.

Schnittler, Christoph und Braunsburger, Joseph: Zum 100. Geburtstag von Prof. Werner Schlegelmilch. In: *Universitätsnachrichten Ilmenau* **53** (2010), Nr. 1, S. 39.

Schwarz, Friedrich: Rohde, Lothar. In: *Neue Deutsche Biographie* **21** (2003), S. 762-763.

Seeger, Hans: Zeiss Feldstecher: Modelle-Merkmale-Mythos. Jena 2010. TeGeJena e.V.

Silbermann, Elisa, Bunk, Philip, Eckstein, Franz, Müller, Jürgen. In: *PTB-Mitteilungen* **123** (2013), S. 47-53

Silbermann, Elisa, Bunk, Philip, Eckstein, Franz, Häßner, Gudrun, Häßner, Kurt. In: *PTB-Mitteilungen* **123** (2013), S. 82-89

Sommerfeld, Arnold: *Atombau und Spektrallinien*. 4.Aufl., Braunschweig: Vieweg-Verlag 1924, 6. Kapitel: Theorie der Feinstruktur, S. 408-480.

Sommerfeld, A.: a. a. O., S.428.

Steinbach, Manfred: Ernst Abbes Komparatorprinzip. In: L. Kramer et al. (Hrsg) *Jenaer Jahrbuch Technikgeschichte* 7 (2005), S. 9-69.

Tobies, Renate: *„Morgen möchte ich wieder 100 herrliche Sachen ausrechnen"*. Iris Runge bei Osram und Telefunken. Stuttgart.: Steiner-Verlag 2010, S. 296.

Torge, Reimund: Otto Lummer, Fritz Reiche, Mieczyslaw Wolfke und „Die Lehre von der Bildentstehung im Mikroskop" von Ernst Abbe. In: K.-W. Gommel (Hrsg.) *Jenaer Jahrbuch Technikgeschichte* **2** (2000), S. 24-48.

Journal St. Petersburger Universität. Nr. 24-15, 20. Oktober 2004, in Russisch

Warburg, Emil: Das Physikalische Institut. In: *Die Universität Freiburg seit dem Regierungsantritt seiner Königlichen Hoheit des Grossherzogs Friedrich von Baden*. Freiburg: Mohr 1881, S. 91-96.

Wazeck, Milena: *Einsteins Gegner*. Frankfurt: Campus Verlag 2009.

Weiss, Cornelius: *Risse in der Zeit*. Hamburg: Rowohlt 2012, §5: Die Poloniumhalle, S. 55.

Weiss, Clemens: Obninsk – Kindheit und Jugend in der Isolation. In: Laschkow, Boris (Hg.): *Zeitgenossen. Deutsche und Russen*. St. Petersburg: Skifija-Verlag 2015, S. 106-185, in Russisch.

Aktenvermerk: Anruf Dr. Weiss, Ronneburg am 30.3.46. In: *Archiv PTB Braunschweig, Akte Albrecht Kußmann*, N 57.104, Bd. 1 (1945–1949), Jahr 1946.

Wien, Max: Über die Rückwirkung eines resonierenden Systems. In: *Wiedemanns Annalen* **61** (1897), S. 151-189.

Wien, Max: Über die Intensität der beiden Schwingungen eines gekoppelten Senders. In: *Phys. Zeitschrift* 7 (1906), S. 871.

Websites

www.ptr-thueringen.de
www.wissens-schloss.de

Peter Bussemer

1960–1965: Studium der Physik an der FSU Jena, Diplom-Physiker, 1971 Promotion zum Dr. rer. nat. an der Sektion Physik der FSU, dort 1982 Habilitation (Dr. sc. nat.). Langjährige Tätigkeit an der Jenaer Universität: Forschung auf dem Gebiete der Optik und Festkörpertheorie mit zahlreichen Veröffentlichungen sowie Vorlesungen und Übungen zu allen Gebieten der theoretischen Physik, Mitarbeit an Forschungsprojekten für Carl Zeiss Jena zu optischen Eigenschaften von Festkörpern und Gläsern. Seit 1999 Professor für Physik und Informatik an der Dualen Hochschule Gera-Eisenach. Gastprofessor und regelmäßige Forschungsaufenthalte an der Lomonossow-Universität Moskau und an der Technischen Hochschule Prag mit Vorlesungen zum Quantum Computing. Interesse an der Geschichte der Physik, speziell zu Otto

Lummer und der Physikalisch-Technischen Reichsanstalt mit Publikationen und Ausstellungen, Publikationen zu den deutsch-russischen Wissenschaftsbeziehungen sowie zur Farbenlehre.

Jürgen Müller

1982 – 1987 Studium FSU Jena, Dipl.-Lehrer Physik/Astronomie, 1987 – 1990 Wissenschaftlicher Mitarbeiter an der Akademie der Wissenschaften – Institut für Informatik und Rechentechnik; Bereich Rechnerarchitektur; Arbeitsgruppe Programmiersysteme und Sprachen. 1990 – 2001 Wissenschaftlicher Mitarbeiter an der Akademie des Deutschen Beamtenbundes. Seit 1992 Leitung der Zeitschrift LOG IN – Zeitschrift für informatische Bildung. Seit 1995 Tätigkeit als Senior Expert in Projekten der Entwicklungshilfe in Vietnam, Russland, Ukraine, Rumänien, Tansania. Seit 2001 Professor für Wirtschaftsinformatik an der Dualen Hochschule Gera-Eisenach.

Ausstellungsprojekte
4. März bis Dezember 2016: Die Osterburg in Raum und Zeit. (Kurator der Ausstellung)

6. März 2015 bis März 2016, Osterburg Weida:
Der Osterburg Zeit geben – Uhren, Kalender und Bauzeiten
(Tätigkeit als Kurator gemeinsam mit Prof. Dr. Peter Bussemer)

26. Februar bis 3. Mai 2015: Studioausstellung im Stadtmuseum Gera: Miraculum Gerae – Das Perpetuum Mobile des Johann Bessler.

23. März bis 4. November 2012: Jahresausstellung in der Remise des Museums in der Osterburg (Weida) zu 125 Jahre PTR: Vom Urmeter zur Atomuhr – Weida setzte Maßstäbe.

November 2010 bis Februar 2011: Studioausstellung im Stadtmuseum Gera: „Otto Lummer (1860 – 1925) – Ein Physiker aus Gera von internationalem Rang".

Friedmar Kerbe und Karl-Eduard Knaf, beide Hermsdorf

40-kW-Großmesssender der HESCHO in Hermsdorf

Die Vorgeschichte

Im Juli 1941 ging in der HESCHO (HErmsdorf-SCHOmburg-Isolatoren GmbH) die von der Münchener Firma Rohde & Schwarz konstruierte und gebaute Prüfanlage eines 40-kW-Großmesssenders in Betrieb. Dem ging im technikhistorischen Rückblick bewertet ein Jahrzehnt vorher eine umwälzende Entwicklung auf dem Gebiet der technischen Keramik voraus, konkret in der Porzellanfabrik Hermsdorf-Klosterlausnitz als Filiale der Porzellanfabrik Kahla AG.

Bis Ende der 1920er Jahre war der Hermsdorfer Betrieb seinem Werkstoff- und Erzeugnissortiment entsprechend eine Porzellanfabrik, die vorwiegend Elektro- und chemisch-technisches Porzellan produzierte. Jedoch unter den wirtschaftlichen Auswirkungen der Weltwirtschaftskrise von 1929 stand die Aufgabe, den Betrieb konkurrenzfähig zu erhalten. So betrug 1931 der Umsatz der HESCHO gerade noch 55,2 % von dem des Jahres 1928 und sank ein Jahr später auf katastrophale 30 %. Entsprechend ging die Beschäftigtenzahl in Hermsdorf drastisch zurück und betrug im Oktober 1930 noch etwa 460. Ende 1931 wurden die Porzellanfabriken Freiberg/Sa. und Roßlau der HESCHO geschlossen, das Keramische Zentrallabor und die Wärme- und brenntechnische Abteilung von Freiberg nach Hermsdorf verlagert, so dass folglich in Hermsdorf die gesamte Versuchs- und Forschungstätigkeit der HESCHO konzentriert war [Kerbe 2002]. Nach Hermsdorf wechselten auch zahlreiche Wissenschaftler, Techniker und Facharbeiter, unter ihnen der Laborleiter **Dr. Werner Rath** und der Brenntechniker Dipl.-Ing. **Friedrich Dettmer**. Dr. Rath hatte bereits 1926 in Freiberg den Werkstoff „Calit" entwickelt, ein Sondersteatit auf Basis eines besonders reinen und eisenfreien Magnesiumsilicates. Diese Entwicklung völlig neuartiger keramischer Sondermassen brachte Dr. Rath an seine neue Wirkungsstätte in Hermsdorf mit. Die Hermsdorfer Fabrik wandelte sich vor dem allgemeinen Hintergrund der wirtschaftlich-technischen Entwicklung des nächsten Jahrzehntes (Rundfunk-,

Fernmelde- und HF-Technik, Fernsehen, Flugwesen, Verkehr) mit Beginn der 1930er Jahre zum „Keramischen Werk": neben die klassischen Keramikwerkstoffe trat in den Folgejahren eine Vielzahl keramischer Sonderwerkstoffe (Tabelle 1) und daraus gefertigter Bauelemente (Bild 1).

	Hochsp.-Porzellan	Steatit	Calit
Biegefestigkeit in kg/cm²	900	1000	1150
Schlagbiegefestigkeit in cm kg/cm²	2,1	3,2	4,3
Linearer therm. Ausdehnungs-koeffizient in 10^{-6}	3,5	8	7,8
Durchschlagfestigkeit in kV/mm	32	35	40
Jsolationswiderstand in Ohm cm			
bei 300 °C	$4 \cdot 10^7$	$1,8 \cdot 10^8$	$3,2 \cdot 10^{10}$
bei 400 °C	$2 \cdot 10^6$	$1,3 \cdot 10^7$	$1,6 \cdot 10^9$
bei 500 °C	$25 \cdot 10^5$	$4,5 \cdot 10^6$	$1,8 \cdot 10^8$
Dielektrizitätskonstante	5,8	6	6,5
Dielektrischer Verlustfaktor tg δ in %o			
bei 50 Hz u. 20°C	18	10	3
10^6 "	8,2	5,2	1,6
10^7 "	5,8	3,1	1,0
Erwärmung bei Hochfrequenz Vergleichszahlen bei ~10^6 Hz	9	6,1	1,8
Hescho 1932	Werkstoffeigenschaften von elektrisch-hochwertigen Sondermassen.		Hermsdorf 127

Tabelle 1: Werkstoffeigenschaften

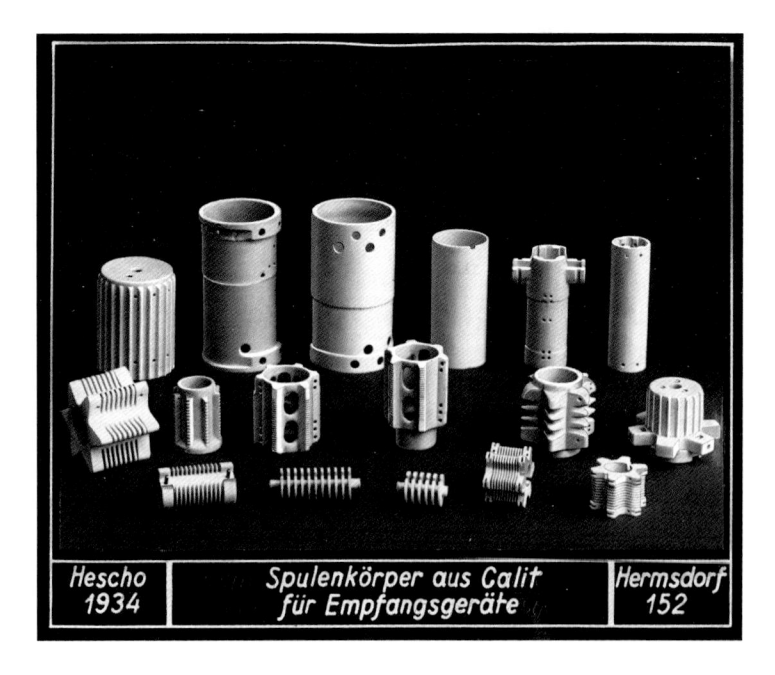

Bild 1: Calit-Erzeugnisse

Hescho 1934 — Spulenkörper aus Calit für Empfangsgeräte — Hermsdorf 152

In Zusammenhang mit der Entwicklung von Calit wurden mit „Calan" und „Ultracalan" weitere Sondermassen mit besonders niedrigen dielektrischen Verlusten entwickelt, die vorzugsweise für die Kurz- und Ultrakurzwellentechnik geeignet waren. Im Sommer 1932 wurde im Werk Hermsdorf die sog. Calit-Abteilung eingerichtet.

Bei diesen Werkstoffentwicklungen offenbarten sich grundlegende messtechnische Probleme der dielektrischen Kennwerte, insbesondere des dielektrischen Verlustwinkels. Und so kam es im Herbst 1932 zu einem folgenreichen Schlüsselerlebnis an der Jenaer Universität, dessen eigentliche Vorgeschichte unter Bezug auf den Ursprung der Firma Rohde & Schwarz in späteren Erinnerungen von Dr. Hermann Schwarz wie folgt verlief [Firmengeschichte 1983]:

„Die R&S-Firmengeschichte beginnt eigentlich in Jena und damit, daß sich im Spätherbst 1929 zwei sechssemestrige Physikstudenten auf einer Wiese an der Saale trafen, wo Professor Esau vom Physikalisch-Technischen Institut der Universität mit seinen Schülern experimentelle Versuche mit ultrakurzen Wellen machte. Der eine, Lothar Rohde, kam gerade von der Universität Köln und war schon immer ein begeisterter Funkamateur gewesen, der andere, Hermann Schwarz, kam von der Universität München und war seinem Studienfreund Erich Müller nach Jena gefolgt, weil dieser ihm so begeistert von den technischen Physikvorlesungen des Professor Esau geschrieben hatte. Lothar Rohde und Hermann Schwarz trafen sich dann öfter im Freundeskreis derer, die bei Esau studieren und promovieren wollten. Rohde promovierte später über „Gasentladungen bei hohen Frequenzen" und Schwarz über „Strommessungen bei sehr hohen Frequenzen".

Nach dem Doktorexamen, das beide im Jahre 1931 ablegten, sollten sich eigentlich ihre Wege trennen. Rohde wollte an der Hochschule bleiben und Professor werden – Schwarz wollte in die Industrie, aber ... das Schicksal wollte es anders.

Die wirtschaftliche Depression (7 Millionen Arbeitslose) machte es 1932 selbst Professor Esau, der sonst immer seine Doktoranden in der Industrie untergebracht hatte, unmöglich, sich für sie einzusetzen. Rohde blieb also auf seiner Assistentenstelle, die er inzwischen erhalten hatte, und Schwarz bekam eine Stelle als Blitzschutzsachbearbeiter für Thüringen am Landmaschineninstitut der Universität Jena. Daneben beschäftigten sich die beiden Physikerfreunde mit weiteren Gasentladungsexperimenten und bauten ihr erstes gemeinsames Meßgerät, einen Präzisionsfrequenzmesser für 6 bis 3600 m Wellenlänge, den sie 1932 in der Zeitschrift „Hochfrequenztechnik und Elektroakustik" vorstellten... Dieser ‚Interferenzwellenmesser mit großem Frequenzbereich für das Laboratorium' war der Vorläufer des später weltbekannten Allwellen-Frequenzmessers WIP."

Man schrieb nunmehr Herbst 1932, als die Herren Rohde und Schwarz ein Zusammentreffen mit Obering. **Hans Handrek** von der HESCHO aus Hermsdorf hatten. Er berichtete ihnen, dass er zusammen mit dem Chemiker Dr. Werner Rath neue keramische Sonderwerkstoffe entwickelt, die bei Hochfrequenz außerordentlich geringe dielektrische Verluste hätten. Allerdings hätten bisher alle in- und ausländischen Institute an zugesandten Werkstoffproben unterschiedliche Werte im Frequenzbereich 1 bis 100 MHz gemessen. Dazu Zitat Dr. Schwarz [Firmengeschichte 1983]: *„Wir machten uns anheischig, ihm sowohl nach der Halbwertsbreiten-Methode als auch nach der Substitutionsmethode sehr genaue Werte zu liefern. Das gelang auch mit unserem hochpräzisen Frequenzmesser und den exakten, frequenzunabhängigen Widerständen, die aus der Arbeit über ‚Strommessungen bei sehr hohen Frequenzen' vorhanden waren. Die hiermit geschaffene Verbindung zur Industrie und die Aussage von Hans Handrek, daß er auch weiterhin Arbeit für uns hätte, ermutigten uns, an ein eigenes, gemeinsames Labor zu denken... Im August 1933 ging es dann ans Kofferpacken und mit einigen Aufträgen für Messungen an Isolierstoffen und einem Auftrag für drei Kondensatoren-Sortiergeräte nach München... In der Thierschstraße 36 fand man eine leerstehende Wohnung von etwa 120 m², die in ein Labor umfunktioniert wurde, sein Name: Physikalisch-Technisches Entwicklungslabor Dr. Rohde & Dr. Schwarz, kurz PTE (Bild 2).*

Bild 2: Dr. phil. nat. Dr.-Ing. E. h. Lothar Rohde (rechts) und Senator E. h. Konsul Dr. phil. nat. Hermann Schwarz vor Entwicklungen aus dem ersten Firmenjahrzehnt: Das Kapazitätsmessgerät KRH entstand 1934 (oben), der Feldstärkemesser HHF 1937; das Funkmess-Beobachtungsgerät Samos (1942) erfasste AM und FM-Signale von 90 bis 470 MHz, in Sonderausführung bis 1,6 GHz.

Als Startkapital waren nach München etwa 2400 RM Bargeld und ein Beratungsvertrag mit der Firma Hescho im Wert von 300 RM/Monat mitgebracht worden... Über alle Messungen, die gemacht wurden, und alle Geräte, die gebaut wurden, sind Aufsätze in Fachzeitschriften geschrieben worden. Das brachte Honorar und gleichzeitig kostenlose Reklame. So kam es, daß bereits im Februar 1934 eine englische Keramikfirma das erste Verlustfaktormeßgerät für 50 bis 200 MHz bestellte – nach fünfmonatiger Existenz bereits der erste Exportauftrag! Auch bei der Hescho entwickelte sich das Geschäft mit den keramischen Isoliermaterialien und den daraus hergestellten Kondensatoren so gut, daß ein laufender Bedarf an Meßgeräten bestand. Zur Leipziger Frühjahrsmesse 1934 stellten wir auf dem Stand der Hescho die ersten Geräte aus (Bild 3), so daß das Physikalisch-technische Entwicklungslabor in weiteren Kreisen bekannt wurde und auch Großfirmen, wie Siemens, Telefunken und Lorenz, auf das Unternehmen aufmerksam wurden."

Bild 3: Schon zur Leipziger Frühjahrsmesse 1934 zeigte das Labor Dr. Rohde & Dr. Schwarz einige Geräte auf dem Stand der Firma HESCHO der Kahla AG.

Der 40-kW-Großmesssender

Auf Basis der Bestellung der Hescho vom 20. Januar 1939 und Auftragsbestätigung No. 2325 vom 25. Januar 1939 durch das PTE (Bild 4) war zum Preis von 35.750 RM die Entwicklung und Fertigung des „Messenders für Hochspannungs- und Hochstrom-

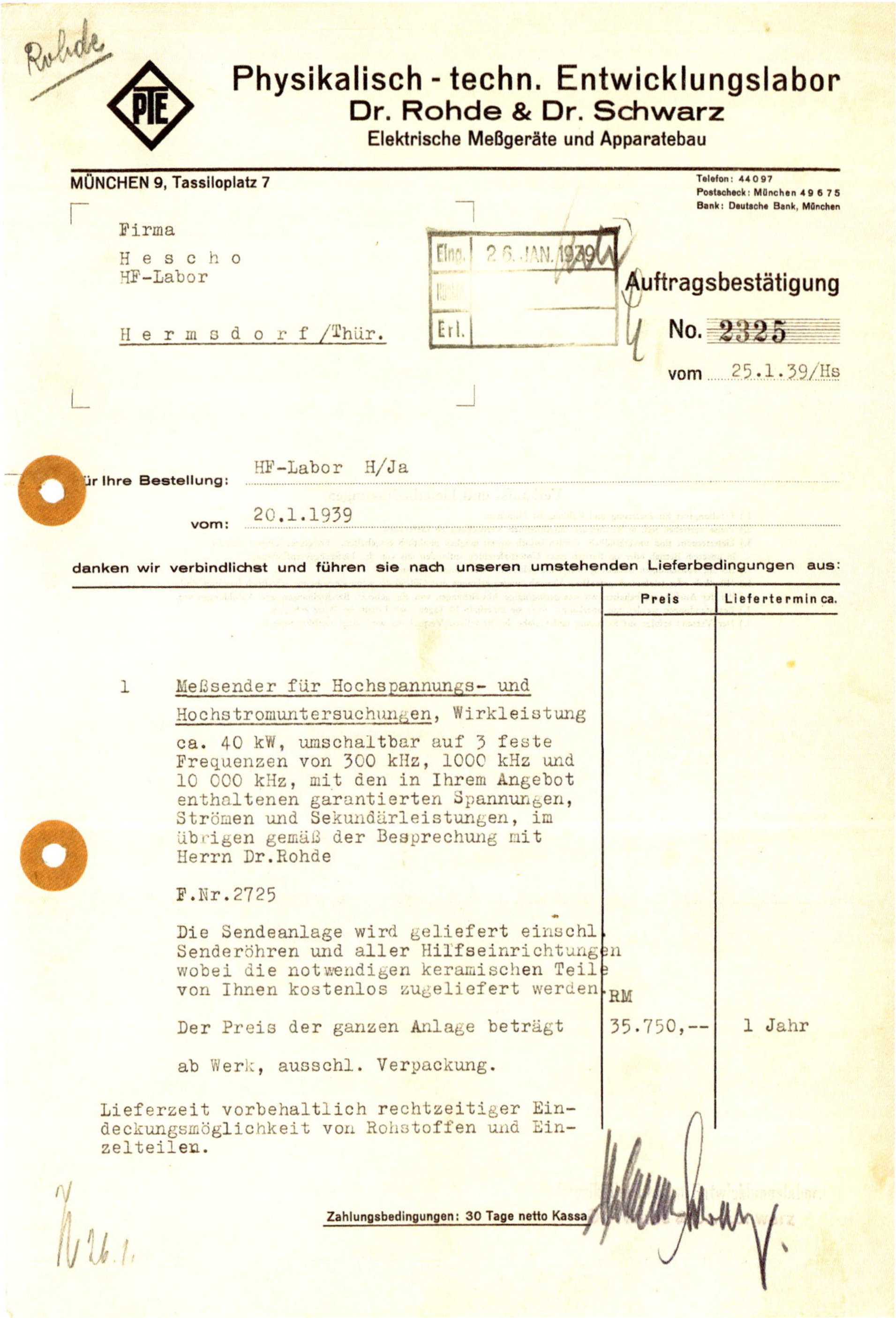

Physikalisch - techn. Entwicklungslabor
Dr. Rohde & Dr. Schwarz
Elektrische Meßgeräte und Apparatebau

MÜNCHEN 9, Tassiloplatz 7

Telefon: 44097
Postscheck: München 49675
Bank: Deutsche Bank, München

Firma
Hescho
HF-Labor

Hermsdorf/Thür.

Eing. 26. JAN. 1939

Auftragsbestätigung

No. **2325**

vom 25.1.39/Hs

Für Ihre Bestellung: HF-Labor H/Ja

vom: 20.1.1939

danken wir verbindlichst und führen sie nach unseren umstehenden Lieferbedingungen aus:

		Preis	Liefertermin ca.
1	Meßsender für Hochspannungs- und Hochstromuntersuchungen, Wirkleistung ca. 40 kW, umschaltbar auf 3 feste Frequenzen von 300 kHz, 1000 kHz und 10 000 kHz, mit den in Ihrem Angebot enthaltenen garantierten Spannungen, Strömen und Sekundärleistungen, im übrigen gemäß der Besprechung mit Herrn Dr. Rohde		
	F.Nr. 2725		
	Die Sendeanlage wird geliefert einschl. Senderöhren und aller Hilfseinrichtungen wobei die notwendigen keramischen Teile von Ihnen kostenlos zugeliefert werden.	RM	
	Der Preis der ganzen Anlage beträgt	35.750,--	1 Jahr
	ab Werk, ausschl. Verpackung.		
	Lieferzeit vorbehaltlich rechtzeitiger Eindeckungsmöglichkeit von Rohstoffen und Einzelteilen.		

Zahlungsbedingungen: 30 Tage netto Kassa

Bild 4: Auftragsbestätigung No. 2325 vom 25.1.1939.

untersuchungen" vertraglich gebunden. Auftragsgemäß waren die erforderlichen Keramikbauteile seitens der HESCHO kostenlos zuzuliefern. Das betraf vorwiegend Calit-Spulenkörper, Wasserwiderstände, Kondensatoren, HF-Stützer und HF-Doppeldurchführungen (Bild 5). Dies war zum Teil mit spezifischen Bauteil-Neuentwicklungen und entsprechendem Vorrichtungsbau in der HESCHO verbunden.

Bild 5: Die Detailansicht vom Innenaufbau des Senders zeigt zugelieferte Keramikbauteile der HESCHO.

Der Entwicklung der Hochfrequenz-Hochspannungs-Prüfanlage großer Leistung, kurz 40-kW-Großmesssender, zur Prüfung von Isolatoren, Durchführungen und Kondensatoren mit Hochfrequenz war folgende Aufgabenstellung vorgegeben:
- Erzeugung hoher Spannungen bei den Frequenzen 300 kHz und 1 MHz (und ursprünglich noch 10 MHz, wofür die Bauteile auch gefertigt wurden)

- Anpassung von Prüfkörpern unterschiedlicher Kapazität
- Ausreichende Leistung, um die gewünschte Hochspannung auch bei auftretenden Verlusten aufrechtzuerhalten (Wirkleistung 20 bis 40 kW)
- Einfache Bedienung unter gleichzeitiger Sicherheit gegen Überlastung bei Überschlägen; Fernabstimmung, Betätigung und Anzeige auf einem gemeinsamen Pult
- Verhinderung falscher Bedienung durch Verriegelung sowie Schutz gegen Störungen

Wie diese Entwicklungsforderungen im Ursprung realisiert wurden, ist in [Rohde, Wedemeyer, Giesenhagen 1942] detailliert beschrieben und sei nachfolgend gekürzt wiedergegeben.

Die räumliche Anordnung der Prüfanlage

Die Raumanordnung war so zu wählen, dass die Hochspannungsspulen und der Sender in getrennten Räumen installiert werden konnten, wobei die Raumhöhe sich nach der Größe dieser Spulen und der darüber anzubringenden Prüfobjekte richten musste. Gleichzeitig sollte das Bedienpersonal bei hinreichendem Abstand vom Prüfobjekt eine gute Übersicht haben. Realisiert wurde das durch Wegfall einer Hälfte der Etagendecke, während auf der verbliebenen halben Etagendecke am Geländer das Bedienpult für die Gesamtanlage steht. Hochspannungsgleichrichter und Sender wurden im Raum unterhalb der Bühne so untergebracht, dass die

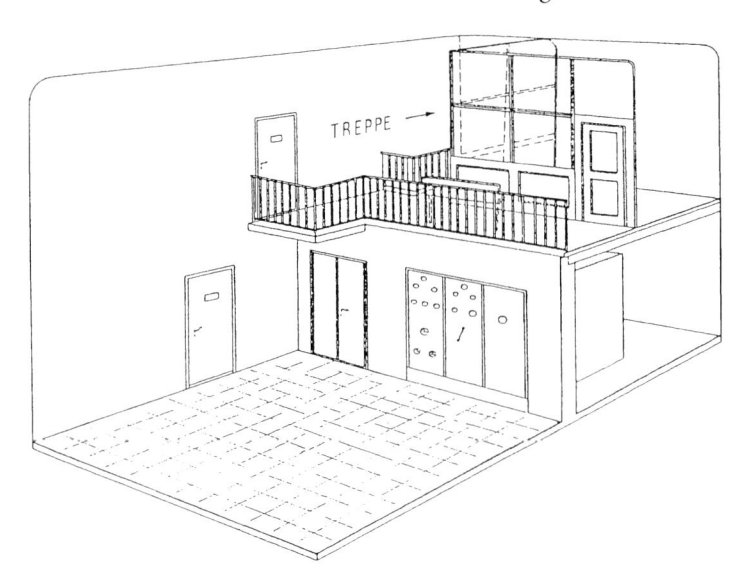

Bild 6: Räumliche Anordnung der Prüfanlage.

Schalttafel als Vorderfront des Senders in die Trennwand zwischen Sender- und Prüfraum eingelassen ist. Der gesamte Raum ist mit Alu-Blech ausgekleidet und die Fenster sind mit abnehmbaren Metallgittern geschirmt, um eine Strahlung nach außen zu verhindern (Faradayscher Käfig). Entsprechend sind Licht- und Kraftleitungen durch Drosseln in der Hauptzuführung geschützt. Insgesamt wurden technische Details der räumlichen Innenausstattung zwischen Dr. Rohde und der Entwicklungs-Abteilung der HESCHO in einer Besprechung am 14. Oktober 1938 im neuen HF-Labor abgestimmt [Niederschrift 1938].

Der Hochfrequenzteil

Wie aus der Grundschaltung ersichtlich (Bild 7), ist eine Gegentaktanordnung realisiert. Der Steuersender, bestückt mit zwei Röhren RS 329, wurde so bemessen, dass er ausreichend Leistung für die Verstärkerstufe abgibt. Als Verstärker dient die wassergekühlte Röhre RS 257. Die Gegentaktanordnung gestattet in einfacher Weise eine Neutralisation des Verstärkers, die für die zwei vorgesehenen Frequenzen gleich bleiben kann. Der Steuersender erhielt eine feste Anodenspannung. Dagegen wird der Verstärker mit veränderlicher Anodenspannung betrieben und so auf die gewünschte Ausgangsleistung eingestellt. Die Hochspannungsspulen werden an den Verstärker durch Abgriffe angepasst, die je nach Dämpfung des Messkreises eingestellt werden.

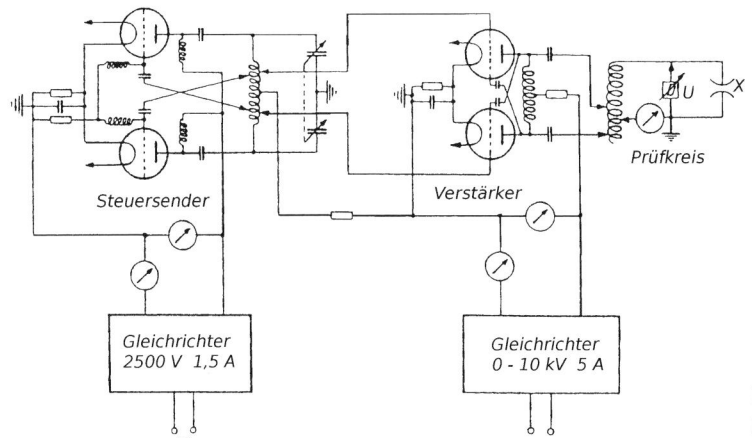

Bild 7: Grundschaltung des HF-Teils.

Da man bei Überschlägen an Isolatoren mit einem Kurzschluss des Messkreises rechnen muss, wurde der Verstärker mit einem Kathodenwiderstand versehen, der den Gleichstrom begrenzt. Damit sind auch die Röhren bei falscher Einstellung gegen Überlastung geschützt. Als Prüfkreis dient ein normaler Parallelresonanzkreis. Um die erforderlich hohe Spannung zu erreichen, muss er sehr hochohmig sein, was durch hohe Güte (Spulendurchmesser zu Spulenlänge), große Kreisinduktivität und eine kleine Kapazität erreicht wurde.

Der Prüfkreis wird auf den angeschalteten Prüfling durch Abgreifen der Spule am unteren Ende grob abgestimmt. Die genaue Resonanzeinstellung wird durch Verändern der Frequenz des Steuersenders eingestellt, die um ±10 % ihres Nennwertes regelbar ist. Bei der Frequenz 300 kHz erfolgt diese Änderung durch ein von einem Steuermotor angetriebenes Variometer, bei 1 MHz wird ein keramischer Doppelkondensator benutzt. Zum Frequenzbereichswechsel werden im Steuersender verschiedene Schwingkreise eingeschaltet.

Der Starkstromteil

Einzelheiten der Stromversorgung und der Sicherheitsverriegelungen zeigt Bild 8. Der Sender wird von Hand eingeschaltet und auch die Heizspannung wird manuell geregelt. In die Verriegelung ist auch die Wasserversorgung der Verstärkerstufe eingeschaltet. Der Steuersender und nach ihm der Verstärker können erst einge-

Bild 8: Grundschaltung der Stromversorgung und Sicherheitsverriegelungen.

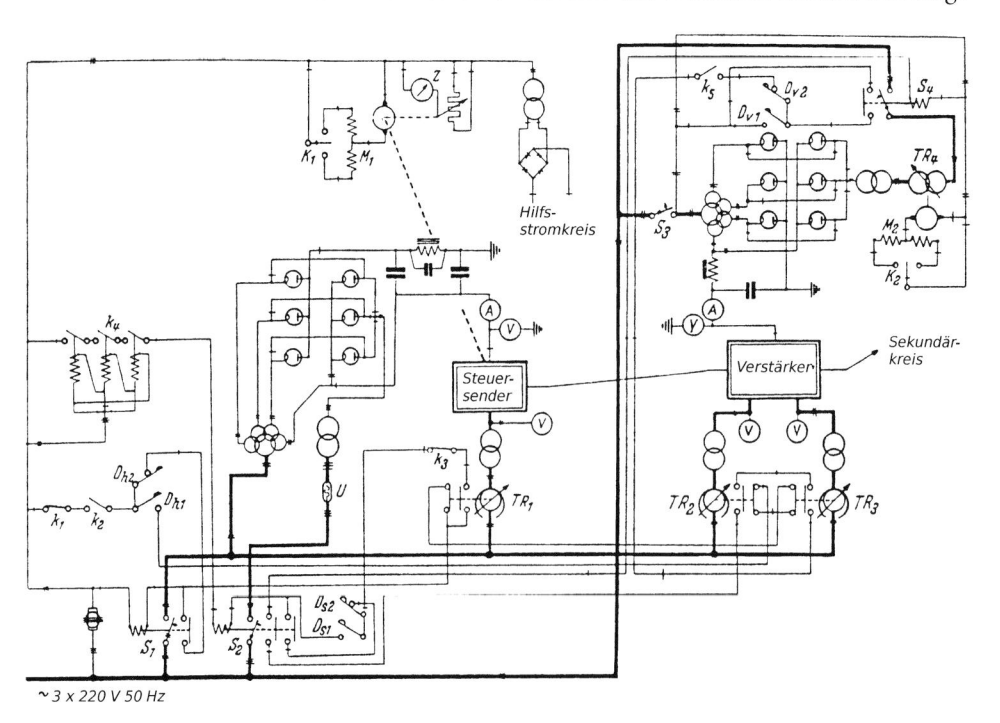

schaltet werden, wenn die Heizungen annähernd auf ihren Sollwert hinauf geregelt sind. Der Gleichrichter der Steuerstufe wird über Urdox-Widerstände stoßfrei eingeschaltet. Um die Anlage schnell abschalten zu können, fungieren für die Leistungsstufe gittergesteuerte Quecksilberdampfröhren als Gleichrichter (in Bild 8 Gittersteuerung fortgelassen). Die Spannung wird durch einen motorgesteuerten Drehtransformator geregelt. Bleibt das Kühlwasser aus oder übersteigt die Wassertemperatur die zulässige Grenze von 60 °C, so schaltet sich die gesamte Anlage ab. Bleibt eine Phase des Drehstromnetzes fort, so werden die Anodenspannungen der Steuerstufe und des Verstärkers abgeschaltet (Phasenschutz); eine Schädigung der Röhre durch Unterheizung wird somit vermieden.

Das Bedienpult

Realisiert wurde eine möglichst übersichtliche und einfache Fernbedienung der Anlage (Bild 9). Angeordnet sind Messinstrumente zur Bestimmung folgender Größen: HF-Spannung des Steuersenders, Anoden-Gleichspannung des Verstärkers, Prüfspannung, Prüfstrom, Stellung der Abstimmung, HF-Spannung am Verstärker (Anpassung) und Gitterstrom des Verstärkers. Diese sind so angeordnet, dass die Hauptinstrumente in der Mitte, dem Hauptblickfeld des Bedienenden, liegen.

Bild 9: Bedienpult

Die Hochspannungsspulen

Bei ihrer Bemessung musste auf eine Anpassung an verschiedene Messobjekte Rücksicht genommen werden (Bild 10). Sie sind daher als Spartrafos gebaut. Aus Gründen der Spannungsfestigkeit ist eine möglichst gleichmäßige Feldverteilung anzustreben, erreicht durch Aufsetzen einer Metallkappe. Der auf einen Spulenträger, bestehend aus Calit-Stangen mit eingeschliffenen Rillen, gewickelte 5-mm-Elektrolyt-Kupferdraht hat nur geringe Verluste. Die Kühlung ist bei dem gewählten Drahtabstand sehr günstig, so dass die Spule für 300 kHz ohne unzulässige Erwärmung 10 kW dauernd abführen kann. Die Daten der Spule sind: Höhe 2,30 m; Durchmesser 1m; Windungszahl 120; Induktivität $L = 6$ mH; Kapazität $C_0 = 50$ pF; Scheitelwerte von U_{max} und I_{max}: 500 kV bzw. 35 A.

Die Kapazität von 50 pF wird vor allem durch die Metallkappe bewirkt, die außer einer gleichmäßigen Feldverteilung auch eine ausreichende Spannungsfestigkeit gegen die Raumwände und Decke erzeugt.

Einen ähnlichen Aufbau zeigt die Spule für 1 MHz, entsprechend größerer Stromstärke jedoch mit einem Drahtdurchmesser von 6 mm. Ihre Kenndaten sind: Höhe 1,30 m; Durchmesser 0,60 m; Windungszahl 40; $L = 0,65$ mH; $C_0 = 40$ pF; Scheitelwerte von U_{max} und I_{max}: 300 kV bzw. 53 A.

Die Spannung, die bei den einzelnen Frequenzen erreichbar ist, wird durch die Güte und Spannungsfestigkeit der Spulen begrenzt. Die 300-kHz-Spule hat bei 6 mHz und 120 Windungen eine Spannungsfestigkeit von etwa 500 kV, wenn der Abstand der Spule von der Raumdecke mindestens 3 m beträgt. Die Windungsspannung beträgt dann ca. 4 kV. Bei derart hohen Spannungen ist das umgebende Raumfeld der Spule außerordentlich stark, so dass in einem Umkreis von 3–5 m jede scharfe Kante vermieden werden muss, da sonst sofort Sprühen einsetzt.

Bild 10: Schalttafel und Hochspannungsspulen.

Spannungs-, Strom- und Verlustmessung

Für Messungen der Spannungsfestigkeit von Isolatoren ist u.a. der Spitzenwert maßgebend. Deshalb war es zweckmäßig, ein die Scheitelspannung anzeigendes Voltmeter zu verwenden, und zwar ein eigen entwickeltes Diodenvoltmeter mit kapazitivem Spannungsteiler, der als Luftkondensator in den die Spannungsklemme tragenden Isolator eingebaut ist.

Die Messung des Spulenstroms erfolgt in der zum Spulenfuß führenden Erdungsleitung durch einen Durchführungswandler mit dem Frequenzbereich 300 kHz bis 10 MHz. Für die Strommessung der 300-kHz- und 1-MHz-Spule wurde ein 20-A-Instrument verwendet.

Neben der Bestimmung der Spannungsfestigkeit sind auch Messungen des Verlustfaktors von Isolatoren, Durchführungen und Kondensatoren möglich. Das in [Rohde, Wedemeyer 1940] ausführlich beschriebene Verfahren basiert auf einem Substitutionsverfahren, bei dem die Wirkkomponente des Prüflingsleitwertes durch eine frequenzunabhängige Diodenanordnung ersetzt und so der Messung zugänglich gemacht wird. Die Substitution der Blindkomponente des Prüflingsleitwertes erfolgt zweckmäßigerweise durch Änderung der Messkreiskapazität.

Resümee und Ausblick

Die sich in den 1930er Jahren sprunghaft entwickelnde Technik für hochfrequente Hochspannung bedurfte einer Prüfanlage großer Leistung, mit der sowohl Hochspannungs- als auch Hochstromprüfungen realisiert werden können. Der gemeinsam von der Firma Rohde & Schwarz in München und der HESCHO in Hermsdorf entwickelte und im Juli 1941 in Betrieb gegangene Großleistungsmesssender mit einer Wirkleistungsabgabe von 40 kW ist zur Festigkeitsprüfung aller bei hochfrequenter Hochspannung applizierter Bauelemente einsetzbar. Er wurde in der HESCHO und bis 1990 in den Keramischen Werken Hermsdorf für Betriebsprüfungen an Hochspannungserzeugnissen, vorwiegend Mastfuß-Isolatoren, eingesetzt (Bild 11).

Bild 11: Mastfuß-Isolatoren

Anfang der 1990er Jahre wurde die Anlage in den Original-Räumlichkeiten dem Verein für Regional- und Technikgeschichte e.V. Hermsdorf übereignet und als Technisches Schauobjekt in den Bestand schutzwürdiger Objekte aufgenommen. Vereinsziel ist es, den Sender zu warten und der interessierten Öffentlichkeit zugänglich zu machen. Angeboten werden Führungen, besonders jährlich zum Tag des offenen Denkmals, mit technikhistorischen Erläuterungen und Demonstration von Isolatorenüberschlägen mittels einer 100-kV-Wechselspannungsanlage.

Aus Anlass der 75-jährigen Wiederkehr der Inbetriebnahme des Senders veranstaltete der Verein gemeinsam mit der Porzellanfabrik Hermsdorf GmbH eine Festveranstaltung, in deren Verlauf am Gebäude des ehemaligen HF-Labors (Bild 12) eine Gedenktafel aus Volkstedter Porzellan enthüllt wurde (Bild 13).

Bild 12: Das Gebäude des früheren HF-Labors heute.

Bild 13: Gedenktafel zum 75-jährigen Jubiläum der Inbetriebnahme des Senders.

Nachtrag

Am 27. Februar 1991 wurde Dr. Hermann Schwarz in Anerkennung seiner grundlegenden Beiträge zu HF-Messverfahren, ihrer Weiterentwicklung sowie der Fertigung von Präzisionsmessgeräten durch die Physikalisch-Astronomische Fakultät die Würde eines Dr. h. c. verliehen. Außerdem erfuhren die beiden Technikpioniere L. Rohde und H. Schwarz eine besondere Ehrung durch die Friedrich-Schiller-Universität Jena, als am 22. Mai 2014 der Alumni-Jenenses-Verein der Physikalisch-Astronomischen Fakultät eine Gedenktafel am Gebäude Helmholtzweg 3 enthüllte. Seit über 20 Jahren stiftet das von ihnen gegründete Unternehmen jährlich Preise für die beste Dissertation und beste Masterarbeit an der Fakultät.

Literatur

Kerbe, Friedmar: Die Entwicklung des Keramikstandortes Hermsdorf und seine Beziehungen zur Region Jena. Teil 1: 1890–1945. In: Gommel, K.-W. et al (Hrsg.) *Jenaer Jahrbuch zur Technik- und Industriegeschichte* 4 (2002) S. 152-175

Die Geschichte der Firma Rohde & Schwarz. In: Neues von Rohde & Schwarz **103** (1983) S. 4-10

Rohde, L., Wedemeyer, G. und Giesenhagen, G. H.: Eine Hochfrequenz-Hochspannungs-Prüfanlage großer Leistung. *Elektrotechnische Zeitschrift* **63** (1942) 11/12, S. 129-133

Niederschrift vom 15. 10. 1938 über die Besprechung vom 4. 10. 38 im neuen Hochfrequenz-Labor

Rohde, L. und Wedemeyer, G.: Die Messung von Verlusten bei Hochspannung hoher Frequenz. *Elektrotechnische Zeitschrift* **61**(1940)26, S. 577-581

Friedmar Kerbe

Dipl.-Ing. Friedmar Kerbe (79) studierte Werkstoffwissenschaften an der ehemaligen Hochschule für Architektur und Bauwesen Weimar. Nach Assistenzzeit und Zusatzstudium am Moskauer Mendelejew-Institut begann er 1967 seine Tätigkeit in den damaligen Keramischen Werken Hermsdorf und begründete dort 1973 die zukunftsträchtige Forschungsrichtung „Oxidkeramik". In den 1990er Jahren initiierte er im ausgegründeten Hermsdorfer Institut für Technische Keramik (HITK) die neue Entwicklungsrichtung der oxidkeramischen Filterwerkstoffe für Mikro-, Ultra- und Nanofiltration.

Kerbe ist langjähriges Mitglied in der Deutschen Keramischen Gesellschaft, der Thüringer Porzellanstraße e.V., im Arbeitskreis „Stromgeschichte" der TEAG und im Redaktionskomitee der Keramischen Zeitschrift. Er ist Autor zahlreicher wissenschaftlicher Publikationen und Vorträge.

Karl-Eduard Knaf

Dipl.- Ing. Karl-Eduard Knaf (65) studierte Elektronische Bauelemente an der ehemaligen Technischen Hochschule Karl-Marx-Stadt. 1974 begann er seine Tätigkeit in den damaligen Keramischen Werken Hermsdorf. Innerhalb der Forschung war er als Entwickler für Werkstoffe für keramische Kondensatoren zuständig. Knaf ist Gründungsmitglied des Vereins für Regional- und Technikgeschichte Hermsdorf e.V. Im seit 25 Jahren bestehenden Verein übte er zahlreiche Leitungsfunktionen aus.

Peter Hahmann, Jena

Handferngläser von 1894–1919

Einleitung

Ein Vortrag in Jena ist häufig Anregung für einen Beitrag im Jenaer Jahrbuch. So war es auch bei den Ausführungen über Zeiss-Feldstecher/Zeiss Handferngläser mit dem Untertitel: Modelle – Merkmale – Mythos. Hans T. Seeger präsentierte die Ergebnisse seiner jahrelangen, leidenschaftlichen Recherchen zu dem Thema, die er der Öffentlichkeit auch auf nahezu 2.000 Seiten in zwei Bänden zugänglich machte.

Das Sujet ist so interessant für die Thematik, der sich unser Verein verschrieben hat, dass wir den Beitrag im Jahrbuch keinesfalls auslassen wollten. Bisher konzentrierten sich die Artikel auf astronomische Ferngläser. Zu Handgeräten hat sich bisher kein Autor im Jahrbuch geäußert. Die Bücher selbst wären deutlich zu umfangreich. So gibt ein Abstrakt einen ersten Überblick. Ein wichtiges Element der Jenaer Industriegeschichte wird somit unserem Leserkreis zugänglich gemacht. Neben vielen anderen Erzeugnissen haben Ferngläser den Namen Zeiss und die Verbindung mit Jena bereits früh in alle Welt getragen. Wichtige Fakten des 1. Bandes kann man unserem Beitrag entnehmen. Ein weiterer Beitrag ist vorgesehen. Details sind dem umfangreichen Konvolut H. T. Seegers vorbehalten. Dort kann sich der geneigte Leser in die Entwicklung eines erfolgreichen Erzeugnisses aus dem Hause Zeiss vertiefen.

Geschichte der Ferngläser bis 1900

Anfang des 17. Jahrhunderts kamen einfache Fernrohre auf. Hans Lippershey stellte 1608 ein einfaches Fernrohr her, bestehend aus einer Sammel- und einer Zerstreuungslinse. Auch Jacob Metius und Zacharias Janssen stellten den gleichen Typ etwa zur selben Zeit her, was zu einem (ungeklärten) Prioritätsstreit führte. Galileo Galilei entwickelte diesen Typ von Fernrohren weiter, weshalb diese Art von Fernrohren unter seinem Namen bekannt wurde. Der einfache Aufbau macht sie sehr attraktiv für die Herstellung, insbesondere mit den damaligen technischen Möglichkeiten. Man benötigt nur zwei Linsen, und das Bild erscheint ohne weitere Maßnahmen aufrecht. Nachteil ist das mit zunehmendem Abbildungsmaßstab geringer werdende Gesichtsfeld. Damit sind die praktischen Grenzen bei etwa 6-facher Vergrößerung erreicht.

Johannes Kepler beschrieb 1611 ein Teleskop, bestehend aus zwei Sammellinsen. Es lässt sich für ein wesentlich größeres Gesichtsfeld dimensionieren. Der Beobachter nimmt das Bild aber auf dem Kopf stehend war. Terrestrische Beobachtungen sind so nicht besonders komfortabel, in der Astronomie stört der Effekt dagegen kaum. Johann Wiesel und Anton Maria Schyrleus de Rheita fügten zwei weitere Sammellinsen in den Strahlengang. Ihre Überlegung war, einem Fernrohr, das ein umgekehrtes Bild liefert, ein zweites hinzuzufügen, das das Bild wieder aufrecht stellt. In der Tat erzielten sie damit ein aufrechtes Bild mit großem Gesichtsfeld. Erkauft wurde dieser Gewinn mit einer erheblichen Baulänge. Dies blieb für ca. zwei Jahrhunderte der Stand der Technik.

Im Jahre 1854 erhielt der italienische Ingenieur Ignatio Porro das Patent auf die Erfindung der Bildumkehr durch mehrfache Reflexion. Zweckmäßig setzt man Prismen ein, an deren 45° Flächen Totalreflexion auftritt. Insgesamt wird das Licht viermal zu je 90° abgelenkt. Auf Basis der nach ihm benannten Prismenkombination entwickelte Porro ein monokulares Fernglas, das auf Grund der mehrfachen Strahlumkehr bei Verwendung von nur zwei Linsen ein aufrechtes Bild lieferte und gegenüber den bis dato bekannten Systemen eine deutlich verkürzte Baulänge aufwies. Er selbst schenkte ein von ihm weiter entwickeltes Fernglas dem französischen Kaiser Napoleon III. persönlich.

Unmittelbar mit der optischen Entwicklung der Ferngläser ist die Entstehung der Binokulare verbunden. Mit ihnen kann man beidäugig beobachten. Es entstehen zusätzliche Herausforderungen an den Instrumentenbauer. Die Bilder, die mit Hilfe der beiden Fernrohre in den Augäpfeln des Beobachters entstehen, müssen den gleichen Abbildungsmaßstab aufweisen und sinngemäß an der gleichen Stelle der jeweiligen Netzhaut entstehen. Praktisch bedeutet dies für die beiden Fernrohre, sie müssen optisch gleich und parallel zueinander sein. Ihr gegenseitiger Abstand muss sich auf den jeweiligen Augenabstand einstellen lassen.

Von dem Pariser Instrumentenbauer Daniel Chorcz stammt die älteste bekannte Zeichnung eines binokularen Fernrohres. Sie wird auf etwa 1625 datiert. In den Anfängen bestimmte man zunächst mit einer Blende den Augenabstand und übertrug dieses Maß auf das

Fernrohr. Dort waren zwei Einstellungen notwendig: Am Okular für den Betrachter und am Objektiv, um die Parallelität zu gewährleisten. Die verschiedenen Mechanismen wie Trapez oder Einstellschrauben änderten nichts Grundsätzliches an dem aufwändigen Verfahren. Erst der venezianische Optiker Domenico Selva erzielte einen Durchbruch. Er baute Fernrohre mit einer Knickbrücke und trug so wesentlich zur besseren Handhabbarkeit der Binokulare bei.

In der zweiten Hälfte des 19. Jahrhunderts gab es in Europa zahlreiche Firmen, die Binokulare nach dem mehr oder weniger gleichen Prinzip und etwa gleicher Qualität herstellten:
- Merz München (Nachfolger der Fraunhofer'schen Werkstätte)
- Voigtländer Wien
- Emil Busch AG in Rathenow (gegründet 1800 von Johann Heinrich August Duncker)
- Goerz Berlin
- Leitz Wetzlar
- Moritz Hensoldt und Söhne Wetzlar
- Steilheil München
- Rodenstock München
- Ed. Sprenger Berlin

Auerbach beschrieb die Situation in seinem Werk zur ZEISS-Firmengeschichte. Man wollte die kurzen Monokulare von Porro und anderen kombinieren mit den unhandlichen Binokularen zu einem handlichen, bildaufrichtigen Instrument mit 4 bis 12-facher Vergrößerung.

Solche Instrumente hatte es schon vorher gegeben, z. B. von Boulanger. Sie waren aber in Vergessenheit geraten.

Ferngläser von ZEISS

Bereits seit 1873 beschäftigte sich Ernst Abbe mit der Bildumkehr durch Prismen. Er ließ erste Muster herstellen. Aber erst 1893 erhielt Siegfried Czapski den Auftrag, die bisherigen Anstrengungen zu überarbeiten. Die Abteilung Tele wurde gegründet. Im Jahre 1894 erhielt die Firma CARL ZEISS JENA das Patent mit der Nr. 77086 und dem Titel: „Doppelfernrohr mit vergrößertem Objektivabstand." Wegen der Vorgeschichte war der Einsatz von Porro-Prismen allein zur Bildumkehr nicht schutzfähig. Der Objektivabstand war schließlich der entscheidende Punkt bei der Gewährung des Patentschutzes. Das besondere Merkmal Objektivabstand stellte sich im Laufe der Zeit als sehr bedeutsam heraus. Er war das wichtigste Unterscheidungsmerkmal zu Konkurrenzerzeugnissen. ZEISS ging erfolgreich gegen verschiedene Konkurrenten mit dieser Argumentation vor.

Der Objektivabstand hat Auswirkungen auf die Leistungsfähigkeit des Fernrohres. Der gegenüber der Entfernung der beiden Pupillen gesteigerte Abstand der Objektive erhöht die stereoskopische Wirkung des Bildes. Normalerweise betrachtet man einen Gegenstand mit dem rechten und linken Auge unter geringfügig anderem Winkel, was es dem Gehirn ermöglicht, einen räumlichen Eindruck zu verschaffen. Bei ca. 200 Metern beträgt die Winkeldifferenz 3×10^{-4} rad, der Auflösungsgrenze unserer Augen. Weiter entfernte Gegenstände erscheinen nicht mehr plastisch, da in beiden Augen nach stereoskopischen Gesichtspunkten nicht unterscheidbare Bilder entstehen. Die Entfernung für die räumliche Wirkung lässt sich steigern durch den größeren Abstand der Objektive, bei Feldstechern meist auf etwa das Doppelte. Vermutlich ist dies nicht der einzige Grund für die Beliebtheit der ZEISS-Gläser. Patentverletzungen sprechen jedoch dafür, dass der erweiterte Objektivabstand ein recht erfolgreiches Verkaufsargument war. So war der erweiterte Objektivabstand der Dreh- und Angelpunkt des Schutzbriefes. ZEISS ging konsequent gegen Patentverletzungen vor: Hensoldt (Wetzlar), Goerz (Berlin). Andererseits wurden auch Lizenzen erteilt, wie Krauss (Paris), Bausch & Lomb (Rochester, USA).

Die ersten Feldstecher

Die anfänglichen ZEISS-Gläser waren offenbar recht gut konstruiert und trafen auch auf Anhieb den Geschmack und die Wünsche des Publikums. Im Geschäftsjahr 1893/1894 (Geschäftsjahr jeweils von Oktober bis September) begann die Firma Ferngläser anzubieten. Über ein Jahrzehnt brauchten kaum Veränderungen vorgenommen zu werden. Zudem hatte man wegen des Patentschutzes ein Alleinstellungsmerkmal. Der Umsatz übertraf die Erwartungen der Geschäftsführung von Anfang an.

Der Kenner kann an Hand einiger konstruktiver Details eine ziemlich genaue und zuverlässige zeitliche Einordnung des Herstellungsdatums vornehmen. So taucht das bekannte Warenzeichen, nämlich die Doppellinse mit dem Namenszug CARL ZEISS JENA, ab 1904 auf den Produkten auf. Ferner sind Fälschungen oder Verfälschungen an etlichen charakteristischen Details erkennbar. So fragt man, ist die Beschriftung in Silberlot-Ausführung? Entsprechen die Buchstaben der Art und Weise der ZEISS-Schablone?

Details wurden an den jeweiligen Anwender angepasst, so für Militär, zivile Nutzer, Marine, Jagd. Es ergab sich eine breite Angebotspalette aus der Variation des Vergrößerungsmaßstabes (4 bis 12-fach), der Lichtstärke (Öffnung der Objektivlinse) und weiterer Besonderheiten.

Viele Eigenschaften wurden im Hinblick auf den späteren Nutzer gestaltet:
- Beschriftung: DF für Militär, ODF Offizier, Feldstecher oder Erzeugnisname im zivilen Bereich
- Marine: mit Okularabdeckung
- Militär: mit zurückgesetztem Objektiv (Schräglichteinfall)
- Geringe Vergrößerung für Theatergläser (4 fach)
- Marineglas mit Okularrevolver
- Augenmuschel,
- Bezug des Metallgehäuses,
- Farbgebung
- äußere Form
- Jagd

Am erfolgreichsten waren Fernrohre mit 8-facher Vergrößerung.

In etwa stellte ZEISS (nach teils subjektiver Unterscheidung) 13 Fernglas-Modelle für zivile Zwecke her. In unsere Betrachtung gehören auch Fernrohre mit deutlichem, seitlichem Abstand der Objektivöffnung vom Okular. Darunter fallen Relieffernrohre, Entfernungsmesser, Periskope, Scherenfernrohre für diverse Anwendungen. Bei den Relieffernrohren war die Vielfalt mit 7 Typen geringer als bei dem Massenprodukt Feldstecher. Viele der Modelle gab es auch als Militärversion.

Carl Zeiss JENA gründete im Ausland einige Zweigfabriken.
- Carl Zeiss Wien
- Zeiss Karoly Györ
- Karl Zeiss S. Petersburg
- Karl Zeiss Riga
- Carl Zeiss London
- Carl Zeiss London L^{TD}.

Modelle ab 1907

Die neuen Modelle zeichneten sich durch größere Lichtstärke aus, beworben mit dem 1,5-fachen der Vorgänger. Darüber hinaus setzte ZEISS auf neue, patentrechtlich geschützte Okulare. Dem Nutzer bot sich ein Gesichtsfeld von 50° gegenüber bis dahin 40°. Das ist eine nicht unerhebliche Gebrauchswertsteigerung, zumal sich nun bis in die Randpartien größte Bildschärfe bot.

Lange Zeit wiesen die ZEISS-Gläser eine angeschraubte Knickbrücke auf. Dies ermöglichte die Justierung der Teilgläser auf Parallelität. Jedoch ging man zu angegossenen Teilen der Knickbrücke über. Die notwendige Justierung übernahm nun ein Doppelexzenter am Objektiv. Gleichzeitig erhielten die Seriennummern einen neuen Platz. Vom rechten Abschlussdeckel wanderte diese Kennzeichnung auf den Deckelrand.

Ab 1907, nach Ablauf des Patentschutzes, brachte ZEISS eine neue Generation von Ferngläsern auf den Markt. Sprenger-Leman-Prismen gaben den Produkten eine charakteristische Form. Es wurde häufig unter dem Namen Teleplast angeboten. Es brachte eine Erweiterung der Stereoskopie und entspricht in seiner Funktion einem Relieffernrohr, d.h. ein großer Objektivabstand.

Die Entwicklung war gekennzeichnet durch eine Erweiterung der Modellvielfalt. So lassen sich in den Folgejahren 42 zivile Modellversionen identifizieren. Die Zahl der Militärversionen ist noch deutlich höher. Dabei werden zunehmend auch der Herstellungsaufwand und damit der Preis ein Mittel, um verschiedenen Ansprüchen gerecht zu werden.

Schrittweise führt die Firma ZEISS nach etwa 1907 Mitteltriebmodelle ein. Diese Bauform hatte die Konkurrenz schon seit Langem im Angebot. Die Vorteile im Gebrauch sind so gravierend, dass eine etablierte Firma nicht auf ein solches Merkmal verzichten konnte. Die Adaption des Glases auf die Objektentfernung für beide Augen gleichzeitig schätzt der Nutzer über alle Maßen.

Dioptrienskalen an den Okularen ließen zu, dass unterschiedliche Nutzer das Glas auf ihre Augeneigenschaften voreinstellen konnten, ohne erst langwierig ein Objekt zu betrachten. Ebenso verhält es sich mit den Skalen auf der Knickbrücke, die direkt den Augenabstand in Millimetern anzeigte.

Die Kriegssituation zwang zum Einsatz diverser Austauschmaterialien.

Entwicklung der Verkaufszahlen

Die Verkaufszahlen überstiegen von Anfang an die Erwartungen der Geschäftsleitung. Ging E. Abbe von 50 Exemplaren aus, so erreichte man schon über 200 Kunden im ersten Jahr. Es gab einen stetigen Anstieg der Verkaufszahlen. Im Juni 1911 notierte Zeiss die Herstellung des 250.000sten Fernglases.

Bis zum Ende des ersten Weltkrieges erreichte die jährliche Produktion die Marken von 200 TStck. pro Jahr. Schätzungen gehen von ca. 1 Mio Exemplaren von Handferngläsern bis zum Jahre 1919 aus.

Der Einbruch kam wie in der Industrie in Deutschland allgemein im Jahre 1919. Die Produktion ging auf weniger als ein Viertel zurück.

Danksagung

Der Herausgeber des Jahrbuches dankt Hans T. Seeger für die Erlaubnis, sein Buch zu exzerpieren.

Seeger, Hans T.: *Zeiss-Feldstecher: Handferngläser von 1894-1919; Modelle – Merkmale – Mythos*. 1. Aufl. Gladenbach: Druckerei Kempkes, 2010

Weiterführende Literatur (Auswahl)

FelixAuerbach, Felix, 1903. *Das Zeisswerk und die Carl-Zeiss-Stiftung. Ihre wissenschaftliche, technische u. soziale Entwicklung u. Bedeutung für weitere Kreise dargestellt.* Jena: Fischer.

Czapski, Siegfried; Trewendt, Eduard, 1893. *Theorie der optischen Instrumente nach Abbe.* Breslau: Eduard Trewendt. Handbuch der Physik. II.

Czapski, Siegfried, 1904. Das Fernrohr. In: Winkelmann, A., ed. *Handbuch der Physik*. Leipzig: Barth, pp. 386-432.

Czapski, Siegfried, ca. 1895. *Ueber neue Arien von Fernrohren insbesondere für den Handgebrauch. Vortrag gehalten in der Sitzung des Vereins zur Beförderung des Gewerbfleisses am 7. Januar 1895.* Berlin: Leonhard Simion.

Esche, Paul-Gerhard., ed., 1977. *Carl Zeiss. Leben und Werk*. 2. Aufl. Jena. Schriften des Stadtmuseums Jena. 4.

Markowski, Frank, 1997. *Der letzte Schliff. 150 Jahre Arbeit und Alltag bei Carl Zeiss:* [Begleitband zur Ausstellung „Der Letzte Schliff,

150 Jahre Arbeit und Alltag bei Carl Zeiss", November 1997 bis Januar 1998 in Jena und weiteren Stationen]. 1. Aufl. Berlin: Aufbau-Verlag.

Mütze, Klaus: *Die Macht der Optik: Industriegeschichte Jenas 1846-1996.* 1. Aufl. Weimar: Hain Verlag, 2004

Schumann, Wolfgang, 1962. *Carl Zeiss Jena einst und jetzt.* 1. Aufl. Berlin: Rütten & Loening.

Dr. Peter Hahmann

Peter Hahmann diplomierte an der Technischen Universität Dresden 1968. Dort wurde er auch im Jahre 1971 promoviert mit dem Thema: „Untersuchungen von Oberflächen mittels Elektronen." Von 1971 bis 2010 arbeitete er in verschiedenen Positionen auf dem Gebiet der Elektronenstrahl-Lithographie. Anfangs lag der Schwerpunkt auf Theorie und Praxis der eigentlichen Elektronenoptik. Später übernahm er Verantwortung als Themen- bzw. Projektleiter bei der Entwicklung neuer Gerätegenerationen und arbeitete mit an der Einführung dieser Technik bei zahlreichen Kunden in Ost und West. Peter Hahmann ist Autor zahlreicher Veröffentlichungen und Schutzrechtsanmeldungen auf dem Gebiet der Elektronenstrahl-Lithographie. Stellvertretender Vorsitzender des Vereins „Technik-Geschichte in Jena e.V."
E-Post: peter.hahmann@t-online.de

10^{-n} mbar
VACOM®

Precision & Purity
UHV ■ XHV ■ UCV

NICHTS ist unerreich*bar.*

VACOM Vakuum Komponenten & Messtechnik GmbH
www.vacom.de

WOHNRAUM für JENA, bis zu 1,5% für MICH

NORDLICHTER III

- Einmalanlage mindestens 1.000 Euro
- Laufzeit 7 Jahre
- Kündigungssperrfrist 45 Monate*
- Festzinssatz gestaffelt
- Zinszahlung jeweils zum 31.12. jedes Jahres auf ein Sparkonto „aktivSPAREN"

* genauere Informationen zu den Konditionen erhalten Sie unter
www.wgcarlzeiss.de

Von Geheimtipp bis Superstar

JenaKulturParadies.

www.jenakultur.de

jena KULTUR
Kultur. Tourismus. Marketing.

Aktivitäten im Bereich
der Raumfahrt und Optoelektronik:
- Beratung
- Systementwicklung
- Produktion und Beschaffung
- Prüfung
- Betrieb und Logistik

SYNOPTA

Synopta GmbH
Wiesenstrasse 6
CH-9034 Eggersriet
Fon +41-71 877 29 36
Fax +41-71 877 29 39
www.synopta.ch

NUMERIK JENA

WWW.**NUMERIKJENA**.DE

LINEAR & ROTARY
ENCODER
FOR HIGH
PRECISION
APPLICATIONS

***NUMERIK JENA** entwickelt, produziert und vertreibt weltweit Messsysteme zur Weg-, Positions- und Winkelerfassung mit höchster Auflösung und Präzision. Unsere Produkte bestechen nicht nur durch ihre besonders kleinen Abmaße, sondern sind aufgrund ihrer Vielseitigkeit universell einsetzbar. Die herausragenden Eigenschaften unserer EPIFLEX Sensormodule machen es möglich, sie in nahezu jede high-tech Anwendung zu integrieren.*

Wir sind mit modernsten Fertigungstechnologien ausgestattet, welche es uns ermöglichen, unsere Messsysteme auf sehr hohem technologischen Niveau herzustellen. Der große Anteil an Eigenfertigung garantiert eine herausragende Qualität und Reproduzierbarkeit unserer Produkte. Unsere Bestrebung liegt im stetigen Fortschritt und der Entwicklung neuer innovativer Produkte, die uns auf dem Weltmarkt einzigartig machen.

SIMPLY PRECISE

When Resolution matters:

mag.x system 125

- Sub-µm resolution
- Sensor size up to 57mm
- Field-of-view up to 12.5mm
- Modular system
- Integrated focusing

inspection@excelitas.com
qioptiq.com | qioptiq-shop.com | excelitas.com

QIOPTIQ
Photonics for Innovation
An Excelitas Technologies Company

KONZEPTION
GESTALTUNG
PRODUKTION

adamwerbung

Landgrafenstieg 3a
07743 Jena,

Telefon 03641 829362
Fax 03641 829363
E-Mail adam@jenaonline.de

BERATUNG, KONZEPTION UND REALISIERUNG IHRER PROJEKTE:
KATALOGE UND BROSCHÜREN, PROSPEKTE, FLYER, MAPPEN UND ORDNER, PLAKATE UND POSTER, POSTKARTEN, ROLLUPS, GESCHÄFTSPAPIERE (BRIEFBÖGEN, VISITENKARTEN, SCHREIBBLÖCKE, ANGEBOTSMAPPEN, WERBEARTIKEL ETC.), ANZEIGEN ...

Enjoy Infinite Possibilities.

Based on broad experience gathered over many years of developing, manufacturing and world-wide servicing field-proven electron-beam lithography systems, a team of highly-motivated employees, excellent researchers and creative engineers are constantly doing their best to fulfil our customers' requirements.

We understand E-Beam.

Vistec Electron Beam | www.vistec-semi.com

Wir erhellen nicht nur JENA mit taghelLED

LUCAS instruments GmbH
Hermann-Löns-Straße 2
07745 Jena
DEUTSCHLAND

Telefon +49 3641 6686-0
Telefax +49 3641 6686-222
Mail info@lucas-jena.de

www.lucas-jena.de
www.taghelled.de

LUCAS JENA

SCHREITER & SCHLAG ARCHITEKTEN JENA

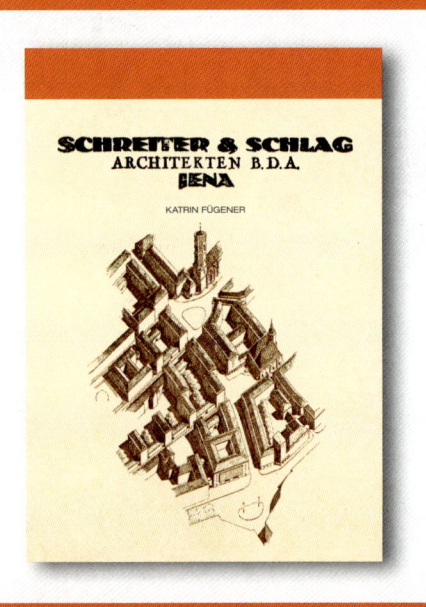

Die Jenaer Architektur des 20. Jahrhunderts ist untrennbar mit den Namen Johannes Schreiter und Hans Schlag verbunden. Beide Architekten gestalteten mit ihren Ideen und Entwürfen das Bild unserer Stadt und bereicherten ihre geistige Atmosphäre. Zwischen dem 1. Wohnhausentwurf von Johannes Schreiter (1872–1957) und der letzten Planung Hans Schlags (1890–1970) lagen mehr als sieben Jahrzehnte. In dieser Zeit entstanden in allen Jenaer Stadtteilen an die 1.500 verschiedene Gebäude vom Planetarium bis zum Siedlungshaus mit Kleintierstall. Von 1919–1952 bestritten beide sehr erfolgreiche gemeinsame Arbeitsjahre im Architekturbüro Schreiter & Schlag.

Autorin: Katrin Fügener
130 Seiten • zahlreiche Abbildungen • 19,80 EUR
ISBN 978-3-939718-33-8

Zu beziehen über jede gute Buchhandlung oder direkt beim Verlag
August-Bebel-Straße 10 • 07743 Jena Telefon • 03641 219860 • www.verlagvopelius.de

VOPELIUS

Der Moment, in dem soziales Engagement neue Perspektiven schafft.

Für diesen Moment arbeiten wir.

// RESPONSIBILITY
MADE BY ZEISS

**Regionales Engagement:
über 5 Millionen Euro für mehr als 700 Projekte**

Mit dem 2011 gegründeten Carl Zeiss Förderfonds fördert ZEISS an Standorten in Deutschland den naturwissenschaftlichen Nachwuchs sowie soziale und kulturelle Projekte, Initiativen und Einrichtungen.

Erfahren Sie mehr unter
www.zeiss.de/foerderfonds

ZEISS

Aus der Geschichte der optischen Vermessung von Satellitenbahnen

Aus Positionsmessungen an künstlichen Erdsatelliten lassen sich wichtige Erkenntnisse über die Parameter des Erdkörpers und deren Veränderungen gewinnen. Inzwischen weiß man z.B., dass der amerikanische Kontinent und die von uns bewohnte Dreiergruppe von Kontinenten jährlich um etwa 1 cm auseinanderdriften. Oder: Bekanntermaßen müssen die Positionen der Navigationssatelliten regelmäßig auf Basis von optischen Satellitenpositionsmessungen korrigiert werden, damit die vom „Navi-Nutzer" erwartete Genauigkeit erreicht wird. In der Frühzeit wurden die Satellitenbahnen durch fotografische Methoden bestimmt. Damit erreichte man Fehler in der Bestimmung der Satellitenörter in der Größe von wenigen Metern. Davon handelt die vorliegende Schrift. In neuerer Zeit erfolgen die Messungen durch Entfernungsmessungen mittels Laufzeitmessungen an Laserimpulsen, die von den Satelliten reflektiert werden. Dadurch erreicht man jetzt Meßfehler in der Größe weniger Zentimeter.

Autor: Manfred Steinbach
88 Seiten • 14,80 EUR
ISBN 978-3-939718-92-5

Zu beziehen über jede gute Buchhandlung oder direkt beim Verlag
August-Bebel-Straße 10 • 07743 Jena Telefon • 03641 219860 • www.verlagvopelius.de

VOPELIUS

DRUCKHAUS GERA

Zusammen neue Wege finden

www.druckhaus-gera.de

4H JENA ENGINEERING

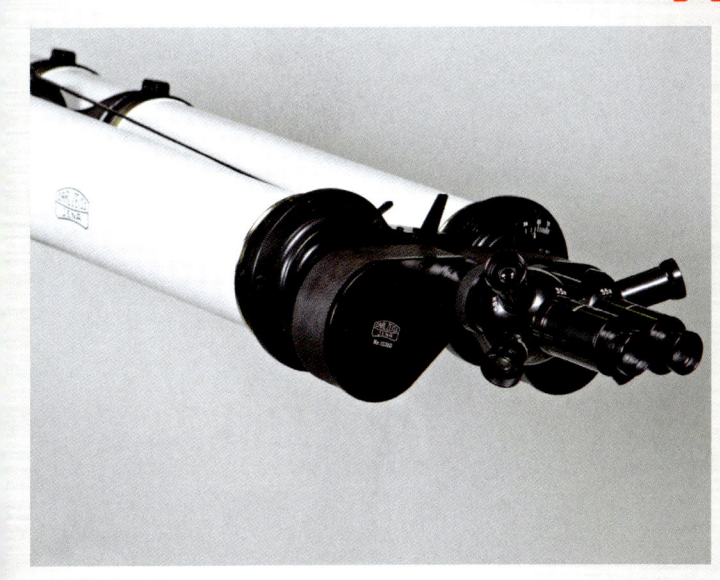

-4H-JENA engineering GmbH
Mühlenstraße 126
07745 Jena
Telefon +49 3641 2887-0
www.4h-jena.de

RESTAURIERUNG VON ASTRONOMISCHEN GERÄTEN UND ANDERER MECHANISCH-OPTISCHER KOMPONENTEN MIT LIEBE ZUM DETAIL.

Die Abbildung zeigt ein restauriertes Binokular (ehemals das Aussichtsfernrohr auf der Schmittenhöhe 1.968 m über Meereshöhe in Zell am See. Baujahr um 1935)

Electron Beam Lithography Contributions from Jena

Electron Beam lithography can look back upon a successful development in Jena. After the year 1990, the competitive conditions have stiffened. On the other hand, it has become much easier to participate in international conferences/exhibitions and to promote a worldwide exchange of ideas and views. Numerous innovations contributed to the technical and commercial attractiveness of the Jena tools (originally introduced to the market under the names ZBA31/32, SB250, SB350, SB3050), which found their way into many semiconductor production facilities, maskshops and research centers worldwide.

Author: Peter Hahmann
168 pages
€ 18,80
ISBN 978-3-939718-80-2

VOPELIUS
Gegründet 1891

Verlag VOPELIUS, August-Bebel-Straße 10, 07743 Jena
www.verlagvopelius.de

Zu beziehen über jede gute Buchhandlung oder direkt beim Verlag

KONTINENT SPEDITION

advanced
logistics

www.kontinent-spedition.de

Kontinent Spedition GmbH, Göschwitzer Straße 34, D-07745 Jena
Tel: +49 (0) 3641 29 18-0 / Fax: +49 (0) 3641 29 18-15 /Mail: info@kontinent-spedition.de

| KONTINENT SPEDITION | KONTINENT EMO TRANS | KONTINENT MOVERS | KONTINENT BEL LOGISTIK |

Der Autor, Dr. Walter Villiger, wurde am 25. Dezember 1872 in Lenzburg, im Kanton Aarau, in der Schweiz geboren. Sein Vater war ein bekannter Jurist. In Zürich und München studierte Villiger Astronomie und exakte Naturwissenschaften und promovierte 1899 bei Hugo von Seeliger, einem bekannten Astronomen, dessen Assistent er war. Das Thema seiner Doktorarbeit lautete *„Über die Rotationsdauer der Venus"*.

Mit knapp 30 Jahren, am 1. Oktober 1902, trat Villiger als wissenschaftlicher Mitarbeiter bei der Firma Carl Zeiss Jena ein. Villiger arbeitete u.a. an der Entwicklung großer Bogenlampen-Scheinwerfer, der Autobeleuchtung, modernen Büro- und Werkstattbeleuchtungen, Spiegelprüfverfahren und optischen Telegraphiegeräten. Von Dr. Max Pauly übernahm er die Leitung der Astro-Abteilung. Hier konnten von ihm wichtige Verbesserungen der Astro-Optik erzielt werden. Darüber hinaus besaß er viel pädagogisches Geschick, das in den Vorträgen, die er im Jenaer Planetarium hielt, besonders zum Tragen kam und von den Besuchern sehr geschätzt wurde. Auf diesen Vorträgen basieren die Ausführungen in diesem Buch. Walter Villiger starb am 5. Februar 1938 im Alter von 66 Jahren in Jena.

64 Seiten, 51 Abbildungen
9,85 EUR
ISBN 978-3-939718-58-1

VERLAG VOPELIUS JENA

07743 Jena | August-Bebel-Str. 10 | Telefon 03641-219860 | www.verlagvopelius.de

Ihr aktuelles Handbuch und Nachschlagewerk:

Das 63. Jahrbuch für Optik und Feinmechanik

mit den Themen:
- Optikkonstruktion
- Optikfertigung
- Optische Bauelemente
- Fertigungstechnik
- Farbmesstechnik

erscheint im November 2017

Fachbeiträge zu Design und Konstruktion sowie zur Fertigung optischer Systeme sind thematische Schwerpunkte im Jahrbuch 2017.

Das Jahrbuch bietet :

⇒ Über 300 Seiten Fachbeiträge aus Forschung und Wirtschaft
⇒ Ein umfangreiches Bezugsquellenverzeichnis
⇒ Messetermine

Bestellinformationen:

Preis: 54,90 €
OPTIK-Verlag Dr.-Ing. Wolf-Dieter Prenzel
Lindenweg 10, D-02826 Görlitz
Tel. 03581 / 420840
Fax 03581 / 420848
email : drprenzel@optik-verlag.com

www.optik-verlag.com

Jenaer Jahrbuch zur Technik- und Industriegeschichte
Inhalt der Bände 1 bis 19

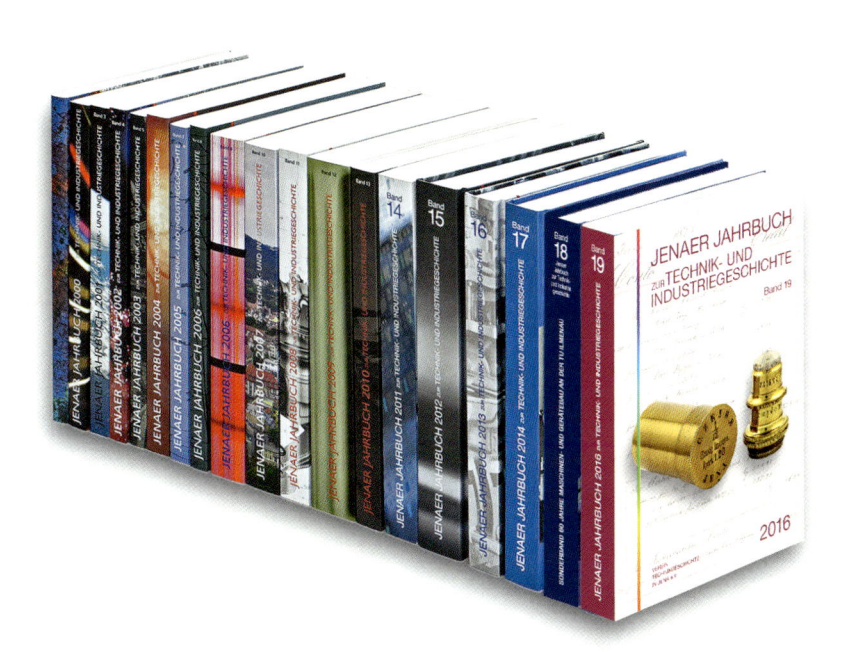

Band 1 (1999)

Günther Kötitz: Ernst Abbe – Wegbereiter der Materialwissenschaften und Pionier des Einsatzes kristalliner Medien in der Optik. *Lothar Kramer:* Fritz Löwe – Leben und Werk. *Horst Riesenberg:* 150 Jahre Mikroskope von Zeiss. *Erich Hacker:* Physik und Technologie optischer Schichten. Bedeutende Innovationen aus Jena. *Edgar Mühlhausen:* OPREMA und ZRA 1 – Frühe Entwicklungen der digitalen Rechentechnik im Zeisswerk Jena. *Wolfgang Wimmer:* Die Geschichte des Zeiss-Archivs. Ein Beitrag zum 50jährigen Bestehen. *Walter Hörichs:* 80 Jahre Fachschule für Augenoptik „Hermann Pistor" in Jena. *Rolf Walter:* Theoriegeleitete Unternehmensgeschichte am Beispiel Zeiss. Einige Aspekte.

176 S., 98 Abb., brosch., 14,50 EUR, ISBN 3-931743-10-1

Band 2 (2000)

Jürgen Steiner: Otto Schott und die Erfindung des Borosilicatglases. *Reimund Torge:* Otto Lummer, Fritz Reiche, Mieczyslaw Wolfke und die „Lehre von der Bildentstehung im Mikroskop von Ernst Abbe". *Edith Hellmuth:* Walther Bauersfeld – Ingenieur, Erfinder, Geschäftsleiter. *Joachim Ude:* Die frühe Entwicklung des Elektronenmikroskops – eine Innovation und ihre Grundlagen. *Gerhard Wiederhold:* Vier Jahrzehnte Laserentwicklung in Jena. *Peter Kröplin:* Entwicklung und Fertigung mechanisch geteilter Beugungsgitter bei Carl Zeiss Jena, 1945 – 1992. *Dieter Taubert; Wolfgang Mühlfriedel:* Fünf Jahrzehnte Jenapharm.

252 S., 120 Abb., brosch., 14,50 EUR, ISBN 3-931743-37-3

Band 3 (2001)

Jürgen Steiner: Otto Schott – Wissenschaftler, Technologe, Unternehmer mit gesellschaftlicher Verantwortung. *Wolfgang Mühlfriedel*: Hugo Schrade und das Zeisswerk nach 1945 – Biographische Notizen. *Wolfgang E. Haschke:* Sehen – ein aktiver Prozeß der Wahrnehmung. Vom Kameramodell des Sehens zur Signalverarbeitung im visuellen System. *Lutz Wenke:* Die Abbesche Bildentstehungstheorie beim Mikroskop als Ausgangspunkt für Fourieroptik und Holographie. *Achim Zickler:* Die Multispektralkamera MKF-6 – Beginn der Zeiss-Jena-Beteiligung an der bemannten Raumfahrt. *Raymond N. Wilson*: Die Geschichte der Astro-Großoptiken – Von den Anfängen zum VLT der ESO. *Wolfgang Nebe:* 120 Jahre Refraktometrie im Zeisswerk Jena. *Gerhard Mirsching:* Automobilscheinwerfer mit Spitzenleistung – Ein vergessener Produktionszweig des Zeisswerkes. *Wieland Feist:* Ein Beitrag zur Geschichte der Entwicklung geodätischer Geräte in Jena. *Johannes Möbius:* Meßsysteme aus Jena für die Automatisierungstechnik – Ein historischer Abriß aus technischer Sicht.

272 S., 120 Abb., z.T. farbig, brosch., 14,50 EUR, ISBN 3-931743-48-9

Band 4 (2002)

Helmut Artus; Alfred Karnapp; Hans-Jürgen Kiel; Manfred Steinbach; Karl-Heinz Weßlau: Alfred Jensch – Erinnerungen an ihn und sein Schaffen im astronomischen Gerätebau. *Manfred Steinbach:* Rückblick auf 40 Jahre Konstruktionsarbeit in der Jenaer Tradition. *Eberhard Dietzsch:* Die Entwicklungsgeschichte der Retrofokusobjektive vom Typ Flektogon. Herrn Prof. Dr. Harry Zöllner zum 90. Geburtstag gewidmet. *Reinhard Bernst:* Zur Geschichte des ehemaligen Werkstofflabors der Firma Carl Zeiss Jena. *Friedmar Kerbe:* Die Entwicklung des Keramikstandortes Hermsdorf und seine Beziehungen zur Region Jena. Teil 1: 1890 – 1945. *Waldemar Skarus:* Jenaer Sternsensoren zur autonomen Richtungsbestimmung im Weltraum. Historie, Stand und Perspektiven. *Wolfgang Karthe; Volker Guyenot; Andreas Bräuer; Norbert Kaiser; Gunter Notni:* 10 Jahre Fraunhofer-Institut für Angewandte Optik und Feinmechanik. Von einem Institut auf Probe zum anerkannten Partner der Wirtschaft.

248 Seiten, 211 Abb., z.T. farbig, brosch., 16,50 EUR, ISBN 3-931743-56-X

Band 5 (2003)

Horst H. Schöler: Otto von Gruber – ein bedeutender Geodät und Wegbereiter der Photogrammetrie. *Horst H. Schöler:* Stereophotogrammetrische Vermessungen an den Jenaer Kernbergen im Jahre 1903. *Wolfgang Nebe:* Zur Geschichte der analytischen Interferometer und Schlierengeräte im Zeisswerk Jena. *Stefan Kratochwil:* Einige Bemerkungen zum Weigelschen Himmelsglobus im Stadtmuseum Jena. *Ludwig Meier:* Die Erfindung des Projektionsplanetariums. *Eike Guenther; Artie Hatzes:* Das Alfred-Jensch-Teleskop in Tautenburg – nach 40 Jahren immer noch ein Instrument der Forschung. *Friedmar Kerbe:* Die Entwicklung des Keramikstandortes Hermsdorf und seine Beziehungen zur Region Jena. Teil 2: 1945 – 1990.

204 S., 149 Abb., brosch., 16,50 EUR, ISBN 3-931743-69-1

Band 6 (2004)

Johann Dorschner: Erhard Weigel – ein Jenaer Universalgelehrter und früher Erfinder technischer Geräte. *Klaus-Dieter Herbst:* Erhard Weigels mechanische Werkstatt. *Stefan Kratochwil:* Die Himmelsgloben von Erhard Weigel. *Gerhard Jentzsch:* Jena – eine Wiege der Seismologie in Deutschland. *Gerhard Scheler:* 50 Jahre Magnetische Kernresonanz am Physikalischen Institut der Universität Jena. *Karl-Heinz Donnerhacke; Manfred Fritsch:* Zur Geschichte des Bereiches Medizintechnik / Ophthalmologische Geräte bei Carl Zeiss in Jena. *Hans-Günter Woschni:* Grundlagen der fotoelektrischen Ortsbestimmung von Strichen und Kanten in der optischen Präzisionsmeßtechnik. *Konrad Fischer:* Ultraschallprüf- und Diagnostikgeräte und Impulsechotechnik. Frühe und innovative Erzeugnisentwicklungen der Nachkriegszeit bei Carl Zeiss Jena. *Johannes Gumpert*: 50 Jahre DNA-Technologie. Einsichten in eine biologisch-chemische Nanotechnologie. *Hartmut Bartelt u.a.:* Institut für Physikalische Hochtechnologie – Forschung und Technologie für innovative Systeme.

312 Seiten, 212 Abbildungen, z.T. farbig, brosch., 19,00 EUR, ISBN 3-931743-77-2

Band 7 (2005) Ernst-Abbe-Sonderband

Manfred Steinbach: Ernst Abbes Komparatorprinzip. *Lutz Wenke, Friedrich Zöllner:* Filterexperimente zur Abbeschen Bildentstehungstheorie im Mikroskop. *Ernst Werner:* Episoden aus dem Leben Ernst Abbes. *Wolfgang Nebe:* Die Vorfahren und Nachkommen von Ernst Abbe. *Wolfgang Nebe:* Ernst Abbes ethische und religiöse Überzeugungen. *Konrad Marwinski:* Ernst Abbe und die Bibliotheken in Jena. *Reinhard E. Schielicke:* Ernst Abbe – Jenaer Hochschullehrer und Sternwartendirektor. *Hansjürgen Pröger:* Reflexionen eines Naturwissenschaftlers zu Ernst Abbes sozialer und politischer Gedankenwelt. *Lothar Kramer:* Ernst Abbes Begründung der Optischen Analysenmeßtechnik – Ausgangspunkt einer langen Tradition im Jenaer feinmechanisch-optischen Gerätebau.

250 S., 219 Abb., z. T. farbig, 1 CD, 1 Faltblatt, brosch., 19.00 EUR, ISBN 3-931743-90-X

Band 8 (2006) Paul-Görlich-Sonderband

Christian Hofmann; Elke Litz; Manfred Steinbach: Paul Görlich – Stationen seines Lebens und Wirkens. *Heinrich Hora:* Paul Görlichs Beitrag zu fundamentalen physikalischen Erkenntnissen des Photoeffektes. *Lothar Kramer:* Paul Görlich und die Spektroskopie aller Wellenlängen. *Gerhard Koch:* Laserentwicklung und -fertigung in Jena: Von den Anfängen unter Paul Görlich bis zur Gegenwart. *Peter Ullmann:* Die Görlichsche Schule der Fluorid-Kristalle und ihre Bedeutung für die heutige VUV-Lithographie. *Rolf Riekher:* Paul Görlichs Wirken im Institut für Optik und Spektroskopie der DAW. *Janos Sanda:* Paul Görlich als Gründer der IMEKO-Kommission Photon Detectors. *Hans-Joachim Pohl; Klaus Sumi:* Die editorische Tätigkeit von Paul Görlich – Ausdruck eines Lebens für die Physik und für Carl Zeiss Jena. *Steffen Görlich; Hans-Joachim Pohl; Klaus Sumi:* Publikationsliste Paul Görlich. – Liste der Teilnehmer am Kolloquium zum 100. Geburtstag von Paul Görlich

ca. 250 S., ca. 150 Abb., brosch., 16,50 EUR, ISBN 3-931743-99-3

Band 9 (2007)

Hansjürgen Pröger: Zum Tode von Dr. Adolf Kaller. *Wolfgang Nebe:* Verwandtschaftliche Beziehungen von Ernst Abbe und Carl Zeiß. *Manfred Steinbach:* Adolf Steinle. Seiner Biografie zweiter Teil. *Helmut Artus:* Justierungen an astronomischen Teleskopen und Zusatzgeräten – zwischen Montage und erstem Licht. *Karl-Heinz Weßlau:* Rechnerische Positionierkorrektur für die großen Zeiss-Teleskope aus Jena. *Ernst-August Gußmann:* Der Große Refraktor des Astrophysikalischen Observatoriums Potsdam. *Peter Ruhlig:* Die Restaurierung des Großen Postdamer Refraktors. Eine Chronologie der Ereignisse. *Karl-Heinz Weßlau*: Neue Auswertung der Bildqualitätsmessungen am Objektiv des Potsdamer 80-cm-Refraktors. *Reinhart Neubert:* Satelliten-Entfernungsmessung mit Laserimpulsen in Potsdam. *Klaus-Dieter Gattnar:* Entwicklung und Produktion von Magnetbandspeichern im VEB Carl Zeiss Jena. *Klaus-Dietrich Wehrsdorfer:* Magnetköpfe für Zeiss-Magnetbandspeicher. *Klaus Köhler:* Entwicklung und Produktion von Magnetbändern für die elektronische Datenverarbeitung in der DDR. *Hans-Ludwig Erlenbeck; Gerd Kotz; Gerd Kretzschmar; Alfred Lau; Kurt Plewka:* Erlebtes aus der Magnetbandspeicherproduktion. *Heinz Brückner; Klaus-Dieter Gattnar:* 50 Jahre Speicherung digitaler Informationen auf bandförmigen Datenträgern bei IBM/USA. *Josef Cichon:* Geräteentwicklungen für den Eigenbedarf des VEB Carl Zeiss Jena – die Abteilung

Meister. *Horst H. Schöler:* Bau von photogrammetrischen Geräten im Jenaer Zeisswerk in der zweiten Hälfte des 20. Jahrhunderts. *Wolfgang Wimmer:* Das Technische Archiv von Carl Zeiss in Jena. *Manfred Fritsch:* Bomben auf Zeiss und Schott im II. Weltkrieg. Amerikanische Protokolle über die Bombardierung Jenas. *Bruno M. Spessert:* Auf den Spuren einer „Wunderwaffe". Der Düsenjäger MESSERSCHMITT Me 262 und seine Fertigung im Walpersberg bei Kahla. *Günter Albrecht; Wolfram Krech; Hans-Georg Meyer; Hannes Nowak; Volkmar Schultze; Paul Seidel:* Tieftemperaturphysik in Jena. Geschichte, Gegenwart und Zukunft. *Rainer Plontke:* Lithographiesystem LION-LV1. *Elke Litz; Bertram Pelzer:* Zur Geschichte der Firma Pelzer in Jena. - Verzeichnis der seit 1993 im Verein Technik-Geschichte in Jena e.V. durchgeführten Veranstaltungen.

600 S., 545 Abb., z. T. farbig, brosch., 29 EUR, ISBN: 3-931743-02-0

Band 10 (2008)

Elke Litz; Manfred Steinbach: Harry Zöllner zum 95. Geburtstag. *Lothar Kramer:* Werner Haunstein zum Gedenken. *Curt Schacke:* Horst Lucas – Leben und Wirken für das Jenaer Zeisswerk. *Christian Hofmann:* Der Einfluß von Paul Rudolph und Harry Zöllner auf die Entwicklung der Fotoobjektive. *Reinhard Bernst:* Die Dimensionsstabilität von Präzisionsbauteilen aus der Sicht der Werkstofftechnik. *Klaus-Dieter Gattnar:* Produktion militärischer Erzeugnisse im VEB Carl Zeiss JENA. *Karl-Werner Gommel:* Geräteentwicklungen für die Fotolithografie bei Carl Zeiss Jena. Alexander Heyroth zum 80. Geburtstag gewidmet *Ludwig Meier:* Das Zeiss-Kleinplanetarium in seinen Anfängen. Dem Andenken an den Konstrukteur Fritz Pfau gewidmet. *Joachim Jendersie:* Die Wiederherstellung des Gothaer Äquatorials. *Karl-Heinz Weßlau:* Mathematische Modellierung bei der Gestaltung und Prüfung von Großoptik *Jürgen Pudenz:* Die Entstehungsgeschichte des Jenaer APQ-Objektivs. *Peter Köhler:* 110 Jahre Astronomische Technik bei Carl Zeiss. *Peter Köhler:* Das „Mussolini-Observatoriumsprojekt". *Wolfgang Lödel:* Die Geschichte der Produktion optischen Glases im Jenaer Glaswerk nach 1945. *Axel Stelzner:* Die Geschichte der Virologie in Jena. Ein Beitrag zum Universitätsjubiläum im Jahr 2008. *Manfred Steinbach; Gottfried Schmidt:* Die Buchbinderei Vater in Jena.

540 S., 505 Abb., z.T. farbig, brosch., 27,00 EUR, ISBN 978-940265-06-7

Band 11 (2009)

Klaus-Dieter Gattnar: Kommandogeräte zur Flugabwehr von 1915 bis 1945 in den Zeiss-Werken entwickelt und produziert. *Bruno Spessert:* Die Gothaer Waggonfabrik und der Beginn des strategischen Bombenkrieges im Ersten Weltkrieg. *Lambert Grolle:* Friedrich Riclef Schomerus. Sein Werden und Wirken. *Doris Ehrt; Adrian C. Wright:* Werner Vogel – ein Virtuose mit dem Elektronenstrahl. *Wolfgang Nebe:* Gedenken an Carl Pulfrich zu seinem 150. Geburtstag. *Konrad Moras:* 40 Jahre Röntgenfeinstruktur-Geräteentwicklung in Freiberg. *Volker Guyenot:* Justierdrehen – die Historie einer Montagetechnologie für Objektive. *Peter Köhler:* Das Geschäftsfeld „Astronomische Projekte" in der Carl Zeiss Jena GmbH von 1990 bis zur Auflösung im Jahre 2007. *Mathias Ball; Karl-Heinz Weßlau:* Positioniermodell für das 2,3-m-Teleskop „ARISTARCHOS". *Horst H. Schöler:* Das Unternehmen „Zeiss-Aerotopograph GmbH Jena". *Rainer Schwennicke:* Läppen von großen Werkstücken für die Feingerätetechnik. *Peter Hebenstreit:* Die manuelle optische Toleranzrechnung. *Karl-Heinz Weßlau:* Anwendung der Distributionsrechnung bei der Ermittlung der Biegelinie elastischer Balken. *Joachim Arnz:* Die wechselvolle Geschichte der Firma Hugo Arnz, Optische Werkstätte, Jena. *Bernhard Gänswein:* Calciumfluorid als kristalliner Werkstoff für die Optik. *Wolfgang Busch:* Das ZEISS-B-Objektiv – Erfahrungen nach restaurierender Bearbeitung.

448 S., 409 Abb., z.T. farbig, 44 Tabellen, brosch., 27,00 €, ISBN 978-3-940265-16-6

Band 12 (2010)

Wolfgang G. Schröter: Innenansichten aus dem VEB Carl Zeiss Jena. *Wolfgang Wimmer:* Forschung und Entwicklung bei Zeiss in der Zwischenkriegszeit. *Karl-Heinz Weßlau:* Wachstumsmodelle. *Jürgen Balzer und Bettina Götze:* Aus der Geschichte der optischen Industrie Rathenows. *Peter Köhler:* Der Astrogerätebau in Oberkochen von 1946–2000. *Hermann Mucke:* Bildungsteleskope in der Großstadt. *Hermann Mucke:* Freiluftplanetarium Sterngarten Georgenberg in Wien-Mauer. *Peter Rucks; Wilfried Weise; Johann Dorschner:* 100 Jahre Volkssternwarte Urania Jena e.V. *Jürgen Pudenz:* Zwei beugungsbegrenzte Teleskopoptiken für die Astronomie. *Klaus-Dieter Gattnar:* ZEISS-Schlierenapparatur im Überschall-Windkanal in Peenemünde. *Edward H. Geyer:* Unobstruierte Teleskop-Optiken und ihre Bedeutung für astronomische Beobachtungen. *Hansjürgen Pröger:* Von Abbes Strichteilungen zur Mikrolithografie. Ein historischer Abriß zur geteilten Optik. *Horst H. Schöler:* Franz Heinrich Manek zur 125. Wiederkehr seines Geburtstages. *Horst H. Schöler:* Friedrich Schneider (1884–1981) zur 125. Wiederkehr seines Geburtstages. *Bruno M. Spessert:* Die RUPPEs – Pioniere des Automobil- und Motorenbaus aus Apolda. *Karl-Heinz Weßlau; Alfred Karnapp:* Biomechanische Untersuchungen an der menschlichen Wirbelsäule. *Manfred Steinbach:* Die Frühzeit der Positionsmessung an künstlichen Erdsatelliten. *Manfred Steinbach:* Zensurierung studentischer Prüfungsleistungen. *Wolfgang Busch:* Überraschungen beim ZEISS-Objektiv B 180/3310.

560 S., 624 Abb. z.T. farbig, 23 Tabellen, brosch., 27,00 €, ISBN 978-3-940265-24-1

Band 13 (2010)

Kurt Augsten: Spinnenseide – Werkstoff der Zukunft? *Joachim Bergner:* Entwicklung und Bau von Polarisationsmikroskopen bei Carl Zeiss in Jena. *Freimut Börngen:* 210 Jahre Kleinplanetenbeobachtungen. Beiträge der Thüringer Landessternwarte Tautenburg. *Ernst Fauer:* Glockengießer im Bereich Jena – Weimar – Apolda. *Edward H. Geyer:* Die Nachweisgrenze astronomischer Objekte bei teleskopischen Beobachtungen. *Balder P. Gloor:* Gonin – Vogt – Goldmann – Fankhauser. Entscheidende Beiträge zur klinischen und technischen Entwicklung der Augenheilkunde im 20. Jahrhundert. *Lambert Grolle; Manfred Steinbach:* Otto Eppensteins Längenmeßmaschine. Eine Hommage an den großen Zeiss-Wissenschaftler. *Martin Manns (Rathenow):* Die Glasschmelze Bredowsau. Preußens Rolle bei der Weiterentwicklung optischen Glases im 19. Jh. *Ludwig Meier:* Neues zu den Zeiss-Kleinplanetarien aus der Kriegszeit. Zusammenfassende Bemerkungen zur Entwicklung der frühen Kleinplanetarien. *Manfred Steinbach; Karl-Heinz Weßlau:* Konstruktionsbeispiele aus jüngerer Zeit.

320 S., 284 Abb. z.T. farbig, 46 Tabellen, brosch. 24,80 €, ISBN 978-3-939718-56-7

Band 14 (2011)

Hartmut Weise: Werner Lotze zum Gedenken. *Volker Guyenot:* Ehrung für Lothar Kramer. *Ernst Werner:* Planetoid 32810 nach Steinbach benannt. *Peter Hahmann:* Jenaer Arbeiten zur Elektronenstrahllithographie Teil 1 (bis 1990). *Armin Schöppach:* Lagerung genauer optischer Komponenten. *Manfred Steinbach:* Fixierung von Präzisionsbauteilen: Optikfassungen und Plattenlagerungen. *Josef Tschirnich:* Die Normalmeßeinrichtung „Automatischer Interferenzkomparator" (1975–2000). *Wolfgang Busch; Roger Ceragioli; Walter Stephani:* Ein bisher unbeachtetes lichtstarkes Spiegellinsenobjektiv von Bernhard Schmidt. *Helga Kämmerer:* Wilhelm Kämmerer. Das Leben des Computerpioniers. *Klaus Dieter Gattnar:* Der Zielfernrohr-Entfernungsmesser TPD-K1 im Panzer T-72. *Ernst Fauer:* Zur Dimensionierung des Vorhanges von einem Glockenklöppel. *Wolfgang Busch:* Fragmente des Briefwechsels zwischen Max Pauly und Max Wolf.

448 S., 355 Abb., vollfarbig, 16 Tabellen, brosch., 27,00 €, ISBN: 978-3-939718-61-1

Band 15 (2012)

Hubert Pohlack (1918–2012). Horst Riesenberg (1925–2012). Joachim Weimar (1929–2011). Erinnerungen an Joachim Weimar. Joachim Bergner (1930–2012). Nachruf für Wolfgang G. Schröter. *Herbert Koch:* Die Lebensleistung Hubert Pohlacks. *Peter Hahmann:* Jenaer Arbeiten zur Elektronenstrahllithographie (Teil 2: ab 1990). *Klaus Berka; Horst Pawlik:* Die Analytik Jena AG. *Johannes Gumpert:* Hans Knöll – ein Pionier der Biotechnologie. *Paul Seidel:* Prof. Dr. Gerhard Scheler. *Gerhard Scheler:* Max Wien und das Jenaer Physikalische Institut. *S. Riehemann; O. Mauroner; B. Weber; A. Tünnemann:* 20 Jahre Fraunhofer-Institut für Angewandte Optik und Feinmechanik. *Peter Köhler:* Astronomische Geräte von Carl Zeiss in Jena. *Gustav Immig †:* Lehrlingsauslese und -ausbildung bei der Firma Carl Zeiss Jena. *Wolfgang Sachse:* Lehrjahre eines Zeiss-Mechanikers. *Joachim Arnz:* Raritäten aus der Kamerafamilie „Werra". *Bernd Adelski; Hanno Hermann, Bodo Heyn:* Drackendorfs alte Trinkwasserleitung.

544 S., 410 Abb., vollfarbig, 31 Tabellen, fester Einband, Preis: 30,00 €, ISBN: 978-3-939718-69-7

Band 16 (2013)

Charles Linsmayer (Zürich): Deutsch muß Wissenschaftssprache bleiben! *Werner Bischoff† und Hans Harting†* :Konstruktionstätigkeit im Jenaer Zeisswerk in der Nachkriegszeit. *Klaus Heyne (Gera):* Forschungs- und Entwicklungsplanung am Beispiel Carl Zeiss Jena. Planen und Planung. Ernste und unernste Aphorismen. *Walter Hörichs (Jena):* Die Brillenfertigung bei Carl Zeiss Jena in der ersten Hälfte des 20. Jhs. *Edward H.Geyer (Brockscheid):* Ein Reversions-Prismen Spektrometer zur Radialgeschwindigkeitsbestimmung kosmischer Objekte. *Manfred Steinbach (Jena):* Bauteilfixierung in Präzisionsgeräten unter Verwendung von Schrauben. *Manfred Steinbach (Jena):* Kinematik ebener Festkörpergelenke. *Manfred Steinbach (Jena):* Auswiegen der Fernrohrmontierung. *Hans Tandler (Jena):* Stereomikroskopie. *Ernst Fauer (Apolda):* Die Polstab-Sonnenuhr auf dem geraden Kreiskegel. *Horst Ihling (Eisenach):* Jenaer Nachkriegsmotorsport. Sport- und Rennfahrzeugbau Ing. Helmuth Weber, Jena. *Heinz Voigt (Jena):* Helmuth Weber, Jenaer Architekt und Rennwagenkonstrukteur. *Gerhard Scheler (Jena und Steinach):* Bestimmung der spezifischen Ladung des Elektrons nach Hans Busch. *Klaus Wendel (Aalen):* Datendauerspeicherung. *Ernst Werner (Jena):* Hermann Besen (1934-2013). *Peter Hahmann (Jena):* Ernst Guyenot zum 100. Geburtstag. *Curt Schacke (Jena):* Wolfgang Falta zum 100. Geburtstag.

368 S., 266 Abb., vollfarbig, 51 Tabellen, fester Einband, Preis: 25,00 € ISBN: 978-3-939718-73-4

Band 17 (2014)

Peter Hahmann (Jena): Eberhard Hahn: Entwickler auf dem Gebiet der Elektronenoptik. *Reinhard Steiner (Jena):* Die Entwicklung der Holografischen Gitter bei Carl Zeiss in Jena. Teil 1: Grundlagen und Technologie der Plangitter. *Wolfgang Busch (Ahrensburg):* Zur Entwicklung der Fernrohrapochromate im Zeisswerk. Paulys zweilinsiger Apochromat. „A" – Anfang und Ende. *Roger Ceragioli (Tucson, Arizona, USA):* Das Plössl-Okular: Eine Erfindung aus Jena? *Walter Pfaff †:* Betrachtungen zur betrieblichen Entwicklung während meiner Tätigkeit in OAs seit 1931 bis Februar 1967 auf dem Gebiet der Produktion von Astrooptik sowie einschlägiger Großoptiken im VEB Carl Zeiss Jena. *Hermann Mucke (Wien):* Vollautomatische Feuerkugelstation in Oed/Martinsberg NÖ. *Lutz D. Schmadel (Heidelberg):* Namen kleiner Planeten mit Bezug zur astronomischen Optik. *Ernst Fauer (Apolda):* Sonnenuhren in Jena. *Lambert Grolle (Jena):* Dr. Otto Eppenstein und die Entwicklung der Feinmeßgeräte bei Carl Zeiss Jena bis 1945. *Horst Ihling (Eisenach):* Einer der Männer der ersten Stunde in der Ostzone: Der Rennfahrer Kurt Baum aus Hainspitz. *Willi Wille (Jena):* Brücken verbinden. *Hans-Jürgen Schorcht (Ilmenau):* Ingenieurausbildung in Thüringen von ihren Anfängen bis heute. Nachruf auf Karl-Werner Gommel (1936–2014). Nachruf auf Alexander Heyroth (1926 – 2014). Nachruf auf Lothar Kramer (1932 – 2014). Nachruf auf Heinrich Mothes (1935 – 2014). Nachruf auf Gerhard Scheler (1930 – 2014).

416 S., 341 Abb., vollfarbig, 13 Tabellen, fester Einband, Preis: 25,00 €   ISBN 978-3-939718-81-9

Band 18 (2015)

Christian Weber; Rene Theska; Stefan Sinzinger: Entwicklung der Fakultät von 1955 ... 2015. *Franz Rittig:* Genesis und Profilierung der Fakultät für Feinmechanik und Optik der Hochschule für Elektrotechnik Ilmenau (1954–1960). *Gunhild Chilian, Günter Höhne, Manfred Meißner, Manfred Kletzin, Manfred Schilling, Hans-Jürgen Schorcht, Rene Theska, Christian Weber:* Das Institut für Maschinen- und Gerätekonstruktion. *Thomas Fröhlich, Eberhard Manske:* Das Institut für Prozeßmeß- und Sensortechnik. *Ronald du Puits, Christian Karcher, Jörg Schumacher, Klaus Wagner:* Das Institut für Thermo- und Fluiddynamik. *Dagmar Hülsenberg, Edda Rädlein:* Das Fachgebiet Anorganisch-nichtmetallische Werkstoffe. *Peter Kurtz:* Das Fachgebiet Arbeitswissenschaften. *Cornelius Schilling, Hartmut Witte:* Das Fachgebiet Biomechatronik. *Matthias Berge:* Das Fachgebiet Fabrikbetrieb. *Jean Pierre Bergmann, Peter Wiesner:* Das Fachgebiet Fertigungstechnik. *Klaus Augsburg, Heinz-Dieter Vehmann:* Das Fachgebiet Krafahrzeugtechnik. *Michael Koch:* Das Fachgebiet Kunststofftechnik. *Dietrich Gall, Christoph Schierz, Cornelia Vandahl:* Das Fachgebiet Lichttechnik. *Gerhard Christen, Lena Zentner:* Das Fachgebiet Mechanismentechnik. *Tom Ströhla, Erich Räumschüssel, Hans-Jürgen Furchert:* Das Fachgebiet Mechatronik. *Heinrich Kern:* Das Fachgebiet Metallische Werkstoffe und Verbundwerkstoffe. *Martin Hoffmann, Helmut Wurmus:* Das Fachgebiet Mikromechanische Systeme. *Gerhard Linß, Peter Brückner, Gunther Notni:* Das Fachgebiet Qualitätssicherung und Industrielle Bildverarbeitung. *Mathias Weiß:* Das Fachgebiet Rechneranwendung im Maschinenbau. *Stefan Sinzinger, Ralf Weber:* Das Fachgebiet Technische Optik. *Klaus Zimmermann, Joachim Steigenberger:* Das Fachgebiet Technische Mechanik. *Helmut Wurmus:* Das Irisblendenfotometer. *Helmut Wurmus:* Der Automatikbonder. *Manfred Schilling, Hans-Jürgen Schorcht, Mathias Weiß:* Justageautomat für Relais – ein Beispiel für eine frühe Anwendung der Mikrorechnertechnik. *Eberhard Manske:* Sonderforschungsbereich 622 „Nanopositionier- und Nanomeßmaschinen". *Antal Huba:* Kurze Geschichte der 58-jährigen Beziehungen der Fakultät für Maschinenbau der TU Ilmenau und der Fakultät für Maschinenbau der TU Budapest (1957–2015). *Helmut Wurmus:* Das DAAD-Projekt „Akademischer Neuaufbau Südosteuropa". *Helmut Wurmus:* Die erfolgreiche 43-jährige Zusammenarbeit mit der Universität Niš, Serbien. *Gerhard Linß:* Erweiterung der Sektion Gerätetechnik durch das Technikum Feinmechanik./Optik/Elektronik. (FOE) Suhl/Zella-Mehlis. *Günter Höhne:* Gründung von Firmen durch Absolventen, ehemalige und aktive Mitglieder der Fakultät für Maschinenbau. *Hans-Joachim Kelm, Christoph Schäffel, Frank Spiller:* Die Zusammenarbeit zwischen der TU Ilmenau und dem Institut für Mikroelektronik- und Mechatronik Systeme-Garant für eine erfolgreiche Überführung von Ergebnissen der Grundlagenforschung in Produkte kleiner und mittlerer Unternehmen. *Freimut Börngen:* Der Tautenburger Planetoid (32808) Bischoff

544 S., 341 Abb., z.T. farbig, 7 Tabellen, fester Einband, Preis 38,80 €   ISBN 978-3-939718-89-5

Band 19 (2016)

Wolfgang Wimmer: Carl Zeiss in Jena: ein Stadtrundgang auf seinen Spuren. *Hansjürgen Pröger:* 20 Jahre Verein für Technikgeschichte in Jena e.V. *Harald Kießling:* Zur Entwicklungsgeschichte eines Holographisch-Optischen Speichers bei Carl Zeiss in Jena (1969 – 1979). *Reinhard Steiner:* Entwicklung der holografischen Gitter bei Carl Zeiss Jena. *Rudolf Müller:* Über einige Eigenschaften von Beugungsbildern in und außerhalb der Fokalebene. *Manfred Steinbach:* Zwangs- und losefreie Vielpunktauflagen für hochebene Bauteile. *Tobias Keim, Manfred Steinbach:* Leichtgewichts-Spiegelfassungen für Weltraummissionen. *Peter Hahmann:* Arbeiten zur Mößbauer-Spektroskopie bei Carl Zeiss in Jena. *Arno Martin:* Platin – von der Entdeckung des Metalls über das Urmeter zum „Kat". *Werner Widder:* 100 Jahre Feinmechanik, Optik und Elektronik aus Saalfeld. *Peter Nitzschke:* Zur Geschichte des Klimalabors im Unternehmen Carl Zeiss Jena. *Armin Schöppach:* Ist „Fachkarriere" eine Möglichkeit, dem fachlich orientierten Ingenieur einen Karriereweg zu eröffnen? *Kurt Bischoff, Max Bischoff, Ida Bischoff, Roland Bischoff, Ida Hangers:* Werner Bischoff Teil 1: Sein Leben in Graz und in Jena. *Manfred Steinbach, Günther Höhne, Manfred Schilling, Rene Theska:* Werner Bischoff Teil 2: Sein Leben in Ilmenau. *Rosemarie Fröber:* Mit Skalpell und Spiritus – Auf den Spuren der Geschichte der Jenenser Anatomie. *Johannes Gumpert:* Das Krebsmedikament Bendamustin – eine Erfolgsgeschichte der Jenaer Krebsforschung. *Hans-Joachim Illig:* WTI Jena – 40 Jahre Wärmetechnik und Automatisierung für die Glas-, Keramik- und Zementindustrie. *Edward H. Geyer:* Carl Bosch und die Anfänge einer deutschen Südsternwarte. *Wolfgang Böttger:* Nachruf Professor Dr.-Ing. Reinhard Bernst. *Wolfgang Nebe:* Erinnerung an Diplomphysiker Peter Kröplin.

534 S., 306 Abb., z.T. farbig, 11 Tabellen, fester Einband, Preis 38,00 € ISBN 978-3-939718-98-7

Hinweis: Die Kurzfassungen der Beiträge (Aufsätze) aller bisherigen Bände findet man im Internet unter **www.technikgeschichte-jena.de/publikationen/inhaltsverzeichnisse/**

Bezugsmöglichkeiten der Jahrbücher

Beim Verkaufsleiter
des Vereins für Technikgeschichte:
Dipl.-Phys. Erich Greger
Lindenstraße 3, 07747 Jena
Telefon und Fax 03641 334414

E-Post: greger@technikgeschichte-jena.de
sind alle Bände des Jenaer Jahrbuchs zur Technik- und Industriegeschichte als hardcopy zu den angegebenen Preisen erhältlich. Über die gleiche Adresse können alle Beiträge als PDF-Datei für den persönlichen Gebrauch gegen Vorkasse von 15,00 EUR auf unser Vereinskonto der Sparkasse Jena IBAN: DE47 8305 3030 0000 0231 40
BIC: HELADEF1JEN erworben werden.

Neuere Bände sind auch im Buchhandel erhältlich.

Jenaer Jahrbuch zur Technik- und Industriegeschichte
Exkursionen des Vereins

In Verantwortung Manfred Steinbach:

16.05.2003, Moxa
Geodynamische Forschungsstation der FSU

12.09.2003, Ilmenau
TU Ilmenau Institut für Maschinenbau – Zentrum für Mikro- und Nanotechnologie

14.11.2003, Eisenberg
(eigene Anreise) Stillgelegte Kristallzuchtanlage der Firma Schott

14.01.2004, Jena
Neue Universitäts-Landesbibliothek

08.09.204, Hermsdorf (eigene Anreise)
Hermsdorfer Institut für Technische Keramik e.V. (htik) Ausstellung des Vereins für Regional- und Technikgeschichte e.V.

07.05.2005, Tautenburg
Karl-Schwarzschild-Observatorium Tautenburg 2m-Universal Spiegelteleskop

28. 05.2005, Kahla (eigene Anreise)
Walpersberg-Anlage

11.06.2005, Kleinhettstedt
Wassermühle (Kunst- und Senfmühle) (Franz Söldner Gedächtnistour)

01.07.2005, Erlangen
Siemens AG – Erlangen/Siemens medical Coburg Solutions, Fertigung Magnetresonanzspektrographen, Veste Coburg

26.07.2006, Ilmtal
Zu den Mühlen und Wasserkraftanlagen an der Ilm (Buchfarth, Denstedt, Auerstedt, Eberstedt)

06.06.2006, Chemnitz
Industriemuseum Chemnitz, Villa Esche/ Henry van der Velde Museum, Stadtführung Chemnitz

20.10.2006, Großschwabhausen
Universitätssternwarte Großschwabhausen Astrophysikalisches Institut der FSU

In Verantwortung Hans-Joachim Schäfer / Otto Straube:

18.07.2007, Dessau
Bundesumweltministerium, Bauhausmuseum, Meisterhäuser, Technikmuseum „Hugo Junkers", Arbeitersiedlung Törten

07.10.2007, Berlin
Deutsches Technikmuseum Berlin (DTMB), Deutscher Bundestag

30.04.2008, Leipzig
BMW Werk Leipzig Fockendorf/Altenburg Papiermuseum Fockendorf

29.08.2008, Babelsberg
Studio Babelsberg AG, Potsdam Telegrafenberg – Wissenschaftspark „Albert Einstein" (Großer Refraktor, Einsteinturm, Satellitenstation, Geo-Forschungszentrum)

22.04.2009, Freiberg
Bergakademie Freiberg „Terra mineralia", Modellsammlung + Untertagebesichtigung, Schachtanlage „Reiche Zeche", Dombesichtigung + Orgelvorführung

09.09.2009, Apolda (eigene Anreise)
Glockenspiele in Apolda

30.03.2010, Zwickau
Westsächsische Hochschule Zwickau August, Horch Museum Zwickau, Morgenröthe/ Rautenkranz Deutsche Raumfahrtausstellung Morgenröthe

22.07.2010, Frankfurt/M.
Flughafen Frankfurt/M., Deutsche Börse AG Frankfurt

17.11.2010, Meiningen
DB Fahrzeuginstandhaltung GmbH Zella-Mehlis Dampflokwerk Meiningen, Gefahrenabwehrzentrum Suhl/Zella-Mehlis und Tunnelüberwachung (GAZ und ZBL)

30.03.2011, Eisfeld
Analytik Jena AG Niederlassung Eisfeld + Sonneberg, DOCTER Optic, Sternwarte und Astronomiemuseum Sonneberg

18.05.2011, Rathenow
Optik Industrie Museum Rathenow, Askania Mikroskop Technik Rathenow, Rathenower Optik GmbH (ROW) = Fielmann AG, Fertigungszentrum, Optikpark Rathenow

18.–19.10.2011, Oberkochen
Sammlung optischer Phänomene – Die Scheune – Prof. Lingelbach/Leinroden, Besucherbergwerk „Tiefer Stollen" Aalen, Besichtigung Zeiss AG - Werk Oberkochen mit Museum

07.03.2012, Schmalkalden
Fachhochschule Schmalkalden, Stadtbesichtigung Schmalkalden, Besuch der „Vita-Schokoladenwelt"

27.06.2012, Halle
DOW Olefinverbund GmbH Schkopau, Burg Giebichenstein Kunsthochschule Halle, Kuranlagen + Goethe-Theater Bad Lauchstädt

23.10.2012, Goldisthal
Pumpspeicherwerk Goldisthal, Talsperre Leibis – Lichte (Rundfahrt), Schloßanlage – Kaisersaal Schwarzburg

28.05.2013, Suhl
Steinmeyer / Feinmeß Suhl GmbH Zella-Mehlis Böhm Fertigungstechnik GmbH (ehemals KCZ-Komlex 05), Stadtmuseum Zella-Mehlis (ehemals Beschußanlage)

23.10.2013, Gera
Druckhaus Gera GmbH, Weida Lohgerberei „Friedrich Francke" = Technisches Schaudenkmal

15.01.2014, Saalfeld/Rudolstadt
Sonderausstellung „100 Jahre Feinmechanik, Optik und Elektronik aus Saalfeld", Siemens AG – Röntgenwerk Rudolstadt, Schillerhaus Rudolstadt

22.05.2014, Wermsdorf
Zentralwerkstatt Archivzentrum Hubertusburg Riesa Teigwarenfabrik Riesa GmbH Grimma Göschenhaus-Seume-Gedenkstätte in Hohnstädt

10.09.2014, Merkers
Schaubergwerk Merkers Neuhaus/Rw. Wetterwarte (DWD) Neuhaus am Rennweg

03.12.2014, Zeitz
Südzucker AG – Werk Zeitz, Brikettfabrik Herrmannsschacht = Museum der Braunkohleveredelden Industrie Zeitz Stadtführung Zeitz

11.03.2015, Zeulenroda
Bauerfeind AG - Zeulenroda-Triebes, Neuform Türenwerk Hans Glock GmbH & Co. KG

27.05.2015, Eisenach
Bachhaus Eisenach, Automobilmuseum (awe), Adam Opel AG – Werk Eisenach

13.–15.10.2015, Hamburg
Bismarckgedenkstätte Friedrichruh, Musical „König der Löwen", Lufthansa Technik AG, Deutsches Elektronen-Synchrotron (DESY) - Forschungszentrum, Containerhafen Hamburg

04.11.2015, Ilmenau
Henkel + Roth GmbH – Sondermaschinenbau, Campusführung TU Ilmenau, Festveranstaltung 60 Jahre Fakultät für Maschinenbau an der HfE, THI, TUI

16.03.2016, Berlin-Adlershof
Wissenschafts- und Technologiepark Adlershof WISTA – Institut für Scientific Instruments GmbH / Prof. Langhoff, Rundfahrt durch das WISTA Gelände, Besichtigung des HZB – Helmholtz Zentrum Berlin

22.06.2016, Glashütte
Deutsches Uhrenmuseum Glashütte, Uhrenbetriebe: Glashütte Original GmbH oder Mühle Glashütte GmbH, Schloß Weesenstein

18.–20.10.2016, Dortmund
Bundesanstalt für Arbeitsschutz und Arbeitsmedizin (BAuA), DASA – Ausstellung Arbeitswelt, Villa Hügel – Krupp Villa, Zeche Zollverein Essen (Unesco Welterbe), Schiffshebewerk Henrichenburg – Schleusenpark

26.04.2017, Wünsdorf
Die „verbotene Stadt" – Maybach- + Königs Wusterhausen Zeppelinbunker (heute Wald- und Bücherstadt), Funktechnikmuseum Köngs Wusterhausen

24.05.2017, Gräfenhainichen
Die „Stadt aus Eisen" Ferropolis Bitterfeld-Wolfen Industrie- und Filmmuseum Wolfen, Bayer Bitterfeld AG – Aspirinfertigung

13.09.2017, Dresden
Steinmeyer Mechatronik GmbH Radeberg HZDR Helmholtzzentrum Dreden-Rossendorf, Exportbierbrauerei Dresden Radeberg

RUDOLF STRAUBEL
1864–1943

Rudolf Straubel, von 1897 bis 1938 Professor für Physik an der Universität Jena und von 1903 bis 1933 Geschäftsleiter des Zeisswerks in Jena als direkter Nachfolger Ernst Abbes und von 1907 bis 1933 Geschäftsleiter des Glaswerks Schott & Gen., war einer der herausragenden Physiker in Deutschland in der ersten Hälfte des 20. Jahrhunderts.

Sein wissenschaftliches Bestreben galt vor allem der Weiterentwicklung der Abbeschen Theorie der Abbildung durch asphärisch begrenzte optische Elemente und der Beugungserscheinungen. Seine Interessen waren weitgefächert und reichten von der Gewinnung von Elektroenergie durch Atomexplosionen bis zum millionenfach eingesetzten Rückstrahler für Fahrzeuge. Rudolf Straubel gilt als „Vater der Saaletalsperren", er gründete 1926 die Zeiss-Ikon AG in Dresden.

Durch sein Wirken in der Carl-Zeiss-Stiftung hat er nach Ernst Abbe vor allem der Jenaer Universität zur Blüte verholfen.

Nach der Machtergreifung der Nationalsozialisten in Deutschland war er zahlreichen Repressionen ausgesetzt, weil seine Frau jüdischer Herkunft war.

In der DDR galt Rudolf Straubel als monopolkapitalistischer Ausbeuter, die Veröffentlichung seiner Biographie wurde 1964 verhindert.

Hier wird sein Leben in all seiner Vielfältigkeit dargestellt.

Autor: Reinhard E. Schielicke
320 Seiten, zahlreiche Abbildungen
38,00 EUR
ISBN 978-3-939718-29-1

Zu beziehen über jede gute Buchhandlung oder direkt beim Verlag

Verlag VOPELIUS
August-Bebel-Straße 10
07743 Jena
Telefon 03641 219860
www.verlagvopelius.de